简明哲学原理

二十四讲

杨焕章　郭湛　主编

CONCISE PRINCIPLES OF PHILOSOPHY

中国人民大学出版社
·北京·

参加编写者

杨焕章　梅　岱　丁常春　杨彦钧
郭　湛　李德顺　唐合俭　王永云
王　伟　唐有伯　陈志良　林建初

前　言

杨焕章主编的《简明哲学原理》1982年由上海人民出版社出版以来，受到广大读者的欢迎。有的青年读者来信说：该书“通俗易懂、有趣，将哲理性、知识性、趣味性三者有机地结合起来了，将理论大众化了”。“它使我们这些初学哲学者开阔了眼界，尝到了甜头。”南京大学名誉校长匡亚明在《文汇报》的一篇书评中，把该书誉为“哲学园地中的一朵鲜花”，是一本“深入浅出、雅俗共赏”，“立足于普及而又不停留在普及，在普及中又有一定提高”的哲学原理书。该书1983年被评为全国首届通俗政治理论读物二等奖。

1986年，上海人民出版社出版了该书的修订本。为此，编者做了精心的修改，力求使文字更加精炼好读，并改写了部分章节。参加这次修改工作的，除主编杨焕章外，还有郭湛、李德顺、王伟。

时隔近三十年，2014年春，在新时期干部和群众学习马克思主义基本理论的热潮中，中国人民大学出版社策划出版新版的《简明哲学原理》。已经退休多年的杨焕章教授高兴地接受了这个建议，在出版社提供的扫描录入稿的基础上，与郭湛教授一起对该书加以修订。经过几个月的工作，对原书稿进行了必要的修改，并根据马克思主义经典著作的最新版本，对书中的引文及阅读书目做了校订。为了使本书凸显大众化的特点，将新版书名改为《简明哲学原理二十四讲》。

令人遗憾的是，杨焕章教授在即将完成这一工作之际，不幸因患重症于2014年10月辞世。他生前未能在案头上看到这本新版书，但他的心血早已无声地渗透在这本书的每一页中。他在本书“后记”中所说的话，是他此生留给我们的最后一段公开发表的文字。在中国哲学的日历上，他也是一位高尚的圣者和殉道者。哲学的历史表明，思想者可以通过其思想的传播而获得文化意义上的永生。

编者

2015年6月

目　录

第一讲　认识世界和改造世界的伟大工具 ………………………… 001
从拉法格对马克思的回忆谈起 ………………………………… 001
1. 哲学是研究自然、社会和思维发展的一般规律的学说 ………… 002
2. 思维和存在的关系问题是哲学的基本问题，唯物主义和唯心主义是哲学的基本派别 ………………………………… 004
3. 马克思主义哲学是社会化大生产、无产阶级反对资产阶级的斗争以及近代自然科学发展的产物 ………………………… 007
4. 科学性和革命性的统一是马克思主义哲学的基本特点 ………… 010
5. 马克思主义哲学给人类提供了认识世界和改造世界的正确的立场、观点和方法 ………………………………… 012
用马克思主义哲学武装我们的头脑 ………………………… 014
阅读书目 ……………………………………………………… 015

第二讲　物质世界的统一性和多样性 ………………………… 017
两片树叶的异同 ……………………………………………… 017
1. 丰富多彩的世界具有共同的本质 ………………………… 017
2. 物质是独立于人的意识之外并被意识所反映的客观实在 ……… 022
3. 物质形态的多样性是由事物本身矛盾的特殊性决定的 ………… 024
一切从实际出发 ……………………………………………… 026
阅读书目 ……………………………………………………… 027

第三讲　物质世界的运动 ………………………………………… 029
刻舟求剑，不亦惑乎! ……………………………………… 029
1. 运动是物质的根本属性 ………………………………… 030
2. 运动是绝对的，静止是相对的 ………………………… 034

3. 物质的运动是由物质本身固有的矛盾推动的 …… 036
4. 物质的运动具有多种多样的形式 …… 038
要跟上形势 …… 040
阅读书目 …… 041

第四讲　物质世界运动的时间和空间 …… 042
阿基米德能不能举起地球? …… 042
1. 时间和空间是物质运动的存在形式 …… 043
2. 时间和空间具有客观实在性 …… 046
3. 时间和空间的特性随物质运动状态的变化而变化 …… 049
4. 时间和空间在总体上是无限的 …… 051
因时制宜，因地制宜 …… 054
阅读书目 …… 055

第五讲　物质世界的普遍联系 …… 056
石兽落水何处寻? …… 056
1. 世界是一个相互联系的整体 …… 057
2. 事物或现象间的联系是辩证的 …… 060
3. 物质世界普遍联系有五种最基本的形式 …… 062
4. 规律是现象间本质的、必然的、稳定的联系 …… 070
不要孤立地看问题 …… 072
阅读书目 …… 073

第六讲　物质世界发展的动力 …… 075
为什么地球会绕着太阳转? …… 075
1. 世界是永恒发展的过程 …… 076
2. 对立面既斗争又统一，推动事物的发展 …… 078
3. 矛盾的斗争性是绝对的，矛盾的统一性是相对的 …… 084
4. 对立统一规律是唯物辩证法的实质和核心 …… 086
正确分析矛盾和解决矛盾 …… 087
阅读书目 …… 088

第七讲 物质世界发展的过程 …… 090
水滴石成 …… 090
1. 事物的发展都是从量变开始的 …… 091
2. 量变会引起质变 …… 095
3. 量变和质变是相互渗透的 …… 098
4. 从量变到质变，又从质变到新的量变，是唯物辩证法的一条基本规律 …… 100
在发展过程中把握事物 …… 102
阅读书目 …… 103

第八讲 物质世界发展的方向 …… 105
沧海桑田的传说 …… 105
1. 事物是由低级向高级发展的 …… 106
2. 否定是事物发展的环节 …… 109
3. 否定是事物联系的环节 …… 111
4. “肯定——否定——否定之否定”是唯物辩证法的一条基本规律 …… 113
在曲折中坚持前进的方向 …… 116
阅读书目 …… 117

第九讲 意识的起源和本质 …… 118
梦中之事岂能当真? …… 118
1. 意识是物质长期发展的结果 …… 119
2. 意识是社会的产物 …… 122
3. 意识是人脑的机能 …… 124
4. 意识是对客观存在的反映 …… 128
不要离开客观存在去看待意识现象 …… 131
阅读书目 …… 132

第十讲 意识的能动作用 …… 133
“子非鱼，安知鱼之乐?” …… 133

1. 意识能够正确反映世界 …… 133
2. 意识对客观世界的反映是能动的 …… 136
3. 意识能够改造世界 …… 138
充分发挥主观能动性 …… 141
阅读书目 …… 142

第十一讲　认识的基础 …… 143
第一个吃西红柿的勇士 …… 143
1. 实践是人们改造世界的社会活动 …… 144
2. 物质生产活动是最基本的实践活动 …… 148
3. 实践是认识的基础 …… 150
尊重实践，深入实践 …… 156
阅读书目 …… 156

第十二讲　认识的形成和发展 …… 158
科学史上为什么有些人物成对出现? …… 158
1. 认识从感性认识开始 …… 159
2. 必须从感性认识上升到理性认识 …… 161
3. 比较、抽象和概括、分析和综合是从感性认识上升到理性认识的基本方法 …… 166
4. 从理性认识再回到实践是更重要的一次飞跃 …… 170
5. 对客观世界的认识是一个无限发展的过程 …… 171
经常调查研究，及时总结经验 …… 172
阅读书目 …… 173

第十三讲　概念和范畴 …… 175
“我要吃水果，不吃苹果!” …… 175
1. 概念和范畴是对客观事物本质联系的反映 …… 176
2. 概念和范畴是人们认识世界和改造世界的工具 …… 178
3. 概念和范畴是发展变化的 …… 184
4. 正确运用概念和范畴是正确思维的保证 …… 186

正确运用概念和范畴 …… 188
阅读书目 …… 189

第十四讲 真理和谬误 …… 191
玻璃瓶的“裁决” …… 191
1. 真理是意识对于客观存在及其发展规律的正确反映 …… 192
2. 实践是检验认识、区分真理和谬误的唯一标准 …… 195
3. 实践对于认识的检验不是一次完成、绝对准确和固定不变的 …… 199
坚持真理，修正错误 …… 202
阅读书目 …… 202

第十五讲 真理的特性和发展 …… 204
1+1能够不等于2吗？ …… 204
1. 真理是客观的 …… 205
2. 真理是具体的 …… 208
3. 真理是发展的 …… 210
坚持真理，发展真理 …… 215
阅读书目 …… 216

第十六讲 社会和自然 …… 217
人类起源问题上的一次辩论 …… 217
1. 社会是一个活的机体 …… 218
2. 社会是自然界长期发展的结果 …… 221
3. 社会的发展是一个自然历史过程 …… 223
4. 社会在和自然的相互作用中发展 …… 226
从社会和自然的对立统一中把握社会 …… 229
阅读书目 …… 230

第十七讲 社会存在和社会意识 …… 232
贾府上的焦大为什么不会爱林妹妹？ …… 232

1. 社会存在和社会意识的关系问题是历史观的基本问题 …………233
2. 社会存在决定社会意识 …………235
3. 社会意识对社会存在具有相对独立性和能动反作用 …………239
4. 社会意识有多种多样的形式 …………242
正确理解社会意识的本质和作用 …………247
阅读书目 …………248

第十八讲 社会生产的发展 …………250
为什么古代有人吃人的现象? …………250
1. 社会发展史首先是生产发展的历史 …………251
2. 社会生产是生产力和生产关系的统一 …………252
3. 生产力和生产关系的对立统一推动社会生产发展 …………255
4. 阶级社会里生产力和生产关系的矛盾表现为阶级矛盾 …………258
注意解决生产力和生产关系的矛盾，促进社会生产的发展 …………261
阅读书目 …………262

第十九讲 社会形态的发展 …………264
从郭巨埋儿到高老头被弃 …………264
1. 社会形态是经济基础和上层建筑的统一 …………265
2. 经济基础决定上层建筑 …………267
3. 上层建筑对于经济基础有巨大的反作用 …………269
4. 经济基础和上层建筑的矛盾推动社会形态更替 …………271
5. 社会主义制度是一种崭新的社会制度 …………273
注意解决经济基础和上层建筑的矛盾，充分发挥社会主义制度的优越性 …………277
阅读书目 …………277

第二十讲 社会发展过程中的革命变革 …………280
艾奇逊是怎样解释中国革命的? …………280
1. 社会革命的根源是生产关系同生产力的矛盾 …………281
2. 社会革命的根本问题是夺取国家政权 …………283

3. 社会革命是社会发展的巨大动力 …… 284
4. 无产阶级革命是最彻底的社会革命 …… 286
做社会革命的促进派 …… 292
阅读书目 …… 293

第二十一讲 人的社会性 …… 295
兽孩为什么不通人性? …… 295
1. 人是社会的动物 …… 296
2. 人的本质是一切社会关系的总和 …… 300
3. 在阶级社会里人具有阶级性 …… 302
4. 人的价值在于对社会发展的作用 …… 304
正确理解人的社会本质和社会价值 …… 307
阅读书目 …… 307

第二十二讲 个人和社会 …… 309
鲁滨孙漂流出人类社会了吗? …… 309
1. 个人依赖社会 …… 309
2. 个人对社会的发展有着一定的作用 …… 312
3. 个人利益与社会利益的关系随着历史的发展而变化 …… 314
4. 个人权利和义务是个人与社会之间关系的表现 …… 319
5. 道德、政治、法律是调整个人和社会之间关系的规范 …… 322
在社会主义事业的发展中求得个人的发展 …… 325
阅读书目 …… 326

第二十三讲 人民群众在社会发展中的作用 …… 327
横行十年的江青一伙何以一朝覆灭? …… 327
1. 人民群众是社会财富的创造者 …… 327
2. 人民群众是推动社会发展的决定力量 …… 330
3. 杰出人物是人民群众创造出来的 …… 333
4. 无产阶级领袖是无产阶级群众推举出来的代表 …… 337
相信群众，尊重群众 …… 340

阅读书目 …… 341

第二十四讲 必然王国和自由王国 …… 343

哲学日历中最高尚的圣者和殉道者 …… 343

1. 自由是对必然的认识和支配 …… 344

2. 从必然王国向自由王国的飞跃是一个过程 …… 347

掌握必然，争取自由，实现从必然王国向自由王国的飞跃 …… 353

阅读书目 …… 354

后记 …… 355

第一讲　认识世界和改造世界的伟大工具

> 马克思的哲学是完备的哲学唯物主义，它把伟大的认识工具给了人类，特别是给了工人阶级。①
>
> ——列宁

从拉法格对马克思的回忆谈起

人类历史上最科学的世界观，无产阶级和劳动人民认识世界和改造世界的伟大工具，是同马克思的名字联系在一起的马克思主义哲学。法国工人党的创始人保尔·拉法格在一篇回忆马克思的文章里，十分真切地谈到马克思的哲学思想给予他的影响：

> 一天晚上，马克思以他所特有的那种丰富的旁征博引和见解向我讲解了他那人类社会发展的辉煌理论。就像在我眼前揭开了一道帷幕一样，我有生以来第一次清楚地把握住了世界历史的逻辑，并且能够找到社会发展和思想发展表面上如此矛盾的现象的共同的物质原因。这一切使我非常惊讶，好几年后，这一印象还留在我的脑海中。

巴黎公社失败后，拉法格从巴黎流亡到西班牙，受马克思和第一国际总委员会的委托，领导了反对无政府主义者巴枯宁分子的斗争。当拉法格仿效马克思向马德里的社会主义者们讲解马克思的哲学思想时，这一理论在西班牙的工人阶级中也产生了同样巨大的反响。拉法格极为感慨地说道：

> 马克思的头脑是用多得令人难以相信的历史及自然的事实和哲学

---

① 《列宁选集》，3版，第2卷，311页，北京，人民出版社，1995。

> 理论武装起来的，而且他又是非常善于利用他长期脑力劳动所积累起来的一切知识进行观察的。无论何时，无论任何问题都可以向马克思提出来，都能得到你所希望的最详尽的回答，而且总是包含有概括性的哲学见解。他的头脑就像停在军港里升火待发的一艘军舰，准备一接到通知就开往任何思想的海洋。

说到这儿，读者也许会想：如果能够亲聆马克思讲解他的哲学，该是多么幸福啊！这虽然是不可能的了，但我们还是可以听到马克思哲学的“声音”的，因为它已经记录在马克思的著作中。马克思主义哲学就是马克思留给我们的最宝贵的理论遗产。认真学习和实践它，我们也一定会像拉法格那样从中获得巨大的精神力量。

1. 哲学是研究自然、社会和思维发展的一般规律的学说

在说明什么是哲学之前，我们还是先介绍一下，马克思是怎样由酷爱文学又转而攻读哲学的。马克思的一生是伟大的一生。可是，您是否知道，马克思革命的一生是从他对哲学的探讨和变革开始的。

1835 年 10 月，17 岁的马克思进入父亲为他选择的波恩大学。马克思从小就想当诗人。父亲也曾当着他的面对妻子说：“一定是慈善的菲亚女神把诗人的桂冠放在卡尔的摇篮里了。”年轻的马克思由于衷心希望献身于文学事业，所以密切注视新出版的每一本文艺书籍，贪婪地阅读每一本诗集，从不放过文坛上的任何一件大事。他在 18 岁那一年，便完成了献给自己心爱的姑娘燕妮的三本诗集。不过，马克思想得更多的还是像父亲那样当一名法学家。因此，他按照父亲的安排，先后在波恩大学和柏林大学攻读法律。

对青年马克思来说，1837 年是“继往开来的时刻”。这年 10 月 10 日，马克思在给父亲的信中表述了一个全新的看法：“首先要钻研哲学”。马克思这样做的最初推动力，是想写一部法哲学方面的长篇论文。他在发现了萨维尼《占有法》一书的错误之后，深深感到研究法学“没有哲学是行不通的”，于是便毅然“投入哲学的怀抱”。当然，马克思对哲学发生兴趣，还因为他渴望认识当时那充满矛盾的现实。他在生病期间，曾把黑格尔的著作从头至尾读了一遍，还阅读了一些他学生的著作。病愈后，马克思便

参加了青年黑格尔派的“博士俱乐部”。他告诉父亲，他越来越牢固地同现代世界的哲学联结在一起了。

“哲学”一词的来源　兴趣广泛、才能过人的马克思为什么把哲学作为自己的首攻目标？为什么哲学在马克思心目中显得这么重要？哲学的产生由来已久。两千多年前，古希腊有一位类似中国孔夫子的“圣人”，名叫苏格拉底。他不愿别人称他为“智者”，只承认自己是个智慧的爱好者。“哲学”一词就来源于这个“爱智慧”。在古希腊文中，“哲学”就是由“爱”和“智慧”结合而成的。哲学家就是“智慧的朋友”。在我们汉语中，“哲”是明智的意思。把“哲”和“学”合在一起，就成了给人智慧、使人明智的学问，和古希腊语中的“爱智慧”意思相近。

要想科学地说明什么是哲学，还必须对哲学的对象和内容有一个大概的了解。

哲学是关于世界观的理论体系　从哲学的内容来看，哲学是关于世界观的理论体系。所谓世界观，就是指人们对于世界的一些根本问题的看法。例如：世界的本质是什么？宇宙间万事万物是从来如此的，还是变化发展的？变化发展是杂乱无章的，还是有一定规律的？人们与这个世界有哪些关系？人们能不能认识世界、改造世界？这些都是带根本性的问题。

人们生活在世界上，每时每刻都在与世界打交道，都在提出问题，解决问题。其中有一些问题是经常遇到的，带有普遍性的。对于这些问题的看法，由于不断地重复和加强，就形成了比较牢固的观点。在这个基础上，形成了每个人对于世界的一些根本问题的看法，也就是每个人的世界观。

由于每个人生活范围狭小，实践经验有限，这种观点往往是不系统的。哲学作为一种研究世界观的专门学问，把人们在日常生活中所形成的这些观点加以整理，用一些科学的概念加以表述，就成了一个理论体系。哲学源于生活，又高于生活。因此，哲学并不神秘，根据人们的实践经验完全可以理解；然而哲学是一门科学，要真正弄懂和掌握它，还必须下一番工夫。

哲学是对具体科学的概括和总结　从哲学的对象来看，哲学是关于自然、社会和思维发展的一般规律的学说，是对于自然科学、社会科学的概括和总结。自然科学研究自然界及其发展的规律，社会科学研究人类社会及其发展的规律，思维科学研究思维及其发展的规律。随着人们对世界认识的深化，这三类科学下面的分支越来越多。自然科学、社会科学、思维科学以及它们所包括的分支科学，研究的都是物质世界的某一具体领域里的具体规律，因而通常被称为具体科学。与上述具体科学不同，哲学研究的不是世界某一具体领域里的具体规律，而是普遍存在于自然、社会和思维这三个领域里的，支配整个世界的一般规律。

各门具体科学研究的具体规律，只是一般规律在各个具体领域里的具体表现。掌握了哲学研究的一般规律，会有助于对具体科学研究的具体规律的理解和运用。当然，哲学研究的一般规律也不是离开各门科学研究的那些具体规律而存在的。一般规律是通过具体规律而存在、表现和发生作用的。因此，哲学的研究又离不开具体科学，它是在具体科学研究基础上做出的概括和总结。哲学不能代替各种具体科学，但能够给各种具体科学提供世界观和方法论的指导。正是因为哲学具有这样的作用，马克思才深切感到，研究法学这门具体科学不研究哲学是不行的。

2. 思维和存在的关系问题是哲学的基本问题，唯物主义和唯心主义是哲学的基本派别

年轻的马克思投入哲学的怀抱后不久，就对当时流行的那些脱离实际生活的抽象的哲学体系不满。他竭力寻找能够正确理解生活、积极参与生活的新哲学。当时，他非常欣赏黑格尔的哲学。实际上，对黑格尔的赞扬，也就是马克思本人的向往。就马克思当时所受的教育来说，他在哲学上是一个主观唯心主义者，既受到德国主观唯心主义哲学家康德和费希特的影响，也深为法国启蒙主义者伏尔泰和卢梭的思想所感染。他起初是用自己所熟悉的思想方法去思索法律领域的一切问题，并力图把它们融汇成一个法哲学体系；可是，他的这座思想大厦由于经受不住自己的批判精神的冲击而倒塌下来。他清楚地看到，用主观唯心主义观点解释世界是不会有任何成果的。

马克思基于想从现实内部所固有的规律去解释世界的愿望，转而研究黑格尔的学说。生活于 18 世纪末 19 世纪初的黑格尔，是德国古典哲学的

著名代表。黑格尔的哲学的真实意义和革命性质在于：它结束了以为人的思想和行动的一切结果具有最终性质的看法。正是这种辩证方法引导着马克思走出主观唯心主义的死胡同。但是，黑格尔的辩证法是建立在客观唯心主义基础之上的。它把世界的发展说成是现实世界出现以前早就存在着的“宇宙精神”的发展。马克思后来逐步意识到这个学说的局限性。

1839年初，马克思进而广泛地研究古代的哲学。1841年4月马克思获得耶拿大学哲学博士学位的论文《德谟克利特的自然哲学和伊壁鸠鲁的自然哲学的差别》，是他思想发展的重要里程碑。同年，费尔巴哈发表《基督教的本质》一书，重新恢复了唯物主义的权威，对当时思想界起了巨大的解放作用。马克思也一下子成了费尔巴哈派。然而，马克思并没有在费尔巴哈的形而上学唯物主义面前止步。他所感兴趣的是从黑格尔和费尔巴哈继续向前探索，从唯心主义辩证法和形而上学唯物主义进到唯物主义辩证法或辩证唯物主义。这时，马克思越来越多地投身丁莱茵地区的政治运动，这为他此后的哲学变革奠定了实践的基础。1843年10月，马克思流亡巴黎。第二年，在《德法年鉴》上发表了标志他的世界观转变的两篇文章：《论犹太人问题》和《〈黑格尔法哲学批判〉导言》。此后，马克思终于走向辩证唯物主义。

在这里，我们可以看到，马克思的哲学思想经历了一个发展过程：从康德、费希特的主观唯心主义到黑格尔的客观唯心主义，又从黑格尔的客观唯心主义到费尔巴哈的形而上学唯物主义，最后由费尔巴哈的形而上学唯物主义到辩证唯物主义。那么，到底什么是唯物主义，什么是唯心主义；什么是主观唯心主义，什么是客观唯心主义；什么是形而上学唯物主义，什么是辩证唯物主义呢？它们各自的基本观点是什么，相互有什么区别？以什么为根据进行这种划分呢？要说明这些问题，就得从哲学的基本问题谈起。

哲学的基本问题 前面说过，哲学是研究世界观的学问。它所涉及的都是关于世界的一些带根本性的、一般规律性的问题。在这些问题中，有一个问题是最基本的，即物质（或称作客观、存在等）和精神（或称作主观、思维等）的关系问题。为什么说物质和精神的关系问题是哲学的基本问题呢？

首先，这是由哲学作为世界观的理论体系这一特点所决定的。我们知道，人类的一切活动归纳起来无非是两件事情：认识世界和改造世界。所谓认识世界，就是主观反映客观；所谓改造世界，就是主观作用于客观。任何认识世界和改造世界的活动，实质上都是围绕着解决主观和客观之间的关系问题展开的。哲学既然是全部实践经验的最高概括和总结，那么，它就不能不首先对主观和客观、精神和物质的关系问题做出明确的回答和处理，提出解决这一问题的总的原则和方法。物质和精神的关系问题作为认识世界和改造世界活动中的基本问题，也就必然成为哲学这个关于世界观的学问的基本问题。

其次，这是由哲学的斗争及其发展的历史事实所一再证明的。历史上各派哲学所阐述的一切哲学问题，都是围绕着物质和精神的关系展开的，都以对于这一问题的解决作为自己哲学的基本前提和出发点；而各个哲学派别之间的斗争，也总是围绕着这个基本问题进行的。因此，如何回答物质和精神的关系问题，就成为决定各种哲学派别的性质及其发展方向的根本问题。

哲学基本问题的第一个方面　物质和精神的关系问题包括两个方面。第一方面，也是最重要的方面，是物质和精神哪个第一性、哪个第二性的问题，即谁先谁后、谁产生谁、谁决定谁的问题。对于这一方面问题的不同回答，形成了哲学中唯物主义和唯心主义两个对立的派别。主张物质第一性精神第二性，物质在先精神在后，物质产生精神并决定精神的，属于唯物主义阵营；认为精神第一性物质第二性，精神在先物质在后，精神产生物质并决定物质的，属于唯心主义阵营。唯物主义和唯心主义这两个概念，就是从把世界说成是物质（物）的，还是精神（心）的这两种不同观点而来的。

唯物主义和唯心主义是哲学中的两个基本派别。古往今来的哲学流派不管名目如何繁多，归根到底，都分别属于这两个基本派别。一般说来，由于唯物主义哲学主张物质决定精神，强调按照客观世界的本来面貌认识世界，因而是进步的世界观；而唯心主义哲学由于主张精神决定物质，用主观想象代替客观现实，因而是落后的世界观。

唯心主义有两种表现形式。一种叫主观唯心主义，认为客观世界是由人的主观精神产生出来的，是主观精神的表现。如英国的贝克莱说物质世界是由人的观念组合而成的；中国的陆（象山）王（阳明）学派说宇宙便是我心，我心便是宇宙，天地万物皆在我心中。另一种叫客观唯心主义，认为在现实的物质世界出现之前，早已存在着一个客观的“宇宙精神”，现实的物质世界就是这个“宇宙精神”演变而来的。如德国的黑格尔说物质世界是“绝对观念”的外化；中国的朱熹说物质世界是“理”的表现。

唯物主义也表现为不同的形式，主要有形而上学唯物主义和辩证唯物主义。形而上学唯物主义虽然唯物主义地解决了世界的物质性问题，但却用形而上学的观点看待物质世界，认为物质世界没有联系和发展；同时，它对于社会历史的解释是唯心主义的，认为社会意识决定社会存在。辩证唯物主义则把唯物主义和辩证法有机地结合起来，既承认世界的物质性，又承认物质世界的联系和发展；同时，它还把这种唯物辩证观点贯彻到社会历史领域，主张社会存在决定社会意识，坚持历史唯物主义。

此外，哲学上还有一种二元论观点，认为物质和精神各自独立、平行并列，谁也不决定谁。这种观点表面上看是一种中间派的观点，但实际上，由于它认为精神可以离开物质而独立存在，最终还是归附于唯心主义学派。

哲学基本问题的第二个方面　哲学基本问题的第二个方面，是世界可不可以认识的问题。主张世界可以认识的，叫作可知论；主张世界不可认识或不可彻底认识的，叫作不可知论。唯物主义者以及彻底的唯心主义者等绝大多数哲学家，都认为世界是可以认识的。也有少数哲学家主张不可知论。英国的休谟和德国的康德，以及他们的追随者就属于这一类。休谟否认认识世界的可能性，说人们认识的只是事物的“映象”，而不是事物本身；康德否认彻底认识世界的可能性，说人们只能认识事物的现象，而不能认识事物的本质。不可知论是一种消极悲观的观点，是同人类文明的发展不相容的。

3. 马克思主义哲学是社会化大生产、无产阶级反对资产阶级的斗争以及近代自然科学发展的产物

马克思主义哲学的产生，有它的历史必然性。1841 年夏天，德国黑格尔派政论家莫泽斯·赫斯曾颇为自信地向友人预言道：

> 你应该准备去结识一位最伟大的哲学家，也许是当今活着的唯一

> 真正的哲学家。这位哲学家即将在报刊上和讲坛上显露头角，并且必然很快会把整个德国的目光吸引到自己身上……马克思博士——他可以说是我所崇拜的偶像——还是个十分年轻的人（至多不过二十四岁左右），他将给中世纪的宗教和政治以致命的打击。他既有深思熟虑、冷静严肃的态度，又有最敏锐的机智。设想一下，如果把卢梭、伏尔泰、霍尔巴赫、莱辛、海涅和黑格尔结合为一个人——我说的是结合，不是凑合——那么结果就是一个马克思博士。

果真像赫斯预言的那样，马克思不久就作为无产阶级的代表登上了哲学舞台，开辟了哲学发展的新时代。但是，由于赫斯受其政治立场的局限，不可能从社会实践方面去分析马克思所实现的哲学变革。

马克思主义哲学产生的社会基础 马克思之所以能够实现哲学上的革命，不仅由于他的天才，而且首先的、具有决定意义的，还由于社会的发展已经为这个革命奠定了实践的基础。马克思的童年和青年时代，是在德国经济和政治最发达的莱茵省度过的。当时莱茵省的经济和政治变革，反映着全德国和欧洲其他国家所发生的社会进程。

早在1765年，英国织工詹姆斯·哈格里沃斯就发明了珍妮纺纱机。不久，蒸汽机也应用于生产。于是，一场具有重大历史意义的产业革命，首先在英国，继而在西欧开展起来。产业革命标志着资本主义从工场手工业阶段过渡到机器大工业阶段。它不仅在生产技术方面，而且在生产关系方面也引起了深刻的变革。伴随着大工业出现了工业资产阶级和工业无产阶级。

社会化大生产的飞速发展，使整个社会面貌发生了巨大变化。在英国、法国、德国，出现了像伦敦、曼彻斯特、巴黎、里昂、科伦、西里西亚等拥有几十万乃至几百万人口的大城市和大工业区。在那里，一边是高楼大厦，是花天酒地的糜烂生活；另一边是贫民窟，是灾难和痛苦的深渊。无产阶级和资产阶级从一开始就根本对立着。资产阶级靠剥削无产阶级发财致富；而无产阶级则随着机器的广泛采用，越来越成为机器的附属品，在资产阶级的剥削压迫下日益贫困化。这种尖锐对立的根源，就在于资本主义的社会化大生产和生产资料私人占有之间的矛盾。

一方面，社会化的大生产开阔了人们的眼界，便于从更广泛的联系和发展中观察世界；同时，社会矛盾的尖锐化也使得社会阶级关系简单化了，使阶级和阶级斗争与经济地位和物质利益之间的联系明朗化了。社会生活各方面的急剧变化，日益明显地表现出社会历史的唯物辩证的性质。这就为科学地认识社会、揭示社会发展的规律，为辩证唯物主义、历史唯物主义的世界观的产生提供了社会实践基础。

另一方面，社会矛盾日益尖锐，促使无产阶级日益觉悟和成熟，无产阶级反对资产阶级的斗争日益广泛地开展。19 世纪 30 至 40 年代，西欧工人运动开始进入新的独立的政治运动时期。1844 年 6 月 4 日，德国西里西亚纺织工人为提高工资举行了武装起义，起义工人毫不含糊地宣布反对私有制社会。这次起义连同法国里昂工人的两次起义（1831 年、1834 年）和英国的宪章运动（1836—1844 年），标志着无产阶级已经作为独立的政治力量登上了历史舞台。工人运动的蓬勃发展迫切需要有自己的科学的世界观作指导。这就为马克思主义哲学的产生提供了社会阶级基础。

马克思主义哲学产生的自然科学基础　马克思主义哲学的产生与 19 世纪前半期自然科学的成熟也有着密切的联系。资本主义工业的发展促进了自然科学的发展。近代自然科学是从 15 世纪后半期开始的。那时，自然科学还处在收集材料的阶段，居于支配地位的是形而上学唯物主义的自然观。19 世纪上半期，自然科学取得许多重大成就，进入了整理材料的阶段，成为研究自然界发展过程及其规律的科学。特别是自然科学的三大发现，使人们对于自然过程的普遍联系和永恒发展的认识大大地前进了一步。

第一是细胞的发现。19 世纪 30 年代，德国生物学家施莱登和施旺证明，细胞是组成动物和植物有机体的基本单位，一切动物和植物的生长都是从细胞的增殖与分化中发展起来的。这一发现证明了生命起源的共同性，一切有机体都是建立在细胞的基础之上的，都是对立的统一。这就为辩证唯物主义的自然观提供了有说服力的自然科学依据。

第二是能量守恒和转化规律的发现。1842 年前后，英国物理学家焦耳和德国自然科学家迈尔几乎同时发现和表述了这个规律。这个规律揭示：自然界的一切能量，在一定条件下，都可以按一定的比例关系相互转化；任何能量都不能凭空产生，也不会自行消灭。这个规律还证明，自然界中的一切运动，都可以归结为一种形式向另一种形式转化的过程。这就为辩证唯物主义关于物质世界的统一性，以及物质世界的普遍联系的原理提供了自然科学的基础。

第三是物种进化的发现。1859 年，英国生物学家达尔文证明了有机界中的全部植物、动物和人，都是由简单的蛋白质、单细胞胚胎逐渐进化和发展起来的。他第一次科学地阐明了有机界的发展规律，为辩证唯物主义关于物质世界永恒发展的原理提供了自然科学的根据。

自然科学的三大发现以及其他重大成就，深刻揭示了自然界的内在联系及其发展过程，迫切要求哲学及时做出概括和总结。这就是马克思主义哲学产生的自然科学基础。

马克思主义哲学的理论来源 人的正确思想只能从社会的生产斗争、阶级斗争、科学实验和其他实践中来。马克思主义哲学这一正确的世界观，就是社会化大生产、无产阶级反对资产阶级的斗争以及近代自然科学发展的产物。同时，马克思主义哲学的产生与其他任何新学说一样，还有其思想来源。马克思主义哲学是对于以往人类认识积极成果的继承和发扬，其主要的、直接的来源是德国古典哲学。

黑格尔的辩证法思想和费尔巴哈的唯物主义思想，是德国古典哲学最重大的成果。然而，黑格尔的辩证法是建立在唯心主义基础之上的，它把物质世界的发展归结为“宇宙精神”的发展；费尔巴哈的唯物主义是形而上学的、不彻底的唯物主义。马克思和恩格斯一起批判地吸收了黑格尔辩证法的合理内核，抛弃了他的唯心主义体系；批判地吸收了费尔巴哈唯物主义的基本内核，抛弃了他的形而上学，创立了融唯物主义和辩证法为一体的、崭新的辩证唯物主义。同时，他们又把这一崭新的世界观贯彻到对于人类社会的认识中，从而把唯心主义从它的最后避难所——社会历史领域里驱逐出去，创立了历史唯物主义。辩证唯物主义和历史唯物主义的有机统一，就是马克思主义完整的世界观。

4. 科学性和革命性的统一是马克思主义哲学的基本特点

1883 年 3 月 14 日午后，马克思坐在自己的书桌前与世长辞了。三天之后，恩格斯在他墓前发表演说，阐明了马克思及其学说对于人类的意义。演说中在指出马克思的伟大科学发现的同时，特别突出地强调了马克思首先是一个革命家。的确，科学性和革命性的完美结合，构成了马克思一生的基本品德。同样，科学性和革命性的统一，也成为以马克思命名的哲学的基本特点。列宁在自己一生的革命活动中，始终都十分注意把握马克思主义哲学的这个基本特点。在他看来，这一理论对世界各国的社会主义者之所以具有不可遏止的吸引力，就在于它把严格的科学性与彻底的革命性结合起来；这种结合不是偶然的，不仅因为它的创始人本人兼有学者和革命家的品质，而且因为它把二者内在地、不可分割地结合在这个理论本身中。

唯物主义和辩证法的统一是科学性和革命性统一的基础 马克思主义哲学是辩证唯物主义。它是唯物主义和辩证法的有机统一。在它那里，唯物主义是辩证的，是辩证唯物主义；辩证法是唯物主义的，是唯物辩证法。马克思主义的唯物主义主张物质世界的客观实在性，强调人的意识必须如实地、不附加任何外来成分地反映客观物质世界。在这种实事求是精神的基础上，形成了马克思主义哲学的科学性。马克思主义的辩证法把客观物质世界看成一个永恒发展的过程，强调从运动、变化、发展的观点来看待一切事物，因而不迷信任何绝对不变的东西。在这种彻底变革精神的基础上，形成了马克思主义哲学的革命性。马克思主义哲学把唯物主义和辩证法有机结合起来，从而就决定了它把科学性和革命性结合于自身。它的科学性是革命的科学性，它的革命性是科学的革命性。

世界观和方法论统一、理论和实践统一是科学性和革命性统一的集中表现 科学性和革命性相统一这个基本特点，贯穿于马克思主义哲学创始人的整个理论创造活动中，也贯穿于马克思主义哲学理论的各个方面。马克思主义哲学理论的创立是哲学领域中的一个根本变革。它开始了哲学发展史上的新纪元。然而这个理论又不是离开人类文明大道凭空出现的神物，它继承了人类全部知识的优秀成果，特别是德国古典哲学中的积极成果。这个理论的产生本身就是一个继承和批判的过程，就是科学地分析以往哲学思想和革命地探索新世界观的过程，是科学性和革命性相结合的产物。

马克思主义哲学始终把科学地解释世界和革命地改造世界当作统一的任务实现于同一个过程之中。马克思主义哲学的创始人善于总结社会实践的经验，及时概括生产斗争、阶级斗争和科学实验发展的最新成就，努力使自己的世界观成为不断发展的、无愧于时代的科学的世界观，成为人们正确认识世界的指南。同时，他又特别强调哲学的任务不仅在于科学地解释世界，而更重要的在于革命地改造世界，十分注意把这种世界观变成指导人们改造世界的实践活动的方法论。这种世界观和方法论的统一、理论和实践的统一，是马克思主义哲学的科学性和革命性高度统一的集中表现。

5. 马克思主义哲学给人类提供了认识世界和改造世界的正确的立场、观点和方法

马克思以他卓绝的科学理论和献身于共产主义革命事业的崇高精神，赢得了全世界无产阶级和劳动人民的衷心爱戴。1956 年，在马克思逝世 73 周年的时候，由世界各国的进步团体和进步人士捐款筹建的马克思纪念碑在伦敦海格特公墓落成。纪念碑的台座用浅灰色花岗石砌成，碑脚上矗立着马克思的半身铜像。台座中央镶着一块墓志铭，上面刻着马克思的一句名言："哲学家们只是用不同的方式解释世界，而问题在于改变世界。"墓志铭选用的这句话，准确地概括了马克思全部哲学思想的精华和他光辉的一生。马克思既是一个伟大的哲学家，又是一个伟大的革命家。他贡献给人类的是一个认识世界和改造世界的伟大工具。借助于这个工具，无产阶级将不但善于解释世界，而且善于改造世界；不但善于破坏旧世界，而且善于建设新世界。

马克思以及他的亲密战友恩格斯不止一次地强调，他们的理论不是教条，而是行动的指南。这个理论之所以是指南，就因为它为我们认识世界和改造世界的活动提供了正确的立场、观点和方法。

马克思主义哲学作为认识世界和改造世界的立场、观点和方法，首先被它的创始人应用于自己的理论创造和革命实践的整个活动之中。我们知道，马克思和恩格斯于 1844—1846 年合写了《神圣家族》和《德意志意识形态》。这两部著作标志着马克思主义哲学的创立。接着，马克思运用这一新的立场、观点、方法去研究社会主义理论问题，并于 1848 年与恩格斯合著了《共产党宣言》，然后又全力研究政治经济学问题，以近 40 年时间完成了他一生中最重要的著作《资本论》。这部著作是马克思所确立的立场、观点、方法的杰出应用。所以，列宁把它称作"资本论的逻辑"，即

资本论的辩证法或资本论的哲学。

当然，马克思更为关心的是把哲学交给无产阶级，以发挥它在人类解放事业中的巨大作用。1846 年 3 月 30 日，在布鲁塞尔共产主义者的一次集会上，马克思曾就这个问题同德国空想共产主义者魏特林展开了针锋相对的斗争。会上，恩格斯以会议主席的身份提出要制定共同的立场、观点和方法，作为共产主义者行动的指导思想。当时就有人表示同意并要求出版《德意志意识形态》一书。魏特林却坚决反对。他认为宣传哲学理论是无济于事的，共产主义革命迫在眉睫，当务之急不是讨论理论问题，而是向工人进行鼓动。马克思当即质问魏特林：你大叫大嚷要进行鼓动，请你讲一讲，你根据什么来说明你的活动是正确的？你根据什么来确定将来的活动？并且指出：魏特林实际上只是想激起工人们的幻想，而不想给工人们可靠的理论依据，这种做法只会把受苦受难的人引向毁灭；如果不给无产阶级以科学的思想和正确的理论，那就会同传教士们所玩弄的把戏一样。

诚然，批判的武器不能代替武器的批判，物质力量只能用物质力量来摧毁；但是理论一旦被群众掌握，就会变成巨大的物质力量。马克思主义的哲学理论固然不能代替无产阶级的斗争实践，但是无产阶级掌握了马克思主义哲学，就能够更自觉地进行斗争。这是一个明显的道理，也是一百多年来无产阶级革命斗争实践所一再证明了的真理。

自从 1840 年鸦片战争失败那时起，中国的一些先进分子经过千辛万苦，向西方国家寻求真理。中国人向西方学得很多，但是行不通，多次奋斗都失败了，国家的情况一天比一天坏。就在这时，十月革命一声炮响，给我们送来了马克思主义，有志之士从此开始用无产阶级的世界观作为观察国家命运、处理革命问题的工具。也正是由于中国共产党人把马克思主义普遍真理同中国革命的具体实践结合起来，运用马克思主义的立场、观点和方法，成功地观察、提出、分析、解决中国革命的问题，才使中国人民取得了伟大的胜利。

新中国成立以后，毛泽东多次强调要组成一支强大的理论队伍，号召干部和群众要学哲学，养成学哲学的兴趣和习惯。不学马克思主义哲学，我们就没有共同的语言，没有共同的看法，就什么事情也办不成。正是由于毛泽东的努力倡导，辩证唯物主义思想在全党得到一定的普及，才使我们的事业沿着正确路线胜利前进。由于“文化大革命”对我们党的优良传统的破坏，造成唯心主义泛滥、形而上学猖獗，把我们社会主义祖国推到了崩溃的边缘。1977年，我们党提出完整地、准确地理解和运用毛泽东思想的科学体系，提出了恢复党的实事求是的传统。接着，在全国范围内展开了关于真理标准问题的讨论，促进了人们的思想解放。党的十一届三中全会又提出了解放思想、开动脑筋、实事求是、团结一致向前看的方针，重新恢复了辩证唯物主义的思想路线。这是“文化大革命”结束以后最根本的拨乱反正，也是我们此后所取得的一切成就的根本。

我国目前正处在一个继往开来的历史转变的新时期。我们在建设社会主义物质文明的同时，还要大力加强社会主义政治文明、精神文明、社会文明和生态文明的建设。每一个热爱祖国、热爱社会主义的人，谁不愿让我们可爱的祖国自立于世界先进民族之林，实现中华民族的伟大复兴！为了祖国的繁荣昌盛，又有谁会吝惜自己的聪明才智！为了实现“两个一百年”的奋斗目标，我们必须努力学习马克思主义哲学。

只有学好了马克思主义哲学，树立起科学的和革命的世界观，才能够正确地观察和处理一切问题，推动中国特色社会主义事业发展；只有学好了马克思主义哲学，才能提高我们鉴别理论是非和路线是非的能力，加深对党的路线的理解，从而提高贯彻和执行党的路线、方针、政策的自觉性；只有学好了马克思主义哲学，才能在改造客观世界的同时有效地改造主观世界，树立优良的工作作风，掌握正确的工作方法，并促进现代化科学技术和其他专业知识的学习；只有学好了马克思主义哲学，才能自觉地坚持和运用辩证唯物主义和历史唯物主义的世界观和方法论，增强辩证思维、战略思维能力，努力提高解决我国改革发展基本问题的能力。

用马克思主义哲学武装我们的头脑

以上我们讲了五个方面的问题。正确理解这些道理，对于我们的实践活动具有重要的意义。

第一，既然哲学是研究自然界、人类社会和思维发展的一般规律的学说，是对于自然科学、社会科学和思维科学的概括和总结，那么，我们无论在什么单位、从事什么工作，都应当把马克思主义哲学当作自己的必修课，认真加以学习。

第二，既然思维和存在的关系问题是哲学的基本问题，唯物主义和唯心主义是哲学中的两个基本派别，那么，我们在实际工作中，就应当自觉划清唯物主义和唯心主义的界限，坚持唯物主义，批判唯心主义，做一个彻底的唯物主义者。

第三，既然马克思主义哲学是社会化大生产、无产阶级反对资产阶级的斗争以及近代自然科学发展的产物，那么，为了深刻理解马克思主义哲学的原理，就必须紧密联系生产斗争、阶级斗争和科学实验的实际，并在这种联系中及时总结实践经验，不断丰富和发展马克思主义哲学。

第四，既然科学性和革命性的统一是马克思主义哲学的基本特点，那么，我们在学习马克思主义哲学的过程中，就应当自觉领会和掌握这一特点，着重培养自己的科学精神和革命精神，并使二者有机结合起来。

第五，既然马克思主义哲学给人类提供了认识世界和改造世界的正确的立场、观点和方法，那么，我们学习马克思主义哲学，就不仅要记住它的基本结论，更重要的是要掌握它所提供的立场、观点和方法。在实际工作中，我们要自觉运用这一立场、观点和方法来观察问题、提出问题、分析问题和解决问题，用马克思主义哲学武装我们的头脑，把马克思主义哲学变成我们手中的锐利武器。

阅读书目

关于费尔巴哈的提纲．见马克思恩格斯选集．3版．第1卷．北京：人民出版社，2012.

在马克思墓前的讲话．见马克思恩格斯选集．3版．第3卷．北京：人民出版社，2012.

路德维希·费尔巴哈和德国古典哲学的终结．见马克思恩格斯选集．3版．第4卷．北京：人民出版社，2012.

唯物主义和经验批判主义：第六章4，结论．见列宁选集．3版修订版．第2卷．北京：人民出版社，2012.

马克思主义的三个来源和三个组成部分：一．见列宁选集．3版修订版．第 2 卷．北京：人民出版社，2012.

卡尔·马克思．见列宁选集．3 版修订版．第 2 卷．北京：人民出版社，2012.

中国共产党在民族战争中的地位：学习．见毛泽东选集．2 版．第 2 卷．北京：人民出版社，1991.

改造我们的学习．见毛泽东选集．2 版．第 3 卷．北京：人民出版社，1991.

整顿党的作风：关于主观主义部分．见毛泽东选集．2 版．第 3 卷．北京：人民出版社，1991.

在中国共产党全国代表会议上的讲话：结论一．见毛泽东文集．第 6 卷．北京：人民出版社，1999.

第二讲　物质世界的统一性和多样性

世界的真正的统一性在于它的物质性，而这种物质性不是由魔术师的三两句话所证明的，而是由哲学和自然科学的长期的和持续的发展所证明的。①

——恩格斯

两片树叶的异同

德国哲学家莱布尼茨于 1712 年结识了欧根亲王后，任职帝国宫廷参议，经常与国王谈论哲学。一次，他讲到“相异律”时说：天地间没有两个彼此完全相同的东西。国王不信，马上派卫士和宫女到御花园中去找两片完全相同的树叶，结果总是有人能指出它们之间不同的地方。当莱布尼茨讲到“同一律”时又说：天地间没有两个完全不同的东西。国王不信，又派卫士和宫女去找两片完全不同的树叶，结果又总是有人能指出它们之间相同的地方。国王困惑不解。其实，两片树叶再相像，毕竟是两片，总会有这样那样的区别；两片树叶再不同，毕竟都是树叶，总会有其相似之处。推而广之，是否可以说，世间一切事物之间都有其相同和相异之处呢？这就是哲学上所说的关于世界的统一性和多样性的问题。

1. 丰富多彩的世界具有共同的本质

我们知道，哲学是关于世界观的学说；世界观是对于世界的总的看法。那么，世界又是什么呢？我们生活在世界上，每天都在与世界打交

① 《马克思恩格斯选集》，3 版，第 3 卷，419 页，北京，人民出版社，2012。

道，应当说是很熟悉这个世界的，不用经过什么深思熟虑就能指出：世界是我们生活于其中的、包罗万象的一切。但是，熟悉并不就是真知。由于我们生活范围狭小，眼界受到限制，对于世界的了解常常是不全面的，所以，要真正说清楚世界的模样，也不是一件容易的事。

世界“漫游”　《西游记》说孙悟空有七十二变，世界在他的眼里显得十分真切。其实，还是人比孙悟空高明。现代科学实验手段使人们的视野无论就广大或细微而言，都远远超过了孙悟空。这里，我们不妨借助现代科学对世界做一次“漫游”。

首先，让我们从大的方面来看看世界。通常人们所说的世界往往是指地球表面，而实际上我们的地球不过是太阳系“家族”的一个成员。太阳是一个自身不停地进行着巨大热核反应的恒星。围绕太阳旋转的是包括地球在内的九大行星以及许多卫星、小行星和彗星，这些星球联系在一起组成太阳系。太阳系又是更大的银河系中的一个微不足道的成员。唐代诗人李白在一首诗中说：“举手弄清浅，误攀织女机。”意思是，举起手来划动银河的水，不留神摸着了织女的织布机。说起来确实浪漫，可是李白不知道，银河并不像一条清浅的长河，倒是像一个明亮的、旋转着的铁饼。银河系中估计有 1 000 亿颗以上的恒星，还有许多尘埃和气体云。银河系直径约为 10 万光年（1 光年＝$9.460\ 5\times10^{12}$公里），可谓大矣！然而我们目前已经观测到在它之外还有 10 亿个这样的星系，构成所谓“总星系”。比起银河系来，总星系又该是多么广阔啊！总星系尽管这么广阔，也不过是无限宇宙空间的一个小小的部分。茫茫宇宙，无边无涯。今天的天文仪器已能探测到距我们 200 亿光年的天体。这就是说，以 200 亿光年为半径的巨大天区都已收在我们的眼底。随着科学的进步，以后我们将会发现，在这个范围之外是一个更加广大的领域。

其次，让我们再从小的方面来看看世界。我们所见到的实物都是由分子构成的，水由水分子（H_2O）构成，氧气由氧分子（O_2）构成，铁由铁分子（Fe）构成，这些都是无机物。分子很小，把一亿个水分子排成一路纵队，也不过一个杏核那么长。有机物的分子略微大些，但是人的肉眼仍然无法分辨。分子由更小的微粒原子组成。一个水分子由两个氢原子和一个氧原子组成。一个氧气分子由两个氧原子组成。有机物分子由较多的原子组成。像淀粉、蛋白质、塑料、纤维、橡胶这些高分子化合物，一个分子往往由成千上万个原子组成。过去，人们曾以为原子是物质的最小微粒，不可再分了，后来发现原子是由原子核和绕核旋转的电子组成的。原子核又由质子和中子组成。例如，氧原子的原子核由 8 个质子和 8 个中子组成，核外还有 8 个电子。组成原子的粒子被称为“基本粒子”。其实，“基本粒子”也并不“基本”，其中较重的粒子是由更小的层子（夸克）组成的。

以上是从大小两个方面粗略地说说世界的样子。另外，还有两个情况需要说明一下。第一，这里只侧重于实物的形态，另外还有一种形态——“场”，如引力场、电磁场、核力场，也是构成世界的重要方面。“场”与实物一样，是物质的一种基本形态，它是连续的、具有传递物质间相互作用的能力的物质。地球磁场传递电磁作用，使指南针准确地指示方向。天体之间的引力场传递引力作用。实物与“场”是不可分割的，每一个实物粒子都有相应的“场”，每一个“场”也有相应的粒子。它们之间还可以互相转化。现代物理学中有一个概念叫“量子场”，它就表示实物粒子和“场”之间不可分割的联系。第二，地球上的人类社会，虽然在宇宙中是极小的一个部分，但与我们关系极大，因而我们把它与自然界并列为物质世界的一个方面。总之，所有这一切，由近及远，由小到大，由实物到“场”，由自然到社会，作为一个整体就是我们所说的世界。

世界的多样性　至此，我们对世界的认识是不是已经足够了呢？还不能这么说。因为前面所描述的世界如何如何，大都是一些常识，仅仅懂得这些常识，还不能很好地解决关于世界的本质问题。我们的任务是在这个基础上进一步探究那些带有根本性的问题：丰富多彩的世界是否具有共同的本质？这个共同的本质是什么？是物质还是精神？什么是物质？物质的形态为什么会是多种多样的？如此等等。

人们一睁开双眼，首先看到的是世界的丰富多彩。宇宙中的天体多种多样，星云、恒星、行星、卫星、彗星和流星体等，各有特点。由这些天体构成的天体系统也是多种多样的。即使同一种天体，也各有不同。太阳系中的九大行星按体积和成分可分为类地行星和类木行星两类。同为类地行星的水星、金星、地球、火星也很不一样。地球上适于生物生存，而别的行星则不具备这种条件。地球也处处表现出它的多样性。地球的三个层次——地核、地幔、地壳在成分上和性质上就很不相同。作为固态、液态和气态的圈层，地球表面的岩石圈、水圈和大气圈当然也不一样。在这之间还有生物圈。动物、植物、微生物种类繁多，把大自然装点得更为绚丽多彩。“人是万物之灵”，但人类自身也不尽相同。从肤色上讲，有黄、白、黑等的区别。同一种族又有民族的不同，同一个民族中的人还有种种不同。正像没有两片完全相同的树叶一样，在世界上也找不到两个完全一样的人。即使同一个人，生活的不同阶段也各有特点。

在微观世界里，也处处表现了世界的多样性。我们周围的东西，加上我们的身体，都不过是由 90 多种化学元素构成的。已发现的天然存在的化合物和人工合成的化合物超过 300 万种，其中含碳化合物就有 170 万种。现在已经发现的元素有 119 种，也就是说，世界上至少有 119 种不同的原子。一种元素往往还有不同的同位素。在宇宙中，氢是较多的一种元素。自然界中除了普通的氢（氕，原子量为 1）以外，还有原子量分别为 2、3、4、5 等四种氢的同位素（氘、氚、氢－4 和氢－5）。组成原子的基本粒子也有不同的种类，现在已经发现约有 300 种基本粒子。这些粒子的质量大小、相互作用的性质和寿命的长短也都很不相同。总之，世界是多样性的世界。

世界的物质统一性　如此千差万别、丰富多彩的世界是否具有共同的本质呢？只要我们对周围的事物进行比较深入的思考，就不难发现，世界是一个统一的有联系的整体。各种事物尽管千差万别，无限多样，但它们都是统一的有联系的世界中的一部分。万事万物之间有着共同的本质。工蜂、雄蜂、蜂王的共同本质，在于它们都是蜜蜂；蜜蜂和蝴蝶的共同本质，在于它们都是昆虫；蜜蜂、蝴蝶、小猫的共同本质，在于它们都是动物；蜜蜂、蝴蝶、小猫、玫瑰的共同本质，在于它们都是生物；蜜蜂、蝴蝶、小猫、玫瑰、石油的共同本质，在于它们都是有机物；再扩大一下，蜜蜂、蝴蝶、小猫、玫瑰、石油、石头、水、空气、太阳、月亮、星星……把构成世界的万物都算上，它们的共同本质又是什么呢？是物质。物质是多样性的世界所共有的本质。世界上的一切，归根到底，都是物质或物质的属性、物质的机能、物质的形式，此外再也没有别的什么东西了。世界是物质的，所以我们把世界叫作物质世界。

关于世界物质统一性的证明　世界的物质统一性原理是唯物主义哲学最基本的原理。整个唯物主义哲学大厦就建立在这个原理的基础之上。这个原理的正确性已经得到了哲学和科学长期发展的证明。

自然科学的发展，特别是近代自然科学的发展，在探寻自然界的多样性的同时也揭示了自然界的物质统一性。天体起源、地球起源、生命起源和人类起源这些世界之谜被逐渐揭开，以及在此基础上对天体和地球的演化、生物和人类进化的研究，说明从无机界到有机界，从原生生物到人，都是物质世界长期发展的结果。物质是它们的共同本质，是它们统一的基础。

社会是人类的社会，在社会领域里起作用的是有意识的人。这种情况给人造成一种假象，似乎是人的意识决定社会历史过程，似乎社会的本质是意识现象。实际上，人类社会同自然界是统一的。人类的出现和人类社会的形成，都是自然界长期发展的结果。人类社会是在同自然界的相互作用中存在和发展的。物质资料的生产是社会存在和发展的基础。物质资料生产过程中形成的生产力水平，以及由它决定的生产关系，是决定社会发展的物质力量。由生产力和生产关系的矛盾所推动的社会运动，同自然界中机械的、物理的、化学的、生物的运动一样，也是物质运动的一种形式。

世界是无限的。我们现在对物质世界的认识，无论从广度或深度上讲都是很有限的。关于世界的物质统一性，虽然从科学的发展中已经得到可靠的证明，但是还不能说这个证明可以就此完结。我们视野范围（目前为200亿光年）以外的情况仍然是一个悬而未决的问题，还有待于自然科学的发展去揭示以及哲学的发展去概括。从这个意义上说，关于世界物质统一性的证明是需要无限地进行下去的。当然，这种持续的证明并不是简单的重复，而是对物质世界统一性越来越深刻的认识。

综上所述，世界是多样的，又是统一的。丰富多彩的世界的共同本质就是它的物质性。世界上的事物千变万化，“万变不离其宗”，这个“宗”就是物质。

唯心主义者说世界统一于精神，把意识、思维说成是一种独立的实体，这是没有科学根据的。实际上，意识、思维在本质上是离不开物质的。第一，意识、思维不过是人脑这种特殊物质的机能，没有人脑就不可能产生意识、思维。第二，意识、思维不过是物质世界在人脑中的反映，没有被反映者就不会有反映。可见，意识、思维也是以物质为基础的。唯心主义把世上万事万物的本质归结为精神，也是违背人们的常识的。显而易见，工人不会以为他操纵的机器、加工的部件是一种精神性的东西，农民也不会以为自己用镰刀收割稻子是在用精神收割精神，白刃战中的士兵决不会以为自己在跟自己的精神搏斗。

二元论否认世界的统一性，把世界上的万事万物归结为物质和精神两大类，说它们各自独立、互不相关，都是世界的本原。这种观点由于把精神说成是可以离开物质而独立存在的实体，从而与唯心主义同流合污。另外，二元论还常常由于无法解释物质和精神之间的关系而乞灵于上帝，从而陷入信仰主义。

2. 物质是独立于人的意识之外并被意识所反映的客观实在

世界在本质上是物质的。那么，物质又是什么呢？实践一步又一步地由低级向高级发展，人们对物质的认识也相应地经历了一个由浅入深的过程。

朴素唯物主义的物质概念 古代的朴素唯物主义把世界的本质归结为某种物质的具体形态，他们所理解的物质实际上是物质的特定形态。中国古代的“五行说”认为，万物由金、木、水、火、土五种东西构成。在它看来，所谓物质就是金、木、水、火、土。后来又发展为“元气说”，把元气看作世界的本质。在它看来，所谓物质就是元气。古代希腊人曾把世界的本质归结为水、土、气、火等元素。在他们看来，所谓物质就是水、土、气、火等元素。后来出现了原子论，说世界的本质是原子和虚空。这些说法虽然都肯定了世界的物质性，以及物质的客观实在性，并用物质原因来解释物质世界，基本精神是正确的；但是，把物质归结为某一种或几种物质的具体形态，是不科学的。

形而上学唯物主义的物质概念 近代自然科学的发展使人们对物体的认识深入到原子这个层次。当时，人们以为原子是构成世界的最小单位，把原子的属性（质量、广延性、不可入性等）看成是一切物质形态不变的属性。这是建立在当时自然科学物质结构学说之上的形而上学唯物主义的物质观念。这种观点继承了古代朴素唯物主义用物质原因解释物质世界的传统，坚持了物质的客观实在性，并且以当时的自然科学材料为根据进行了必要的论证，对于物质的认识前进了一步。但它把原子这个层次说成是物质的最后层次，把原子这种物质的特定形态当作物质的一般形态，把原子的个性当作物质的共性，这就不对了。

辩证唯物主义的物质概念　辩证唯物主义继承了以往唯物主义的优秀成果，在总结 19 世纪以来自然科学成就的基础上，形成了科学的物质概念。辩证唯物主义认为，物质是独立于人的意识之外并被人的意识所反映的客观实在。物质的根本特性就是客观实在性。当我们说“世界是物质的”，“世界统一于物质”的时候，说的就是，世界是客观实在的，是不依赖于人的意识而独立存在的。世界不是精神幻化成的，而是实实在在的物质世界。人在接触和改造物质世界的实践中，通过眼、耳、鼻、舌、身等感官感知客观世界，并通过思维认识现象中的本质。

在理解辩证唯物主义关于物质的定义时，有几个问题需要提出来加以强调：

首先，哲学上的物质概念是标志客观实在的科学抽象，不能把物质的抽象同物质的具体形态混淆起来。听说有人在讲什么是物质时，搬来一块石头，说石头就是物质；或者指着桌子、椅子、茶杯、暖瓶，说这就是物质。作为对物质的通俗举例，这样讲也未尝不可，但作为对物质的科学说明则多有不妥。因为石头、桌子、椅子等只是物质的具体形态，而不是物质本身。实际上，在对石头、桌椅之类进行抽象形成物质概念时，我们已经舍弃掉仅为这些东西所独有的个性，只保留了客观实在性这个为一切形态的物质所具有的共性。共性存在于个性之中，所以石头、桌椅具有物质性；然而个性不可能都进入共性，所以不能说石头、桌椅等于物质。

其次，物质唯一的、根本的特性就是客观实在性，此外再无别的特性。如果给它附加别的特性，就势必会把它混同为物质的某种具体形态。形而上学唯物主义曾经把不可入性等说成是物质的特性，把物质归结为原子。然而一旦人们发现原子仍然可以分割时，就有唯心主义者跳出来说物质毁灭了，唯物主义崩溃了。面对这种攻击，形而上学唯物主义是很难反驳的。有人认为实物特性是物质的根本特性，说物质是具有实物形态的东西。其实，物质除了实物形态之外，还有“场”的形态。“场”不具有实物特性，但却具有客观实在性。

再次，物质是可以通过人的感觉器官被感知的。在这个问题上，有两种错误观点应该反对。一种是把物质看成隐藏在现象背后不可捉摸的东西。德国哲学家康德把这种东西叫作“自在之物”，并由此得出了不可知论的结论。另一种是把物质与具体事物等同起来，认为人们可以凭感官直接感知物质。前一种观点把物质同它的具体形态截然分开，后一种观点则把物质同它的具体形态混为一谈。前一种观点认为物质本身无法感知，后一种观点则认为物质可以直接感知。这两种观点都是不对的。正确的说法应当是：物质是可以被人感知的，但要通过它的具体形态被感知。

最后，给物质下定义只能采用指出物质和意识哪一个第一性的办法，此外再无别的办法。给概念下定义最常用的是“属种差定义法”，即把一概念放到它的属概念里，然后指出它与同属中其他种概念之间的差别。然而，物质和意识都是哲学中广泛已极的概念，不可能把它们放到更高的属概念之中。所以，唯一的办法就是揭示物质对于意识的根源性，说它独立于意识之外并被意识所反映。

3. 物质形态的多样性是由事物本身矛盾的特殊性决定的

世界的本质是统一的，为什么它的表现又是多样的呢？具有共同本质的各种事物为什么会那样千差万别？一个事物之所以显示出与其他事物不同，固然与它所处的环境有一定关系；但是，根本原因不在事物外部，而在事物内部。任何事物内部都包含着内在的矛盾。矛盾是普遍存在的。但各种事物的内部矛盾除了有共性之外，还具有个性。事物内部矛盾的个性造成了一事物不同于他事物的特点，使物质的各种具体形态呈现出纷繁的多样性。

不同层次事物之间矛盾的特殊性和表现的多样性 物质世界的各个层次都有自己特殊的矛盾，因而不同层次的事物是很不相同的。银河系、太阳系、地月系这三个层次的天体系统内部，都有吸引和排斥这一对矛盾。这是它们之间的共性。但是，这对矛盾在三个层次中的表现又各有特殊性，从而使三者明显地区别开来。微观世界的分子、原子、基本粒子三个层次，同样也各有质的区别。这种多样性也是由每一层次中矛盾的特殊性决定的。人类社会也是有结构、有层次的。中央、省、市、县就是不同的层次。工厂、车间、班组、个人也是不同的层次。不同的层次之间，都由于矛盾的特殊性而呈现出多样性。

同层次各类事物间矛盾的特殊性和表现的多样性　处于同一层次的各类事物的矛盾也各有特点，表现出多样性。同为银河系那样的大星系，从形状上看就有椭圆星系、旋涡星系和不规则星系的不同。星系的这种多样性，是由星系自身所处的演化阶段不同造成的。而星系演化阶段的不同，则反映了星系内部矛盾发展的特殊性。原子这个层次，119 种元素的原子质量不同，各种原子中包含的质子、中子和电子数都不一样。因此，原子核与核外电子之间的矛盾各有特殊性，使各种原子具有各不相同的性质。其他层次之中也是这样。社会领域里各个国家虽然属于一个层次，具有共同性，但又各有特殊性，因而在各国之间表现出多样性。即使都是社会主义国家，由于各自矛盾的特殊性，也会形成不同形式的发展道路。物质世界不同层次，以及同一层次中物质形态的多样性，可以比作一幢大厦。大厦的各层不尽相同，每层的各个房间也多有不同。当然，物质世界的各个层次并不像大厦的各层那样互相独立，而是互相包含的；大厦的各层和各房间可以极为相像，而物质世界各层次和各事物之间的差别则要大得多。

同类事物矛盾的特殊性和表现的多样性　处于同一层次的同一类事物中，每一具体事物内部的矛盾也都具有特殊性，因而使它们显示出多样性来。我们知道，金刚石和石墨都是结晶碳，两者的质地却截然相反：金刚石是自然界中最坚硬的一种物质，而石墨却软得可以做铅笔芯。这种差别是由于两者内部原子排列不同而表现的矛盾的特殊性所造成的。像金刚石和石墨这样又相同又不同的东西，在化学中被称为“同素异形体”。与此类似，在化合物中，由相同种类和数目的原子组成，但原子排列不同的分子，被称为“同分异构体”。直链化合物正丁烷和支链化合物异丁烷就是这样的东西。有一类同分异构物叫“立体异构物”，如葡萄糖和半乳糖成分都一样，结构也大体相同，只是有一个羟基的排列方向不一样，矛盾便显出特殊性来，二者的性质也因此而有所不同。我们知道，葡萄糖就不太甜，可是半乳糖的甜度还不及葡萄糖的一半！

单个事物矛盾的特殊性和表现的多样性　即使是一个单个的事物，在其自身的发展过程中，由于内部矛盾特殊性的变化，也会使事物表现出多样性来。前面我们曾经提到银河系一类星系演化中的多样变化，像太阳这样的恒星的演化也是如此。现在的太阳处在主序星的中年期，比较稳定地为我们地球上的生命提供能量。估计在50亿年以后，太阳会变成红巨星，然后变成白矮星，最后成为黑矮星。恒星的质量如果超过三个太阳的质量，演化的结果可能成为“黑洞”。在那里，巨大的引力使任何光线都不能逃逸出来。在恒星演化的各个时期，其内部矛盾表现了不同的特殊性。在吸引和排斥这个基本矛盾中，有时吸引占优势，有时排斥占优势，有时两者相对平衡，从而使得恒星的形态有明显的不同。

我们人一生的变化与恒星演化有某些类似之处。在人一生各个阶段表现的多样性，也是由自身矛盾发展在各个阶段的特殊性造成的。单个个体在发展过程中表现的多样性，与无数个体并存表现的多样性有内在的联系。我们看到许多人，可以分为幼年、少年、青年、中年、老年几类。这几类人之间有一种必然的顺序关系，而这实际上又是单个人一生依次各个阶段在同一时间内的许多人身上的体现。

总之，决定物质形态的多样性的根本原因，在于事物自身的特殊矛盾。各种事物内部矛盾的特殊性，加上事物之间复杂的相互联系和制约，就使得事物呈现出丰富的多样性。但是，个性中有共性，特殊性中有普遍性，多样性中有统一性。物质世界的统一性和多样性是辩证的统一。

一切从实际出发

正确理解关于物质世界的统一性和多样性的基本原理，对于我们的实践活动具有重要的意义。

第一，既然世界是客观的物质世界，是不以人的意志为转移的，那么，我们在实际工作中，就应当老老实实地从客观世界的实际情况出发。为此，必须认真对客观实际进行调查研究。在客观实际面前必须采取科学的态度，有一是一，有二是二；说老实话，办老实事，做老实人。不要把自己的主观想象当成客观实际，不要用自己的主观愿望代替客观实际。

第二，既然世界是多样性与统一性的辩证统一，那么，我们看问题、做工作就既要坚持基本原则上的集中统一，又要做到方式方法上的灵活多样，避免简单化、“一刀切”。世界在本质上是统一的，在具体形态上又是多样的。多样性的存在本来是客观的、正常的现象。只有在多样性中才能找到统一性。有些人从思想上就不喜欢多样性，干什么都强求“一律”。他们习惯于划个死框框，定个死杠杠，做个死规定，下个死命令，然后照搬照套。这样做的结果当然只能是死气沉沉，而不会是生气勃勃。过去，我们有许多事情没有办好，一个重要原因就是坏在这个死死的“一刀切”上边。尽管上级明确指示对于有关规定要参照各地区、各单位具体情况灵活掌握，要求统而不死，活而不乱；然而执行起来由于“一刀切”的形而上学思想作怪，往往不是“一统就死”，就是“一活就乱”。喜欢“一刀切”的人最乐意讲统一。然而，他们讲的统一性不是客观实在的统一性，而是主观愿望的统一性；不是唯物主义的物质统一性，而是唯心主义的精神统一性。这是我们在实际工作中不能不注意克服的。

第三，既然物质的多样性是由各种事物本身矛盾的特殊性决定的，那么，我们在处理具体问题时，就应当具体地分析它本身的矛盾，分析各种不同事物以及每一事物在不同发展阶段上矛盾的特殊性。只有这样，才能找出解决问题的恰当的方法，否则，就只能停留在大而无当的“原则指示”上。

阅读书目

反杜林论：第一编四．见马克思恩格斯选集．3版．第3卷．北京：人民出版社，2012.

自然辩证法：历史导论．见马克思恩格斯选集．3版．第3卷．北京：人民出版社，2012.

唯物主义和经验批判主义：代绪论，第一章1，第三章1，第五章2．见列宁选集．3版修订版．第2卷．北京：人民出版社，2012.

中国革命战争的战略问题：第一章第四节．见毛泽东选集．2版．第1卷．北京：人民出版社，1991.

《农村调查》的序言和跋：序．见毛泽东选集．2版．第3卷．北京：

人民出版社，1991.

改造我们的学习：三．见毛泽东选集.2版．第3卷．北京：人民出版社，1991.

在晋绥干部会议上的讲话：一．见毛泽东选集.2版．第4卷．北京：人民出版社，1991.

增强党的团结，继承党的传统．见毛泽东文集．第7卷．北京：人民出版社，1999.

第三讲　物质世界的运动

运动是物质的存在方式。无论何时何地，都没有也不可能有没有运动的物质。[①]

——恩格斯

刻舟求剑，不亦惑乎！

《吕氏春秋》中有这样一个故事：有个楚国人乘船渡江，不小心把身上佩带的剑掉在水里。他赶忙拿出小刀，在船帮上刻了个记号，嘴里还不停地念叨："我的剑就是从这个地方掉下去的。"等到船一靠岸，他就从刻记号的那个地方跳下水去捞剑，结果可想而知。

两千多年前是否真的发生过这样的事，早已无从考查。但这个故事所揭示的哲学道理，却至今还给人以启发。故事中的那个楚国人不懂得物质是运动的，结果闹出了"刻舟求剑"的笑话。写故事的人看来已经领悟到其中的一些道理，所以讽刺那个求剑者："舟已行矣，而剑不行，求剑若此，不亦惑乎！"其实，剑也并非"不行"。若不行，剑为何不一直在原地浮于水面？实际上，水在流动，船在划行，剑要下沉，而且受水流的影响也不是垂直落下的。总之，三者都在运动。由于三者各以不同的速度向不同的方向运动，就使得剑落水时水、船、剑三者的位置关系与船靠岸时水、船、剑三者的位置关系发生了巨大的变化。河里的水在动，浮在水面上的船在动，落入水中的剑也在动；那么，再进一步问，河床运动不运

① 《马克思恩格斯选集》，3版，第3卷，435页。

动？河两岸的山峦、房屋运动不运动？河流坐落的地球运动不运动？地球所处的太阳系运动不运动？是不是整个物质世界都在运动？世界上有没有不动的东西？现在我们就来讨论这个问题。

1. 运动是物质的根本属性

统一的物质世界具有丰富的多样性。物质世界是不是从来就这样丰富多彩呢？地球上是不是一开始就有这么多东西呢？不是的。地球上原来没有人，没有动物，也没有植物。地球诞生已经近50亿年了。但最低级的植物菌藻类出现才不过二三十亿年，最低级的无脊椎动物出现也不过六亿年，人类的出现还只是近二三百万年的事儿。由此可见，物质的存在虽然是永恒的，但它的形态却是变动着的。此时此地表现为这种形态，彼时彼地表现为那种形态，一种形态还可以过渡到另一种形态。正是由于物质的运动，才使得它的具体形态展现了多样性，并处在日新月异的变化和发展之中。运动是物质所固有的属性，物质和运动不可分割地联系着。物质是运动着的物质，运动是物质的运动。不运动的物质和离开物质的运动都是不可思议的。

物质是运动的物质　一说起运动，人们很自然地会想到田径运动、体操运动、球类运动一类的体育运动，或者“三反五反”运动、增产节约运动、爱国卫生运动一类的社会运动。当然，这些都是运动。不过，哲学上所讲的运动的含义要比它们广泛得多、深刻得多。哲学讲的运动是指世界上一切事物的变化和过程，从最简单的机械位移到复杂的社会变迁。用哲学的眼光来看，世界上的一切东西，从微小的尘埃到巨大的天体，无不处在永不停息的运动之中，绝对静止的、不运动的物质是不存在的。

古代希腊哲学家赫拉克利特曾经说过，万物都在流动，人不能两次踏进同一条河流。人们第二次下河时所接触的河水，已经不再是第一次所接触的河水了。河水奔流，它的运动是显而易见的。河岸是否运动？河岸与河水相比，似乎是静止的；然而实际上也在运动，只是不那么明显罢了。黄河每年将黄土高原大量泥沙冲到下游，这样，一来使河床渐渐升高，形成“地上河”；二来使下游的冲积平原不断扩大，海岸向海中延伸。河岸逐渐变成河床、平原、海岸。

人们常说“稳如泰山”，似乎泰山是不动的。其实泰山也并不那么稳，几百万年以来它一直在缓慢上升。高耸的山岳在漫长的岁月中由于风雨剥蚀，也会渐渐地变得平缓，或者出现如桂林山水那样的奇峰异洞。地球表面约有70%是海洋，30%是陆地。海洋变化万千，没有人否认它的运动；陆地则安静得多，但也并非不动。实际上，陆地和海洋作为一个整体，时刻都在运动着。这里不仅有地球表面的升降运动，而且还有水平的运动。100万年以来，地壳升降运动频繁，最快的地方一年可升降5～30厘米。海洋底部的扩张速度一般为每年2～10厘米。大西洋正在缓慢地向两侧扩张。按照现代板块学说的解释，印度所在的南亚次大陆原是非洲的一部分，以后从非洲板块分出向东北漂移；后来印度板块向亚欧板块俯冲，两大板块相遇，受到挤压，相互作用，形成了喜马拉雅山脉，至今喜马拉雅山脉仍在上升。看来，世界第一高峰——珠穆朗玛峰还是一个正在发育中的小伙子呢！

在宏观世界中，哪里有不运动的东西呢？地球自身旋转，并围绕太阳运行，于是有昼夜交替和四季更迭。太阳有自转，也有公转。太阳带着太阳系这个家族，以每秒约250公里的速度运动，2.5亿年绕银河系中心一周。银河系也在运动着。天体不仅有自转、公转这样的位置移动，而且还有自身形成、发展和毁灭的历史。太阳已有50亿年左右的历史，估计还可以像现在这样存在50亿年，以后就会由于能量大量消耗而变成不发光的黑矮星，太阳系也会随之毁灭。像银河系那样大的星系，也有产生、发展和解体的过程。就我们目前所见，不仅各个天体及天体系统都在运动着，而且它们作为一个整体也在运动着。

同样，微观粒子也处在不断的运动之中。我们常见的物质的三种聚集状态——固态、液态、气态，就是组成这种物质的分子运动的三种不同状态。它们的差异是由温度决定的，而温度的高低则标志着物质分子运动的量的大小。分子运动量小，温度就低，物质就处于固态；分子运动量加大，温度升高，到一定程度时，就变为液态；分子运动量再加大到一定程度时，就变为气态。水的三态变化就是我们最常见的分子运动。元素的化合和分解是原子的运动。氢气在空气中燃烧，氢和氧化合生成水。各种元素之间的转化表明，在它们之间存在着由此达彼的运动。

在天体演化过程中，当恒星中心的氦燃料耗尽时，碳核又会聚变成氦核，恒星中心的热核反应越来越向重元素发展。有的巨大恒星的热核反应可以一直进行到产生铁元素。恒星中出现铁元素以后，还会聚合成更重的元素，或者分裂成较轻的元素。放射性物质在放出射线后，也会发生蜕变，变成别的元素。一切元素的变化都是由原子以及组成原子的基本粒子的运动造成的。

基本粒子的运动有像天体自转那样的自旋；有绕核的旋转，如电子、正电子的运动；也有高速的直线运动，如光子和宇宙射线中的高能粒子的运动。基本粒子也有寿命，也有演化的过程。粒子之间相互作用，也会产生别的粒子。例如，电子和正电子相遇，就湮灭成两个光子。既然微观粒子都在运动，由微观粒子组成的宏观物体就不可能不运动。一个层次中物质的变化，总是由下一个层次中物质成分的运动造成的。这样一来，物质各个层次的运动便有机地联系在一起了。

由动物、植物、微生物构成的生物界，也在不断地运动、变化和发展。生物有机体是在漫长的历史过程中从无机物转变而来的。生物有机体不断地进行着新陈代谢、自我更新的运动。这种物质运动过程一旦停止，生物有机体的生命也就完结了。不仅生物个体是运动、变化、发展的，而且生物物种以及由全部物种构成的地球表面上的生物圈，也是运动、变化、发展的。现存的上百万种生物物种，就是由少数原始的单细胞生物进化而来的。在生物进化的运动过程中，由于生物自身的遗传和变异以及自然界的选择作用，不断产生新的物种。适应自然条件的物种得以保存和发展，不能适应自然条件的物种便被淘汰。

人和人类社会从动物界中最高级的类人猿及其群体生活中进化而来。人是运动的，不仅有位置的移动，有作为生物有机体的各种新陈代谢、自我更新的运动，而且有人所特有的大脑的思维活动，有人的生产活动和其他社会活动。由人构成的社会也是运动的，人类的生产活动、政治活动及科学、文化、艺术活动等的总和构成了社会运动。

可见，无论什么形态的物质都在运动、变化、发展。运动是物质的根本属性，不运动的物质是不存在的。物质只有在它的运动中才能被人们认识。人们对物质的具体认识，就是对物质运动形态的认识；认识物质的运动形态，就是认识物质本身。

形而上学唯物主义者否认物质是运动着的物质，设想不运动的物质。

他们有的宣布物质世界是永远如此，从不运动变化的；有的只承认宏观物体的机械运动，不承认其他运动。即使承认运动，也把原因归结为外力的推动。这无异于设想不运动的物质，因为在他们看来，物体在受外力之前仍是不动的。不仅如此，他们在解释整个物质世界的运动时，必然要到物质世界之外去找原因，从而不免陷入信仰主义和唯心主义。牛顿在解释行星围绕太阳运行时，就说这是由于上帝的"第一次推动"造成的。

运动是物质的运动　任何运动都是物质的运动，运动不能脱离物质而存在，非物质的纯粹运动是没有的。

物质是一切运动的承担者。机械运动是宏观物体的运动。杠杆的移动、滑轮的转动、钟摆的摆动，如果没有物质的杠杆、滑轮、钟摆，这种移动、转动、摆动就无法进行。热运动是分子的运动，化学运动是原子的运动，电运动是电子的运动，光运动是光子的运动，生物运动是生物有机体的运动，社会运动是物质资料生产方式的运动。

有些唯心主义者也不否认运动，但是他们反对把运动说成是物质的运动，而把运动归结为思想的运动，认为思想是运动的承担者。这种说法是不对的。实际上，思想是人脑活动的产物，各种思想活动都是以人脑这个特殊物质为其承担者的。

还有一种叫作"唯能论"的观点也是不对的。它说运动就是运动，不需要物质作为承担者。唯能论者歪曲物理学中关于质量和能量关系的公式$E=mc^2$（E是能量，m是质量，c是光速），说质量转化为能量，质量消失了，因而物质也消失了。实际上，这个公式揭示的是质量与能量之间一定的比例关系，表明具有多少质量的物质必然相应地具有多少能量。这不仅不能说明可以有离开质量的能量或离开物质的运动，恰恰相反，倒是说明了能量和质量、运动和物质的不可分割。唯能论者还歪曲正、负电子相遇可转化为一对光子的现象，说光子没有静止质量因而就是纯粹的能量，电子转化为光子就是物质转化为运动了。实际上，光子并不是赤裸裸的、纯粹的运动，而是具有微粒和波动双重特性的物质实体，电子转化成光子不过是物质形态之间的转化。这种现象进一步说明，不管什么样的运动都必须有物质作为它的承担者。

总之，物质和运动是统一不可分割的。不运动的物质和非物质的运动都不存在。设想不运动的物质，是形而上学；设想非物质的运动，是唯心主义。

2. 运动是绝对的，静止是相对的

动中有静，静中有动 也许有人会问：你说世界上的一切东西都在运动，怎么我们的工厂今天去上班它在那里，明天去还在那里，七八年了也不见它有什么变动呢？我的老师今天见他是这样，明天见他也是这样，两三年了也没觉得有什么大的变化。是的。我们说物质世界是运动的，并不否认也有静止或稳定。如果只有动没有静，我们就无法确认事物和区分事物，无法辨别张三、李四，甚至无法生活。所谓静止，是在一定意义上讲的。其一是指对于某种特定的运动形式而言，在一定场合不具有该运动形式就称之为静止，如房屋对地面而言是静止的；其二是指对于事物的质变而言，没有发生质变就称之为静止，如某人的相貌在一段时间内呈静止状态。任何运动当中都同时包含着静止。纯粹的运动是没有的。

一支箭射出去，在空中飞过，我们说它是动的，然而动中也有静。一方面，箭本身并未发生质的变化，箭仍然是由箭头、箭杆、箭尾三个部分构成的，它的质地也是稳定的；另一方面，箭在飞动中，初速度较大，在飞行中逐渐减速，最后落到地上，这里就有静的因素起作用。箭在飞行中受到空气阻力和地球引力的作用，使它趋于静止。箭的速度减慢表明其中静的因素在增加，以致最后落在地上，静止下来。

动中有静。可是，这种静止是物质运动中的静止或稳定，是物质运动的一种特殊形式或特定状态。我国明末清初的大哲学家王夫之说得好：静是静动，不是不动。就是说，静止不过是以静止的方式在运动，而不是不运动。人坐在那里是不动，似乎是完全静止的，其实这里边的运动一刻也没有停止，不仅人自身生理运动、心理活动在进行，而且还随着地球参加天体的运动。

运动的绝对性，静止的相对性 既然运动和静止相互包含，你中有我，我中有你，那么，可不可以把运动和静止并列起来，看成完全对等的东西呢？不能。运动和静止是统一的，是绝对和相对的统一。运动是绝对的，静止是相对的。

运动是绝对的，指它是永恒的、无条件的。运动是物质固有的属性，是物质存在的方式，因此，运动与物质一样是永恒的、无条件的。运动普遍地存在于一切事物之中，存在于一切过程的始终。一个事物只要它存在着，就必定在运动着。

静止是相对的，指它是暂时的、有条件的。

首先，任何静止都是在一定意义上讲的，超过这一定的意义就无静止可言。一个人走或跑为动，坐或卧为静，这里动和静的区别很明显。但这只是对于位置移动这种机械运动来说的，而且是相对于人与地球的位置关系来说的。人坐在那里，与地球的相对位置不变，在这个意义上说他是静止的。然而人体局部的机械运动还在进行，眼球在转动，心脏在跳动。至于人体内部的物理运动、化学运动、生物运动，更是一刻也没有停止过。大脑的运动也是不断的。即使人睡着了，还会做梦。不做梦的时候，大脑也不会完全静止下来。这里有运动方式和运动强度的不同，却没有运动和不运动的不同。就连人体的空间位置也不会固定不变。地球、太阳系、银河系都在运动，我们坐在地球上，日行远不止八万里，哪里有什么绝对静止可言呢?

其次，任何静止都是暂时的。无论是相对于某种特定的运动形式而言的静止，还是相对于事物质变而言的静止，都不可能是永远如此的，而是迟早要改变的，要由不显著变动的状态变成显著变动的状态。个别的运动趋于平衡或静止，而总的运动又打破这个平衡或静止。某种社会制度可以存在几百年、上千年，甚至几十万年。在这些年限以内，这种社会制度似乎是静止的，但这只是暂时的静止。由于社会内部的矛盾和斗争，它迟早是要发生变化的。纵观人类社会，就会看到整个社会历史中各种社会制度的更替变化。

最后，任何静止都是有条件的，只有在一定条件下才会出现，只有靠一定条件才能维持；不具备这一条件，或者条件改变了，这种静止状态也就不存在了。

运动和静止的辩证统一 运动与静止的关系是辩证的统一。首先，运动与静止是相互联系、相互依赖的。把运动与静止截然对立，只讲运动否认静止，或者只讲静止否认运动，都是不对的。必须在肯定运动绝对性的前提下承认相对静止的存在，在相对的静止中把握绝对的运动。其次，运动表现于静止之中，并通过静止来计量。事物运动的计量必须以这个事物的质的相对静止和计量手段的相对静止为前提。没有这个前提，就不能确定任何事物，不能确定任何运动形式，也就无法计量运动。最后，事物的运动无论表现为相对稳定状态，还是表现为显著变动状态，都是动和静的统一。相对稳定状态中有绝对的运动，运动进行到一定程度，又使事物呈现出显著变动的状态。在显著变动状态中又有相对静止，静止的因素使事物运动到一定程度又呈现出相对稳定的状态。总之，运动与静止相互联系、相互依赖、相互作用、相互转化。

形而上学不了解运动和静止的辩证统一关系，把静止看成绝对的、无条件的，从而把它说成是物质世界存在的基本方式，完全否认了运动。这是错误的。同时，也还有一些人站在另一个极端上，完全否认静止状态的存在，这是一种相对主义的观点。我国古代有个笑话，给相对主义者画了一幅肖像。有个人向别人借了二两银子。过了一段时间，别人来讨。他不但不认账，而且还讲了一番“道理”。他说，一切都在变化，现在的我已不是过去的我，过去的我借了钱由过去的我还，与现在的我无关。闻者大怒，将他痛打一顿。借债人便把债主扭送见官。债主把事情原委叙述一遍之后，便按照借债人的逻辑说：打你的是过去的我，不是现在的我。县官听罢，哈哈一笑。

相对主义者把一切物质形态都说成是瞬息万变、不可捉摸的东西；人们对于事物什么也不能说，因为还没等说出，它早已变得无影无踪了。在他们看来，万事万物都是一阵风，转瞬即逝。你说人不能两次踏进同一条河流，他说连一次也不可能踏进。按照相对主义者的观点，连他本人也要被否定了。这种观点貌似看重运动，实际上却由于抹杀了相对的静止状态，从而也就抹杀了事物的质的规定性以及事物之间的界限，使人无法把握运动。因此，与其说它强调运动，还不如说是通过歪曲运动而从根本上否定了运动。

3. 物质的运动是由物质本身固有的矛盾推动的

物质为什么会运动？它的动力在哪里？这一直是人们非常关心的一个问题。过去人们以为，一个物体在那里，没有外力推动是不会运动的，因而物质世界的运动最初也必定有个外来的力量。宗教教义说“上帝”、“神”的力量是一切运动的原动力，甚至像牛顿这样的大科学家由于不了解物质运动的内在根据，也把行星运动的原因说成是“神臂”的“第一次推动”。这些说法都是不对的。实际上，物质的运动是物质自己的运动，运动的动力只能到物质自身去寻找。

当我们对客观物质世界进行深入的观察时就会发现，构成世界的各个部分、各个事物、各个方面、各个因素之间，由于相互联系和相互作用，形成了各种各样的内在矛盾。吸引和排斥这个物质世界最基本的相互联系和相互作用就是一对矛盾。天体系统内部成分之间的吸引和排斥的矛盾，推动了天体系统的运动和演化。现代天体演化学在说明星系演化、恒星演化、太阳系起源时，都极为注意对吸引和排斥这对矛盾的分析。像太阳这样的恒星，在它的一生中就始终贯穿着吸引和排斥的矛盾，这对矛盾推动了恒星演化的运动。

矛盾是物质本身所固有的。物质世界到处都充满着矛盾。不同事物有不同的矛盾。尽管这些矛盾各有特点，然而在推动事物运动这一点上却是共同的。机械运动中有作用和反作用的矛盾；电运动中有正电和负电的矛盾；化学运动中有化合和分解的矛盾；原子内部有原子核和电子的矛盾；原子核内部有质子和中子的矛盾；基本粒子之间有正粒子和反粒子的矛盾；生命运动中有同化和异化、遗传和变异的矛盾；人脑运动中有兴奋和抑制的矛盾；社会运动中有生产力和生产关系、经济基础和上层建筑的矛盾，有人与人之间、阶级与阶级之间的矛盾；等等。总之，矛盾是普遍存在的，没有矛盾就没有运动。

运动的本质就是矛盾。任何事物的运动都是间断性和不间断性的对立统一。机械运动的简单位移，例如奔驰的汽车，在同一瞬间既在某个地方又不在这个地方，或者说在达到某个地方的同时又离开这个地方。这里就有间断性和不间断性矛盾的统一。光具有微粒性和波动性，也是间断性和不间断性矛盾的统一。光的矛盾性质使它在运动中既表现为连续不断的波动前进的射线，又表现为沿着这种波形路线运动的大量微粒子。

生物有机体，如人体，也是间断性和不间断性矛盾的统一体。人体内部的生命运动，表现为人在一瞬间既是他自身又不是他自身。是他自身，表明他的不间断性；不是他自身，表明他的间断性。这个矛盾在生物有机体生存中始终存在着。

人类社会发展过程中各种社会形态的更替，一种社会制度向另一种社会制度的转变，表现出间断性。与此同时，旧社会的生产力以及社会物质财富和精神财富却保留下来，社会成员——人的世代延续仍在继续。新社会是由旧社会发展而来的，这又是不间断性的表现。

人类的思维运动本身，也包含着间断性和不间断性的矛盾。在思维中，概念的分化和确切性是正确思维的前提，这是思维间断性的表现。但是仅有间断性的概念还不能思维，还要有把概念联系起来的判断，以及把判断联系起来的推理，这又表现了不间断性。一个判断对于概念来说是不间断的，但对于推理来说又是间断的。

由此可见，从简单的机械位移直到最复杂的思维，各种运动本身都是矛盾，运动就是矛盾的表现。正是矛盾推动了事物的发展变化，构成了事物的运动。

4. 物质的运动具有多种多样的形式

运动是物质的运动，是由事物内部的矛盾推动的。事物以及事物内部的矛盾具有多样性，运动的形式也必定是多种多样的。

物质运动的五种基本形式 物质运动的表现形式是多种多样的。恩格斯曾经根据19世纪科学发展所达到的广度和深度，按照由低级到高级、由简单到复杂的顺序，把物质世界的各式各样的运动概括为机械运动、物理运动、化学运动、生物运动和社会运动五种基本形式。这五种形式是物质运动基本的形式。在每种基本形式中，又分别包括许多种形式。例如，机械运动中包括平动和转动、滚动和滑动、直线运动和曲线运动、等速运动和变速运动等形式；物理运动中包括分子热运动、电磁运动、基本粒子运动等形式；化学运动中包括化合和分解、氧化和还原、中和和水解等形式；生物运动中包括呼吸、消化、循环等形式；社会运动中包括生产活动、政治活动等形式。

各种运动形式之间的关系 不同的物质运动形式具有不同的物质基础。各种物质运动形式是相互联系的，在一定条件下能够互相转化。对物质运动各种形式之间的关系，一方面要把握它们的区别，另一方面要把握它们的联系和转化。

物质运动各种形式是相互区别的。物质运动形式的区别，首先在于它们各自有不同的物质基础。机械运动的物质基础是宏观物体，物理运动的物质基础是分子、原子核、基本粒子和场等，化学运动的物质基础是原子，生物运动的物质基础是核酸和蛋白质，社会运动的物质基础是物质资料的生产方式。在这些运动形式中，社会运动是最高级、最复杂的运动形式。其次，各种物质运动形式的区别还在于，它们各自都有自己的特点和规律，由此使各种运动形式明显区别开来。机械运动不同于化学运动，机械运动是宏观物体在不发生质变的条件下的位置移动，化学运动则是物质由于原子的相互作用而引起的分子水平上的质的变化过程。社会运动虽然离不开机械的、物理的、化学的以及生物的运动过程，但它又不是这几种运动形式的简单相加，而是在这几种运动的基础上形成的更高级、更复杂的运动，有着不同于上述运动形式的特点和规律。社会运动是客观的物质运动，但又是通过人的有意识的活动来进行的，社会发展的规律通过人的自觉活动而表现出来。

物质运动的各种形式之间又有着内在的联系。物质运动的各种形式彼此不是各自独立、互不相关的，而是一个有机地联系着的整体。各种运动形式之间形成一个由低级到高级、从简单到复杂的发展系列。低级的、简单的运动形式是高级的、复杂的运动形式的基础，后者是从前者发展起来的，并且还包括和改造了前者。生物运动是在一定的条件下从自然界的机械运动、物理运动、化学运动长期发展中产生的。社会运动则是在机械运动、物理运动、化学运动和生物运动长期发展中产生的。

这种有规律的过程，表现了各种物质运动形式之间的内在联系。人是从事社会运动的主体，但人本身机体内部既有机械的肠胃蠕动，有食物转化为热量的物理运动，有把吸入的氧气变成二氧化碳的化学运动，有各种新陈代谢、遗传变异的生物运动。没有这些运动形式做基础，也就不可能有从事社会运动的人。人类的生产活动属于社会运动，其中各式各样的生产活动都是各种运动形式的综合体。

物质运动的各种形式之间可以相互转化。生活中常见的摩擦生热，就是机械运动转化为物理运动的过程。太阳内部氢核聚变为氦核，属于物理运动；阳光照射地球上的绿色植物发生光合作用，转化为化学运动；植物由于光合作用而生长、开花、结果，又转化为生物运动；大量植物的遗体埋藏在地下，隔绝空气，经过若干万年成为煤，煤燃烧，又转化为化学运动；由于烧煤使液态水变成水蒸气，水蒸气推动汽轮机叶片，又转化为物理运动；叶片带动发电机转动，又转化为机械运动；发电机转动起来发电，又转化为物理运动……如此这般的转化，在物质世界各种运动形式之间普遍地、无限地进行着。各种运动形式之间的联系和转化，使整个物质世界成为一个统一的生气勃勃的整体。

物质是世界的本质，运动是物质的本性。物质既不能凭空创造，也不能凭空消灭，而只能由一种形态转变为另一种形态。同样，运动也是既不能凭空创造，也不能凭空消灭，而只能由一种形式转变为另一种形式。物质形态的变化也就是运动形式的变化，物质形态的不同归根到底是以物质运动的形式来区别的。

哲学上关于物质和运动这种守恒和转化的思想，很早就有人提出。但在古代，这只能是哲人们一种天才的猜测。这个原理在近代科学的发展中得到了光辉的证实。化学上的物质不灭定律证明：参加化学反应之前的物质总量与反应之后的物质总量相等。近代自然科学不仅揭示了各种物质运动形式的相互转化，而且发现运动形式转化前后运动的量不变。能量守恒和转化定律证明：物质的运动既不能被创造，也不能被消灭，它只能从一种形式转化为另一种形式。物质及其运动是永恒的、绝对的，物质的具体形态、运动的具体形式又是变化的、相对的。绝对存在于相对之中，永恒存在于变化之中。

要跟上形势

正确理解关于物质世界的运动的基本原理，对于我们的实践活动具有重要的意义。

第一，既然运动是物质的根本属性，任何物质都是运动着的物质，那么，我们就应当坚持用运动、变化和发展的观点来观察和处理一切问题，反对实际工作中的形而上学。要真正做到从实际出发，就必须注意研究客观情况的运动变化，从运动变化着的实际出发，使自己的思想跟上不断变化的客观情况，否则思想就会僵化，就必定落后、被动。

第二，既然运动的绝对性和静止的相对性是统一的，那么，我们在实际工作中，就应当把变革和稳定统一起来，既要注意变革现实以推动事业的发展，又要注意稳定局面以巩固变革的成果。在经济工作中既要注意改革、提高，又要注意调整、巩固；既要注意根据情况的变化随时修订政策和计划，又要赋予它们以一定的稳定性，不能朝令夕改，使人无所适从。

第三，既然物质运动的动力在于物质自身的矛盾，那么，我们在实际工作中遇到问题时，就应当注意分析问题本身的矛盾以寻求解决问题的方法，推动各项事业的发展。在从事实际工作的过程中，每一地区、每一部门应当注意分析本地区或本部门的长处和短处、优势和劣势，发挥优势，扬长避短，依靠本地区、本部门自己的力量把各项建设事业搞上去。

第四，既然物质的运动具有多种多样的形式，各种形式之间既有区别又有联系，那么，我们在实际工作中，就应当注意分析各种运动形式的特点、联系和转化，注意克服简单化的倾向。

阅读书目

反杜林论：第一编六．见马克思恩格斯选集．3版．第3卷．北京：人民出版社，2012.

自然辩证法：物质的运动形式以及各门科学的联系，运动的基本形式．见马克思恩格斯选集．3版．第3卷．北京：人民出版社，2012.

唯物主义和经验批判主义：第五章3．见列宁选集．3版修订版．第2卷．北京：人民出版社，2012.

中国革命战争的战略问题：第一章第一节．见毛泽东选集．2版．第1卷．北京：人民出版社，1991.

矛盾论：一．见毛泽东选集．2版．第1卷．北京：人民出版社，1991.

抗日游击战争的战略问题：第四章．见毛泽东选集．2版．第2卷．北京：人民出版社，1991.

论持久战：七八～九十．见毛泽东选集．2版．第2卷．北京：人民出版社，1991.

关于正确处理人民内部矛盾的问题：一．见毛泽东文集．第7卷．北京：人民出版社，1999.

第四讲　物质世界运动的时间和空间

世界上除了运动着的物质，什么也没有，而运动着的物质只能在空间和时间中运动。①

——列宁

阿基米德能不能举起地球?

阿基米德是古希腊的一位著名学者，杠杆原理就是他发现的。相传，阿基米德曾经说过："给我一个支点，我就能举起地球。"这个设想在理论上似乎是可行的，然而在实际上却是办不到的。后来有人根据杠杆原理（动力的力矩等于阻力的力矩）对阿基米德的设想做了一番计算：即使真的找到了另外一个星球做支点，也制成了一根足够长的杠杆，做功的一切条件也都具备，那么，凭着阿基米德的力气，他在杠杆的一端往下按，需要走多长的路程才能把另一端重约 6 千亿亿吨的地球举高 1 厘米呢？大约 1 亿亿公里。他走这段路程需要多少时间呢？大约 30 万亿年。阿基米德即使一辈子按着杠杆走个不停，也不能把地球举起一丝一毫。聪明的阿基米德说了一句多么不知深浅的大话呀！

从哲学上来说，阿基米德的失算就在于忽略了物体运动的空间关系和时间关系。他记住了杠杆原理中力的作用关系，却忘记了要实现力的作用还必须使杠杆的力点移动相当的距离，为此还要经历相当的时间。可见，要把握物质的运动，不了解它的时空关系是不行的。那么，什么是时间，什么是空间，它们各自都有些什么特点，与物质运动有什么关系呢？

① 《列宁选集》，3 版，第 2 卷，137 页。

1. 时间和空间是物质运动的存在形式

在实际生活中，我们都有这样的经验：当你通知别人开会时，少不了要交代清楚开会的时间和地点；当你向别人叙述一件事情时，少不了要告诉人家事情发生的时间和地点；甚至在给小孩讲故事时也总是一开头就说，从前在一个很远的地方如何如何，少不了也是先交代故事发生的时间和地点。所有这些都表明，只要一件事情发生了，就有它发生的时间和地点。用哲学的语言来说，任何事物只要它存在着，就必然运动着，而只要它运动着，就必然占有一定的空间，经历一定的时间。没有时间和空间，物质的运动就不能进行，从而物质也就不可能存在。所以，时间和空间是物质运动或运动着的物质的存在形式。

时间和空间是物质运动的持续性和广延性　提起时间，人们自然就会想到年、月、日、时等。其实，年、月、日、时并不是时间本身，而是人们对于时间的一种表述。那么，时间究竟是什么呢？时间是物质运动过程的顺序性和持续性。任何物质运动都是一个过程，这个过程又都包含着各个不同的阶段。每一过程以及每一过程中的各阶段，都与其他过程或阶段前后相继，表现出某种顺序性；它们本身又表现为某种持续性。“物换星移，日月如梭”也好，“寿比南山”或“昙花一现”也好，说的都是物质运动的顺序性和持续性。人类关于时间的概念就是物质运动的这种特性的反映。年、月、日、时、分、秒等时间单位，就是人们根据这种特性制定的时间标志。

提起空间，人们自然又会想到房间、箱子等日常生活中所见到的容器。然而这些也都不是空间本身，而是具有空间特性的一些物体。那么，空间是什么呢？空间是物质运动过程的伸张性或广延性。它指的是物体的形状和体积，物体所占据的位置，物体彼此间的并存关系和分离状态，以及物质运动所具有的规模和波及的范围。“登高壮观天地间”也好，“螺蛳壳里做道场”也好，人们看得见、摸得着的一切都具有空间形式。人类关于空间的概念就是对物质运动的伸张性或广延性的反映。

时间的特点是一维性，空间的特点是三维性。“维”这个字来源于拉丁文，意思是“完全地加以量度”。有几维就是必须用几个量来量度，或只要用几个量就完全可以量度。

时间的一维性是指，对于时间的量度只需要一个数量。任意一个时刻，都可以用一个数量完全把它量度出来，表示出来。假如我们用一条直线表示时间的顺序和持续，确定一个方向，再取某一时刻作为这条直线上的原点，那么，在这条直线上的任何一点都与某一时刻相对应，或者说任何时刻都可以用这条直线上的某一个点来表示它。此外，再也不需要其他数量了。时间的一维性通常还用来表示另一个意思：时间只有一个方向，具有不可逆性。时间的流逝总是沿着“过去——现在——未来”这一“直线”前进，并且一去不复返。“时乎时乎不再来”，“所遇无故物”，说的就是这个意思。“过去”只能回顾，不能重演；“未来”也只能展望，而不能提前。

空间的三维性是说，物体的空间关系可以用三个数量完全量度。在空间中任何一点上，可以引出，也只能引出三条相互垂直的直线。用这样的三度坐标就可以说明某一物体的空间位置。比如说明一架飞机的空中位置，必须说明它所处的经度、纬度以及水平高度这三个数据。一个物体的体积或它所占有的空间，是由它的长、宽、高三个因素决定的。

物质运动离不开时间和空间　时间和空间是运动着的物质的存在形式。它们与物质运动彼此不可分离。离开物质运动的时间和空间，或者离开时间和空间的物质运动，都是不可设想的。

为什么说物质运动离不开时间和空间呢？因为离开时间和空间，物质的运动就不能进行，就没有物质的运动或物质的存在。拿最简单的机械位移来说，一个物体从这里移到那里，这个移动本身就是物体按照一定顺序持续下来的过程，这就是时间。所谓“这里”、“那里”以及两者之间的距离就是空间。说某个东西没有时间，也就等于说它没有寿命；而“没有寿命”本身就意味着根本不曾存在过。同样，说某个东西没有空间，也就是说它不在任何地方；而任何地方都没有的东西，当然也只能意味着它是从未存在过的东西。

迄今为止，我们所知的最小的物体是基本粒子，体积在 $10^{-14}\sim10^{-13}$ 立方厘米之间，寿命极短的“共振态”粒子，也许只能存在千万亿亿分之一秒。即使这样，它们也还是有体积、有寿命的。物质运动的最大速度是光速。它在真空中每秒钟可以走 30 万公里。可以想象，光走 1 公里所需要的时间是多么短暂。然而，再短也还是有时间的。总之，宇宙间的一切物质都以运动的方式存在着，而运动则必以时间和空间的形式进行。

我们通常用宇宙或世界作为万事万物的总称。这个“宇”（界）就是空间：上下四方曰宇（界）；这个“宙”（世）就是时间：古往今来曰宙（世）。可见，在人们的常识中也表现了物质与时间和空间不可分离。

时间和空间离不开物质运动　为什么说时间和空间也离不开物质的运动呢？因为离开物质的运动就无所谓时间和空间。我们知道，平常所说的“一年”就是指地球绕太阳公转一圈，“一天”就是指地球自转一圈的持续过程；如果撇开地球的运动，所谓年或日就成了既无意义，又毫不相关的词了。同样，人们要想知道时间或测量时间，也必须通过某种形式的物质运动才能做到。过去，人们曾经想过许多办法，除了直接观测天体运行外，还根据日影移动（日晷和圭表）、水或沙的流动（漏壶和沙漏）、火的燃烧（信香、蜡烛和火钟）等等来计算时间，后来又制造出用某种机械运动来计算时间的钟表。现在，科学家们还在寻找更精确的、可以测量更短暂时间过程的方法，如利用分子、原子和原子核的运动来计时的“分子钟”、“原子钟”和“核钟”等等。

所有这一切都说明，时间是和物质运动不可分割地联系着的。没有物质运动的时间是无内容的形式，是不存在的。有人说，即使把我关在一个看不见任何物体运动的地方，我也能测量出时间的长短，难道这不能说明时间可以离开物质运动吗？实际上，这个人对时间的测量仍是建立在物质运动基础上的。他的呼吸、心跳、饥饿和困倦等等，以及建立在生理过程基础上的心理过程，都是他测量时间的根据。

空间也是不能离开物质的运动而存在的。无物质运动的空间同无物质运动的时间一样，是无内容的形式，是没有意义的。通常所说的“真空”其实并不真是空的。在抽光了空气的容器里或在宇宙太空中，仍然存在着各种物质粒子和场。分子、原子和原子核中的粒子之间，也是物理场的天下。同时，空间的量度也是与物质的运动紧密相关的。米是测量空间长度的一种单位。起初，法国人在18世纪末测量出通过巴黎的子午线长度，取其四千万分之一定为1米。后来，1960年国际计量大会规定，用氪$_{86}$的气体在真空中发出的橙色光波作标准，以它波长的1 650 763.73倍为1米。

时间空间不可分离　既然时间和空间都与物质的运动不可分离，那么，时间和空间之间当然也是彼此不可分离的。很明显，二者的任何分离都意味着其中之一同物质运动的分离。谁都知道，通知别人参加会议或与朋友约会，只告诉时间而不说明地点，或者只规定地点而不规定时间，都是不成的。开车时为了取得空间，常常需要“宁停三分，不抢一秒”，就表明单有时间是不行的。在遭到敌人突然袭击时，常常为了争取时间而主动撤退，让出一定的空间，就表明打仗单有空间是不行的。所有这些都说明了时间和空间不可分离。

自然科学中有很多量度单位，也体现了时间和空间的这种不可分离的特性。例如，用时间形式来表示空间距离的“光年”等等；用空间形式来表示时间长短：钟表指针的移动、粒子的振动次数等等；用时间和空间结合的形式来表示运动状况：速度单位（米/秒）、功率单位（公斤米/秒）等等。任何事物不仅存在于三维的空间之中，而且存在于一维的时间之中。因此，现代物理学把物质运动的时间关系和空间关系看作一个整体，从时间的一维性和空间的三维性相结合的立场上来描述物质运动。对于航线的管理人员来说，单单知道飞机的空间位置的坐标是不够的，还必须掌握它的时间坐标；只有知道了飞机在什么时间处于空间的什么位置，才是有意义的。可见，飞机是在由三维空间和一维时间构成的四维时空连续区中飞行的。这又进一步证明了辩证唯物主义关于时间与空间不可分离的原理。

2. 时间和空间具有客观实在性

运动着的物质是客观实在的，作为物质运动形式的时间和空间当然也是客观实在的。唯物主义世界观承认物质运动的客观性，也必然承认时间和空间的客观性。

时间和空间客观性的含义　时间和空间的客观性是指它们在人的意识之外，并且不依赖人的意识而存在着。在这一点上，它和物质及其运动的客观性是完全一致、不可分割的。有人觉得物质的客观性容易理解，而时间和空间的客观性不好理解。他们问：谁能拿出一小块空间？或者用显微镜看见一小段时间？这种提问方式本身就表现出对时间和空间的客观性存在着误解。实际上，看得见、摸得着并不是客观性的主要标志；不依赖于人的意识而独立存在，才是客观性的本来含义。时间和空间的存在确实不以任何人的意志、愿望为转移。任何人都不能不生活在一定的时间和空间之中。

退一步说，时间和空间的客观存在也不是绝对看不见、摸不着的。我们看到一个物体，如一堆木材、一袋水泥、一间屋子、一片草地、一朵白云等等，实际上也就是看到了每一个物体上体现的一定的空间。我们看到一个运动过程，如汽车行驶、钟表滴答、日薄西山、流水潺潺、树影横斜、飞鸟啼鸣、雷电交加、雨过天晴等等，实际上也就是看到了时间的流逝。可见，时间和空间并不是神秘莫测的，它们与运动一样是客观的，但又不是可以离开物质而单独存在的实体。

唯心主义者否认物质的客观实在性，也就必然要否认时间和空间的客观实在性。康德主义者说时间和空间是人们头脑中先天固有的一种“形式”，用这种形式可以把事物或现象整理得先后有序、各得其所。马赫主义者说时间和空间是人们调整感觉系列的心理体验，凭着这种体验人们可以判别顺序和方位。黑格尔主义者说时间和空间是“宇宙精神”的显现，“宇宙精神”在展现自己时表现出一定的顺序和方位，因而才有时间和空间。这些说法都是错误的。他们都把时间和空间说成了观念性的东西。

时间空间客观性的证明　不少唯心主义者在否认时间和空间的客观性时，常常是通过歪曲时空观念的相对性来进行论证的。他们说，既然一段路程可以说它是1公里，也可以说它是2市里，也可以说它是0.621英里，也可以说它是0.54海里，可见没有客观的空间；既然心情愉快、生活充实感到时间过得快，心情烦闷、生活空虚感到时间过得慢，可见时间也不是客观的。这个说法的错误在于，把对时间的感觉和对空间的量度与时间空间本身混为一谈了，从而由前者的某种主观性引出了后者的主观性。这当然是错误的。那么，又怎样证明时间和空间具有客观性呢？

首先，人的时间和空间观念是对于外界事物的反映，而不是主观自生的。每个人都有这种经验：一个正常的人蒙上一只眼睛看东西，往往搞不准距离；雪后的早晨往往以为自己起迟了；如果是阴天，一觉醒来又会误以为天色尚早。这些都说明，人的时空观念是从感觉得来的，而感觉是由外界事物引起的。

其次，人类时空观念的发展，来自对于时空特性认识的深入，而不是来自人的自我意识或上帝的启示。起初，人们曾以为时间和空间都是有限的。他们把宇宙看成是一个以地球为中心的封闭体系，认为原子是空间的最小单位，时间也是有开端的。后来，由于弄清了地球在太阳系中的地位，并不断发现太阳系和银河系以外的天体和星系，由于对基本粒子研究的深入，宇宙空间在宏观上无限广阔、在微观上可以无限分割的思想才逐渐为人们接受，时间上有开端的思想也随之发生了相应的变化。

再次，人类是宇宙时空中很小的一部分，并非宇宙是人的一部分，不能说时空是人的意识的产物。地球上人类及其意识的产生仅仅是300万年左右的事，而地球和太阳系的存在已有近五十亿年的历史。太阳系以外的星群，有些已有二三百亿年的历史或者更长。在人类出现以前，宇宙就已经历了漫长的时间，在人类生存的空间之外，还有浩渺无际的空间。怎么能说时间和空间是人类意识的产物呢？

又次，对于时间和空间的适应性反应，不单是人类行为的特征，而是整个生物界的特征。古往今来，人们曾对动植物在大自然的时间变换中所表现出来的和谐反应做过无数次观察，并已视为平常。“碧云天，黄叶地，西风紧，北雁南飞”，这优美的诗句不就是对这种现象的描写吗？像落叶知秋、雄鸡报晓、花木逢春、布谷催耕，以及许多动物昼行夜伏或夜行昼伏的习惯，谷物种植生长的节气等等，都同人们的生活一样有着鲜明的时间特征。有人发现，根据各种植物开花的一定时间，可以设计出“花钟”；根据鸟儿醒来的时间，可以设计出“鸟钟”。现代科学对生物钟的研究表明，所有生物体内都具有能够反映时间变化的生理系统。动植物对空间的适应性也是显而易见的。候鸟迁徙上千公里而不迷失方向，鱼虾在海洋中每到一定时候就游到很远的地方去产卵，这些都表明它们判别方位的空间感觉能力已达到相当发达的水平。植物在生长过程中争取空间条件的特点也是很突出的。大石头缝里的幼苗曲曲折折地生长，茂密森林中的树木常是笔直高大，而开阔地上的树木则有庞大的树冠等等。由此可见，把客观的时间、空间说成人的意识是错误的，认为时间和空间只同人和人的意识相联系，也是不符合事实的。

最后，人类的实践随时随地都在证明着时间和空间的客观性。人类要生存就必须从事生产和其他社会活动。如果不能正确地反映客观事物运动的时空特性，任何社会活动都无法进行。农民种地必须掌握适于作物生长的时令和地域；司机随时需掌握行车速度（即空间与时间的关系 $V=s/t$），否则一不当心就要违章肇事；指挥员若不善于选择利于进攻的时间和地点，必定打败仗；战斗中下达命令过早难免泄密，过迟来不及动员，范围过广易于走漏，过窄难于晓谕……这些都使人深切感到，物质运动的时间和空间是不以人的意志为转移的。人只能认识它、掌握它，而不能消灭它或创造它。

时间和空间依赖于物质，凭借物质及其运动而存在。这是时间和空间客观性的根据，也是时间和空间其他特性的根据。

3. 时间和空间的特性随物质运动状态的变化而变化

时间和空间的具体特性是可变的 物质世界的存在是绝对的、无条件的。时间和空间作为物质的存在形式，它们的客观实在性也是绝对的、无条件的。但是，时间和空间的具体形态、具体特性却是相对的、有条件的、可变的，正如物质的具体形态是相对的、有条件的、可变的一样。

在历史上很长一段时间里，人们习惯于把时间、空间看成与物质运动无关的、绝对不变的东西。在他们的想象中，时间好比是在一切物质运动旁边静静地、均匀地流动着的一条“河”，无论物质运动怎样变化，它总是照样流逝；空间好比是一座“旅馆”，“房客”来了就住进去，“房客”走光了，“旅馆”就空着，无论有“客”无“客”，它都毫无变化。

历史上代表这种时空观念的有两大科学体系。一个是欧几里得几何学。在它那里，空间的特性是永远不变的，直线向两端无限延长永远也不会相交，三角形三内角之和永远等于 180 度，等等。另一个是牛顿经典力学。牛顿提出了“绝对时间”和“绝对空间”的概念，甚至还设想了量度这种绝对时空的标准钟和标准尺。

数学的发展提出了许多同欧氏几何学定理相矛盾的事实。例如，所谓直线实际上只是两点之间最短的线。在一个弯曲的面上，这条线就是曲线，海平线、地平线就是如此。由此，非欧几何学的创始人罗巴切夫斯基和黎曼先后提出，三角形三内角之和不等于 180 度。非欧几何学的理论在对天体运动的精密观察或对微观粒子的深入研究中得到了证实。

我们知道，地球仪上的每条经线都是与赤道（纬线）垂直的，但是一切经线又都相交于两极；由两段经线和它们所夹的一段赤道所组成的三角形的内角之和必定大于 180 度。事实表明，非欧几何学所反映的大尺度宇宙空间和小尺度微观空间，与欧氏几何学所反映的普通的、有限的地面空间的特性是不同的。空间关系的特性随着物质状态的不同而发生变化，一成不变的空间特性是不存在的。

20 世纪初创立的爱因斯坦相对论，用新的科学事实揭示了时间和空间与物质运动之间存在着不可分割的联系，并且以精确的形式描述了时空特性随着物质运动状况的变化而变化的情况。

宇宙万物都处在永恒的运动之中。人们观察事物通常都是立足于地球，把相对于地球表面静止着的称为静止状态，相反的称为运动状态。可是，地球随时都在以每秒 30 公里的速度围绕太阳公转，而太阳又带着它的全体“随员”以每秒约 250 公里的速度围绕银河系的中心旋转，银河系又以每秒 200 多公里的速度朝着麒麟座的方向疾飞。因此，要想找到一个绝对静止的参考系，从一个绝对的标准出发来测量时间和空间，是不可能的。对于一个等速运动的物体来说，它的运动或静止只能相对于某一天体（例如地球）来测定。这就是说，我们对时间、空间各种特性的了解，并不是宇宙中绝对的时空特性，而是从我们的条件出发，以我们的环境为标志的，因而具有相对性。这叫狭义相对性原理。

科学研究证明，光在一般情况下沿直线传播，速度不变，这叫光速不变原理。直到目前为止，我们对时间和空间的任何计量，最终都是通过与光的运动相比较而确定的。因此，光的速度就成为我们理解时间和空间具体特性的一个界标。相对于不变的光速而定的大和小、长和短、远和近、快和慢等等，都因物体运动与光速的对比不同而有不同的标准。达到或超过光速的运动，在我们现有的时空观念下是无法测量和理解的。而某一物体运动速度一旦接近光速，我们就会看到时空特性的显著变化，这就是说，我们通过测量而得到的对时空特性的认识，都是相对的。

狭义相对性原理和光速不变原理，从各自的角度证明了运动的绝对性。正因为物质的运动是绝对的，所以不能人为地把某一种时间和空间特性规定为普遍的绝对的形式，而必须从运动出发来研究时间和空间的状况。

时间和空间的特性随物质运动状态的变化而变化　爱因斯坦从狭义相

对论的原理出发，研究了物体的高速运动，揭示了时空特性随着物质运动速度的变化而变化的情况。狭义相对论认为，在不同的运动体系中，物体的空间广延和时间持续也是相对的。通过计算表明，在接近光速的物体上测出的时间，要比低速运动物体的时间过得慢，空间长度（沿运动方向）要缩短。这就是所谓“钟慢尺缩”效应。这种钟慢和尺缩尽管目前还没有实际看到过，然而却得到了科学实验的证明。

人们发现，宇宙射线在距离地面 10 公里以上的大气层中，会由于原子核间的高速碰撞而产生一种 μ 介子。这种 μ 介子在静止时平均寿命只有百万分之二秒。按照这个寿命，它从 12 公里的高空以近于光速的速度向地面降落，只要飞出 0.6 公里就应该衰变完毕，无论如何也不可能达到地面。但是据统计，现在每分钟都有数百万个 μ 介子从高空降落到地面。它是怎样到来的呢？一种回答是：它以 20 倍的光速飞行。另一种回答是：μ 介子的时间过得很慢。据测定，它达到地面时的速度是小于光速的，所以，第二种答案是正确的。

时间和空间特性不仅与物质运动的速度有关，而且与物质及其运动的其他状态也有关系。爱因斯坦的广义相对论通过引力场的研究揭示出：物质质量的大小、分布情况、物质的运动以及引力场的强度决定着时间流逝的快慢和空间弯曲的程度。物质的质量越大，引力场越强，那里的时间就越慢，空间就越弯曲（相对于欧氏几何学所表示的空间特性来说）。爱因斯坦根据他的这一理论曾经做过一个著名的预言：由于太阳有巨大的质量和强大的引力场，太阳附近的空间是弯曲的，从太阳附近经过的光线也会发生偏转。这个预言在 1919 年通过观测得到证实。

4. 时间和空间在总体上是无限的

我们接触到的每一个事物，都是整个宇宙的一个部分，都处在历史发展过程的一定阶段上。它们都有自己产生、发展和灭亡的历史，各自具有特定的形状、体积和规模，占有特定的位置。因此，它们在时间上是暂时的，在空间上是有限的。然而，由这些暂时的、有限的事物所组成的宇宙却是永恒的、无限的。也就是说，时间和空间就其总体和根本属性而言，是无限的。

时间和空间的无限性 时间的无限性，指的是时间既没有开端也没有终点。从物质运动过程的某一时刻，无论追溯过去或展望未来，都永远不会到头。过去之前还有过去，无穷无尽；未来之后还有未来，无止无息。空间的无限性，指的是空间在任何一个方向上都没有尽头，既没有中心，也没有边缘。“其大无外，其小无内”。从空间的任何一点开始，向前后、左右、上下三个方向伸张开去，都没有止境。天外有天，无边无际。

时间的无限性和空间的无限性是紧密联系而不可分割的，肯定了这一个，也就是承认了另一个。时间和空间的无限性与物质的无限性，以及物质运动的永恒性是紧密联系着的。时间和空间的无限性不过是物质及其运动的永恒性和无限多样性的表现。

由于人们日常生活中所接触的东西都是有限的，再加上人们往往根据自己的直接经验来理解问题，因而对于时间和空间的无限性觉得难以想象。唯心主义者和神学家们正是利用人们这种心理来宣扬时空有限论的。他们说现实世界在时间上有开始，目的是要论证世界是上帝在某一时刻创造出来的；说在空间上有边界，目的是要在现实世界之外给上帝找一个居住的场所。那么，我们怎样才能驳倒唯心主义哲学家和神学家的谬论，克服日常狭隘经验的局限，树立起关于时间、空间无限性的观点呢?

时间和空间无限性的证明 时间和空间的无限性是以事实为根据的。自从有人类以来，没有一条确凿的材料能够证明宇宙在时间上是有开端的，在空间上是有界限的；更没有一条材料能够指明开端和界限何在。相反，大量的与日俱增的材料一再表明，我们所了解的每一事物，小到基本粒子，大到总星系，都只是无限广大宇宙的一部分，它们的寿命都不过是无限漫长的物质发展过程中的一个阶段。20世纪以来，天文观测发现了河外星系普遍存在着“红移”现象（“红移”是一种光谱效应，当某一发光物体迅速远离我们的时候，我们就能够通过仪器观察到这种效应）。由此出现了“宇宙膨胀”和“宇宙大爆炸”的假说，并有人根据这些假说做出“宇宙有限”的哲学结论。这些假说设想：在几十或一百亿年前，宇宙的物质曾密集成一个极端致密、温度极高的“原始原子”或“宇宙蛋”，后来突然发生爆炸，使物质散开并继续膨胀下去。这些假说能否成立还有待于证实，然而有一点却可以断定：它同时空有限论毫不相干。因为，“红移”现象以及由此做出的“膨胀”、“爆炸”假说，只是对我们观察所及的这一部分宇宙的研究。有些自然科学家所说的“宇宙”，实际上相当于我们所说的总星系，而不是指运动着的物质世界总体。即使我们这个总星系在时间上有开端，在空间上有边际，那也不等于整个宇宙的时空是有限的。

时间和空间的无限性又是以科学定律为根据的。能量守恒和转化定律揭示：物质的运动既不能创造也不能消灭。因此，作为物质运动的存在形式，时间和空间同样是既不能创造也不能消灭的。就是说，时间和空间同物质的运动一起是永恒的存在。它们既不是由“无时空”状态转变而来的，也不会在某一个“临界点”化为乌有。能量守恒和转化定律已被无数事实证明为科学的定律。它完全可以作为我们论证时空无限性的根据。与此相反，“时空有限论”在科学上却找不到任何依据。试问：如果宇宙在时间上有开端，那么宇宙之前是什么？宇宙是怎样产生的？如果宇宙在空间上有界限，那么宇宙之外是什么？宇宙同它有什么关系？这些都是“时空有限论”者必须回答的问题，但他们却从来没有、也不可能做出科学的回答。

时间和空间在总体上的无限性，同具体的时间和空间的有限性的关系是辩证的。时间和空间在总体上是无限的，而我们所接触的时间和空间又是有限的，这二者之间确实存在着矛盾。这个矛盾，从形而上学的观点来看是无法理解的；然而，从辩证法的观点来看却是十分自然的，因为有限和无限本来就是对立的统一。

第一，有限之所以是有限的，正在于它的界限是可以超出的，是通向无限的。我们知道，任何具体事物在时间和空间上都是有限的。这个“有限”本身包含着两重意义：其一是说事物有确定的界限，超出这个界限就不再是这一事物。其二是说这个界限是必须超出的，只是由于有了界限之“外”，才会有界限之“内”。我们说这间屋子是有限的，正是因为我们知道屋子外面的情形；我们说地球的年龄是有限的，正是因为我们知道地球存在的以前和以后。正是由于有限性本身所包含的这种辩证性质，所以事物的发展、变化总是不断突破原有界限，由一种形式转化成另一种形式并无止境地发展下去，从而趋于无限。

第二，无限是由有限构成的，无限存在于有限之中。宇宙中的每一具体事物在时间和空间上都是有限的，但是具体事物的个数是无穷的，它们的转化、发展也是无穷的，因此构成了无限的总体。每个有具体界限的事物都是这个无限总体的一个部分、环节或阶段，并且都包含着打破界限向他事物转化的趋势，因此，它们又都包含着无限的成分。

现实的物质世界是多种多样的矛盾的统一体。时间和空间本身所包含的有限与无限的矛盾就是其中的一种。如果有人借口时间和空间包含着矛盾不可理解而企图消除这一矛盾，结果只会陷入更加荒唐的矛盾之中。

因时制宜，因地制宜

正确理解关于物质世界运动的时间和空间的基本原理，对于我们的实践活动具有重要的意义。

第一，既然时间和空间是物质运动的存在形式，那么，我们必须注意研究事物运动的时间条件和空间条件，只有从具体时间、空间条件下的实际出发，才能保证使我们的思想符合客观情况。时间和空间条件变化了，就意味着客观事物运动的情况发生了变化，人们的思想也应随着变化。一切都应以时间和空间条件为转移。一件事要弄清在什么时间、什么地点是可行的，在什么时间、什么地点是不可行的。要因时制宜，因地制宜。不问时间、空间条件，就难免要犯“生搬硬套”、“一刀切”的错误，犯经验主义和教条主义的错误。

第二，既然时间和空间是客观的，那么，我们就应当老老实实地承认它的客观性，充分发挥它的作用。懒汉和懦夫因“时不我待”而悲切，因“四顾茫然”而却步；有志有识之士却可以在自己有限的时间和空间条件下做出许多建树。这不是时间和空间本身厚此薄彼，而是各人对待它们的态度不同。努力地争取，合理地使用，这才是对待时间和空间唯一正确的态度。

第三，既然时间和空间随物质运动状态的变化而变化，是相对的，那么，提高工作效率就可以使我们赢得更多的时间和空间。提高效率的本质就是对时间和空间条件的合理利用。

第四，既然时间和空间在总体上是无限的，那么，人们对于物质世界及其运动规律的认识和支配也是没有止境的。我们既不要为已经获得的成绩而骄傲自满，因为已经认识和支配的只不过是无限时空中很小的一个局部；也不要因面对无限的时空而悲观茫然，因为已经取得的每一点成绩都是进一步认识无限宇宙的基础。广阔无垠的宇宙正是有志气的科学工作者的用武之地，只有那些懒汉、懦夫才会被这个无限性吓倒。

阅读书目

反杜林论：第一编五．见马克思恩格斯选集．3版．第3卷．北京：人民出版社，2012.

唯物主义和经验批判主义：第三章5. 见列宁选集．3版修订版．第2卷．北京：人民出版社，2012.

实践论．见毛泽东选集．2版．第1卷．北京：人民出版社，1991.

在中国共产党全国代表会议上的讲话：结论三，第六点．见毛泽东文集．第6卷．北京：人民出版社，1999.

第五讲　物质世界的普遍联系

当我们通过思维来考察自然界或人类历史或我们自己的精神活动的时候，首先呈现在我们眼前的，是一幅由种种联系和相互作用无穷无尽地交织起来的画面……①

——恩格斯

石兽落水何处寻？

据我国清代著名学者纪昀《阅微草堂笔记》记载：在河北沧州南部，一条河边有座庙。一天，庙门外的大石兽落到河里沉入水底。十几年后，和尚们想把它打捞出来。到哪里去找呢？有人说，河水很急，一定是冲到下游去了；有人说，石兽沉重，不会被水冲走，一定还在原处。可是，无论在原地还是在下游十几里内，都未能找到石兽的踪迹。它到哪里去了呢？有个老河工说，应该往上游去打捞。为什么呢？他解释道：你们只知水急石重，却不知这条河是沙底。坚硬沉重的石兽落入水底之后，水冲不动它，却能把石下迎水面的松浮沙子冲走，造成坑陷，越冲越深，石兽底下空虚，就会往上游方向翻倒。如此下去，十几年之间，石兽一定翻到了上游几里的地方。人们按照他指的线索去找，果然把石兽打捞了出来。

纪昀用这件事批评了“只知其一，不知其二”的孤立、片面的思想方法，的确是有道理的。石兽移动的情况是石、水、沙相互联系、相互作用的结果。看不到这些联系，就无法找到它。同样，如果不能用联系的观点看问题，任何事情都是办不好的。

无论是自然界，还是人类社会，任何事物都同周围的其他事物相联系

---

① 《马克思恩格斯选集》，3版，第3卷，395页。

着。物质世界的运动正是由事物间的相互联系和相互作用构成的。自然科学和社会科学从实践中发现了这一事实，哲学则从理论上加以概括。唯物辩证法就是关于世界普遍联系的科学，它揭示了物质世界普遍联系的一般规律和基本形式。

1. 世界是一个相互联系的整体

我们在生活中，每时每刻都要跟世界上各种各样的事物或现象打交道。这些事物或现象形态各异，过程相殊。但只要我们稍微仔细观察一下就会发现，世界上任何一个事物或现象都不是孤立存在的，而是与其他事物或现象相互联系着；一切事物或现象结成一张统一的联系之网，世界就是一个相互联系的整体；每一事物或现象都是这张网上的一个“眼儿”，游离于网外的东西是不存在的。

任何一个事物或现象都与其他事物或现象有联系　哲学中所说的“联系”，是一个极广泛、极普遍的概念。它包括一切事物或现象之间及其内部诸要素之间的相互影响、相互制约等关系。任何一个事物的存在都表现为其内部诸要素之间，以及它与别的事物之间的相互影响、相互制约，也就是说，它存在于联系之中。一架机器就是各个部件按一定方式联系起来的整体。它与动力、原料、操纵者等也具有特定的联系。平常我们所说的“鱼儿离不开水，瓜儿离不开秧”，“缸穿裙，大雨淋”，“蛤蟆叫，大雨到”，“蜻蜓飞得低，没有好天气”之类的谚语等，讲的也都是这个道理。

世界上绝对孤立、完全不同别的事物联系的事物是不存在的。鲁迅曾经说过，倘若月球上的张龙和赵虎打架，这同我们似乎是不相干的；但是既然有消息能够到达我们这里，就是说同我们还有联系，那么就不是不相干的了。“断了线的风筝”似乎是失去了各种联系的孤身一纸，然而它仍通过引力与大地联系着，与风即空气也随时都发生着联系。完全不同别的事物相联系的事物也是不可理解的。

我们都是通过事物的属性来理解事物的，而事物的任何属性都必须是在同别的事物发生联系时才能表现出来。日常生活中人们说的“毫不相干”，并不是真的在任何意义上都没有丝毫联系，而只是就某个方面而言没有直接的联系。事实上，任何两个表面上看来毫不相干的事物或现象，总会在某一方面存在着这样或那样的、直接或间接的联系。

自然界的普遍联系 自然界是一个有机联系的整体。

首先，自然界的一切非生物都是相互联系着的。在远古时代，人们曾以为大地是孤立的唯一的存在。后来发现，大地是一个球体，在它之外还有许多类似的星球；它们形成一个系统，按照一定的规则共同围绕着太阳运行。太阳系按照一定的规则在银河系中运行，银河系又按照一定的规则运行于浩渺的宇宙之中……无限的宇宙就是由无数相互影响、相互制约着的天体构成的一个整体。每一个天体上的事物，例如地球上的山川湖海、土石风沙，也都是相互联系着的。正是山川湖海、土石风沙的相互联系，形成了地表的结构。

物理学总结出自然界存在着四种相互作用的力：万有引力（在一切宏观物体中起作用）、电磁力（在宏观和微观世界都起作用）、弱力和强力（在微观粒子中起作用）。这四种力本身就相互联系着，其中每一种都同一定形态的物质相联系，每个物体都通过场的形式与其他物体相互作用。大至天体的运行，小到基本粒子的变化，都同这四种相互作用的力分不开。也就是说，一切物体的存在都通过这四种相互作用的形式而同别的物体发生联系。

其次，自然界的一切生物也都是相互联系着的。这种联系表现在两个方面。一种是现实的联系。每一生物个体都同一定的生物群落联系着。在一个群落中，各种动植物在共同的地段或水域中彼此依存，互相制约，形成一个整体。老鹰吃山雀，山雀吃瓢虫，瓢虫吃蚜虫，蚜虫吃小麦。在生物学中把这种关系称作“食物链”。食物链就是生物群落内一种重要的联系形式。不同的群落也存在着各种联系。没有这些联系，生物个体和群落就不能存在。再一种是历史的联系。进化论已经证明，今天的一切生物物种都是由共同的祖先演化而来的。没有这种历史的联系，今天的任何一种生物都不可能出现。生物界的现实联系和历史联系是一致的。生物科学的发展越来越深入揭示出生命的本质，证明了一切生物体都有共同的物质基础——蛋白质和核酸，都有共同的机能——新陈代谢和自我复制（遗传）。这就为理解生物界的普遍联系提供了更加坚实的科学基础。

最后，生物和非生物也是相互联系着的。自然科学关于生命起源的研究，证明了生命是从无生命的物质长期发展来的。自从 1828 年德国化学家维勒在实验室里利用氨水和二氧化碳等无机物首次人工合成了一种有机物——尿素以来，无机界和有机界联系的桥梁就架通了。过去，人们发现最大的无机物分子直径为 22 纳米左右，而最小的生物分子直径为 150 纳米，二者之间存在着很大的空隙。这种情况曾经成为它们相互联系的一道“鸿沟”。病毒的发现填补了这个空隙。病毒直径在 16～300 纳米之间。它在无机条件下显示非生物的特征，在有机条件下则显示生物的特征，本身既可以是生物，又可以是非生物。至此，非生物和生物之间的一道“鸿沟”也被填平了。从而，整个自然界是一个普遍联系的有机整体的思想，也就得到了自然科学的精确证明。

人类社会中的普遍联系　人类社会是一个有机联系的整体。社会由人构成，但不是由一个个彼此孤立的个人凑集而成。人们为了生存就必须从事生产，为了生产就必须结成一定的生产关系，为了改造社会和从事社会活动还必须结成其他社会关系。因此，任何个人都生活在一定的社会联系之中，都和别人发生一定的社会联系。他的存在和活动要打上社会的烙印，产生社会的效果。离开了社会联系的人不仅什么事也做不成，而且也不能生存。

某一国家、某一阶级、某一政党、某一集团的存在和活动，都是与整个社会联系着的。它的产生和存在有一定的社会根源，它的活动也有一定的社会效果。人类社会的联系也具有现实的联系和历史的联系两种。前一种联系表现为：人和人、集团和集团、阶级和阶级、民族和民族、国家和国家等之间的联系；后一种联系表现为：某一阶级、某一民族、某一国家等的形成和兴衰的过程。通过各种各样的社会关系，把整个人类社会联系成一个有机的整体。

思维领域中的普遍联系　人的思维作为反映物质运动的一种形式，它本身就是和大脑这个特殊的物质，以及思维的对象不可分离地联系着的。同时，思维作为一种社会现象，又具有种种社会联系的特征。人的思想来自社会生活，反映社会生活，也影响着人们的社会生活。人们彼此间思想上的联系，主要是通过实践和语言表现出来的。在没有语言或者不使用语言的情况下，人们也可以做到“心照不宣”、“心领神会”。没有哪个人的思想不同别人的思想发生联系，也没有哪一种思想不同别的思想有着历史的或现实的联系。

思想是客观存在的反映，客观存在本身是一个相互联系的整体，因而人的思想也就必然要表现这种联系。一切科学理论都是相互联系着的思想所构成的体系。它通过各种概念以及概念之间的联系，来反映自然界或人类社会的各种联系。同时，各种科学之间也存在这样那样的联系，从不同方面反映物质世界这一普遍联系的整体。

既然世界上一切事物或现象都是相互联系的，自然界、人类社会和思维各自都是有机联系着的整体，那么，由自然界、人类社会和思维领域所构成的客观世界当然也是一个普遍联系的整体。人类社会是自然界长期发展的产物。思维既是自然界长期发展的结果，也是社会发展的产物。为什么世界会是一个普遍联系的整体呢？因为世界有统一的物质本原。世界上的一切事物或现象都是统一的物质世界的一个部分或方面，它们在本质上必然是相互联系着的。

形而上学用孤立的观点看待世界，否认事物或现象间的普遍联系。在这种观点看来，世界上存在的只是一个个孤零零的事物或现象。其实，否认事物或现象间普遍联系的观点在逻辑上是自相矛盾的。如果说某种东西不同任何事物发生联系，完全孤立地存在着，那么人们就会问：这个东西既然不与任何事物联系，你怎么知道它存在呢？既然你知道了它，那就表明它同你或你同你所知道的某个事物有了某种联系。这样一来，它岂不也参加到普遍联系之中了吗？否认这种普遍联系，就无法解释物质世界的统一性和多样性，以及一事物变成他事物的现象。

2. 事物或现象间的联系是辩证的

事物或现象间的联系不仅是客观的、普遍的，而且是辩证的。联系的辩证性主要表现在联系的形式是多样的、可变的。

联系的多样性 同世界的物质统一性是多样性的统一相一致，事物或现象间的联系也是多种多样的。从自然科学角度来说，物质世界的联系有物理的、化学的、生物的等形式。而物理的联系中，又有力的、电的、声的、光的等多种形式。以此类推，花样繁多。从哲学的角度来说，联系的种类也可以分为直接的和间接的、主要的和次要的、内部的和外部的、本质的和非本质的、必然的和偶然的等。

我们可以看到，一方面，相互联系着的事物或现象不同，它们联系的形式也就随之不同。无机物的联系直接表现为空间和时间的对比、能量的交换、力的作用等，生物之间的联系表现为生态的平衡，同种动物之间表现为群体性的联系，而人与人之间则表现为社会的联系。另一方面，即使相互联系着的两个事物或现象相同，它们之间的联系也具有多种形式和多方面的特点。在某些化学反应过程中，既有不同元素原子和电子的重新组合，也伴随有能量的变化、光和热的产生或吸收。人与人之间既有各种物质的相互联系，也有意识的彼此交流。

形而上学唯物论者用孤立的观点看问题，否认事物或现象间的联系；即使他们有时也承认联系，但对于联系的认识也是片面的，看不到联系形式的多样性，往往看到一种形式而忽略多种其他形式。我国古代有个笑话叫“郑人买履”，说郑国有个人上街买鞋，事先按自己脚的大小量了一个尺码。走到集市上，忽然发现自己没带尺码，于是匆匆回家去拿。等他回到街上时，集市已经散了，鞋也没有买成。别人问他：“你当时为什么不用脚试一试呢?”这个郑国人说：“我宁可相信尺码也不相信自己的脚。”这个人固执于一种联系，竟然到了颠倒本末的地步，实在可笑。

联系的可变性 事物或现象间多种多样的联系都不是固定不变的，而是可以变化的。事物或现象之间的联系都是在一定条件下发生的，因条件的不同而表现出形式的多种多样，又因条件的变化而造成联系形式的发展变化。人从猿进化而来，但这种进化是在距今两三千万年以前特定的自然环境的条件下发生的。到了今天，适合于古猿进化为人类的那种自然环境早已不存在了，现在的猿类也已经不再是人类祖先的那种类型了。因此，今天的人和猿的联系已不再是人和他们的直接祖先的联系，而是人和当今的一种动物的联系。俗话说“时过境迁”，“过了这个村就没有这个店”，指的就是联系的这种可变性。

形而上学唯物论者用静止的观点看待联系，因而看不到联系的这种可变性，往往把联系的某一种形式凝固化为万古不变的普遍形式。古代还有个笑话说，夏天烈日当空，一个人在树荫下乘凉，树影移动，他也跟着移动，感到十分凉爽。到了晚上，他在树下睡觉，仍然随着树影的移动而移动。别人问他为何这样，他把自己白天的体验描绘了一番，别人忍俊不禁，哈哈大笑。这个人就是不懂得事物的联系会发生变化。故事虽然简单，但它所揭示的道理在复杂的社会生活中也是适用的。当我国的剥削阶级作为一个阶级已经基本上被消灭，多数剥削阶级分子已改造成为自食其力的劳动者，他们同劳动人民的联系已经发生变化以后，如果有人仍然主张把阶级斗争看作中心任务，不是很像那个“月下乘凉”的人吗？

事物或现象间联系的辩证性质具有极其丰富的内容。唯物辩证法这门关于联系的科学的全部内容，都是围绕着揭示这种辩证性质而展开的。本书其他各讲实质上都是从不同的角度分析物质世界联系的辩证性质。当然，联系的辩证性同它的客观性是分不开的。我们所说的一切联系，都是客观世界本身固有的、不以人的意志为转移的联系，而不是人们主观任意虚构出来的联系。

3. 物质世界普遍联系有五种最基本的形式

宇宙间的一切事物或现象都处在普遍联系之中，这些联系的形式多种多样，千变万化，最基本的有形式和内容、现象和本质、原因和结果、偶然和必然、可能和现实等。前面我们曾把物质世界比作一张“网”，把处于普遍联系之中的每一事物或现象比作“网眼”，那么，这里讲的几种基本联系就可以比作网上的“纽结”。它们分别从不同的侧面表现着物质世界的普遍联系。我们把握住这几种基本形式，就可以理解整个物质世界的联系，理解处于普遍联系中的每一事物或现象。

这些基本的联系具有下列主要的共同点。第一，它们作为物质世界普遍联系的基本形式都是客观的。第二，每种联系形式都是由相互排斥又相互联结的两个方面来表现的。这两个方面的区别和界限都不是绝对的、凝固不变的，而是相对的、在一定条件下可以相互转化的，也就是说都是对立统一的。第三，各种基本形式之间不是彼此孤立、相互隔绝的，而是紧密联系、交织在一起的。任何一个实际过程都不单具有某一种联系，而是同时具有这几种联系，都可以从这几个方面去把握它。

形式和内容 我们接触一个事物，首先遇到的是它的形式，继而认识它的内容，从而确认它是一个什么东西。所以，在我们接触事物或现象时，所遇到的第一种普遍的基本的联系是形式和内容的联系。内容和形式的联系是构成事物的内在要素同它的结构方式、表现方式之间的联系。任何事物都包含构成这一事物的各种要素，这些要素的总和就是事物的内容。把内容所包括的各个要素结合起来或表现出来的方式，就是事物的形式。一种化合物的内容是组成它的各种元素成分，它的形式是把这些元素的原子结合起来的分子结构；一件家具的内容是它的质地、用途等，它的形式则是它的形状、结构、色彩等。

一切事物都是内容和形式的统一体。任何形式如不同一定的内容相联系，是不可能存在的，世界上没有不表现任何内容的纯粹形式。任何内容如无相应的形式来表现它就不是现实的，世界上绝没有离开形式的、赤裸裸的内容。只有一定的内容跟与它相应的形式相结合，才成其为现实的事物。当然，内容和形式的区分也是相对的。在一种联系中为形式者，在另一种联系中则可以是内容；在一种联系中为内容者，在另一种联系中则可以是形式。我们知道，思维是反映客观世界的形式，客观世界是它的内容；但在它与语言的联系中，它又是语言的内容，语言是它的形式。任何事物中形式和内容的统一都是具体的。

形式和内容在事物中的地位和作用不是同等的，不能“平分秋色”。一般地说，内容对形式来说是第一位的，起着支配的作用。我们观察事物时虽然首先接触到的是事物的形式，但更应当注意的是它的内容，要根据内容来确定事物的性质，确定形式是否适合，而不能相反。如评论一部我国现代题材的影片，首先要看它的内容是否真实地反映了我国的现实，其次才看它在反映这一内容时所采取的形式美不美。如果内容是好的，形式也好，那当然是部好影片。如果内容好，形式有某些缺点，在总体上也应基本肯定。但是如果内容不好，那么，不管艺术形式多么讲究，在总体上也不应给予肯定。在这个问题上，形式主义者错误地认为形式是第一位的，是决定内容的东西，因而仅仅根据事物的形式来确定事物的性质，不注意内容而片面、单纯追求形式。

形式和内容是统一的。内容决定形式，形式依赖内容、表现内容，为内容服务。有什么样的内容就相应地有什么样的形式。追悼会必须庄严肃穆，联欢会应当轻松活泼；进行曲要雄壮有力，抒情曲宜悠扬亲切；如此等等。我们的文艺作品以反映现实为内容，要求有尽可能完美的艺术形式。不能设想用摇摆舞来表现火热的劳动场面，用爵士乐为解放军战士的操练伴奏。

事物的内容是发展变化的。内容一旦发生变化，形式迟早也会随之变化。在社会生产的发展中，生产力是内容，生产关系是它的形式。生产力不断发展变化，要求生产关系必须相应发展变化。当生产力由个体小农经济发展到机器大工业时，生产关系就必须由封建主义的变成资本主义的；而当社会化大生产进一步发展时，生产关系又必须从资本主义的变成社会主义的。尽管后者一般不可能在前者发生变化时马上就跟着变化，但迟早必须变化，而且还不能长期不变。

形式对于内容不是消极被动的，它对内容也有反作用。因此，在注重内容的同时，也不能忽视形式的作用。同内容相适合的形式能够充分表现内容，并对内容的发展起积极的推动作用；同内容不适合的形式会影响内容的表现，甚至对内容的发展起阻碍作用。同志间开展批评，如果从团结的愿望出发，方式方法又恰当，就易于为被批评者接受；因为这种形式完满地表达了批评者的善良愿望和正确意见。相反，语言尖刻，态度生硬，即使你是“恨铁不成钢”，即使你说的意见很对，也不易为被批评者所接受，因为这种形式伤害了内容。

当形式与内容特别适合或特别不适合的时候，形式对内容的这种反作用就尤为明显、突出。这时，为了保证内容的发展，对于适合内容的形式就要加以保护，以保持其相对的稳定，使形式对于内容的反作用能得到充分发挥；而对于不适合内容的形式则要及时加以改变，使内容得到顺利发展。我们在农村实行的生产责任制，在城市进行的经济体制改革，都是要改变那些阻碍生产力发展的形式，以促进生产力的发展。

形式和内容之间的关系是错综复杂的，不是死板地一一对应的。一种内容往往有多种形式来表现它，来为它服务。以雷锋事迹为题材的艺术形式就有电影、幻灯、戏曲、诗歌、小说、连环画等。同样，一种形式也可以容纳多种内容，表现多种内容。小说这种形式就可以写战争、写爱情，写侦探故事、科学幻想等不同的题材。内容和形式多种多样，事物的发展因此而呈现出千姿百态。

现象和本质 现象和本质的联系是事物的表面特征和根本性质之间的联系。现象是事物的外在表现，本质则是构成一事物的基本要素之间的内在联系。光是人们经常接触的一种自然现象，人们可以用肉眼看见的光有赤、橙、黄、绿、青、蓝、紫七种，此外还有人们肉眼看不见的红外光、紫外光等。德国物理学家麦克斯韦提出光的电磁学说，揭露了光的电磁本性，即我们所看到的赤、橙、黄等各种颜色的光，原来是频率为 $3.9\times10^{14}\sim7.5\times10^{14}$ 赫兹的电磁波。人类自有史以来就在与光的现象打交道，但是认识光的本质却是近百年来的事情。可见事物的现象和本质是有区别的。

现象和本质有些什么区别呢？第一，现象是表面的、外露的，因而可以为人的感官所感知；本质则是隐藏在现象背后的，看不见，摸不着，只有靠思维才能把握它。第二，现象是个别的、片面的东西；本质则是同类现象中一般的、共同的东西。第三，现象是多变的、易逝的，有较大的流动性；本质则是相对稳定的。它们之间之所以有这些区别，就在于本质是以事物本身的特殊矛盾为基础的，而现象则是本质在各种条件下的具体表现。

现象和本质不是彼此割裂、各自孤立的。脱离本质的现象和脱离现象的本质都是不存在的。本质存在于现象之中，并通过现象表现出来；现象扎根于本质之上，并从一定的方面表现本质。资本家的剥削本质就体现在他占有工人的剩余劳动的各种具体行为中，没有这些行为也就无所谓剥削；而资本家如果不剥削工人，他也就没有必要采取这些具体方式。

还有一种特殊的、似乎同事物本质相反的现象，叫作假象。假象往往使人得到与事物的本质不一样甚至相反的印象。然而，假象也是本质的一个侧面的表现，它曲折地反映着本质。当人们揭露了假象的奥秘之后，就会获得关于本质的更深刻、更丰富的认识。正像人们理解了“大智若愚”、“大愚若智”之后并不觉得其假一样，在海洋或沙漠中看见的“海市蜃楼”，虽然不是真的街市楼房，但却真实地表现了光的折射的本质。所以，不应该把假象看成是毫无意义的、虚幻的东西，而应该同对待一切现象一样，透过它去寻找本质。

本质比现象深刻。我们认识事物的真正任务，就是要把握事物的本质，从而了解事物发展的规律性。但是，现象比本质丰富生动，又易于为感官把握，因而它是认识本质的向导，要认识本质必须从现象入手。在实际认识过程中，我们往往发现，现象同本质并不是直接合而为一的，由现象深入到本质大多需要经历一条曲折的道路。有时以为达到了本质，然而后来发现这个本质背后还有本质，在一级本质后面还有二级本质。有一个时期，原子量曾被认为是决定化学元素性质的本质；后来又发现，原子核的电荷的数目和原子核周围的电子数目才是决定化学元素性质的本质。可见，掌握现象和本质联系的复杂性，善于透过现象抓住本质，并用本质去识别现象，是科学研究和各项工作中的一个重要任务。

原因和结果 前边讲的两种联系，都是一个事物本身两个方面的联系。当我们观察事物或现象之间的联系时，首先遇到的就是一种现象引起另一种现象，一个事物引出另一个事物，一个过程引出另一个过程。这就是因果联系。引起一定现象的现象是原因，被引起的现象是结果。“风吹草动”、“水涨船高”、“药到病除”、“官逼民反”等成语，都是从事物的因果联系中概括出来的。任何事物或现象的发生都有原因，一时不知道原因不等于没有原因。

同样，任何事物或现象发生后，也都必然会引出一定的结果。所谓“毫无结果”并非真的没有结果，只不过没有达到预期的效果，或者结果尚未被人们认识。无论是自然界、社会还是思维领域，每一事物或现象都处在这种因果联系之中；无因无果的事物或现象是没有的。可见，因果联系的链条是把世界上许许多多事物或现象彼此联系起来的一种基本形式。把握因果联系是认识事物或现象的重要一环。许多现象乍一接触感到奇怪，一旦弄清前因后果，其“怪”也就不怪了。医生诊病的种种手段都是为了探求病因，不明原因或找错了原因都是治不好疾病的。

原因和结果之间常常有一定的时间顺序：原因在前，结果在后。但是，这里有两点需要特别注意。

第一，并非一切前后相随的现象都是因果关系。春夏秋冬依次更替，然而“后”者并不是由“前”者引起的。误认先后为因果是一种认识上的表面性。我们认识问题和处理问题如果犯了这种表面性的毛病，就得不出正确的结论，找不到恰当的措施。如我国强调“以经济建设为中心”以后，某些地方出现了单纯追求 GDP 增长的现象。有人以为“在此之后”就是“因此之故”，从而对“以经济建设为中心”的方针产生怀疑甚至动摇。单纯追求 GDP 是一种片面的发展观。纠正片面的发展观，应该追求以经济建设为中心的全面可持续发展。

第二，时间上的单向性，并不意味着原因和结果之间的作用也是单向的。因果之间常常是互相作用、互为因果的。在控制论研究的自动控制系统中，所谓“反馈”就是结果回过头来又影响原因。社会生产的发展过程中，生产力的变化引起生产关系的变化，而生产关系的改变又会反过来促进生产力的发展。这样的反复循环，就是原因和结果的相互作用。

有因必有果，有果必有因，并不是说一个原因只能有一个结果，一个结果只能有一个原因。由于事物或现象之间的联系是多方面的、复杂的，所以常常是一因多果或一果多因。阳光照射可以使庄稼茂盛，也可以使禾苗枯焦，又可以杀菌治病。庄稼的丰收可以是由于阳光充足，也可以是由于土质良好和耕作得法等。

人们在运用因果联系的原理去处理问题时，一定要考虑到原因和结果关系中的复杂情况，注意分析事物多种原因中的主要原因和次要原因、内部原因和外部原因、直接原因和间接原因，主观原因和客观原因等，看到它们所引起的多种结果中的积极结果和消极后果、暂时结果和长远结果等。

偶然和必然　从一事物或现象引起另一事物或现象的联系中，我们还可以看到有两种不同的情况。一种是当一事物或现象出现时，在一定条件下不可避免地会引出另一事物或现象。如摩擦会生热，水到零度要结冰，骄傲自满一定要受挫折等。这种联系是必然的联系。另一种则不同，即当某一事物或现象出现后，另一事物或现象不是不可避免地一定会出现，而是可以出现也可以不出现，可以这样出现也可以那样出现。如某一次摩擦所生的热恰巧引起了某地的一场火灾，某家水缸里的水结冰恰巧把一口瓦缸弄破了等。这种联系是偶然的联系。

偶然性和必然性这两种不同的联系在事物发展中的地位和作用不是等同的。必然性居于支配的地位，它决定事物发展的前途和方向。偶然性则居于被支配的地位，它只能对事物的发展起加速或延缓的作用，只能决定事物的个别特点。

种瓜得瓜，种豆得豆，这是一种必然性。正是由于这种必然性，人们要想得到瓜和豆，就一定要播下瓜和豆的种子，决不能指望种别的东西而收获瓜和豆。这就是必然性的作用。至于得的瓜是五斤重还是十斤重，得的豆每荚是三粒还是五粒，这就是偶然的了。这就要看种子入土后水分、土质、肥料和气候等条件如何，以及耕作技术、田间管理情况怎样而定了。种瓜不一定就能得大瓜，种豆也不一定就能多得豆。然而得大得小、得多得少，都不会影响种瓜得瓜、种豆得豆这个必然趋势。如果种子因天灾人祸而死亡，那么，这种特殊的偶然性也只是暂时地、局部地影响种瓜得瓜、种豆得豆这个根本趋势，而不能改变这种趋势，不能使它变成种豆得棉或种瓜得粟。

事物或现象间的必然联系既然是一种不可改变的趋势，那么，我们就要顺应必然，因势利导；既然事物或现象间的偶然联系是一种不确定的趋势，那么，我们就可以在必然性的基础上创造条件引出最好的结果，避免不好的结果。

事物的发展总是既包含着必然的方面，又包含着偶然的方面。只有必然性而无偶然性，或只有偶然性而无必然性的事是没有的。这是因为，每一事物都是内部联系和外部联系的复杂统一体，它的发展也是内部和外部各种原因综合作用的结果。偶然性并不是没有原因，而只是次要的、非本质的、外部的原因在起作用。从“有因必有果”这个意义上讲，偶然本身也包含着某种必然，也是必然性的一种外在表现。必然性是事物的主要的、本质的、内部的原因的表现；但是它的实现也离不开次要的、非本质的、外部的原因。必然性通过大量的偶然性为自己开辟道路，在偶然性中表现自己的存在，发挥自己的作用。人们只有通过对大量的偶然现象的观察和分析，才能发现其中的必然性。

夸大偶然性否认必然性，或夸大必然性否认偶然性，都是不对的。有一种叫作“非决定论”的哲学观点，完全否认必然性的存在及其对于事物发展所起的支配作用，把世界说成是乱七八糟的偶然性的堆积。这种观点必然导致唯心主义的唯意志论。某些机械唯物主义者把必然性同因果性混为一谈。他们认为有原因的就是必然的，从而把某人于某时某地被某人抛出的某一块石头恰好击中头的某一部位这类事件，也说成是必然的、不可避免的。这是一种“机械决定论”的观点，很容易导向信仰主义和宿命论。他们所说的这种“必然性”，很难与神意和命运的预先安排划清界限。

可能和现实 在事物发展过程中，还存在着这样一种联系：某事物或现象出现之前与出现之后的联系。这就是可能和现实的联系。现实是指一切实际存在着的东西。可能是指事物或现象尚未成为现实的状态，它是事物中一种具有客观根据的发展趋势。种瓜可以得瓜，然而在瓜藤上真的结出瓜之前，这只是一种可能性，种下瓜的种子就有了得瓜的可能；一旦瓜藤上真的结出了瓜，这种可能性就变成了现实性。可见，可能性是尚未实现的现实性，现实性是已经实现了的可能性。现实在成为现实之前，就已在可能中存在了；而一旦它成为现实之后，又孕育着某种新的可能。事物的发展就是这种可能与现实相互联结、相互转化的过程。可能与现实的联系是一种历史的联系，是事物发展过程中过去、现在和将来的联系。

在分析可能和现实的联系时，有几个问题需要特别注意。

首先，可能不等于现实。可能虽然能够转化为现实，但在未实现这种转化之前，毕竟还不是现实。因此，决不可以把可能与现实混为一谈。我们说从实际出发，是指从客观存在着的现实情况出发，而不是从某种可能性出发。如果把行动建立在单纯的可能性的基础上，那是很危险的。我们打算在某一地区建设油田，就必须确知那里有值得开采的石油，而不能以那里可能有石油为根据。

其次，要区别可能和不可能。可能是以现实为根据的。只有在现实中有客观根据的才是可能的，否则就是不可能。石头中不具备变成小鸡的内在根据，所以石头变小鸡就是一种不可能性；而鸡蛋中具备这种根据，所以它变成小鸡就是一种可能性。弄清这个区别是很有意义的。我们分析形势、估计前途的时候，应当排除那些不可能性，全力去争取最好的可能。如果认为石头也将会变成小鸡，并当作一种可能性去促其实现，那就不仅徒劳无益，而且近于荒唐。当然，在排除不可能性的时候也要注意，切不要把可能误认为不可能，把经过努力本来可以做到的事情也说成是做不到的而不去争取。

再次，只有现实的可能性才能转化为现实。没有可能性的东西当然不会变成现实。“永动机”的设想在现实中毫无根据，所以谁也造不出来。然而，也不是一切可能性都可以转化为现实。实际上，只有在现实中有充分根据的可能性，才最终可以变成现实。这种可能性叫作现实的可能性。另外还有一种可能性，虽然不能排除它的存在，但目前绝无实现它的条件，这种可能性被叫作“抽象的可能性”，或“形式的可能性”、“逻辑的可能性”。这种可能性不同于不可能，因为一旦根据充分时，它还可以转化为现实的可能性。赤壁之战中火烧曹营“万事俱备，只欠东风”；东风一来，就成为现实的可能；经过全体将士的奋战，就可以变成现实。如果东风不来，也就是说根据不充分，那么，火烧曹营就还停留在抽象的可能性上，周瑜的妙计就不能变成现实。当然，抽象的可能性和现实的可能性是可以互相转化的。“文化大革命”以前，我国在社会主义革命和建设方面取得了伟大的胜利，那时争取实现四个现代化本来已是现实的可能；但是后来由于“文化大革命”的干扰，这种现实的可能性就转化成了抽象的可能性。“文化大革命”结束并进行了拨乱反正以后，我国的政治、经济、文化和科学技术事业又走上了健康发展的轨道，抽象的可能性又变成了现实的可能性。经过全国人民的努力，这种现实的可能性就会进一步变成现实。

最后，可能转化为现实需要一定的条件。现实的可能性虽然具有向现实转化的根据，能够转化为现实，但不等于它本身就已经是现实。只有在一定条件下才能完成这个转化，成为现实。我国在几十年内实现社会主义现代化，进而实现中华民族伟大复兴的中国梦，这是一种现实的可能。但是，只有全国人民在中国共产党的领导下，坚持走中国特色社会主义道路，团结一致，奋发图强，才能促其实现。否则，它就始终只是一种美好的可能。所以，一方面要看到，实现现代化和中国梦是一种现实的可能，要有信心；另一方面也要看到，实现现代化和中国梦必须做出巨大的努力，要下决心。

4. 规律是现象间本质的、必然的、稳定的联系

事物或现象间的联系形式虽然多种多样，千变万化；但是，这些联系及其变化对于每一事物的性质和特征来说，其作用并不是同等的。在影响事物的性质、特点和发展趋势方面，本质的、必然的联系具有决定性的作用。我们认识世界不可能毫无遗漏地了解它的一切联系，然而我们必须把握对于事物或现象具有决定意义的那些联系。这种本质的、必然的联系就是规律。

规律是事物或现象本身固有的客观联系。我们说，能量守恒和转化是物质运动的规律，就是因为在各种物质运动形式中都存在着能量的不生不灭，以及由一种形式向另一种形式的转化这样一种客观的联系。规律所揭示的是现象间的客观联系，因而规律就有客观性。规律的存在及

其作用是不以人们的意志为转移的。人们能够认识规律、利用规律，但不能创造规律或消灭规律。这是辩证唯物主义关于规律问题的一个基本前提。

那么，是不是一切客观的联系都可以称为规律呢？也不是。规律除了表现客观的联系之外，还有以下三个基本特征。

规律是本质的联系　规律是事物或现象间本质的联系。就是说，只有体现了事物或现象自身根本性质的联系，才能成为规律。新陈代谢和遗传是生物界的规律，因为它们体现了生命的本质特征：新陈代谢和自我复制。剩余价值规律是资本主义社会的经济规律，因为它体现了资本主义经济的本质联系：剥削雇佣劳动。事物或现象间的非本质的联系不能决定事物的基本性质和特点，因此不能成为规律。在我们这样的社会主义国家里，由于工作上的失误也可能造成经济发展中的盲目性和比例失调，但这同社会主义制度之间的联系并不是本质的联系，因而不是社会主义经济发展的规律。相反，在资本主义国家里，某个工厂企业的经营管理可能是有计划的，但它也不能改变生产的无政府状态作为资本主义经济发展的规律，因为后者同资本主义制度的联系是本质的联系。

规律是必然的联系　规律是事物或现象间必然的联系。就是说，规律本身体现着一种"必定如此"的趋势。规律是在联系的必然性中表现出来的。"瓜熟蒂落"体现了植物生长过程本身所具有的一种必然性。树上的苹果只能落向地面，而不会自动飞到天上，这是万有引力规律的表现。生产力发展到一定程度，无论如何总要引起生产关系的变化，这就是生产关系一定要适合生产力状况的规律。有些事物或现象之间的某些联系，并不是非如此不可的，那就不是规律。

规律是稳定的联系　规律是事物或现象间稳定的联系。就是说，在变动不居的现象中，规律的联系是相对稳定的、巩固的。只要具备了一定的条件，合乎规律的现象就必然重复出现。在相当于标准大气压的条件下，水到100℃就会沸腾，无论何时何地都是这样。新陈代谢在一代又一代生物中反复进行，只要生命和维持生命的必要条件存在着，这种情况就不会改变。任何一种生产不论以什么方式或用什么工具进行，也不论生产什么产品，只要它是商品生产，价值规律就起作用。

规律性联系的稳定性、重复性也是它的普遍性。不稳定的即不能重复的联系就不能成为规律。当然，这种重复并不是指过去的全部现象和过程都原封不动地再来一遍。从猿进化到人，从原始社会发展到奴隶社会等等，今天在地球上并没有重演，但却是合乎规律的现象。这是因为，生物从低级到高级的进化已经不断地被整个自然界的历史所重复，社会制度从低级到高级的发展也已经并且不断地被人类社会发展的历史所重复。今天，我们在某些变异的物种身上，在某些正在开化的原始部族身上，仍然能够看到这种重复。

普遍规律和特殊规律 规律是事物或现象间本质的、必然的、稳定的联系。由于这种联系所涉及的范围大小有所不同，因而规律也就有普遍的和特殊的区分。适用于较小范围的规律，叫作特殊规律；适用于较大范围的规律，叫作普遍规律。但是，由于这个范围大小的区分是相对的，因而特殊规律和普遍规律的区分也只具有相对的意义。能量守恒和转化规律、生产关系一定要适合生产力发展水平的规律，分别是自然界、人类社会的普遍规律；但是在范围更为广大的、包括了自然界和社会在内的整个宇宙中，它们又都成为特殊的规律了。

唯物辩证法的基本规律揭示了自然、社会和思维中普遍存在的本质的、必然的联系，因而具有极大的普遍性。就其适用范围和领域来讲，唯物辩证法的规律是宇宙间一切规律中最普遍的规律。当然，就其每条基本规律都只是从某个方面揭示了物质世界的联系来说，又有其特殊性的一面。任何普遍性都是与特殊性相联系的，不包含任何特殊性的、纯粹的普遍规律是不存在的。

不要孤立地看问题

正确理解关于物质世界的普遍联系的基本原理，对于我们的实践活动具有重要的意义。

第一，既然客观事物是普遍联系着的，那么，我们在观察和处理问题时，就要用联系的观点而不要用孤立的观点看问题。对于任何一个事物或现象的分析都要打开思路，进行由此及彼、由表及里、由近及远、多方面的、连贯的思索，要见微而知著、举一而反三，在错综复杂、扑朔迷离的现象中，抓住联系之网上的纲，做到“纲举目张”。

第二，既然事物的联系是客观的、辩证的，那么，我们就要善于根据事物本身的实际联系，因时、因地、因势加以具体分析，掌握住事物联系的脉络和发展的趋势，切不可用主观臆想的或猜测的联系去代替现实的联系，也不可固执于某一种形式的联系而忽略联系形式的发展变化。

第三，既然形式和内容、现象和本质、原因和结果、偶然和必然、可能和现实等是物质世界普遍联系的基本形式，那么，我们在观察和处理问题时，首先就要注意抓住这些基本的联系，针对具体发展过程中所表现出来的这些联系的特点，分别加以研究，从而达到对于整个问题的各种联系的全面了解，并找到解决问题的办法。

第四，既然规律是现象间本质的、必然的、稳定的联系，那么，我们在分析事物或现象间的联系时，就应当注意把握那些规律性的联系。对客观事物发展规律的认识和把握，不是一件简单的、轻而易举的事情。要想掌握规律，就必须观察大量的现象，在头脑中进行一番分析综合、抽象概括，从所有的联系中找出本质的联系、必然的联系，从变化不定的现象中发现其中稳定的趋势。

阅读书目

反杜林论：引论一．见马克思恩格斯选集．3版．第3卷．北京：人民出版社，2012.

自然辩证法：辩证法作为科学．见马克思恩格斯选集．3版．第3卷．北京：人民出版社，2012.

唯物主义和经验批判主义：第三章3，6. 见列宁选集．3版修订版．第2卷．北京：人民出版社，2012.

辩证法的要素：第2、8、10、11、12、15条．见列宁选集．3版修订版．第2卷．北京：人民出版社，2012.

黑格尔《逻辑学》一书摘要．见列宁全集．中文2版．第55卷．北京：人民出版社，1990.

星星之火，可以燎原．见毛泽东选集．2版．第1卷．北京：人民出版社，1991.

矛盾论：三．见毛泽东选集．2版．第1卷．北京：人民出版社，1991.

反对党八股．见毛泽东选集．2版．第3卷．北京：人民出版社，1991.

在中国共产党全国代表会议上的讲话：结论三，第四点．见毛泽东文集．第6卷．北京：人民出版社，1999.

第六讲　物质世界发展的动力

马克思主义的哲学认为，对立统一规律是宇宙的根本规律。这个规律，不论在自然界、人类社会和人们的思想中，都是普遍存在的。矛盾着的对立面又统一，又斗争，由此推动事物的运动和变化。①

——毛泽东

为什么地球会绕着太阳转？

不是太阳绕着地球转，而是地球绕着太阳转，这作为一个科学学说在公元1543年就由波兰天文学家哥白尼提出来了。可是，地球为什么会绕着太阳转呢？这个问题并不是在"日心说"提出的时候马上就解决了的。17世纪英国物理学家牛顿在解释这一问题时提出了著名的"第一次推动"的学说，认为行星现有的运动不能单单出之于某个自然原因，而是由一个全智的主宰推动的。在这个主宰推动了一下以后，地球就绕着太阳转了。这个说法既形而上学（到事物之外去找事物运动的原因），又唯心主义（把事物运动的原因归之于上帝），显然是不对的。

那么，真正的原因是什么呢？应该说，是吸引和排斥的对立统一造成的。一方面，太阳与地球间强大的引力作用，使地球不断改变其运动方向而"落向"太阳；另一方面，地球又具有很大的动能，力图沿原来的运动方向飞离太阳，表现出一种排斥作用。这种吸引和排斥近于平衡，就形成地球绕着太阳旋转。吸引和排斥不断斗争，又不断转化，从而维持了地球的环绕运动。地球绕日运动是这样，整个自然界、人类社会乃至思维的发展又何尝不是如此呢？世界是一个永恒发展的过程，这一过程由无数矛盾

① 《毛泽东文集》，第7卷，213页，北京，人民出版社，1999。

构成，矛盾着的各方面既斗争又统一，由此推动事物的发展。

1. 世界是永恒发展的过程

普遍联系构成永恒发展 前面说过，物质世界是一个普遍联系的整体。所谓联系又总是通过相互联系的各事物、各现象，以及它们内部各要素之间的相互作用表现出来；如果它们之间不发生相互作用，那就表明它们之间没有什么联系。我们利用气温同温度计的联系来测定气温，就是从温度变化对温度计中水银（或酒精）发生作用，并使它的体积发生变化看出来的。如果我们把温度计横放或竖放，又会发现不管怎样摆放，都不会影响水银柱的升降。从这里我们就可以断定，温度计与放置它的方向、位置没有联系。可见，相互联系总是通过相互作用表现出来。

如果我们对事物、现象之间以及它们内部各要素之间的相互作用进一步观察，就会发现，各种相互作用的结果必然使事物或现象的原有状态和性质发生或大或小的改变，这就是运动。地球和太阳的相互作用构成地球绕日运动，并引起地球上一切事物和现象的变化，比如四季更迭、寒暑易节、日食月食、风云变幻等。

如果我们对运动进一步观察，就会发现，无论什么形式的运动都意味着一定的变化。机械运动是物体位置的变化，物理运动是物质分子状态的变化，化学运动是物质化学成分的变化，生物运动是生物机体的变化，社会运动是社会存在和社会意识的变化，等等。

如果我们对变化进一步观察，就会发现，任何事物的变化都是先从一些外部的、次要的、量的方面的特征开始，而后造成内部的、根本的、质的方面的特征的变化，使一事物变成他事物。这个旧事物变成新事物的变化就是发展。所谓发展，不是同一事物的简单重复或简单循环，而是新事物不断产生、旧事物不断灭亡。

总之，联系构成运动，运动就是变化，变化的基本趋势是发展。由承认物质世界的普遍联系进而到对于运动、变化、发展的承认，是唯物辩证法的基本立场；而对于运动变化的承认和研究，就在于把握物质世界的永恒发展。所以，唯物辩证法既是关于物质世界普遍联系的学说，又是关于物质世界永恒发展的学说。

发展就是过程 对于发展，人们并不陌生。人们经常说“形势发展很快”。而当你进一步问他形势发展怎么个快法时，他又总是要说明开始怎样，后来怎样，现在怎样，发生过什么问题，是如何解决的，等等。可见，人们总是把形势的发展当成一个过程来描述。不这样就没法把形势的发展说清楚。这是因为，物质世界本身并不是各种各样的事物的无规则的集合体，而是各种发展过程的集合体。可以说，事物即过程，运动即过程，变化即过程，发展即过程。世界就是过程。

怎么理解这个道理呢？我们知道，所谓过程是指事物在时间上的持续性和空间上的广延性；一切事物总是具体地存在于世界之中，它的存在和发展无不具有时间和空间这两种形式。如果离开了时间上的持续性和空间上的广延性，能够想象任何具体事物的存在和发展吗？显然不可能。工人制造一件产品，需要经过许多道工序，在每道工序上，产品具有不同的形态；农民种庄稼，每一农作物从播种到收割，需要经过不同的阶段，在不同的阶段上农作物具有不同的形态。前者叫作产品加工过程，后者就是农作物的生长过程。

如果说人们在自己生活经验的范围内，就已经感觉到许多事物都是作为过程而存在和发展的，那么，科学则深刻揭示和论证了自然、社会和思维三大领域的一切事物都是作为过程而存在和发展的。

现代自然科学凭借科学仪器所能观察到的范围内的一切事物，大至星系，小到基本粒子，都有自己兴衰变化的历史过程。天体演化学已经大体上揭示出恒星经历着上升和下降的演化过程。前者表现为原始星云逐步转化为红外星，红外星又逐步转化为恒星；后者则表现为恒星逐渐转化为白矮星，白矮星又逐步转化为星云团。可见，恒星也并不像它的名字所表明的那样永恒，它也有自己的生灭过程。粒子物理学已经大体揭示了基本粒子的衰变过程。尽管有些基本粒子直径的数量级只有 10^{-16} 厘米，寿命只有 10^{-13} 秒，但是，它毕竟有时间上的持续性和空间上的广延性，即有自己的过程。在这一过程中，许多基本粒子互相转化，又产生出许多基本粒子。这说明基本粒子并不是基本的形态，也不是永远不变的，而是有着自己特殊的过程。

马克思主义的哲学和社会科学揭示了人类社会的发展过程。全部人类历史，犹如一张由纵横交错、变化万千的过程织成的大网。从纵的方面看，迄今为止，人类历史已经历了原始社会、奴隶社会、封建社会、资本主义社会，人类的一部分已进入社会主义社会。按照社会发展固有的规律，这个由低级到高级的过程还要继续下去，还要进入人类梦寐以求的共产主义社会。从横的方面看，在经济领域中有生产过程、流通过程、分配过程、消费过程；在政治领域中有阶级斗争过程、政治制度的兴衰和变革过程。如此等等，不胜枚举。

思维领域同样是永不止息的发展过程。每个人知识的积累都有一个由不知到知、由知之不多到知之较多的过程；对于某一事物的认识都有一个由浅入深、由片面到全面的过程。每一个理论体系都有一个形成和发展的过程。经典物理学如果从牛顿奠基算起，经历了近两个世纪的发展和完善过程，到19世纪末、20世纪初达到了自己的顶峰；与此同时，也开始了它退出统治地位的过程。每一门学科也都有自己的形成和发展的过程。特别在当代，不仅已有的各门学科发展很快，而且随着人们实践和认识的发展，新的学科还不断出现，一个发展过程又引出一个新的发展过程。

总之，自然界、人类社会以及思维领域的一切事物都展现为永恒发展的过程。当然，由于各个领域以及各种事物都有各自不同的规律在起作用，因此，过程的具体特点又各不相同。正因为这样，才使得我们的世界千姿百态、绚丽多彩。各门具体科学的任务就在于专门研究某种事物的具体过程。唯物辩证法要研究的则是关于发展的最一般的问题，即发展的动力和源泉何在，发展的一般过程怎样，发展的基本方向如何等问题。唯物辩证法的对立统一规律揭示出发展的动力和源泉在于事物内部的矛盾性，认为发展是对立的统一；质量互变规律揭示出发展都经历由量变进到质变的过程，认为发展是由量变到质变；否定之否定规律揭示出发展沿着“肯定——否定——否定之否定”这一曲线前进，认为发展是否定之否定。

2. 对立面既斗争又统一，推动事物的发展

在前面关于物质世界的运动的叙述中，我们讲过运动的根源在于事物内部的矛盾性。我们这里要进一步说明，事物内部的矛盾为什么能够推动事物的发展？它是怎样推动事物发展的？

一切事物和过程中都包含着矛盾　一说起矛盾，人们自然就会想起

《韩非子》里那个卖武器的人。他先是夸耀他的盾牌，说它特别坚固，再锐利的长矛也刺不透；随后又夸耀他的长矛，说它特别锐利，再坚固的盾牌也挡不住。当场就有人质问：如果用你的矛刺你的盾，结果会怎么样呢？众人哈哈大笑，卖武器者狼狈不堪。从此，人们就用“矛盾”来表示那些互相抵触的情况。但是，矛盾作为一个哲学概念已经经过了一番改造。如果说原来的矛盾指的是逻辑上的自相矛盾的话，那么，哲学上的矛盾指的则是事物和事物之间，以及事物内部各个方面之间既对立又统一的倾向。所以，哲学上又把矛盾称为对立的统一。

就拿长矛和盾牌来说吧。这两个东西是古代战争中最常使用的武器。长矛是进攻武器，盾牌是防御武器。正像进攻和防御是一对矛盾一样，进攻武器和防御武器也是一对矛盾。没有进攻当然就不必防御，如果没有设防，进攻也就不成其为进攻了。二者各自的存在都以对方的存在为前提、为条件，没有对方也就没有自己；但是，二者各自的存在又是为了克服对方，进攻是为了打破防御，防御是为了阻止进攻。同理，没有长矛来刺，就无须用盾牌去挡；没有盾牌的阻挡，也无须用长矛去刺；制造长矛是为了打破盾牌的阻挡，制造盾牌是为了阻挡长矛的进攻。进攻和防御，长矛和盾牌，这两个方面既相互联结，各以对方为自己存在的前提；又相互排斥，各自都以克服对方求得自己的存在和发展。哲学上就把这种既相互排斥又相互联结的倾向，或者既对立又统一的倾向叫作矛盾。

任何事物、任何运动过程都包含着矛盾。例如，数学中的正和负，力学中的作用和反作用，物理学中的阳电和阴电，化学中的化合和分解，生物学中的遗传和变异，社会领域中的生产力和生产关系，认识领域中的主观和客观等。一言以蔽之，矛盾无处不在，无时不有。比较复杂的事物和过程包含着多种矛盾，比较简单的事物和过程也包含着一定的矛盾。

统一性和斗争性是矛盾的两个基本属性　任何矛盾都是由两个方面构成的。矛盾着的这两个方面的状况决定着事物的性质。具体地说，各个矛盾是由两个什么样的方面组成的，矛盾双方是怎样相互依存又相互排斥的，这两个方面在矛盾体中各居于什么样的地位，都直接决定着事物的性质。一旦组成矛盾的双方、矛盾双方依存和排斥的形式、矛盾双方的地位发生了变化，事物的性质也就会发生变化。

封建社会这个矛盾体是由地主和农民双方组成的；而一旦构成社会的

矛盾双方变成了资产阶级和工人阶级，封建社会就变成资本主义社会了。在封建社会里，地主和农民相互依存和相互排斥，表现为土地的租佃和地租的收缴。在资本主义社会里，资产阶级和工人阶级相互依存和相互排斥，表现为劳动力的买卖和剩余价值被资产阶级占有。同样由工人阶级和资产阶级这两个方面组成的矛盾，当资产阶级居于统治地位时，所组成的社会是资本主义社会；当工人阶级居于统治地位时，所组成的社会是社会主义社会。

从前面的叙述中可以看到，矛盾有两个基本的属性。一个是矛盾双方的相互联结，叫作统一性；一个是矛盾双方的相互排斥，叫作斗争性。矛盾之所以能够推动事物的发展，就在于它具有统一性和斗争性。矛盾双方既统一又斗争，推动着事物的发展。那么，矛盾的统一性和斗争性对于推动事物的发展，各自又起着什么样的作用呢？

矛盾的斗争性对于事物发展的作用 矛盾的斗争性对事物的发展所起的推动作用，是我们都十分熟悉的。前边讲到的矛和盾之间的斗争，就推动了武器的发展。因为有了长矛这样的进攻武器，人们就必须设计出盾牌这样的防御武器，防御武器的坚固又迫使人们设计出新的进攻武器，进攻武器的改进又促使人们去设计新的防御武器……如此往返，推动了武器的发展。现代所有的进攻武器都不过是矛的延长，所有的防御武器都不过是盾的发展。而一些既利于攻又利于防的武器，如坦克等，不过是矛和盾的结合。要不是矛和盾之间的相互排斥或斗争，就既没有必要也不可能有各种现代化的武器。

矛盾的斗争推动事物发展的情形，在社会生活中更是处处可见。无产阶级反对资产阶级的斗争促成了由资本主义向社会主义的转变，推动了社会的发展；同志间的批评和自我批评，推动了党内和革命队伍内部政治生活的发展；真理对错误的克服促进了真理的传播，推动了认识的发展；等等。所有这些都表明，矛盾双方的斗争推动着事物的发展。矛盾的斗争不限于某一种形式，而是泛指一切矛盾双方相互排斥的倾向。它可以表现为激烈的、暴风骤雨式的，如一个阶级推翻另一个阶级的暴力行动；也可以是缓和的、和风细雨式的，如同志间或家庭里交换意见商量问题。不要以为商量问题或交换意见不像斗争，其实它就是以一种意见去说服、改变、取代另一种意见，也是矛盾双方的相互排斥。

具体地讲，矛盾双方的斗争对于推动事物的发展，有以下两个方面的作用。

首先，矛盾的斗争能够引起矛盾双方力量的消长，造成它们之间力量对比状况的变化。无产阶级和资产阶级伴随着近代大工业一同产生，它们作为矛盾的双方共处于资本主义的生产关系之中。在资本主义生产关系刚刚确立的一个时期里，资产阶级的力量是强大的，在同无产阶级的联系中居于主导的方面。然而，无产阶级在反对资本主义的斗争中不断壮大，逐渐成了可以同资产阶级相抗衡的力量，并不断改变同资产阶级的力量对比，最后成为占主导地位的方面。显而易见，促成这种力量对比变化的，正是无产阶级同资产阶级各自为了发展自己而排斥对方的倾向。如果没有这种斗争，那么，资产阶级同无产阶级的力量对比关系就永远也不会改变，资产阶级就永远居于支配地位。如果没有矛盾双方的斗争，那么，社会的发展乃至一切事物的发展都是不可能的。

其次，矛盾的斗争能够引起矛盾双方的转化，促成旧的统一体的破裂和新的统一体的建立。当资本主义生产关系已经成为生产力发展的桎梏的时候，无产阶级采取种种手段同资产阶级进行斗争，直至诉诸革命暴力，推翻资产阶级的统治，变资本主义制度为社会主义制度。没有无产阶级反对资产阶级的斗争，资本主义当然不会自动转变为社会主义，旧的统一体不会成为新的统一体。

关于矛盾的斗争性对于事物发展的促进作用，有三个问题需要着重说明一下：

第一，不要因为矛盾的斗争能够推动事物的发展，就以为斗争即发展。不要以为“斗争就是一切”，不要为斗争而斗争。斗争是为了促成事物的转化达到推动事物发展目的的手段。

第二，不要因为矛盾的斗争能够推动事物的发展，就以为任何斗争都能起到推动事物发展的作用。我们知道，所谓发展是指新事物战胜并代替旧事物。因此，只有那些新事物反对旧事物的斗争，才能起到推动事物发展的作用；而那些维护旧事物、反对新事物的“斗争”，对事物发展所起的则是阻碍和破坏作用。

第三，不要以为新事物反对旧事物的斗争能够推动事物的发展，就可以乱斗一气。只有方式恰当的斗争，才能起到推动事物发展的作用。矛盾的斗争采取什么形式，在什么规模上进行，达到什么程度，都应根据矛盾本身的性质及其所处的条件而定。如果不注意这些因素，乱斗一气，即使是新事物反对旧事物的斗争，也不会起到推动事物发展的作用。

矛盾的统一性对于事物发展的作用 关于矛盾的统一性对于事物发展的作用，往往容易被人忽视。事实上，矛盾的统一性同斗争性一样，对于事物的发展也起着积极的作用。

首先，矛盾的统一性为事物的发展提供基础和前提。我们知道，所谓发展都是具体事物的发展。每一具体事物都是矛盾的统一体。如果这个统一体中矛盾着的双方只有斗争性而没有统一性，只相互排斥而不相互联结，那么，这个统一体即这个事物本身就无法存在。试想，如果资产阶级和无产阶级从它们一诞生那天起就只有斗争性没有统一性，它们能共居于资本主义生产关系这个统一体之中吗？资本主义还能够存在吗？实际上，资产阶级为了发展自己，一方面要最大限度地剥削无产阶级，一方面又不能不给工人工资；无产阶级为了发展自己，一方面要反对资产阶级的剥削压迫，一方面又不能不把自己的劳动力出卖给资产阶级。正是这样，才有了资本主义生产关系这个统一体，也才有了无产阶级和资产阶级存在和斗争的寓所。一切矛盾的双方都是在同一寓所（即同一事物）中发展自己，并同对方竞高争强的。否则，斗争都无法进行，又怎能发展呢？

其次，矛盾的统一性是实现矛盾双方转化的“桥梁”。前边讲过，矛盾双方的斗争是推动矛盾双方转化的动力；但是，决定矛盾双方能够向对方转化，而且只能向着对方转化的，是矛盾的统一性。因为矛盾双方本来就是相互联结的，其间有一个由此达彼的桥梁，所以能够向对方转化而不可能沿着别的方向转化。要促成矛盾的转化，推动事物的发展，就必须了解这个统一性，把握双方的具体联系。否则，无论怎么斗争，怎么促进，也是无从转化、发展的。

最后，矛盾的统一性使矛盾双方相互贯通，把旧事物内部的某些因素传递给新事物，从而使事物的发展具有连续性。生物发展过程中的遗传和变异就是这样。外界环境的变化，基因或染色体的突变，会引起生物的变异。但是，不论如何变异，人只能生人，而不能生出其他东西（怪胎是另外一回事），这就是遗传。生物是集遗传和变异于一身的。如果遗传和变异之间没有统一性，只有遗传而无变异，那么，生物就会因为不适应环境的变化而灭绝；只有变异而无遗传，那么，生物界的一切就犹如过眼云烟，转瞬即逝，除了一团莫名其妙的混沌之外，别无所有。无论哪种情形，其结果都是生物界的毁灭，而不是生物的发展。

总之，矛盾的斗争性和统一性对于事物的发展都是不可或缺的。为了叙述问题的方便，我们分别说明了矛盾的斗争性和统一性各自对于事物发展的作用。事实上，它们是有机地联系在一起的。它们同时存在，如影随形，交互作用，相辅相成；其中任何一方都不能离开对方而单独存在或单独发生作用，离开了对方都不能单独推动事物的发展。因此我们说，矛盾着的双方既统一又斗争，从而推动事物的发展。

事物发展的内因和外因 以上我们分析了事物内部的矛盾推动事物发展的情形，哲学上把这称为事物发展的内因。那么，事物的发展除了内因之外，是否还需要其他条件呢？需要。我们知道，世界上的一切事物都处于广泛的、多样的联系之中，它们相互影响、相互制约。一事物的发展变化，依赖于周围其他事物的发展变化；反过来，一事物发展变化的结果，又诱发、推动或加速其他事物的发展变化。事物之间这种相互联系和影响，也是事物发展不可缺少的条件。哲学上把这称为事物发展的外因。外因对于事物的发展有重要的作用。它可以加速或延缓事物发展的进程，能够使事物的发展显示出特定的外貌。无论哪个事物的发展，都是内因和外因共同作用的结果。

但是，能不能说内因和外因对于事物发展的作用是同等的呢？不能。因为内因是事物存在和发展的根据和基础，一切事物的发展主要是由它的内因引起的；外因只是事物发展的外部条件，只能对内因施加各种影响，而且只有通过对内因施加影响的方式来发挥它对事物发展的作用。一个人思想的进步，同周围进步氛围的影响和同志们的帮助是有关系的；然而，这些都只是这个人思想进步的条件。如果他本人没有进步的要求，不经常进行思想斗争，那么，这些外因就会由于没有内在根据而失去效力。外界好的影响只能促进他的思想斗争，并促使好思想战胜坏思想，但不能代替这一斗争并直接成为他的思想。这就是为什么在同样的条件下，有人思想进步、有人思想落后、有人进步快、有人进步慢的原因。可见，在事物发展中，内因的作用是第一位的，外因的作用是第二位的。

同唯物辩证法的这种观点相反，形而上学从两个极端歪曲内因和外因的关系。一种是否认内因的作用，夸大外因的作用，认为事物的发展全靠外因推动，这叫“外因论”。外因论者把一切运动都归结为机械运动，并把机械运动说成是全靠外力推动的。其实，物体的机械运动固然需要外力推动，但是，该物体在外力作用下发生什么样的变化，还是要取决于它自身的质量、体积、结构、形状等内因。羽毛球拍为什么可以打羽毛球而不能打铅球？就是因为铅球同羽毛球的内在根据不同。这里仍然是外因通过内因起作用。另一种是否认外因在事物发展中的作用。这种观点看起来似乎很重视内因的作用，然而由于割断了内因同外因的联系，否认了事物间的普遍联系，因而无法解释事物发展的复杂情形。

上述两个极端不仅在理论上是错误的，而且在实践上也是非常有害的。完全抹杀外因的作用，往往会自我禁锢；过分强调外因的作用，往往依赖别人。为实现中国梦，振兴中华，我们固然不能闭关锁国，然而也不能完全依赖外国的援助。我们的方针应当是自力更生为主，利用外援为辅。这就是说，首先应当着眼于发挥我们中华民族内部的力量，依靠本国亿万人民的智慧，充分调动各方面的积极因素；与此同时，我们还应当争取外援，注意学习外国一切对我们有益的经验。

3. 矛盾的斗争性是绝对的，矛盾的统一性是相对的

矛盾的斗争性和统一性除了同存共处、相互联系之外，还有另外一个方面的关系，就是绝对和相对的关系。斗争性是绝对的，统一性是相对的。

斗争性是无条件的，统一性是有条件的 所谓绝对性，通常指无条件；所谓相对性，通常指有条件。矛盾的斗争性是绝对的，就是说它是无条件的；矛盾的统一性是相对的，就是说它是有条件的。矛盾的统一性的相对性是指，任何矛盾统一体及其统一性的存在都要受一定条件的限制，只有当这种条件具备时，矛盾双方才有统一性，才能共居于一个统一体之中；一旦这种条件消失了，矛盾双方也就丧失统一性，不再共存于一个统一体之中。作为矛盾双方统一性的相互联结，一方面表现为相互依存，另一方面还表现为相互贯通、相互渗透、相互转化。矛盾双方在一定条件下才能相互依存而构成统一体，也只有在一定条件下才能相互转化。

无产阶级和资产阶级只有在资本主义的生产关系中，资产阶级相对强大，无产阶级相对弱小的条件下，双方相互依存，共处一个统一体中；而在另一条件下，即无产阶级力量相对强大，经过斗争并取得胜利的时候，双方又相互转化。可见，矛盾双方是相互依存还是相互转化，什么时候依存，什么时候转化，都以条件而定，都是有条件的。由于矛盾的统一性所要求的这种特定条件是不断变动的，因而统一性本身只能是暂时的、易逝的。

矛盾的斗争性是无条件的。所谓斗争性是无条件的，并不是说它不需要任何条件，不存在于统一体中，不构成对立面的两个东西是无所谓斗争的；而是说它不需要统一性所要求的那种特殊条件，只需要双方构成矛盾这个一般条件。换句话说，只要有矛盾，就有斗争；矛盾一旦出现，就不再需要别的条件了。它的存在不仅不受什么特殊条件的限制，而且还能打破这种条件，创造出事物发展所需要的新条件，即由一种统一性（统一体）转向另一种新的统一性所要求的条件。

斗争性使事物趋于运动，统一性使事物趋于静止 除了从无条件和有条件的意义上理解斗争性的绝对性、统一性的相对性之外，还可以从两者的不同作用和后果的角度来理解。我们知道，统一性的基本作用在于维护对立双方共处的形式，规定斗争的形式和范围（在量变中），以及把旧的统一体中的某些因素传递给新的统一体（在质变中）；它导致的结果就是维护事物的相对稳定性、发展的阶段性（在量变中）和过程前后相继的连续性（在质变中）。斗争性的基本作用则在于使矛盾双方尽可能地争取适于自身存在的形式（在量变中），打破旧的统一体对自身的束缚（在质变中）；它导致的结果是统一体内部的骚动不安（量变），直到最终瓦解让位于新的统一体（质变）。

可见，从它们的作用及其引起的后果来看，大致可以说，统一性使事物趋于相对稳定、相对静止，而斗争性则使事物趋于运动和变化。运动和静止是事物存在和发展的两种不同的状态，矛盾的斗争性和统一性是构成这两种状态的内在根据。在这里，矛盾的斗争性的绝对性和统一性的相对性，就如同运动的绝对性和静止的相对性一样是没有什么疑义的，而且前者还是后者的根据。

应当指出，在我们说明矛盾的斗争性的绝对性、统一性的相对性时，千万不能有这样的误会：斗争性比统一性更重要。一般地说，在具体的现实的矛盾中，两者不可或缺，都是重要的，只是分工不同、作用不同罢了。至于在实际工作中，根据不同的条件，根据矛盾的性质及其发展状况，着重强调斗争性还是统一性，那是另外的问题，不可与斗争性和统一性何者更重要的问题混为一谈。

4. 对立统一规律是唯物辩证法的实质和核心

以上我们所讨论的问题，归纳起来就是关于事物发展的动力和源泉的问题，这些都是对立统一规律的基本内容。对立统一规律也叫矛盾规律，是关于事物矛盾运动的规律。它是世界上一切规律中最根本的规律，是唯物辩证法的实质和核心。为什么这样说呢？

首先，对立统一规律深刻揭示了联系和发展的实质。我们知道，辩证法是关于联系和发展的学说。物质世界现象间的联系是普遍的，而联系的形式又是多种多样的。辩证法的任务不仅在于揭示现象间的这种普遍联系及其形式的多样性，而且在于说明这种联系的内容、实质、根源和趋势。为了做到这一点，就必须透过现象间外在的联系把握其内在的联系；而这种内在的联系就是相互对立的事物之间，以及事物内部相互对立的方面之间的联系，亦即又对立又统一的联系。由于辩证法把联系看作对立统一的联系，因而才揭示了物质世界普遍联系的根本内容，在于相互对立的事物或方面之间的联系。联系的实质是事物内部的对立统一，一切形式的联系，如形式和内容、现象和本质、原因和结果、偶然和必然、可能和现实等联系，都是这种对立统一的表现；联系的根源在于一切事物或现象都处于对立统一之中；联系的趋势在于由其内在的对立统一而达到相互作用，以及由此而引起的运动、变化和发展。物质世界是永恒发展的。辩证法的任务不仅在于指出这种发展，而且在于揭示这种发展的实质、过程和趋势。为了做到这一点，就必须深入揭露发展的内部源泉和动力，而这个源泉和动力就在于事物内部的矛盾性。由于辩证法把发展看作对立的统一，因而才揭示出发展的实质在于事物内部对立着的两个方面的又斗争又统一；发展的过程在于由于对立面的斗争和统一而引起的由量变达到质变；发展的趋势在于由于对立面的斗争和统一而促成的螺旋式上升或波浪式前进。总之，辩证法之所以能够成为关于联系和发展的科学，就在于它揭示了联系和发展中的对立统一。

其次，对立统一规律最鲜明地表现了唯物辩证法的特征，是辩证法和形而上学这两种发展观的分水岭。形而上学否认联系和发展也好，歪曲联系和发展也好，其最终的根源都在于不能在对立中把握统一、在统一中把握对立，否认了事物本身固有的矛盾性，思维于排斥对立的统一或排斥统一的对立之中。相反，辩证法正是把握了对立的统一，才使它能够科学地说明物质世界的普遍联系和永恒发展，成为最深刻、最无片面性弊病的学说。

最后，对立统一规律是贯穿于唯物辩证法一切规律的灵魂，是把握和理解整个唯物辩证法的关键。辩证法的一切规律都是对于物质世界普遍联系和永恒发展的反映，都是表现或揭露这一联系和发展中所固有的对立统一关系的。因此，用对立统一的观点去看待辩证法的一切规律，就成为理解它们的关键。离开对立的统一，辩证法的一切规律都不可能得到充分的说明。

对立统一规律在辩证法中居于核心的地位。但是，绝对不能由此得出结论说辩证法的规律只有这一个。正如内容虽然决定形式但不能代替形式，本质虽是现象的基础但不能代替现象，关键虽能牵动全局但不能代替全局一样，也不能用对立统一规律代替辩证法的其他规律。这样做不仅没有提高它的地位，反而由于取消了“外围”，实际上也就取消了对立统一规律的核心地位。

正确分析矛盾和解决矛盾

正确理解关于物质世界发展动力的基本原理，对于我们的实践活动具有重要的意义。

第一，既然物质世界是永恒发展的过程，那么，我们在实际工作中，就应当从发展上看问题，把事物放在发展的过程中来加以考察，注意分析事物在发展过程中各个因素、方面、环节的情况，创造条件，加快事物发展的进程。

第二，既然事物内部矛盾双方既统一又斗争，推动事物的发展，那么，我们就必须注意分析事物内部的矛盾状况，以便妥善解决矛盾，推动事物的发展。在实际工作中，我们要养成分析矛盾的习惯，学会分析矛盾的方法。在分析矛盾时，要注意分析矛盾所处的具体环境，矛盾双方的状况，矛盾在发展过程中的表现；找出对于事物发展起决定作用的主要矛盾，找出在矛盾中居于支配地位的主要矛盾方面，分析矛盾的性质；然后根据矛盾性质的不同，采取不同的解决方法。在解决矛盾时，要全面理解和充分发挥斗争性和统一性对于推动事物发展所起的作用，反对单纯强调斗争性或单纯强调统一性的片面性。

第三，既然矛盾的斗争性是绝对的，矛盾的统一性是相对的，那么，我们在实际工作中，就应当敢于揭露矛盾，开展积极的斗争，反对掩盖矛盾、调和斗争的倾向；同时又要注意分析矛盾双方相互联结的具体情况，善于掌握斗争的方式、分寸、范围和规模。斗争性的绝对性要求我们应当具有原则的坚定性，统一性的相对性则要求我们应当具有策略的灵活性。

第四，既然对立统一规律是唯物辩证法的实质和核心，那么，所谓按照辩证法办事，最重要的就是要运用对立统一规律去观察问题、提出问题、分析问题、解决问题，即用对立统一规律指导我们认识世界和改造世界。所谓认识世界，从根本上说就是用对立统一的观点去认识事物的矛盾；所谓改造世界，说到底就是按照矛盾的不同性质，采取不同的方法去解决各种不同的矛盾，促成事物的转化，达到革命的目的。

阅读书目

反杜林论：第三版序言，概论．见马克思恩格斯选集．3版．第3卷．北京：人民出版社，2012.

自然辩证法：导言，《反杜林论》旧序。论辩证法，辩证法．见马克思恩格斯选集．3版．第3卷．北京：人民出版社，2012.

卡尔·马克思：辩证法．见列宁选集．3版修订版．第2卷．北京：人民出版社，2012.

谈谈辩证法问题：见列宁选集．3版修订版．第2卷．北京：人民出版社，2012.

辩证法的要素：第4、5、6、9条．见列宁选集．3版修订版．第2卷．北京：人民出版社，2012.

黑格尔《逻辑学》一书摘要．见列宁全集．中文2版．第55卷．北京：人民出版社，1990.

矛盾论．见毛泽东选集．2版．第1卷．北京：人民出版社，1991.

论政策．见毛泽东选集．2版．第2卷．北京：人民出版社，1991.

论十大关系．见毛泽东文集．第7卷．北京：人民出版社，1999.

在省市自治区党委书记会议上的讲话．见毛泽东文集．第7卷．北京：人民出版社，1999.

关于正确处理人民内部矛盾的问题：一．见毛泽东文集．第7卷．北京：人民出版社，1999.

学习马克思主义的认识论和辩证法．见毛泽东文集．第8卷．北京：人民出版社，1999.

第七讲　物质世界发展的过程

在自然界中，质的变化——在每一个别场合都是按照各自的严格确定的方式进行的——只有通过物质或运动（所谓能）的量的增加或减少才能发生。①

——恩格斯

水滴石成

水滴石成？不是有个成语叫做“水滴石穿”吗？说的是水不断滴下来能把石头穿个洞，比喻力量虽小，但只要假以时日，也会产生很大的作用。这是古人从生活实践中总结出来的一句成语，是完全正确的。然而，水滴不仅能使石头穿孔，而且还可以使石头形成。

如果你到过桂林，游览过七星岩和芦笛岩，就一定会感到那里确实是石头美，岩洞奇。那千姿百态的石头，有的似老叟舂米，有的像淑女斗兽，有的如盛开的秋菊，有的简直就是等待收割的白菜。那硕壮的石笋节节见“长”，那奇突的钟乳晶莹欲滴！科学家告诉我们，要是没有水一点一滴地“塑造”，就不会有这一切！原来，这些山洞绝大多数产生在石灰岩地区。石灰岩是可以被水溶解的，雨水沿着石灰岩裂缝往地下渗透，逐渐溶蚀成洞穴，形成地下河流。地壳上升，使地下水面相对下降，形成了深邃曲折的干涸洞穴。地下水从洞顶裂缝渗滴出来，水里的碳酸钙（石灰质）便会因水分的蒸发而沉淀。尽管沉淀的速度极其缓慢，每百年才一公分左右；但大自然有的是时间和耐心。经过几十万年乃至上百万年的沉积，终于积成各种形状的钟乳。当洞顶上的水滴落下来时，石灰质同样

① 《马克思恩格斯选集》，3版，第3卷，902页。

在地上沉淀起来，形成钟乳的亲密伙伴——石笋。往下“生长”的钟乳有时和往上“生长”的石笋连接在一起，形成石柱。这些钟乳、石笋、石柱因含有不同的矿物质而颜色不同，十分好看。这岂不是“水滴石成”了吗！

“水滴石穿”也好，“水滴石成”也好，都说明了事物的变化总是由一点一滴的量的变化开始，然后积少成多，由小而大，见微知著，最后终于使事物的形态和性质发生根本变化。自然界如此，人类社会和思维领域中也是这样。

1. 事物的发展都是从量变开始的

我们知道，事物都是会发生变化的。半封建半殖民地的旧中国变成社会主义的新中国是变化，扔在露天地里的机器风吹雨打变成废钢铁是变化，昔日的荒山坡变成今日的米粮川是变化，“失足青年”变成先进工作者也是变化……在日常生活中，我们随时随地都会发现各种各样的变化。这些变化有的急剧，有的缓慢，但都由一点一滴的量变开始，都要经历一个由量变到质变的过程。那么，事物究竟是怎样从量变开始，又从量变发展到质变的呢？要回答这个问题，首先要弄清楚事物的质、量、度。

质 质是事物固有的内在的规定性。它规定着事物是它自己，而不是别的什么东西。世界上的事物之所以千差万别，就是因为它们各有各的质的规定性。毛笔有毛笔的质的规定性，因而它是毛笔不是竹竿，也不是木棍；纸有纸的质的规定性，因而它是纸不是布，也不是塑料薄膜，等等。事物的质是由事物内部所包含的矛盾决定的。任何事物都包含着多种矛盾，因而都具有多方面的质。毛笔具有不同于竹竿和木棍的质，纸具有不同于布和塑料薄膜的质，就是因为它们各自都包含着不同的矛盾。事物内部所包含的矛盾发生变化，事物的质也就发生变化。决定某事物不同于他事物的质的总体或根本的质发生了变化，某事物就不再是某事物了。可见，质和事物的存在是直接同一的。有某种质就有某事物，有某事物就有某种质，它们直接联系在一起。所以，在哲学上，质是标志着事物存在的范畴。

量 量也是事物的一种规定性。它规定着事物存在和发展的规模、程度。我们所熟悉的大小、多少、长短、高低、轻重、快慢、疏密、厚薄、深浅、浓淡、明暗、稠稀等，都是事物量的标志。一切事物都具有量的规定性。在质的方面相同的事物，我们之所以仍然能够把它们区分开来，就因为它们还有量的方面的不同。同是楼房有高低之分，高低这个量使人们能够准确地区分它们；同样高低的楼房，人们还可以根据位置的差别、新旧程度的差别等量的方面的差别来区分它们。

量和事物没有直接的同一性。量在一定限度内的变化不会影响事物的存在，不至于使一个事物变成不再是这个事物；只有当量的变化超过一定的限度时，事物的存在才会发生变化。杯子可大可小，只要便于喝水，它就是茶杯。但若太小，只适于喝酒，就不再是茶杯而成了酒杯；如果太大，一个人根本无法拿起，那就变成了水缸。桌子可宽可窄，只要适于办公学习就是桌子。但若太小，就只能叫玩具；如果过大，大到可以站在上面演戏，那就无异于舞台。所以，在哲学上，量是标志事物的规模和程度的范畴。其中长度、容量、个数等标志质的规模的量，被称为外延的量；物体温度、金属硬度、劳动生产率等标志质的程度的量，被称为内涵的量。外延的量可以机械地相加，内涵的量则不能。十个人的体重加在一起有一千多斤，十个人的体温相加却不会是三百六十多度；一根根钢轨连接起来可以铺成一条铁路，而这些钢轨的硬度相加却不会比一根钢轨硬一丝一毫。

度　任何事物都既有质的规定性，又有量的规定性，是质和量的统一体。我们到商场去买东西，如果单说买一条、两件、三双、四副，或者单说买裤子、袜子、手套，售货员都无法弄清你的意思；而必须说明要买一条裤子，两件衬衣……再进一步，假使说买一条裤子，也必须交代明白是男裤还是女裤，布料还是呢料等质的规定性，以及尺寸规格等量的规定性；否则售货员也无法使你满意。可见，离开量的质或离开质的量都是没有意义的，单纯的质或单纯的量都无法规定事物。把事物的质和量统一起来，在哲学上给它一个名称，就叫作“度”。

度就是尺度。讲到尺度，可不要以为它像人们把一定的长度规定为一尺，把一定的重量规定为一斤那样，是人为地规定的。度不是人为规定的，而是事物自身所具有的，是维持事物质的一种量的界限。了解事物的度是很重要的。它可以使我们知道量变在什么限度内不会涉及事物的质，而在什么情况下又必然会引起质的变化。比如发扬社会主义民主，形式可以多种多样，范围规模可大可小，但是必须以坚持“四项基本原则”为前提，否则，那就不是社会主义的民主，而是资本主义的“民主”。在这里，坚持“四项基本原则”就是度。“四项基本原则”这个度不是人们任意规定的，而是反映社会主义经济基础并为之服务的社会主义民主本身所具有的。

我们做任何事情都要掌握度。炒菜要调味得当；炼钢要控制炉温；要庄稼长得好，必须水肥恰当，疏密合理；要身体好，除了适当的营养和锻炼以外，还必须劳逸适度。中肯的批评有助于同志的进步，要求过苛则常常使人反感；适当的玩笑能增加生活的情趣，过分的玩笑则显得低级无聊，甚至伤害感情；谦虚谨慎使人永远进步，谨小慎微则使人裹足不前；勤俭节约是高尚的美德，“一毛不拔”则只能叫作吝啬；热情使人感到亲切，客套则让人讨厌。甚至像接待客人这样的小事，也离不开度。在《阿凡提的故事》中，就有这样一个故事：有一回，阿凡提被一位喜好乐器的朋友邀去做客。开始，他兴致勃勃地同主人一起欣赏乐器。可是主人一开场就没完没了。阿凡提早已饥肠辘辘，主人还喋喋不休地问他到底哪一种乐器好听？阿凡提饥饿难耐，只得实话实说：我的朋友，眼下我觉得唯有那饭勺刮着锅底的声音最中听！阿凡提的这位朋友不能说不热情，但却忽略了招待客人的度。古人说：“物极必反”。超过了度，事物的性质就要发生变化。

量变和质变　事物具有质和量这两个方面的规定性，事物的发展变化也就具体表现为质和量这两个方面的变化。量变只涉及事物的规模和程度，不影响事物的存在，因而是微小的、不明显的，是一种缓慢的渐进性的变化。我们日常所见的统一、相持、平衡、静止等，就是事物处在量变的状态。质变是事物内在规定性的变化，它直接改变了事物的存在，使事物由一种质态变为另一种质态，因而是巨大的、明显的变化。质变使量变的缓慢过程中断，表现为突变、飞跃。我们日常所见的统一物的分解，以及相持、平衡、静止状态的破坏等，都表明事物处在质变状态。

量变和质变是有区别的，量变不是质变，质变也不是量变，不要把它们混为一谈。但是，这种区分又是相对的，只是在一定范围、一定意义上讲的。在一个范围内是质变的东西，在另一个范围内可能只是量变，反过来也是这样。人们经常举水的三态作为例子说明质变。实际上，这只是在物理学范围之内，是就水的物理性质而言的；如果用化学的眼光来看，从固体的水到液体的水再到气体的水，其化学性质并未发生任何变化，它只是量变而不是质变。

一个人从唯心主义者变成了唯物主义者，从世界观上看，这是一个根本的、巨大的质变；然而从生理学上看，他并未发生什么根本性质的变化。有一首纪念鲁迅先生的诗说："有的人活着，他已经死了；有的人死了，他还活着。"这句话充分表明，从生理学观点和从社会政治观点来看待人的死活和质变，可能具有完全不同的意义。从生理学上看人的死活，与从社会政治意义上看人的死活，标准是不同的，因而质变的界限也就不一样。可见，我们在判断某一变化是量变还是质变时，必须考虑到它的范围，否则是无法确定的。

量变是质变的必要准备 任何事物最终都要变成别的事物，即都是要发生质变的。然而，这个质变却是从量变开始，并以量变做准备的。事物的发展是一个由量变的逐渐积累而达到质变的过程。盖楼房要一层一层地盖，犁田要一块一块地犁，走路要一步一步地走，吃饭要一口一口地吃，写字要一笔一画地写……总而言之，"一口吃不成一个胖子"，"一锹挖不出一口井来"。所谓"一步登天"，无非是形容进展迅速，然而这一步也必须从地面开始，否则就是不可思议的。

不仅人类的活动如此，自然界的变化也莫不从量变开始。到过杭州的人，都赞赏西子湖的秀美多姿。可是地质地理学证明，秀丽的西湖不过是由 200 万年前普通的浅海湾变来的。由于海水对岩石不停拍打和剥蚀，由于海湾周围无数江河溪流经年累月冲刷，海湾里的泥沙渐渐增长起来。可不要小看这一粒粒沙子！如今西湖东北面那一大片平原，就是由这一粒粒沙子造成的。这些泥沙受海湾地形和水的势能影响，在伸入海中的南山和北山之间逐渐沉积起来。先是形成沙嘴，进而连成沙洲，最后变成一片陆地。于是，原来的浅海湾被截断了，地球上从未有过的西子湖也就这样出现了。

在社会和思维领域里，事物的质变同样是由量变积累而成的。货币只有达到一定的数量才能成为资本。这个货币转化为资本的数量界限，就是它不仅要能够购买一定数量的生产资料，而且还要能够购买一定数量的劳动力。从来也没有听说过仅以一两分钱做资本的资本家。在人的认识过程中要形成概念，就必须有丰富的感性材料；要获得真知，就必须反复实践。

我国古代劳动人民对于事物的发展由量变开始、质变以量变做准备的理解是很深刻的。他们给我们留下了总结这方面经验的许多格言："千里之行，始于足下"，"合抱之木，生于毫末"，"冰冻三尺，非一日之寒"，"千丈之堤，以蝼蚁之穴溃；百尺之室，以突隙之烟焚"，"不积跬步，无以至千里；不积小流，无以成江海"……

但是，也有些人不懂得这个事物发展必须从量变开始的道理，往往闹笑话、犯错误。《百喻经》上说古代有一个富人，看到别人的三层楼房心里很羡慕，就请匠人给他盖一座。可是正当匠人打地基、垒砖头建造第一层的时候，他却出来斥责说：喂，你糊涂了！我喜欢的是最上边的一层，你却给我盖下边的，还是给我把第三层造起来吧！这个笑话当然有些夸张，但实际生活中犯类似错误的也实在不少。

18—19 世纪法国著名动物学家和古生物学家居维叶，不幸就犯了这样的错误。居维叶在动物学和古脊椎动物学方面曾有过不少贡献。他通过对不同地质年龄地层中的大量化石的研究，确定了古生物形态与古生物出土地层间的关系，并且发现了古代鱼类、两栖类、爬行类等脊椎动物与现代生物种类的区别。这些本来都是生物进化的极好证据。然而，由于居维叶不懂得事物的发展要从量变开始，竟把在不同地质年龄的地层中出现的不同的生物化石，说成是地球上一次又一次发生"灾变"的结果，说这种"灾变"之前是没有任何量变为它做准备的。这种把事物的变化说成不经量变突然出现的观点叫作"激变论"。"激变论"只看到事物发展中的突变和飞跃，只看到渐进过程的中断，却没看到量变和渐进性；然而否认量变和渐进性，就无法解释突变和飞跃何以能够产生，就无法说明事物发展的连续性，因而也就否认了事物发展的过程。

2. 量变会引起质变

量变到一定限度才能引起质变 哲学史上记载，古代曾经争论过这样一个有趣的问题：放一粒谷子在地上，会不会形成一个谷堆？从马尾巴上拔去一根毛，会不会使马尾巴变秃？

孤立地看待这样的问题，似乎只能有否定的回答；因为一粒谷当然不能构成一个谷堆，马尾巴上少一根毛也决不会成为一条秃尾。但若从质和量的联系上来考虑，就不能简单地回答了。在这个古老的问题中，包含着一个永远不会古老的道理，这就是量变必然会引起质变。谷堆和一粒谷，秃尾和一根毛，它们之间显然有质的不同。但谷堆毕竟是由一粒一粒的谷积成的，秃尾毕竟是把毛一根一根拔掉形成的。在一般情况下，一粒一粒积谷或一根一根拔毛，这种数量的变化并不会影响到事物的质。但当这种数量的变化达到一定限度时，即不再加、不再拔便成不了谷堆和秃尾，而再加一粒、再拔一毛便成为谷堆和秃尾时，此时如果再加一粒谷、再拔一根毛，便会立刻导致事物质的改变：谷粒变成谷堆，马尾变成秃尾。在这个特定的条件下，说积一粒谷可成谷堆、拔一根毛可成秃尾，就不是不可理解的了。当然，如果撇开这个特定条件，一般地说积一粒谷可成谷堆、拔一根毛可成秃尾，那无疑是荒唐的，任何人也不会相信。

这个问题一方面说明，质变确实与量变不同，量变超过一定限度时必然会引起质变；另一方面说明，只有量变达到一定程度，突破原来事物的度，才能引起质变。形而上学只承认量变，不承认质变。这样一来，它就无法解释物质世界的多样性，以及一种事物变成他种事物的现象。

质变是量变的必然趋势 为什么量变会引起质变呢？我们知道，一定的质总是和一定的量相联系，并建立在一定的量的基础之上的；量的增加或减少到达一定程度时，就必然会改变事物的质。同时，从事物的发展过程来说，只有质变才能使量变得以完成，并为新的量变开辟道路。如果事物永远在旧质的范围内兜圈子，那么，就永远不会有新质的产生和事物的发展，也就不会有今天我们这个世界了。

生命是从无生命发展来的。如果当初无生命的东西永远只是在自身的范围内增减数量，而不在这种量变过程中积累突破其界限的因素，那就绝对不可能由无生命发展到有生命。人是从猿变化来的。但是，如果猿类不在长期的进化过程中学会直立行走，学会使用和制造工具，并使思维和语言发达起来，那就根本不会出现人类。马克思主义的生命力就在于，它要随着客观世界的变化而不断发展。如果只满足于马克思主义现有的原则和结论，而对现实生活中提出的大量新问题不能做出科学的回答，那么发展马克思主义也就只能是一句空话。

可见，量变和质变是相互联系、相互依赖的：一方面，量变是质变的必要准备，没有量的积累，质变就无从发生；另一方面，质变又是量变的必然趋势，没有质变，量变就不能完成。量变和质变这两种不同状态在事物的发展中各自起着不同的作用，少了任何一个，事物都不能发展。

客观事实总是与形而上学的观点相反，世界上的一切事物决不会仅仅停留在旧质的范围内运动。俗话说的“积土成山，积水成渊”、“绳锯木断，水滴石穿”、“集腋成裘”等，都很好地说明了只要事物的量变达到一定程度，就会突破旧质的界限而发生质变。

量变引起质变的两种方式 事物的质变是由量变引起的。但量变引起质变的方式多种多样，主要有以下两种方式：

一种是由数量上的增加或减少而引起质变。我们知道，两个氧原子结合构成氧气分子（O_2），若增加一个氧原子就成臭氧（O_3）了。氧气无色无味；而臭氧则是一种淡蓝色有特殊臭味的气体。一个碳原子两个氧原子结合成二氧化碳（CO_2），若减少一个氧原子就成一氧化碳（CO）了。二氧化碳可以灭火，而一氧化碳则可以燃烧。在进行技术考核时，得 59 分不合格，若再增加一分就可以通过了。

另一种是由于构成事物的成分在空间排列次序和结构方式上的变化而引起质变。我们知道，金刚石和石墨都是由碳元素组成的，然而它们的结构方式不同，金刚石是网状结构的八面体形晶体，石墨是层状结构细鳞片状晶体。因此，二者在性质上也就有很大差别，金刚石硬度最大，而石墨则是最软的矿物之一。甲醚和乙醇的分子式（C_2H_6O）相同，即构成它们的元素及其数量都相同，只是它们的空间排列次序不同，就形成了两种不同质的化合物。甲醚是气体，几乎不溶于水；而乙醇（即酒精）则是液体，能无限溶于水。其他，如蔗糖和麦芽糖（分子式都是 $C_{12}H_{22}O_{11}$）等都是这种情况。在社会生活中，工厂里实行分工协作可以创造出新的生产力，也是这种形式的表现。

实际生活中，由量变引起质变的情况，有不少是以上两种方式的综合，即数量和空间排列形式、结构方式同时变化而引起质变。

质变的两种形式 不仅由量变引起质变的方式是多样的，而且质变的形式也是多样的。质变是由旧质向新质的转变，是渐进过程的中断，是突变，是飞跃。飞跃的形式因事物发展的过程而不同，但归纳起来不外爆发式飞跃和非爆发式飞跃两种。爆发式飞跃，是指那些采取外部激烈冲突的形式实现的质变。自然现象中的火山爆发、铀核裂变、氢核聚变、地震、海啸、雷电等，社会现象中一个阶级推翻另一个阶级的暴力革命、战争等，都是采取外部冲突形式表现出来的质变。非爆发式飞跃，是指那些不采取外部激烈冲突的形式实现的质变。像自然现象中的物种变异、社会现象中的技术革新等，都是以非爆发式的形式表现出来的质变。

质变的两种形式是由事物发展过程中矛盾的性质决定的。一般地说，通过解决对抗性的矛盾而实现的质变是爆发式的，通过解决非对抗性的矛盾而实现的质变是非爆发式的。

3. 量变和质变是相互渗透的

量变和质变之间的统一性，不仅表现在量变和质变的相互依存上，而且还表现在它们是相互渗透的。量变不是纯粹的量变，而是包含着质变的量变；质变也不是纯粹的质变，而是包含着量变的质变。

量变中渗透着质变　在量变中渗透着质变。这种渗透，不是指量变会引起质变的那种必然趋势，而是指在量变过程中事物的性质也会部分地发生变化，在总的量变中包含着部分的质变。总的量变过程中的部分质变有两种情形：一种是阶段性的部分质变，一种是局部性的部分质变。

阶段性的部分质变是由于事物内部各种矛盾发展的不平衡引起的。在实际生活中，我们经常见到这种情况：决定事物性质的根本矛盾并未解决，而那些次要的矛盾有的解决了，有的又产生出来，因而使发展过程显现出阶段性。人从生到死是一个不断的量变质变过程。相对于死来讲，整个一生都可以看作一个量变过程。然而在这个总的量变过程中，人生却经历了婴儿、童年、少年、青年、中年和老年等阶段，每进到一个阶段都是发生了部分的质变，直到死才达到根本的质变。社会主义代替资本主义是质变。相对于这个质变来讲，整个资本主义的发展都可以看作一个量变过程。然而在这个总的量变过程中，资本主义却经历了自由资本主义和垄断资本主义两个阶段，其间也发生了一些部分的质变。由感性认识上升到理性认识是认识过程中的质变。然而在上升到理性认识之前，感性认识本身的量变过程中却经历了感觉、知觉、表象等阶段，表现出部分的质变。这些都是阶段性的部分质变。

局部性的部分质变是由于事物内部各个部分矛盾发展的不平衡性造成的。在实际生活中，我们经常见到这种情况：从全局来看矛盾并未解决，而某些局部的矛盾却解决了，因而全局的根本性质没变，组成全局的某些局部的性质却发生了变化。人生过程中某些不危及生命的肢体或器官的损坏或丧失机能，虽未造成人的死亡，引起整个人的质变，但这一局部却发生了质变。我国的新民主主义革命在取得全国政权之前，并没有造成全局性的质变，然而在整个革命进行期间，在许多革命根据地建立起新政权，这些局部却发生了质变。这都是局部性的部分质变。其他像水的蒸发、食物的变质等，也都存在着局部性的部分质变，经历着由局部质变到全局质变的过程。

在分析部分质变时，有两个问题需要特别注意。一个是不要把部分质变与量变混为一谈。部分质变尽管发生在总的量变过程中，但就事物的某些方面或某些局部来说，它毕竟是发生了质的变化。另一个是不要把部分质变与根本质变混为一谈。部分质变虽然在事物的某些方面或某些部分改变了事物的质，但它却不能立刻造成整个事物性质的根本变化。当然，根本质变和部分质变的区分本身也是相对的，不能把它看死了。在一定场合下属于根本质变的东西，在另一场合则可能属于部分质变。反过来也是一样。我们中国革命的胜利，就中国的范围来说是根本质变；然而从无产阶级世界革命的总体来看，则只是部分质变。

质变中渗透着量变　在质变中渗透着量变。这种渗透也不是从质变同量变的一般联系上讲的，而是指在质变过程中存在着量的扩张。

只要我们注意观察事物发展过程就会发现，不仅质变之前量的积累是个过程，而且量变引起质变到完成质变也是个过程。这个过程从时间上看有或长或短的持续，而绝不可能在同一个时间全部实现，不需要一定时间；从空间上看有或大或小的规模，而绝不可能一下子全部实现，不需要一点伸张。这个过程就是质变中量的扩张过程。无论是发生在微观领域里的、在极短暂的时间内就可以实现的微观粒子的湮灭，还是发生在宏观领域里的、经历了上百万年时间才实现的从猿到人的转变，都有一个量的扩张过程。

在分析质变过程中量的扩张时，有两个问题需要特别注意。一个是质变过程中量的扩张与量变不同。量变在一定限度内并不产生新质，而质变过程中量的扩张则每一步都产生出新质。金属在加热到熔点以前，处于量变过程，保持着固体状态，并没有产生出新质。但是，只要当加热到熔点开始质变时，便出现“液珠”；接着“液珠”在数量上迅速增长，这就是新质在量上的扩张，这种扩张的每一进展都产生出新质。另一个是质变过程中量的扩张与部分质变不同。部分质变没有改变事物的根本的质，而质变过程中量的扩张本身就是根本的质变过程。生物亚种的出现（阶段性的部分质变），并没有造成物种的变化；我国民主革命时期在白色恐怖中所建立的红色政权的扩大（局部性的部分质变），也没有改变半封建半殖民地的中国社会的性质。而当亚种发展到不能杂交或杂交不育时，当敌我力量对比发生根本性的变化，国共双方开始决战时，亚种的每一点变化，红色政权在数量上的每一点扩张，便都是根本的质变。

总之，量变不是单纯的量变，质变也不是单纯的质变。它们之间的相互渗透，造成了事物发展过程中量变和质变错综复杂的局面。因此，我们在分析事物发展的具体过程时，切不可简单从事。

4. 从量变到质变，又从质变到新的量变，是唯物辩证法的一条基本规律

从质变到新的量变 事物由量变引起质变，旧事物变成新事物，这一具体发展过程便结束了。然而就整个事物的发展来说，过程并没有到此为止。当量变突破一定的界限，由旧质过渡到新质的时候，事物又会在新质的基础上开始新的量变。整个事物这种由量变到质变，又由质变到量变的过程，是永远不会完结的。我们前面提到的杭州浅海湾演变，当西子湖出现时，新的量变过程又在西子湖中开始了。据历史上有关文字材料的记载，西子湖先后已经多次发生沼泽化的过程。那时，由于周围的溪流不断给西子湖带来泥沙，再加上水生植物的遗体在湖里慢慢沉积，西子湖底越来越高，湖面越来越小，甚至可能使整个西子湖完全变成陆地。只是由于进行了人工疏浚，这种沼泽化过程才被阻止，西子湖也才得以保存。

在长江的入海口，有一个仅次于台湾岛和海南岛的我国第三大岛——崇明岛。这个岛完全是在长江水流的作用下，一点一点地冲积而成的。但是就在崇明岛从水中突起的同时，它自己又在进行着新的量变。据观察，岛的南岸由于是长江主流经过的地方，受江水的冲刷和海浪的拍打较甚，因而海岸有北移的趋势。只是由于修筑了防波堤，才最大限度地减少了土地的流失。而崇明岛的北岸由于水流比较微弱，又有海潮的顶托，泥沙便能够在那里陆续沉积，使海岸平均每年大约向外延伸半公里左右，以致使人们可能看到这样的前景：总有一天，崇明岛的北岸将和陆地连接起来。到那个时候，人们无须借助舟船便可以直接从海门或启东向“崇明半岛”漫步了。

可见，发展不仅是由量变引起质变，而且还会由质变引起新的量变。在这种连续的转化过程中，量变和质变占据不同的地位，发挥着不同的作用。量变是质变的准备，质变则是量变的完成；量变是发展的渐进过程，质变则是渐进过程的中断。然而渐进过程的中断并不意味着发展过程的中断；相反，它恰恰是把发展过程联系起来的环节。质变既是旧的量变过程的终结，又是新的量变过程的开端。

质量互变的普遍性　从量变到质变，又从质变到新的量变，或简称质量互变，是唯物辩证法的一条基本规律。这条规律在一切事物的发展过程中都是普遍起作用的，无论自然界、人类社会或思维领域，都毫无例外。

在自然界里，我们可以看到，由变异因素积累到一定程度造成新的物种以后，新物种又会开始积累新的变异因素。马的祖先是古生代初期生活在森林里的始祖马，只有狗那么大。此后由于变异因素的积累，逐渐演变成中新马、安琪马、三趾马、上新马，直到第四纪时出现的适于草原生活的高大的现代马，共经历了几千万年的时间。

除了通过自然选择完成的物种进化外，人类还学会了用人工选择的办法来控制生物的进化。现在的猪、牛、羊、稻、麦、棉等，最初都是经过人们对野生动植物长期驯化培育而来的。野牛经过长期驯养，分化出了乳用牛、肉用牛和役用牛等不同类型，每个类型又有很多品种。一只“北京黑白花牛”产奶量每年近六千公斤，最高的可达一万多公斤。从同一种野生的原鸡，经过长期选择培育，分化出卵用鸡和肉用鸡。此外，还有供药用的乌骨鸡和供观赏的长尾鸡等许多不同的品种。这些生物物种的变化，都是在量变和质变两种状态的连续转化中实现的。

在社会生活中，我们可以看到，当生产力的发展终于引起生产关系的变革时，在新的生产关系下，又开始了生产力的新的发展；当旧的社会势力被新的社会势力所取代时，又会逐渐孕育出更新的社会力量。在认识领域里，通过对于感性认识的加工而引起向理性认识质的飞跃之后，又会在这个理性认识指导下更广泛地获取新的感性认识，为形成新的理性认识积累感性材料。

总之，事物都在量变和质变这两种状态的相互转化中发展。不经过量变就引起质变的事物是没有的，只有量变而永远不发生质变的事物也是不存在的。事物的发展尽管各有不同的特点，但都是在量变引起质变、质变又带来新的量变的反复转化中进行的。这是一切事物发展的共同规律。

应当指出，从量变到质变又从质变到量变的转化并不是简单的循环，而是一个上升的、前进的运动。每一次的质变固然都要有量变做准备，但量变的基础却是不一样的。从鱼到蛇和从猿到人，虽然都是由量变而造成的质变，但后者比前者的基础要高得多。从原始社会到奴隶社会和从资本主义社会到共产主义社会，虽然都需要生产力的发展，但二者的基础却有天壤之别。如果把量变到质变又从质变到新的量变的发展看成只是简单的循环，就会抹杀高级阶段上的事物同低级阶段上的事物的区别，就不能正确认识物质世界的发展。

在发展过程中把握事物

正确理解关于物质世界发展过程的基本原理，对于我们的实践活动具有重要的意义。

第一，既然事物的发展都是从量变开始的，量变是质变的必要准备，那么，我们为了推动事物的发展，就一定要认真从事各种准备工作，切不可轻视事物发展过程中量的积累。中国梦的前景是美好的，但它不会凭空出现。为了实现中华民族的伟大复兴，要从我做起，从现在做起。“勿以恶小而为之，勿以善小而不为。”

第二，既然量变会引起质变，质变是量变的必然趋势，那么，我们就应当具体分析事物的发展方向，掌握事物发展过程中由量变向质变转化的时机和关键，促进事物向着对我们有利的方向发展，防止它朝着对我们不利的方向发展。对于那些不利于我们事业发展的坏事情，一定要防微杜渐，把它消灭在萌芽之中，切不可掉以轻心。

第三，既然量变和质变是相互渗透的，那么，我们就应当注意分析事物发展过程中量变和质变的各种复杂情况。不要将部分质变混同于根本质变，以免犯冒进的错误；也不要把部分质变当成量变，以免混淆事物质的界限。在事物的根本质变尚未到来时，要善于等待，并努力为根本质变创造条件；当事物进入根本质变时，要敢于扩大战果，为新事物的成长鸣锣开道。

第四，既然从量变到质变又从质变到量变是唯物辩证法的一条基本规律，那么，学习辩证法，就要努力掌握这个规律，并按照这个规律办事。作为一个革命者，不应当在量变或质变的任何一个阶段上停步不前，而要永远推动事物向前发展；同时也不可急躁冒进，任意超越事物的发展阶段。停步不前就要落后，就会犯右的错误；超越发展阶段，就会犯“左”的错误。

阅读书目

资本论：第一卷第三篇第九章．见马克思恩格斯全集．中文2版．第44卷．北京：人民出版社，2001.

反杜林论：引论一，第一编十二．见马克思恩格斯选集．3版．第3卷．北京：人民出版社，2012.

自然辩证法：辩证法．见马克思恩格斯选集．3版．第3卷．北京：人民出版社，2012.

马克思主义和修正主义．见列宁选集．3版修订版．第2卷．北京：人民出版社，2012.

欧洲工人运动中的分歧．见列宁选集．3版修订版．第2卷．北京：人民出版社，2012.

卡尔·马克思：辩证法．见列宁选集．3版修订版．第2卷．北京：人民出版社，2012.

辩证法的要素：第 9、16 条．见列宁选集．3 版修订版．第 2 卷．北京：人民出版社，2012.

矛盾论．见毛泽东选集．2 版．第 1 卷．北京：人民出版社，1991.

党委会的工作方法：七，十二．见毛泽东选集．2 版．第 4 卷．北京：人民出版社，1991.

第八讲　物质世界发展的方向

一切发展，不管其内容如何，都可以看做一系列不同的发展阶段，它们以一个**否定**另一个的方式彼此联系着……任何领域的发展不可能不否定自己从前的存在形式。①

——马克思

沧海桑田的传说

晋代葛洪写的《神仙传》中，记载着这样一个传说：古代有个神仙叫麻姑，自称她曾亲眼看见东海三次变为桑田。我国古时把东海、渤海称为沧海，所以后人常以“沧海桑田”为典故来比喻世事变迁之大。这个传说似乎纯属虚构，然而却包含着真实的内容。据现代地质科学揭示，近十万年以来，华北平原东部确实发生过三次海侵（海水侵入大陆）。第一次海侵发生在约七万多年以前，海水深入到现今河北沧州以西的地区。第二次海侵发生在约三万多年以前，规模更大，海水向西扩展到现今河北献县一带。第三次海侵发生在一万年以前，范围较小，仅限于现今黄骅、天津一线以东的滨海地区。你看，近十万年以来，华北地区的某些地方不是正好三次变为沧海吗？换句话说，这一带地区所濒临的沧海不是正好三次变为桑田吗？这个事实与关于麻姑的传说也许不止是巧合哩！黄河流域、长江流域是中华民族的摇篮。东海、渤海沿岸地区，几十万年以来就是我们祖先生活、劳动的地方。三次沧海桑田变迁的传说，也许是我们的祖先把他们的亲身经历一代一代传下来的。历史上我国曾经长期处于母系氏族阶段，由德高望重的老年妇女来讲述这件事，并把多少代中讲述故事的老年

① 《马克思恩格斯选集》，1版，第1卷，169页，北京，人民出版社，1972。

妇女加以神化，也不是不可理解的。

沧海桑田变迁的传说说明了事物发展的否定之否定的前进过程。沧海茫茫，波涛汹涌，但是在发展过程中竟被否定了，变成陆地，化为碧绿的桑田；而桑田在进一步发展中又被否定了，再度变为沧海。这就是由肯定到否定，又由否定到否定之否定的辩证发展。经过否定之否定，事物不是简单地重新回到起点，而是在各方面都向前发展了。海水和陆地的面貌发生了变化，在这种条件下的生态环境和古代人类也都随之向前发展了。我们的祖先历尽沧桑，积累了与大自然斗争的经验，适应了环境的变化，终于迎来了中华民族文明的曙光。

1. 事物是由低级向高级发展的

由于内部矛盾的推动，事物发生了由量变转化为质变，由质变转化为新的量变的过程。如果我们对事物的发展过程做进一步考察，就会看到，事物总是经过曲折的道路由低级向高级发展的。

事物发展的曲折性 平时人们喜欢用一句成语："勇往直前"。这个成语表示一种进取的精神是不错的，但是要完全按这句话去办事就难了。"勇往"固然可以，"直前"却办不到。世界上没有"笔直又笔直"的道路，如果只知"直前"，拒绝拐弯，那就非出事不可。事物的发展也不是直线式的，而是迂回曲折的。从整体上看，事物的发展过程具有某种规律性。这种规律性如果用图形来表示，那就是一个螺旋式的曲线或波浪式的曲线。

事物发展的曲折性和反复性是普遍存在的。水波、声波、电磁波等都是以波动的形式传播的。我们的眼睛所能看到的光也是电磁波，具有波动性和微粒性双重特性。所谓光的直线运动实际上也是波形传播。在微观世界里，粒子的振动和旋转都构成螺旋式或波浪式的曲线。宏观世界里也有类似现象。月球绕地球旋转，地球和月球组成的地月系又绕太阳旋转；这样一来，月球运行的轨道就形成了一个首尾相接的螺旋曲线。如果我们考虑到太阳系绕银河系中心的运动，那么，月球运动的螺旋曲线也并不首尾相接，而是由小螺旋曲线构成的大螺旋曲线。同样，地球运行的轨道也是螺旋曲线。地球上的某个部位随着地球自转和公转，它在宇宙空间运动的路径也是螺旋曲线。

各种化学元素及其内在联系和发展，也是一个曲折往返的系列。元素周期表揭示了由轻元素到重元素的变化，是由于原子量及电荷数目的变化而引起的化学性质的周期性的变化，这样就形成了一个螺旋式的变化过程。门捷列夫依据这个规律性，成功地预言了几种未知的元素。现代天文学指出，在天体演化中也存在着由轻元素逐渐变成重元素的过程，因而有人认为“第二代恒星”比“第一代恒星”具有更多的重元素。当然，重元素也会转变成轻元素，放射性元素的衰变就是这样。

我们所处的自然环境也表现了周期性的变化。一天内昼夜的交替，一年内四季的变化，可以用波浪式的图形来表示，这是十分明显的。就是在更长的时间内也是如此。从气候上讲，冰期和间冰期的不断更替，是以往一百多万年内（第四纪）气候演变的最显著的特征。据科学家估计，第四纪大冰期应当包括 20 次冰期，冰期之间是气候较暖的间冰期，我们现在正处于“现代间冰期”。有人估计，在五六万年以后还会有新的冰期到来。一百万年以来气候冷热的变化，也是一个波浪式的曲线。在每个间冰期中，气候也有周期性变化，其中较冷的时期又被称作小冰期。地球上的海陆变化主要是由于全球性气候变化引起的。

如果说大自然的螺旋式变化往往是在漫长的年代中完成的，那么，生物的运动则常常在较短的周期中就表现出这种螺旋性质。从麦粒到植株，再从植株到麦粒，如此继续下去，就是螺旋式的发展过程。同样，诸如鸡生蛋、蛋变鸡这类生命现象，也是这样的发展过程。整个生物界的进化就是在这种曲折的发展过程中实现的。

在人类社会和思维的发展中，这种螺旋式或波浪式的特点也很明显。从原始社会的公有制发展到私有制，再到社会主义、共产主义的公有制，就是螺旋式的过程。认识活动中从物质到精神又从精神到物质的过程，从实践到认识又从认识回到实践的过程，从特殊上升到普遍又从普遍回到特殊的过程等，也是螺旋式的过程。所有这些，都说明了人类社会和思维发展的曲折和反复的性质。

事物发展的前进性　事物的螺旋式或波浪式的发展表现了一定的反复性，好像是向旧东西的回复。但这不是简单地重复原有的东西，而是在事物发展的更高阶段上再现事物原来的某些特征。事物发展的根本趋势是上升，是前进。这个趋势是不可逆转的。春联中有一幅叫作“一元复始，万象更新”，说的就是这个道理。每一年的春节都似乎和去年春节同样开一年之端；然而实际上却大不相同了，万象已经更新，新的一年开始了。

螺旋式或波浪式的发展是循着曲折和反复的道路上升或前进的过程。认识这一点很重要，不然就会把事物的发展看成圆圈式的循环，导致形而上学的循环论。循环论把事物的发展说成是一种单纯的循环运动，是周而复始的，这实际上是否认了事物的发展。我国古代有一种所谓“五德终始”的说法，认为朝代的变换是土德、木德、金德、火德、水德相继更替，历史在这种周而复始的过程中循环，没有发展和进步。在现代西方思想家中，也有主张历史循环论的。循环论的错误在于，把事物发展中的某些表面现象上的重复夸大了，加以绝对化。

我们从前面所举的例子中可以看到，任何事物的发展不论怎样曲折反复，其中都贯穿着一个基本的方向，就是上升或前进。地球上气候的变化，并不是简单的冷热交替，上下波动。最初地球的气候肯定与今天大不一样。几十亿年来，地球上的气候经过各种演变逐渐形成了适于生物生存的状态，特别是第四纪，即一百万年以来，出现了人类繁盛的时代。如果地球的气候只是简单重复以往的状态，那就不会有人类的今天。原始社会的公有制被阶级社会的私有制所代替，私有制又将被社会主义、共产主义的公有制所代替。后一种公有制也不是恢复前一种公有制。整个所有制变化的三大阶段，是一个由低级向高级发展的过程。种下麦粒，经过植株生长阶段，又得到麦粒，这麦粒也不是原来的麦粒了。古诗说“春种一粒粟，秋收万颗籽”，这起码是指出了播种和收获前后稻谷在数量上的差异。其实，不仅在量上更多了，而且在质上也会发生某些变异。这种变异每一次可能很微小，但是积累多了就很显著。一些动植物的优良品种，不就是通过自然选择和人工选择而得到的吗？

事物为什么会由低级到高级曲折地向前发展呢？我们知道，事物发展的根本原因在于事物内部的矛盾性。矛盾着的两个方面通过斗争，各自向对方转化过去。每一次转化就是一次否定。一个事物在发展中经过两次否定或转化，表现为一个周期，形成三个环节两度否定的有节奏的运动。第一个环节，肯定；第二个环节，否定（对肯定的否定）；第三个环节，否定之否定（对否定的再否定）。对否定的再否定就成为一个新的肯定。所以，由第一个环节到第三个环节，即由肯定到新的肯定为一个周期。每一个周期既是上一个周期的继续，又是下一个周期的开始。这样，一个一个周期连接起来，就使事物呈现出波浪式向前发展的趋势。为了理解事物曲折前进的原因和规律，还必须进一步了解事物发展中的否定和肯定，以及这两种因素所起的作用。

2. 否定是事物发展的环节

事物内部的肯定和否定　只要我们深入观察周围的事物，就不难发现，任何一个事物在每一瞬间都既是它自身，同时又是别的什么东西。否则，就无法理解一事物何以能够转化成他事物，因为一事物转化成他事物的质变都是有量变为它做准备的。从这里可以看出，任何事物内部都包含着相反的两个方面或两种趋势：一个是维持该事物存在的趋势，一个是促成该事物消灭的趋势。前者对于事物的存在起着肯定的作用，是肯定的方面；后者对于事物的存在起着否定的作用，是否定的方面。

事物内部肯定和否定这两个方面既对立又统一，既相互联结又相互斗争。当肯定的方面处于主导地位时，事物就能保持它原有的性质和自身的存在；而当否定的方面居于支配地位时，事物就转变为和自己相对立的事物，实现了对自身的否定。否定是一事物向他事物的转化，是旧质向新质的飞跃。否定促成事物质的变化。事物自身的矛盾是引起否定的根本原因，是事物内部具有活力的因素。我们在考察任何具体事物时，都要看到事物内部的这两个方面。如果看不到肯定的方面，就不能把握事物的存在及其性质；如果看不到否定的方面，就不能把握事物的发展及其方向。

从上面的分析可以看到，肯定是事物自身的、内在的自我肯定；否定是事物自身的、内在的自我否定。因此，事物发展中的肯定和否定都是客观的。由于人们日常用语中，往往在“承认”或“不承认”某件事的意义上使用肯定和否定这两个词，从而使肯定和否定带上了较多的主观色彩，容易被人误认为是来自事物外部的某种主观的作用。实际上，哲学上讲的肯定和否定是事物自身所固有的，是不以人的主观意志为转移的。

没有否定就没有事物的发展　否定是事物发展的一个环节。一切事物在发展中都要否定自己，都要转化为自己的对立物。一切发展过程，都包含着一系列不同的阶段，它们以一个否定另一个的方式相互联系着。唯物辩证法把否定作为自己的一个要素。辩证法在本质上是批判的和革命的，它不崇拜任何东西。它在对现存事物的肯定的理解中，同时也包含着否定的理解，在指出一事物现实地是该事物的同时，也指出它迟早会变成别的事物，对于任何事物都是从它的暂时性方面去理解的。正是由于这个原因，才使辩证法成为关于发展的最彻底的学说。

在自然界中，自己对自己的否定是事物发展的巨大杠杆。天体的演化，地球的发展，都经历了一系列自我否定的过程。如果没有对原始星云的否定，就不会有太阳系的演化过程，组成自然和社会环境的物体以及我们本身的微小粒子，恐怕至今仍处于比空气还要稀薄的弥漫状态之中。如果没有地球发展早期的一次次否定，造成新的自然条件，生物也不会出现。生命现象的产生本身就是对无生命现象的一种否定。在生物的进化中，简单的、低级的生物发展为复杂的、高级的生物，都是通过新物种对旧物种的否定而实现的。正是在生物界的一系列否定之中，才出现了高等动物和人类。

在人类社会中，没有否定也同样不会有社会的发展。人类社会形态由低级到高级的依次更替，都是通过后一种形态对前一种形态的否定来实现的。奴隶制的生产关系否定了原始公社的生产关系，促成了由原始社会向奴隶社会的转变；封建主义的生产关系否定了奴隶制的生产关系，促成了由奴隶社会向封建社会的转变；资本主义的生产关系否定了封建主义的生产关系，促成了由封建社会向资本主义社会的转变；最后，无产阶级代表着新的生产关系又否定资产阶级，剥夺剥夺者，促成了由资本主义向社会主义的转变，并把社会的发展引向共产主义。自然界没有否定就不会有我们人类。同样，如果社会领域中没有否定，那么，我们现在势必还只能在人类最原始、最低级的状态下生活。

在思维领域中也是这样。没有否定，就没有思维的进步和发展。整个人类认识发展的历史，就是一个伴随实践发展的由低级到高级、不断自我否定的过程。人们通过否定谬误而达到真理，通过否定对于事物表面现象的认识而达到对于事物的本质和规律性的认识，从而实现由不知到知，由知之不深、不多到较深、较多的转变。如果认识领域里没有否定，那么，我们现在势必还只能处在原始人的蒙昧状态。在欧洲中世纪封建社会里，宗教势力为巩固它的地位而使人们处于愚昧状态，在思想领域里设置禁区，人为地压制否定的因素，用各种酷刑对付“异端”思想。但是，否定毕竟是最有活力的因素，禁锢终于被冲破，“文艺复兴”为近代思想界的活跃和繁荣开辟了广阔的道路。

总之，在事物的发展中，肯定的方面是保守的方面，否定的方面是革命的方面。当然，这里所谓“保守”与“革命”，是从哲学上讲的，而不是一般政治意义上所讲的保守与革命。肯定的方面维持事物的相对稳定性，否定的方面促成事物的绝对变动性。否定的方面战胜肯定的方面，引起事物的自我否定，从而推动事物的发展，

3. 否定是事物联系的环节

辩证的否定不是单纯的否定，而是包含着肯定的否定，所以它又是事物联系的环节。

否定在一定意义上也是肯定 在一定意义上，否定就是肯定。否定并不是完全消灭某个事物。实际上，物质不灭，任何事物都不可能被完全消灭，只不过是改变一下它的存在形态而已。否定的作用就在于使事物由一种形态转化为另一种形态。因此，在否定一种形态的同时，也就是对另一种形态的肯定；对现有形态的否定和对未来形态的肯定，是实现于同一个否定过程之中的。所以，这一过程对于现有形态来说是否定，对于未来形态来说则是肯定。在沧海桑田的变迁中，对海洋的否定是对陆地的肯定，对陆地的否定又是对海洋的肯定。生物进化中对旧物种的否定就是对新物种的肯定。社会发展中对旧制度的否定就是对新制度的肯定。在思想意识中，对谬误的否定就是对真理的肯定。

否定包含肯定 再进一步，即使就同一个事物来说，对它的否定之中也包含着对它的肯定。新事物否定旧事物，使旧的过程中断。然而新事物又是在旧事物中发展起来的，新过程又与旧过程相衔接。新事物总是要吸取、保留并改造旧事物中积极的东西，作为自己生存和发展的基础。原始星云到太阳系的否定之中，包含了对原始星云的物质及其运动的肯定。生物对无机物的否定中也包括肯定。我们知道，铁看来似乎与人体格格不

入，然而它却是人体内不可缺少的成分。这表明无机物在有机体内又是被肯定的。在人类社会中，新的生产力是对旧的生产力的否定，但新的生产力并不是凭空得来的东西，而是包括并改造了原有的生产力，及其创造的一切物质条件和科学技术条件。

正是由于新事物对旧事物有所否定，所以才使事物的发展过程向前推移；也正是由于新事物对旧事物的否定中又有肯定，所以才使事物的发展能够在已有的基础上向前推移。新事物对旧事物的否定终止了旧事物的发展，造成了发展过程的间断性；新事物对旧事物的否定中又有肯定，使得新事物与旧事物相联结，造成了发展过程的连续性。可见，否定既是由旧事物向新事物发展的环节，又是旧事物同新事物相互联系的环节。一切发展过程都是这种间断性和连续性的统一，即肯定中的否定和否定中的肯定的统一。看不到肯定中的否定，就看不到事物发展过程中连续性的中断，因此也就看不到发展；看不到否定中的肯定，就会割断事物发展的历史过程。这两种看法都是错误的。

为什么否定之中必有肯定呢？这是由事物自身的矛盾本性决定的。肯定和否定是事物自身发展中相互矛盾着的两个方面。这两个方面本来就是相互联结、相互渗透、不可分割的。肯定只是对于否定来说才是肯定，否定只是对于肯定来说才是否定。它们本来就是相比较而存在的，没有对方就没有自己。只要我们认真仔细地观察一下事物发展过程中的各个阶段，就可以发现，正是由于后一阶段对前一阶段有所肯定，因而才去否定它；或者说，正是由于后一阶段对前一阶段有所否定，因而才去肯定它。否则，任何肯定或否定对于发展都是毫无意义的。社会主义之所以否定资本主义，除了其私有制阻碍生产力发展之外，也还因为资本主义的社会化大生产可以作为自己公有制的基础。没有这个基础，社会主义也不可能建立和巩固。社会主义是对资本主义私有制的否定，同时又肯定了它的社会化大生产。

总之，辩证的否定不是单纯的否定，而是在肯定基础上的否定，是包括肯定于其中的否定。否定不是简单地抛弃一切，而是克服和抛弃旧事物中消极的东西，保存和发扬旧事物中具有积极意义的成分。哲学上把这种否定叫作“扬弃”。“扬弃”这个词是黑格尔最早提出来的。它包含着抛弃、终结和保留、发扬这两重意义，很确切地表达了辩证否定的实质，所以我们也经常使用这个概念。

与辩证法的否定观相反，形而上学把肯定和否定看成是各自孤立、绝对对立的东西，否认肯定与否定的对立统一。“是就是，不是就不是；除此以外，都是鬼话。”这就是形而上学者的格言。在他们看来，肯定就是肯定，绝对地排斥否定；否定就是否定，绝对地排斥肯定。形而上学的否定观在理论上是错误的，在实践中是非常有害的。坚持单纯的肯定就必定否认发展，认为事物永远如此；坚持单纯的否定就必定否认过程，认为事物都是凭空出现的。按照这种观点，根本无法解释自然界和人类社会发展的历史进程。

在对待文化遗产问题上，是古非今的复古主义和是今非古的虚无主义都是不对的。前者否认了事物发展的必要性，后者割断了事物发展的历史过程。正确的应当是坚持肯定和否定相统一、批判和继承相结合的态度，去其糟粕，取其精华，批判消极的东西，把一切积极的东西继承下来加以改造和发扬。

对于外国的东西也是一样，既不应一概排斥，也不能全盘照搬；而应有分析、有选择地吸取。由于同出一源，所以肯定一切和否定一切常常是联在一起的。与崇洋媚外、全盘肯定外国东西的做法相联系的是自卑自贱，全盘否定本民族的东西；与一概排斥外国东西的做法相联系的是夜郎自大，盲目肯定自己的一切。在一个人身上，自大和自卑也常常是相通的。我们要注意克服这种片面性。

4.“肯定——否定——否定之否定”是唯物辩证法的一条基本规律

否定之否定规律的内容　事物的发展经过肯定、否定、否定之否定，表现为周期性的过程。揭示这一过程的“肯定——否定——否定之否定”规律是唯物辩证法的基本规律之一，通常人们把它简称为“否定之否定规律”。前面讲过的螺旋式上升或波浪式前进，就是对于这一规律的形象说明。

否定之否定规律的内容包括以下几个方面：第一，客观事物的质变是通过辩证的否定实现的，辩证的否定是发展的必要条件和环节。第二，辩证的否定抛弃旧事物中的消极因素，保留其中的积极因素，是联系的必要条件和环节。第三，由肯定到否定，再到否定之否定，似乎是向肯定阶段的回归，实际上是前进到更高一级的阶段。第四，在发展过程中，肯定与否定相统一，前进与曲折相统一，使整个发展呈现出螺旋式或波浪式的轨迹。

否定之否定规律的普遍性　“肯定——否定——否定之否定”是事物发展的普遍规律。我们在前面讲到事物发展的曲折性和反复性时举的许多例子，都是否定之否定规律的具体表现。在自然界、人类社会和思维领域中，否定之否定规律都毫无例外地在起作用。

有人认为否定之否定不具有普遍性，并试图举出几个例子来证明在那里没有“肯定——否定——否定之否定”的过程。这种例子往往有两个特点。一是把对事物发展的考察局限在一个较短的阶段中。要知道，事物的发展在未充分展开时没有发生两次质的变化，当然看不到“肯定——否定——否定之否定”的周期性变化。二是对事物发展的考察局限于事物的某些次要的性质上。要知道，没有对事物根本性质的变化进行考察，当然也不能把握事物发展中的“肯定——否定——否定之否定”。

一般说来，只要把我们的视野扩大到足以观察到包括两个以上的质变过程的程度，并抓住事物的本质属性的变化发展，就能够揭示事物发展过程中“肯定——否定——否定之否定”的规律性。我们知道，太阳黑子活动具有周期性。从黑子增多，活动频繁，到逐渐减少，以至没有，再到黑子大量出现，频繁活动，其间一般经历十一年左右。从黑子活动来说，有——无——有，多——少——多，就是一个“肯定——否定——否定之否定”的过程。黑子活动的周期较短，我们在几十年内就可以连续考察它活动的几个周期，研究它的规律性。如果我们要考察太阳整体的发展，那么一个人即使终生观察，也很难发现什么大的变化；似乎在这里只有肯定，没有否定，更谈不上否定之否定了。这是因为太阳的寿命太长了，它已存在几十亿年，现在正当中年。只有在几十亿乃至上百亿年的时间范围内，才能看到它的质的周期性变化。现代天文学通过对目前处于不同发展阶段的许多恒星的研究，比较清楚地了解到恒星演化的规律，证明像太阳这样的恒星也有其形成和发展的历史，也会在几十亿年后灭亡，化为弥漫物质，为下一代恒星的生成提供材料，在进一步的演化中再度形成新的恒星。这是在极其漫长的时间中发生的否定和否定之否定的过程。

事物在发展中必然经历“肯定——否定——否定之否定”的过程，这是发展中的普遍性。至于具体事物的否定是怎样进行的，周期有多长，又是多种多样的。否定形式的多样性是由事物本身的多样性所决定的，这是发展中的特殊性。有的人不承认否定之否定规律的普遍性，常常是由于没弄清普遍和特殊、一般和个别的关系。他们用某种特殊的、个别的否定形式作标准，去衡量其他事物发展中的否定，当然会发现许多事物不具有他心目中的那种否定。这是把否定形式的特殊性同否定的普遍性混为一谈了。

有的人看不到否定之否定的普遍性，还在于他们把否定之否定看作是对肯定的简单重复，并以此为标准，一定要事物在否定之否定阶段完全重现肯定阶段的内容，否则就不承认在这里有否定之否定。他们忘记了，否定之否定并不是完全地、简单地重复旧事物。实际上，它只是好像回归旧事物，并不是真正回归旧事物；只是在高级阶段上再现低级阶段的某些特点，而不是再现原来的全部特点。

否定之否定规律更具有整体性和综合性 否定之否定规律与对立统一规律和质量互变规律是既相区别又相联系的，这三个规律分别从三个不同的角度揭示了事物发展的辩证规律。否定之否定规律是在前两个规律的基础上，进一步揭示事物由于内部矛盾双方的对立统一而转化为自己的对立物的规律，揭示了由于旧质的灭亡和新质的产生而引起新事物代替旧事物的规律性。它同另两个规律比较，更具有整体性和综合性。

对立统一规律描述的是事物内部矛盾诸方面的相互关系，揭示了事物自身的矛盾是事物发展的动力。质量互变规律则是在此基础上，进一步描述由于事物矛盾的作用引起事物由量变到质变、再由质变到量变，即由相对稳定到显著变动、再到相对稳定的发展过程。它所描述的过程比对立统一规律要长一些。否定之否定规律则是在更长的过程中，在事物由于内部的肯定和否定两种因素的矛盾引起事物的质和形态发生周期性变化的较长过程中，揭示事物发展的规律性。因此，就否定之否定规律所描述的范围来说，它更具有整体性；就其所包含的内容来说，它更具有综合性。

在曲折中坚持前进的方向

正确理解关于物质世界发展的方向的基本原理，对于我们的实践活动具有重要的意义。

第一，既然事物的发展是螺旋式或波浪式的、由低级向高级的发展过程，那么，我们在实际工作中，就应当掌握事物发展的总方向、总趋势，坚持前进，反对倒退；同时又要充分估计到事物发展的曲折性，准备走反复迂回的道路。在前进的道路上，为了前进而后退，为了发展而调整，都是十分必要的。在任何情况下，思想上都要明确：前途是光明的，道路是曲折的。既要看到一定的曲折和反复是正常现象，不但不因此而丧失信心，而且还要准备着走弯路；又要时刻注意把握前进的总方向，尽量少走不必要的弯路。

第二，既然否定是事物内部具有活力的因素，是事物发展的环节，那么，我们在实际工作中，就应当注意发现事物内部的否定因素，发挥它推动事物前进的作用。要反对盲目肯定一切安于现状的保守思想，要注意发现旧事物中所孕育着的新事物。新生事物由于同事物内部具有活力的否定因素相联系，因而是不可战胜的。我们的任务就是要善于抓住辩证的否定这个环节，在事物发生质变的时机成熟时促进事物自身的否定，促进新事物的产生，加快新事物成长发展的进程。

第三，既然否定是包含着肯定的否定，是事物联系的环节，那么，我们就应当反对否定一切的片面性，注意把握否定之中的肯定因素，维持事物发展过程中的连续性。否定什么，肯定什么，都是由事物的发展所规定的。人们只能正确地反映它，而不能根据自己的主观需要去人为地规定它。因此，我们对于任何事物都应当根据实际情况，该否定的否定，该肯定的肯定。

第四，既然“肯定——否定——否定之否定”是唯物辩证法的一条基本规律，那么，我们就应当在思想上承认这一规律是普遍存在、普遍起作用的，认真地按照它的要求办事。这一规律告诉我们，新陈代谢是不可抗拒的。我们认识世界和改造世界的一切活动，归根到底，就是要除旧布新，推陈出新，永远站在新事物一边，顺应事物发展的方向，做革命的促进派。

阅读书目

《资本论》第一卷（节选）：1872 年第二版跋．见马克思恩格斯选集．3 版．第 2 卷．北京：人民出版社，2012.

反杜林论：第一编十三．见马克思恩格斯选集．3 版．第 3 卷．北京：人民出版社，2012.

自然辩证法：辩证法．见马克思恩格斯选集．3 版．第 3 卷．北京：人民出版社，2012.

卡尔·马克思：辩证法．见列宁选集．3 版修订版．第 2 卷．北京：人民出版社，2012.

辩证法的要素：第 13、14 条．见列宁选集．3 版修订版．第 2 卷．北京：人民出版社，2012.

论反对日本帝国主义的策略：民族统一战线．见毛泽东选集．2版．第 1 卷．北京：人民出版社，1991.

中国革命战争的战略问题：第五章第三节．见毛泽东选集．2 版．第 1 卷．北京：人民出版社，1991.

学习和时局：一．见毛泽东选集．2 版．第 3 卷．北京：人民出版社，1991.

在中国共产党全国宣传工作会议上的讲话：第六点．见毛泽东文集．第 7 卷．北京：人民出版社，1999.

第九讲　意识的起源和本质

如果进一步问：究竟什么是思维和意识，它们是从哪里来的，那么就会发现，它们都是人脑的产物，而人本身是自然界的产物，是在自己所处的环境中并且和这个环境一起发展起来的；这里不言而喻，归根到底也是自然界产物的人脑的产物，并不同自然界的其他联系相矛盾，而是相适应的。[①]

——恩格斯

梦中之事岂能当真?

有一个人夜间做梦，梦见邻居向他借了粮，第二天一早起床就找邻居讨还。这个邻居居然认账，照还不误。这件事听起来叫人发笑，然而这却是千真万确的事实。

1884年，英国殖民官员、人类学家埃·菲·伊姆·特思就在圭亚那印第安人中间发现了这种情形，并把这种情况写进了《在圭亚那的印第安人中间》一书。在那里，印第安人不了解自己身体的构造，对于大脑和意识现象毫无知识，无法解释梦中的景象。他们以为意识是寄居在人体中的灵魂的活动，梦中出现的人的形象就是暂时离开躯体的灵魂。在他们中间流行着这样的观念：人应当对自己出现于他人梦中时所做的事负责。别人梦见你借了他的东西，你就得还；别人梦见你打了他，你就得受罚；别人梦见你偷了他的东西，你就得赔偿……因为这都是你的灵魂干的。在他们看来，灵魂既然是寄居在人的肉体中并且离开肉体还可以活动的东西，那么，灵魂当然不会随着人的死亡而死亡了。

① 《马克思恩格斯选集》，3版，第3卷，410～411页。

在蒙昧人中流行这种观念是可以理解的。然而这种观念并没有随着科学的发展而彻底消失。无论在我国还是在外国，这种灵魂不死的观念一直有着相当的市场。社会上经常出现的一些迷信活动就编造了不少关于灵魂不死的鬼话，哲学上的唯心主义则利用“意识永恒”的说法来表达与此类似的观念。那么，所谓“灵魂”到底是什么？它跟肉体究竟有什么关系？这就是哲学上关于意识的起源和本质的问题。

1. 意识是物质长期发展的结果

在童话故事中，一切都是那么奇妙：花鸟虫鱼都会说话，日月星辰、山川草木也通人情。这当然是想象，连小学生也不会信以为真。可是，有的哲学家却很严肃地宣称世界上的一切东西都有意识，连石头也有意识。这种观点叫“物活论”。

17 世纪到 19 世纪欧洲的唯物主义者，根据当时的自然科学材料，曾对物质和意识的关系作了不少正确的论证。但是，他们却一直解释不了无意识的物质世界究竟如何出现了人类意识，因而经不住唯心主义的攻击。在现代，一些信仰主义者在自然科学的大量证据面前，不得不承认意识与大脑的活动密切相关。但是，他们又问道：大脑的结构如此复杂，机能如此巧妙，不正好证明设计它、创造它的上帝是万能的吗？难怪罗马教皇保罗六世说他从大脑生理学的研究中看到了“神的超然存在的光辉”。哲学唯心主义是稍加修饰的信仰主义。它用离开物质而独立存在的意识来代替“神”或“上帝”这个名词，认为意识先于物质而存在，并且能够创造物质。

为了纠正“物活论”的错误，克服旧唯物主义的缺陷，驳斥宗教信仰主义以及哲学唯心主义的谬论，必须科学地说明意识是怎样产生的。

物质的反映特性　我们知道，地球已出现近五十亿年了，可是它在很长一段时期内是一个死寂的世界，经过了二十多亿年的进化才出现最低级的菌类。人类的出现最多不过是近二三百万年的事。可见，意识不是从来就有的，它是在物质世界发展到一定阶段上才出现的。但是，从物质世界自身中发展出有感觉的物质、能思维的人脑，是不是纯粹偶然的事件呢？不是。它完全是物质本身固有的属性长期发展的结果。

物质世界是统一的。一切物质都具有一种本质上与感觉相近的特性——反映的特性。宇宙万物相互联系，相互作用。当某一物质客体作用于另一物质客体时，后者就会发生一定变化，留下前者作用的痕迹，这就是反映的特性。山谷回响、水中映月等是反映，雪地上留下的足迹也是反映。它不仅反映出有动物从雪地经过，而且还能反映出动物的种类。有经验的侦察员从一个人的脚印能推断出他的身高、体重、走路的姿势等，这就表明脚印反映出了人的某些特征。物体的位置和速度反映了外部作用力的大小和方向；石头的风化反映了它受到的空气、阳光、水分等物理的和化学的作用。总之，这种事物之间由于相互作用而产生的相互反映的特性，在自然界中是普遍存在的。物质世界这种类似感觉的反映特性，是从无意识的物质过渡到有意识的物质的基础和前提。它为这种过渡提供了可能性。

生物的刺激感应性 无生命物质的长期发展产生了生命。随着生命的出现，一种全新的反映形式——生物反映形式在地球上出现了。

生物的反映形式在植物和原生动物那里表现为刺激感应性。所谓刺激感应性，是指生物对外界环境的变化和作用产生应答活动的能力。含羞草的叶子手触而缩，阿米巴（变形虫）游近食物而避开酸液等，就是刺激感应性的表现。这种刺激感应性是生物最简单、最原始的反映形式，但它与一般无生命物质所具有的那种反映特性已有根本的区别。

首先，非生物的反映表现为机械的、物理的或化学的运动，反映的过程就是自身改变其存在状态或转化为他种事物的过程；而生物对外界的反映则是以生命运动的形式表现出来的，它通过与外界交换能量和信息，不断实现新陈代谢和自我更新，以便更好地保持自身的存在。

其次，非生物之间的相互作用、相互反映是自发的、盲目的；而在刺激感应性中已经包含了某种有计划、有目的活动的萌芽，它能够有选择地对待环境中的各种因素，如趋利避害，不理会对其生命无意义的东西等。

动物的心理 生物由简单到复杂、由低级到高级不断进化，生物的反映形式也越来越高级，越来越复杂。

起初，多细胞动物在刺激感应性的基础上产生了感觉。动物感觉能力的出现和发展是与专门的感觉器官、神经系统，以及脑的产生和发展分不开的。原始的腔肠动物（如水螅、海蜇等）已经有了神经系统的萌芽。扁虫已经有了一条“中央神经索”。动物活动时最先与环境接触的是它的头部，因而神经在头部也就发育得最好。原始的脑不过是头部神经组织的膨大。扁虫的头部还出现了能感受光刺激的“眼点”。这就是最初的感觉器官。随着动物由低级向高级发展，动物的感觉器官也就越来越专门化，越来越复杂。到哺乳动物，专司视觉、听觉、嗅觉、味觉、触觉的感觉器官——眼、耳、鼻、舌、身已经齐备了。

在感觉发展的基础上形成了动物心理。动物心理的出现与脑的发展分不开。在低等脊椎动物中，脑已分化为大脑、中脑和后脑。以后，大脑逐渐成为脑中最大的部分。再往后，大脑皮质又成为大脑中最主要的部分。到最原始的哺乳动物，大脑皮质已扩大到整个大脑表面。到高等哺乳动物，大脑皮质出现了沟回，大大扩张了它的面积。由于大脑的高级分析综合机能，动物已经能够把从周围环境所得到的个别的、各式各样的感觉联系起来，形成一个对客观环境统一的反映，这就是动物心理。动物心理不仅包括感觉、知觉、表象，还包括简单的动机、情绪等。动物越高级，它的行为就越复杂，心理活动也就越复杂。高等哺乳动物已经具有初步的分析综合能力，显示了智慧的萌芽。狼和狗能够迂回曲折截击猎物；经过训练的海豚会照料人工饲养的海鱼，还可以参加水下侦察、救生等；黑猩猩能够把两根粗细不同的竹竿接起来用以拨取食物，这已经近于制造简单的工具了。

人类的意识　动物心理还不是意识。意识是与人和人类社会一同出现的。由猿进化到人，产生了更为复杂、更为完善的人脑。人脑比动物脑更大，构造也更复杂，大脑皮层更厚，皱褶更多更深，皮层中的区域定位也更精细，而且还出现了动物脑所没有的“语言中枢”和“前额叶”。人脑的出现是自然界发展过程中的一个伟大飞跃，从此出现了人所特有的高级反映形式——人类意识。

人的意识与动物心理有质的区别。首先，它们的物质基础不同。动物心理是动物脑的属性和机能，人的意识是人脑的属性和机能；动物的心理活动以第一信号系统为基础，而人的意识则主要以第二信号系统为基础。其次，它们的反映形式不同。动物只是通过感觉、知觉以具体形象的感性形式反映外部世界；人的意识主要是以抽象概念的形式，即理性的形式反映客观世界。最后，它们所反映的内容不同。动物反映外部世界是出自本能，是适应周围环境的结果，它的感性直观的形式只反映事物的表面现象，因而贫乏、肤浅，没有预见性；人类反映客观世界出自改造世界的实践需要，它的理性反映形式能够深入到事物的内在本质和规律，因而丰富、深刻，有预见性。

总之，意识不是从来就有的，它是随着人脑的出现而出现的；人脑是物质世界长期发展的结果，因而意识也是自然界长期发展的结果。

2. 意识是社会的产物

近几十年来，人们多次发现被野兽逮去抚养的孩子。这些孩子重新回到社会以后，不管经过怎样的训练和教育，还是改变不了动物的习性，心理活动远远达不到同龄儿童的水平。这些孩子的大脑在出生时和正常婴儿的大脑并没有什么区别，为什么他们的意识没有发展起来呢？根本原因在于他们脱离了人类社会。可见，人的意识的发生和发展并不是单纯的生物学过程。意识不仅是自然界长期发展的产物，更重要的它还是社会发展的产物。人类意识的产生和发展同社会运动形式的产生和发展密不可分，同人类的社会实践密不可分。为什么这样说呢？

劳动促进人脑的发展和意识的产生 社会的生产劳动是促成从猿到人转化的决定力量，同时也是促成从猿脑到人脑、从动物心理到人类意识转化的决定力量。人由动物发展而来，但人又与一般动物有本质区别。动物只能消极地适应环境，人则能积极地改造环境。改造世界的最基本的形式就是生产劳动。生产劳动一开始就是集体性、社会性的。制造工具，进行生产劳动，不仅是人和动物的根本区别，而且也是“人猿相揖别”的决定性因素。没有社会性的劳动，就没有人和人类社会，当然也就没有人的意识。

由于劳动，手脚分工，原始人类逐渐完全直立行走，从而开阔了视野，也促使头脑和各种器官日益发达；由于劳动，食物种类增加，营养日益多样化，促进了脑髓的发达；由于劳动，接触的事物越来越多，对事物的认识也不断丰富和加深，同时也促进人脑脑量加大、结构完善。如此等等，都为人类意识的产生提供了充分的条件。

语言作为意识的物质外壳促进人脑的发展 从社会劳动中并和社会劳

动一起产生的语言，是意识的物质外壳。人的意识和动物心理不同，它要通过概括的、间接的方式反映事物的本质和内部联系。可是，事物的本质和内部联系是看不见、摸不着的，人们只有运用概念、借助语言才能反映它们。语言是意识的直接现实。人只有借助语言才能思维，没有语言也就没有意识。可见意识一开始就很“倒霉”，它不仅是由人脑这个特殊的物质产生的，而且注定还要受语言这个物质形式的“纠缠”。语言虽然和意识一样依赖于大脑，但语言反过来也推动了大脑的发展。人用嘴讲话，大脑里与嘴相联系的皮层面积变得特别大；而且大脑皮层里还出现了主管语言的部位，即语言区。语言区大部分在额叶。随着语言区的增大，大脑额叶的面积也逐渐增大，并且慢慢隆起。

那么，语言又是怎样产生的呢？语言的产生根源于人与人交往的迫切需要，而人与人交往的迫切需要又根源于劳动。原始人的劳动使社会成员紧密结合在一起。劳动越发展，他们需要互相帮助、共同协作的场合就越多。互相协作就要表达思想、交流思想。一旦到了彼此之间有些什么东西非说不可的地步，就迫切需要用语言来充当表达思想、交流思想的工具。这个需要推动产生并完善了相应的器官。在类人猿学会直立行走时，就已经能够自由地利用肺部和声带。音调抑扬顿挫的不断增多，又促使喉头缓慢地发生变化，得到改造的口腔器官也逐渐学会了发出一个个清晰的音节。语言就这样在劳动中产生，并在人类世代的劳动中发展；与它相伴的是意识的产生和发展。

意识随社会生活的发展而发展 意识随着社会生活的发展而发展起来。原始人从学会打制石器到学会用火，从学会制造弓箭到烧制陶器，从狩猎到农耕，劳动工具逐渐改进，劳动规模日益扩大，劳动技能日益提高，社会交往日益频繁。因而他们对自然现象以及自然现象之间的联系，对人与人之间的关系、人和自然的关系等的认识也日益加深，意识水平也不断提高。人们使用语言这个交往手段，把在劳动中取得的经验和对事物的认识加以总结，并且世代相传，使人类意识随着人类社会生活日益丰富而日益发展。

社会发展到了今天，人类意识已经达到了前所未有的水平。大至宏观宇宙，小至微观粒子，人们对无机界、有机界、人类社会，直至生命的遗传密码，以及产生意识本身的大脑的奥秘，都有了相当深刻的认识。这些从根本上来说都是由于社会实践，首先是由于生产劳动实践促成的。

总之，意识的器官（人脑）的日益完善，是在劳动推动下实现的；意识的物质外壳（语言）是在劳动过程中产生的；意识的水平是在劳动过程，以及以劳动为基础的其他社会交往中发展的。因此，意识一开始就是社会的产物，而且只要人们还存在着，它就仍然是这种产物。

3. 意识是人脑的机能

意识是物质长期发展的结果，是社会的产物，这是辩证唯物主义关于意识起源问题的科学论断。那么，意识的本质是什么呢？辩证唯物主义认为，意识是人脑的机能，是对客观存在的反映。

大量的科学材料，特别是医学、生理学的材料表明，只有在人脑的组织和机能都正常的条件下，人才有正常的意识。而脑的某一部位受到损伤，人的意识就会出现部分或全部失调；损伤一旦治愈，意识也就恢复正常。从而证实了人脑是意识的器官，意识是人脑的机能。

人脑是高度组织起来的物质系统　人脑的确是自然界中最高级、最复杂、最奇妙的物质系统。人脑一般重约 1 500 克，由大约 1 000 亿个神经细胞（神经元）组成。它分为大脑两半球、间脑、中脑、后脑（包括小脑、脑桥）和延髓等部分，其中大脑两半球是人脑的主要部分。大脑两半球的表面由灰质组成，叫作皮质，是大脑中最主要的部分。人的意识的产生主要就是与大脑皮质的活动相联系的。大脑皮质约有两毫米厚。它有复杂的皱褶、沟回。如果把这个折叠着的皮层展开，总面积可达 2 000 多平方厘米。大脑皮质由 140 亿个、200 多种类型的神经元组合而成。这成百亿的神经细胞通过它们的轴突、树突联成错综复杂的神经网络，构成一个组织高度严密的物质系统。作为人体中枢神经系统的大脑，就是人的心理活动、意识活动的物质担当者。

意识过程和人脑中的物理、化学过程有密切联系　大脑这个中枢神经系统与周围神经系统组成人体的整个神经系统。神经系统的工作类似于电子计算机中对信息进行输入、输出和加工的工作。神经系统的输入端主要是眼、耳、鼻、舌、身等感觉器官中的感受器。外界事物作用于感受器，感受器就会把外界刺激物的各种形式的信息转化为陆续发放的生物电，即所谓神经冲动。这种冲动以电信号的形式沿着神经传到大脑的有关部位，经过大脑的整理加工，再传到神经系统的输出端，引起身体相应器官的活动。可以看到，“输入”是人认识外部世界的途径，“输出”是对客观事物做出反应并施加影响的途径。在“输入”、“输出”之间是人脑中所发生的过程，它产生人们的感觉、知觉、情绪、记忆、思维等心理现象，即意识。

现代神经生理学的研究表明，在上述的神经传导过程中，大脑的活动首先伴随着电现象产生一定波形的脑电波；同时，还伴随有热变化和化学变化。正是大脑中这些物理的、化学的变化决定着人们的意识状态。有的科学家能根据对脑电波图形分析，说出人正在注视什么颜色；有的科学家甚至正在研究通过脑电波图形“阅读”人的思想，现已取得初步成果。可见，大脑中的种种物理、化学过程就是意识的物质基础。

意识过程和人脑中的生理过程有密切联系 巴甫洛夫提出的条件反射理论，对于理解人的意识的生理机制，对于解开意识活动之谜具有重要意义。所谓反射，就是动物有机体对外部或内部刺激所做的有规律的反应。反射分无条件反射和条件反射两种。对于动物来说，引起条件反射的信号都是能看得见、听得见、嗅得着的具体的事物或现象，即所谓“现实刺激物”。这种接受现实刺激物的刺激而引起条件反射的神经活动机制，叫作“第一信号系统”。“第一信号系统”的反射活动能够使动物或人从客观外界的环境中得到感觉、知觉和表象，产生对外界事物的具体形象的感性反映。人和动物都具有“第一信号系统”。

对于人来说，作为“信号”的刺激物，除了实物还有语言。语言和具体实物不同，它是“信号的信号”。人脑中接受语言刺激而引起条件反射的一套神经活动机制，叫作“第二信号系统”。“第二信号系统”是人类所特有的。在“第二信号系统”基础上产生的反射活动，使人得到对客观事物的抽象概括的理性反映。人脑在“第一信号系统”和“第二信号系统”基础上进行的反射活动，就是意识的生理基础。大脑所进行的高级神经活动的生理过程，同时就是人的意识过程。

现代大脑科学的发展，已经初步揭示了大脑活动的规律，说明了人的意识活动同大脑的生理过程以及物理、化学过程的关系。这充分表明，人的意识并不是什么神秘莫测的“灵魂”的活动，也不是离开物质而独立存在的东西。但是，如果把意识活动同人脑的物理、化学和生理过程等同起来，也是不对的。意识过程是在大脑这个物质系统内部所发生的物质过程的产物。它同生理过程、物理化学过程既有联系又有区别，不能混为一谈。

产生于19世纪下半叶的庸俗唯物主义不了解这一点，把意识说成是大脑“分泌”出来的一种特殊物质，就像胆汁是肝脏分泌出来的特殊物质一样。这种观点显然是荒谬的。现代有些学者，由于看到意识活动伴随着脑中某些生物高分子的变化现象，就把复杂的意识过程和这些生物高分子活动混为一谈。他们幻想只要提炼、合成某些生物高分子，把它注射到人的头脑里，人就会产生某种特定的意识。这是重蹈庸俗唯物主义的覆辙。

电脑和人脑 在讲到意识是人脑的机能这一问题时，我们也附带提一下“电脑”，谈谈机器能不能思维的问题。

1957年，美国工程师塞缪尔用电子计算机设计了一套下棋程序，造出一部下棋机。他同这部机器下棋，结果输了。这件事曾轰动一时。1962年，塞缪尔又制成一部新的下棋机。这部机器又赢了美国某州的跳棋冠军。现在，由于控制论、信息论和电子计算机的发展，“电脑”或“人工智能”不仅可以跟人下棋，可以解决复杂的数学、逻辑问题，识别声音、文字、图像、物体，可以整理资料，翻译文献，而且还可以听懂自然语言，跟人对话，能根据环境情况自动编制行动计划，根据预先建立的知识库和输入的数据进行判断推理。总之，它能够模拟人的感觉和思维，代替人的部分脑力劳动。这是科学技术的一个巨大的进步。

这些成果给哲学提出了一个问题：人工智能和人的思维是什么关系，机器能不能思维？有人认为，不用很久，人类就将创造出与人的智力相等的机器人。还有人认为，总有一天人将造出比人更聪明的机器，甚至危言耸听地“预言”：“人将成为机器的玩物或害虫，成为它们低级发展形式的回忆，保存在将来的动物园里。”

诚然，电脑能够模拟人的思维活动，这是事实；但电脑却不能独立地进行思维，不能全部模拟以至取代人的思维。电脑的出现不仅没有推翻意识是人脑的机能的观点，反而为我们进一步理解意识的本质提供了新的科学根据。

人工智能能模拟人脑的思维活动，实际上是用机械的、电子的运动模拟人脑思维的物理、化学和生理运动过程。电子计算机的电脉冲相当于神经活动的神经脉冲（也是一种电信号）；上亿个电子元件组成的电路，相当于人脑中由神经元组成的复杂的神经网络；输入系统相当于人从外界输入信息的感受器和传入神经；输出系统相当于人的传出神经和效应器；存储器相当于人脑的记忆系统；运算、控制系统相当于人脑的分析、综合等高级神经活动系统。

机器之所以能够模拟人的思维，其根本原因在于，人的思维活动不管多么复杂，都是建立在一定的物质运动基础之上的。物质世界各种运动形式之间可以互相转化。不论是机器的运动，还是生物或人的活动，都有某些类似之处，它们都存在着相同的信息和控制规律，都表现为一定信息的输入和输出，都有自身内部的联系（通讯）和在此基础之上的自我调整（反馈）。因此，人工智能的出现不仅出色地证明了物质和意识的统一性、自然规律和思维规律的统一性，也为人们对思维的物质载体、运行规律的研究开辟了更为广阔的途径。

应当看到，人工智能与人的思维有着本质的区别。人的思维是高度组织起来的物质——人脑的机能和属性，人工智能的基础是电子元件组成的机械的物质系统。它们的物质基础不同，因而人脑的思维过程和电脑的“思维”过程属于两种不同的运动过程。意识的运动虽然伴随有物理、化学变化，但它还有更为复杂的生理—心理过程。机器的“思维”只是纯粹的物质过程，它在“思维”时根本不会有人那种主观的心理体验。人在感知某种波长的电磁波时，人体内部就产生相应的某种颜色的感觉；而电脑虽然对电磁波的识别可能比人精确得多，但它却不会有什么颜色感觉。人在思维时，他主观意识到自己在思维，意识到自己思维的内容和过程；而电脑的“思维”却根本不会有什么主观的自我意识。一个是发生在活生生的有机体内部的心理过程，一个是死板的、机械的物质运动，二者的区别是显而易见的。此外，人的意识不仅是自然界长期进化的结果，而且是社会运动的产物，意识总是社会的意识。电脑只是人制造的机器，它不可能和人一样过社会生活。因此，即使我们能够制造出像人脑那样完美、复杂的“电脑”，也不可能设想它会成为人脑。

应当看到，人工智能是由人工制造的，电脑是人脑思维的成果，它永远也不可能比人脑更聪明。电脑和汽车、挖土机、扬声器一样，都是人制造出来的机器，都是人制造出来为人的一定目的服务的。人制造的任何工具，包括电脑在内，都是人的智慧的结晶。人的智慧既然能够制造它们，当然也就能够操纵、支配和控制它们。可以肯定，人工智能会越来越高级、越来越复杂，但这只不过意味着人的智能越来越发达罢了。人们在发明更高级的人工智能的时候，同时也就会发明出驾驭它的方法和手段。那种对于机器能够超过人类甚至控制人类的担心，无异于杞人忧天。

事实上，尽管人工智能对信息的容量比人脑大，记忆的时间比人脑长而准确，运算的速度比人脑快而精确，从而克服了人脑的某些生理局限等；但是，人工智能并不能模拟人的全部意识活动，能够模拟的部分也同人的意识活动很不一样。我们知道，电脑就模拟不了人的思维活动的创造性、主观能动性。电脑的活动需按照人设计的程序进行，如果没有人给他安排某种程序，它就不能主动地提出一个问题，不能做出任何预见，不能概括总结新的规律。因而它是被动的，没有创造性的。

机器“思维”也没有人的思维的灵活性。机器“思维”用的是死办法、笨办法。它与人下棋，每走一步都必须计算所有可能的走法，连最低劣的走法也都“考虑”在内，然后再从中挑选出最好的“一着”，而人是不会这样干的。据说有这样一件事。某人闭户外出了一年。回家后，电脑送来一张通知，上面写着：一年内用电零度，应交电费零元。此人一笑置之。谁知过几天他又接到一个通知，警告他若再不交款就要停止供电。这人只好开了一张零元的支票交上去，才免却停电之虞。这个故事不就说明了人工智能的局限性吗?

总之，人工智能毕竟是人工的，思维模拟毕竟是模拟的，电脑毕竟不是人脑，不能把人工智能和人的意识混同起来。

4. 意识是对客观存在的反映

一切物质都具有反映的特性，意识就是这种反映特性发展的最高阶段。人类意识所具有的反映特性不同于一般物质的反映特性，也不同于动物的反映特性，它是对客观存在积极的、能动的反映。

意识反映客观存在的一般特征　意识是对存在的反映。这一命题包含着两个方面的意义。一方面，意识是对客观存在而不是对别的东西的反映，它以客观存在为内容；另一方面，意识是对客观存在的反映而不是对客观存在的制造，它是一种主观的映象而不是客观的实体。由此，我们可以看出，意识在反映客观存在时具有以下几个一般的特征：

首先，意识由客观存在引起，以客观存在为源泉。意识的产生是客观存在作用于人脑的结果；没有外部世界的作用，意识是不能主观自生的。在意识和客观存在这种反映和被反映的关系中，没有被反映者就不可能有反映，而被反映者却是不依赖于反映而独立存在的。

其次，意识是客观存在的映象、摹写或摄影，以客观存在为内容。只要留心分析一下就不难发现，我们所想的一切总是以某种客观实际存在着的东西为基础的。如果说我们的意识是摹本，那么客观存在就是原本；意识是图画，客观存在就是模特。客观世界实际存在着山河大地、日月星辰、花鸟草木、亭台楼阁，我们头脑中才有这些东西的意识。客观世界的发展本身具有不以人的意识为转移的客观规律，人的头脑中才有各种关于事物联系和发展的规律性的思想。就连错误的思想、稀奇古怪的幻想，也都是对客观存在的反映，只不过是歪曲的、虚幻的反映罢了。所谓“神”、“上帝”本来是不存在的，那么，关于“神”、“上帝”的形象和观念又是对什么客观存在的反映呢？早在古希腊有个叫色诺芬尼的哲学家就指出过：如果牛或狮子也信奉神，那么，它们心目中的神也一定像牛或狮子。意思是说，上帝的形象是人按照自己的形象创造出来的。19世纪德国哲学家费尔巴哈也说过，关于上帝全知全能、完美无缺的思想，只不过是人们自己把人的本质理想化了以后加在上帝身上的。可见，意识的内容是客观的，意识里的东西都是对客观存在的反映，区别仅仅在于有的是正确的、真实的反映，有的是错误的、歪曲的反映。

最后，意识是对客观存在的主观映象，带有主观的特征。反映是反映者和被反映者之间相互作用的结果。它既取决于被反映者，也受反映者本身特性的制约。它再现的是被反映者的部分属性，而且是以反映者自己独特的方式再现这些属性的。客观物质世界是意识的源泉，意识的内容是客观的，是由客观物质世界决定的。但意识是人的意识，它还依赖于人的感官、神经系统，以及人们反映客观世界时所特有的立场、观点和方法。人们总是以自己特有的方式来反映客观世界的。总之，意识就其内容看是客观的，就其形式看是主观的，是客观世界的主观映象。明白了这个道理就不难理解，为什么人们意识中关于客观存在的映象不可能完全同客观存在一模一样，为什么不同的人对于同一个对象的反映会有差别。

意识反映客观存在的两种形式 意识对客观存在的反映有两种基本形式：一种是感性形式，有感觉、知觉、表象等；一种是理性形式，有概念、判断、推理等。我们看一看这些不同的反映形式，就能进一步理解意识反映客观存在的基本特征。

感觉是人通过感觉器官对客观事物（包括感觉者本人的身体）的个别属性的反映。客观事物对感官的刺激作用所引起的神经兴奋（电信号）传到大脑的一定部位，人们就产生特定的感觉。发光体发出的或物体表面反射出的一定波长的电磁波刺激视觉器官（眼），人就产生一定颜色的感觉；物体发出的一定频率的振动通过空气层作用于听觉器官（耳），人就产生声音的感觉；物体散发出来的具有一定结构的微粒作用于人的嗅觉器官（鼻），人就产生某种气味的感觉；如此等等。

知觉是感觉的综合。感觉所反映的是事物的个别属性。对一只苹果，视觉只能反映它红、黄、绿的颜色，嗅觉只能反映它清香的气味，触觉只能反映它光滑的果皮。一种感觉只能反映苹果的一个侧面，而不能把握苹果的整体。可是，大脑中得到的映象通常并不是某种单纯的、孤立的感觉，而是一个完整的苹果的形象。这是大脑把各种不同的感觉器官受到的刺激进行综合的结果。这种对事物的各方面特性的统一完整的形象的反映就是知觉。

表象是过去感知过的事物的形象在头脑中的再现。但是，再现于头脑中的事物的具体形象，常常是舍去了过去感知过的对象的一些次要特征，留下了共同特征，或者对于主体比较重要、比较有意义的特征。我们感知过各种类型的树木，但我们头脑中产生的树木的表象往往不是哪一棵具体的树，而是某一类树的一般的形象。当我们回想起友人时，在头脑中产生的往往也不是这个人的全部形象，而是他最突出的或我们最感兴趣的某些特征。可见，表象在反映客观存在时已经具有了一定的概括性。表象还具有创造性。人们可以在头脑中想象出现实中并不存在的对象的形象，如牛头马面、仙女下凡等。这些想象虽然是大脑的主观创造，但如前所述，它归根到底也是对客观现实的反映，也都可以在现实中找到组成它的各个部分的原型。

概念是对同类事物的共同的本质特征的概括性的反映。人们对许多同类事物的感性材料加以比较，舍去它们各自的特殊性，留下它们的共同的本质特征，从而形成概念。"动物"这个概念所反映的就不是某一只青蛙、袋鼠、狮子、猴子……而是既非猴子又非狮子或其他具体动物的一般动物。概念所反映的不是个别事物直接的、具体的形象，而是客观事物的一般特征。

概念是人们用理性方式反映世界的基本形式，是理性思维的"细胞"。由概念可以构成判断，由判断可以构成推理。正如前面讲过的，无论是概念、判断还是推理，这些间接地、概括地反映客观事物的形式，都需要语言作它的物质外衣。概念用词来表示，判断用句子来表示，推理用一系列有联系的句子来表示。人们借助语言，通过概念、判断和推理进行抽象思维，从表面上看似乎是远离了客观世界，但实际上却是更深刻、更全面、更真实地反映着客观世界。

总之，无论感觉、知觉、表象等感性形式，还是概念、判断、推理等理性形式，它们都是对客观存在的反映，都以客观存在作为自己的内容。唯物主义世界观正是以承认物质的客观存在及其在意识中的反映，作为自己一切推论的基本前提的。

不要离开客观存在去看待意识现象

正确理解关于意识的起源和本质的基本原理，对于我们的实践活动具有重要的意义。

第一，既然意识是物质长期发展的结果，那么，我们在日常工作和生活中，就应当自觉坚持唯物主义关于物质第一性、意识第二性的基本立场，批判唯心主义关于意识第一性、物质第二性的错误观点，以及关于"灵魂不朽"的宗教信仰主义和形形色色的迷信思想。

第二，既然意识是社会的产物，人的意识是随着社会联系的产生而产生，随着社会联系的发展而发展的，那么，我们就应当把意识放到社会关系中去分析和考察。为了发展人的意识，提高人们反映外界事物的能力和水平，就应当扩大人们的社会联系，鼓励人们积极参加各项社会活动，特别是生产劳动。

第三，既然意识是人脑的机能，人脑是意识的器官，那么，我们在实际工作和生活中，就应当注意识别和批判各种各样企图把意识说成是可以离开肉体而独立存在的“无头脑哲学”。

第四，既然意识是对客观存在的反映，那么，我们在实际工作和生活中，就应当自觉地、如实地反映客观世界的本来面貌，努力使自己的思想符合客观实际。

阅读书目

德意志意识形态：一 费尔巴哈 A. 见马克思恩格斯选集 .3 版 . 第 1 卷 . 北京：人民出版社，2012.

资本论：第一卷第二版跋 . 见马克思恩格斯选集 .3 版 . 第 2 卷 . 北京：人民出版社，2012.

反杜林论：第一编三、七、八 . 见马克思恩格斯选集 .3 版 . 第 3 卷 . 北京：人民出版社，2012.

自然辩证法：劳动在从猿到人的转变中的作用 . 见马克思恩格斯选集 .3 版 . 第 3 卷 . 北京：人民出版社，2012.

路德维希·费尔巴哈和德国古典哲学的终结：二 . 见马克思恩格斯选集 .3 版 . 第 4 卷 . 北京：人民出版社，2012.

唯物主义和经验批判主义：第一章 . 见列宁选集 .3 版修订版 . 第 2 卷 . 北京：人民出版社，2012.

学习和时局：三 . 见毛泽东选集 .2 版 . 第 3 卷 . 北京：人民出版社，1991.

人的正确思想是从哪里来的？. 见毛泽东文集 . 第 8 卷 . 北京：人民出版社，1999.

第十讲　意识的能动作用

人的意识不仅反映客观世界，并且创造客观世界。[①]

——列宁

“子非鱼，安知鱼之乐？”

有一天，庄子和惠施外出散步。走到一座桥上，庄子看到鱼在水里游来游去，就对惠施说：“你看，这鱼在水里自由自在地游玩多快乐啊！”惠施反问道：“你又不是鱼，怎么知道鱼很快乐呢？”庄子也反问道：“你又不是我，怎么知道我不知道鱼很快乐呢？”惠施随即发了一通议论：“我不是你，固然不知道你知道什么不知道什么；可你也不是鱼，当然也就无法知道鱼快乐不快乐了。”

按照惠施这个逻辑推下去，人不是猪牛马羊，就无法认识猪牛马羊，人不是山川树木，就无法认识山川树木，人不是日月星辰，就无法认识日月星辰，如此等等，世界上所有的东西都是人所不能认识的。用哲学的话来说，意识不是物质，也就无法认识物质。这种观点对吗？意识不能认识物质世界，当然也就无法改变物质世界了，那么人类又是怎样生存和发展的呢？

1. 意识能够正确反映世界

不可知论否认意识能够正确反映世界　哲学上有一种观点，叫不可知论。它否认认识世界的可能性，或者否认彻底认识世界的可能性。18 世纪

① 《列宁全集》，中文 2 版，第 55 卷，182 页，北京，人民出版社，1990。

英国哲学家休谟和19世纪德国哲学家康德，就是不可知论的两个著名代表。休谟完全否认认识世界的可能性。他说，一张桌子，离远看它就小，走近看它就大，然而这张桌子并不是忽大忽小的，可见人们所看到的并不是这张桌子本身，而只是桌子在人眼前的“映象”。他还认为，人能不能正确认识世界，这个问题是无法解决的。因为要想知道感觉是否正确，就得把感觉和外界事物加以对照，看二者是否符合，而外界事物本身人们是无法知道的，当然也就无法对照。康德否认彻底认识世界的可能性。他说，人们只能认识“现象”，不能认识本质，如果妄想认识本质，就必然会陷入不可摆脱的矛盾，得不出什么确定的知识。

除了休谟和康德的观点以外，不可知论也还有许多变种。不可知论者经常使用的论据有两个：

第一，感觉不可靠，以感觉为起点的认识不可能提供关于外界事物的知识。他们说，从温度不同的地方走进同一间房子里的人对这房子的室温的感觉不同，筷子插进水里看起来是弯的等，都表明感觉是骗人的，不可能如实报道外界事物的真实情况。

第二，人的感觉和认识能力都受到限制，不可能认识事物的全体和本质。他们说，就算感觉是可靠的，但它毕竟有限，人只有五种感官，而外界事物的特性却是各种各样的，哪能那么巧，恰恰所有的特性都能被这五种感官所接受？难道就没有感官所不能接受的特性吗？因此，在没有把世界上的一切东西都认识完毕以前，就不能宣布世界是可以认识的。还有人说，世界上的事物及其特性是无限的，而人的生命是有限的，以有限去认识无限，是永远不可能的。

不可知论的论据是不能成立的　现在，让我们来分析一下不可知论者的“论据”吧！

两个来自不同地方的人，对于同一间屋子里的温度感觉不同，能够说明感觉不可靠吗？不能，因为这两个人的不同感觉，恰恰是正确地反映了这间屋子与他们原来各自所处的地方之间的温度的差别。同样，插在水里似乎变弯了的筷子也并非视觉欺骗了我们，而是由于水和空气这两种介质的疏密不同，折射率也不同，光线从空气中进入水中时就发生了曲折。这是一种自然现象，感觉恰恰正确地反映了这种光线折射现象，这又有什么不可信任的呢？

况且，人反映事物并不单纯根据某一种感官的提示，而是各种感官互相补充、互相矫正的。即使视觉不能准确反映对象，弄不清筷子是弯的还是直的，用手摸一摸也就清楚了。因此，非但不应当因视觉上产生的某些偏差而断言整个感觉不可靠，更不应由此而断言世界不可认识；相反，倒是由于视觉的某些偏差可以得到其他感觉的矫正、补充，从而更加证明了感觉能够提供外界的真实情况，世界是可以认识的。

诚然，感觉在反映客观世界时有它的局限性。在晴朗的天气里，人的眼睛最多只能看到 6 000 多颗星星，这和星星总数相比，当然是九牛之一毛。人眼看不见红外线、紫外线；人耳听不见超声波、次声波。不过不能由此得出世界不可彻底认识的结论。人们制造的各种仪器都大大延长了人们的感官。天文望远镜现在已经把人的视野扩大到 200 亿光年的距离；高倍显微镜也可以明察分子的构造。而且这些也并不是望远镜和显微镜精度的极限。感觉固然只能反映事物的表面现象，不能反映事物的内在本质；然而人并不是只凭借感官来认识世界的，人还有思维。感觉把人限制在周围当下的事物上，思维却能冲破它的限制。感觉不能把握每秒 30 万公里的光速，而思维却可以把握它。感觉不能把握本质，但由于现象都是本质的表现，人们可以通过感觉所把握的现象凭借思维而达到本质。至于说到人的感官不够用，这也没有科学根据。到目前为止，科学上还没有发现人的感官同客观世界之间有任何天生的不一致。

以人的认识能力有限、客观事物及其属性无限为根据，来否认彻底认识世界的可能性，则表现了不可知论者完全不懂认识中有限和无限的辩证关系。的确，人们的意识在反映客观世界时会受到一些限制。在客观上受历史条件的限制，在主观上受个人的肉体状况和精神状况的限制。个人的生命是有限的，意识所要反映的对象是无限的，这二者之间确有矛盾。但是要知道，尽管个人的认识有限，而人类生命的延续却是无限的。这个矛盾可以在人的认识无限前进的过程中，在人类的世代延续中得到解决。

实际上，由于每个人的努力，由于人类的世代相续，我们对事物的认识总是从不知到知，从不完全的、不确切的知到比较完全、比较确切的知。今天我们尚未认识的东西，以后会认识；今天认识得不完全、不深刻的东西，随着人类实践的发展，会认识得越来越全面、深刻。因此，我们不能只看到客观事物及其属性的无限性，而忽略了人类认识能力的无限性。不可知论者在这个问题上正是犯了这种片面性的错误。

实践证明世界是可以认识的 对不可知论驳斥最彻底的、对可知论证明最有力的，是人们的社会实践。人类自诞生之日起，就在跟周围的事物打交道。当人们按照他所了解到的事物的特性来利用这些事物时，他的认识的正确性就在实践中受到确实可靠的检验。如果人们对某事物的认识是错误的，人们关于这种事物有什么用处的判断也必然是错误的，从而利用该事物的尝试就会失败。如果人在行动中达到了预期的目的，那就证明，在这个范围内，人们的认识正确地反映了事物的特性。这就是说，人们行动的结果证明了人的认识是和客观事物的本性相符合的。

科学技术和科学实验的迅速发展，更以确凿的事实证明了人是完全能够正确地反映事物的本质和内在规律的。既然现代科学能够根据量子力学的理论，用粒子加速器产生出人们预见到的某种基本粒子，那就证明这个理论是正确的；既然人们能够合成某些生物蛋白质，那就证明人们对这些蛋白质分子结构的认识是正确的。总之，既然人们能够制造出某一自然过程，使它按照它的条件产生出来，并使它为人们的目的服务，那就证明人们对这一过程的理解是正确的。科学发展一再表明，根本没有什么不可认识的事物，有的只是尚未认识的事物，而这些事物迟早也会被认识。

唯心主义可知论的前提是错误的 由以上说明可以看出，可知论是正确的，不可知论是错误的。但是，主张可知论的有唯物主义者，也有唯心主义者；他们之间在认识对象问题上存在着原则的分歧。在唯心主义的可知论看来，世界之所以可知，是因为世界本身就是由意识构成的，意识认识世界就是意识自己认识自己。他们从意识和物质等同这一唯心主义前提出发，去论证可知论。而唯物主义者认为，世界之所以可知，是因为意识是对于物质的反映，主张唯物论的反映论。意识能够正确地反映世界，这是意识所具有的一种能动性。唯物主义的可知论在唯物主义的基础上肯定了这种能动性；唯心主义的可知论则在唯心主义的基础上歪曲了这种能动性。

2. 意识对客观世界的反映是能动的

两种反映论 一提起反映，人们很容易想到镜子。说意识反映世界类似镜子映照外物，这只是个比喻。实际上，意识对客观事物的反映与镜子映照外物并不完全一样。外面有什么，镜子就得照什么，不照也不行，是被动的。镜子虽然映照面前所有的东西，但却只能映出事物的外表，是直观的。镜子只能映照外物而不能影响外物，是消极的。

马克思主义以前的唯物主义，把意识反映客观世界说成镜子似的反映，这是消极的、直观的、被动的反映论，是形而上学唯物主义的反映论。这种观点不能把人的意识与动物心理明确区分开来，不能对意识的本质做出科学的说明，特别是不能解释在社会生活中人的动机、目的、计划等主观思想的作用，因而不仅不能彻底驳倒唯心主义，反而使自己在社会历史观上陷入了唯心主义。

马克思主义哲学批判形而上学唯物主义的反映论，主张能动的、革命的反映论，认为意识对客观世界的反映是积极的、能动的。意识对客观世界反映的能动性，主要表现在以下几个方面。

意识能够有选择地反映客观世界　意识对客观世界的反映是有选择的。意识反映外界事物是为了适应人们认识世界、改造世界的实践需要。意识对呈现在它面前的客观事物并不是兼收并蓄，而是根据实践需要，对反映的对象及其特性有所挑选取舍。

诗人和学者一同出去春游，田野景物在他们各自的眼中就大不相同。诗人看到的是风和日丽、鸟语花香、潺潺流水、蜿蜒小路，甚至一草一木都能激起他创作的“灵感”。他感受的是大自然的美，学者则不然。学者看到的是枯木逢春、蛰虫复苏，想到的是“一元复始，万象更新”，万物生生不息，以及大自然永恒的秩序。当他见到流水时，也许会像孔夫子一样感叹一声：“逝者如斯夫，不舍昼夜。”工程师和经理一同去参观工业展览。工程师注意的是新型机器的性能和构造，经理则注意的是它的价格和效率。

主观主义哲学家曾经通过歪曲这种情况来论证他们的观点，说这种情况表明客观世界并不实在，人们的感觉、经验把世界塑造成什么样子，它就是什么样子。这当然是荒谬的，因为世界在人的意识之外独立存在着，并不以人的意识为转移。但是，客观世界的属性是多种多样的，当人的意识反映客观世界时，会根据自己的实践需要，从自己的实践经验出发，有选择地反映它某一方面的特性，却是十分自然的事情。这只说明意识能够能动地反映世界，并不说明意识能够随意塑造世界。

意识能够不断深入地反映客观世界 意识对客观世界的反映是经过加工改造的。一方面，意识对于客观世界的反映不是只停留在对于具体事物的感性形象的反映上，而是不断地由感性上升到理性，对感性材料进行加工制作，加以分析综合、抽象概括，力求通过现象认识本质；从事物外在的、偶然的联系进到内部的、必然的联系；从不甚深刻的本质进到更加深刻的本质；等等。另一方面，意识并不停留在对于当下事物的反映上，它可以通过把握客观事物的内部联系或规律性而超越时间、空间的限制，追溯过去，预测未来。现代自然科学的理论揭示了或正在揭示着人类的起源、生命的起源、地球的起源、太阳系的起源、总星系的起源等很久很久以前的事情。同时，人类的意识不仅可以预测日食月食、刮风下雨等自然现象，而且还可以预测社会生活各个领域的发展变化，以及整个人类社会的发展进程。

意识能够通过变革客观世界来反映世界 意识对客观事物的反映是通过变革客观世界来进行的。意识对客观事物的反映并不停留于事物直接呈现在人们面前的样子上，而是通过一定的手段来变革事物，以求对它形成正确的、深刻的反映。阳光直接呈现出的颜色是白色，然而人们却能透过三棱镜现出其红、橙、黄、绿、蓝、靛、紫的“本色”。我们对于各种物质的化学成分，对于原子内部的结构的认识，都是通过变革对象而获得的。这就是说，人的意识是在和它所反映的对象发生相互关系，在积极地作用于事物、变革事物的实践过程中来反映外界事物的。

总之，人的意识对于客观事物的反映，并不像形而上学唯物主义所说的那样，是直观的、消极的、被动的，而是通过变革客观世界有选择地、创造性地反映客观世界。

3. 意识能够改造世界

认识和改造世界是人特有的主观能动性 人的意识不仅能够能动地反映客观世界，而且还能够能动地改造客观世界。所谓意识能够改造世界，不是指意识本身就可以直接引起世界的改变，而是指意识可以支配和指导人的行动，并通过人的活动干预改变物质的存在形态，创造出世界上原来没有的东西。首先，人们在反映客观事物的内部联系和发展规律的基础上形成一定的思想、观点、理论、计划、方案，确定目的或目标；接着，人们通过实践活动作用于客观事物，改造客观事物，实现其预定的目的或目标，把观念的东西变成实在的东西。形成思想、计划、目的等是意识反映客观世界，做或行动是意识改造客观世界，这些都是人类意识的能动性。

人类意识的能动性，通常叫作自觉的能动性或主观能动性。这种能动性是动物所没有的。当然，动物在维持生命的活动中，也会以自己的活动引起自然界的某些变化，但这和人的意识能动地改造世界是两回事。水獭能够用自己的尖牙利齿咬断一棵棵树木，拖到水边，和上泥土，在自己的巢穴周围筑起堤坝。其工程之精巧，足以使人类惊叹。但是，水獭折断树木，毁坏森林，从而影响周围的环境，是无意发生的。它并不明白自己在干什么。而人砍伐树木，总是预先抱有一定的目的，或用来盖房子，或要在腾出来的土地上播种五谷。水獭筑堤完全出自本能。而人在建筑堤坝之前，在思想里已经预先有了一个堤坝的蓝图。他在建筑堤坝时，不仅使自然界发生了变化，还在自然界中实现了自己的目的。二者的区别是十分明显的：动物影响自然界，纯粹出于本能，是无意的、不自觉的；人对客观世界的作用，则是经过思考的、有计划的、向着事先知道的一定目标前进的。人在自然界中打上了自己意志的印记。

意识对物质的反作用以物质决定意识为前提 意识改造世界的能动性，表现了意识对物质的反作用。物质世界经过长期的发展产生出意识。意识一经产生，又反过来作用于物质，使物质世界的面貌发生巨大的变化。试看今日之地球，哪里没有人类意识活动的踪迹，哪里没有打上人的意志的印记？海上舰船行驶，空中飞机翱翔，沙漠变成绿洲，荒野变成良田，开采矿藏，利用风力、水力、潮汐、太阳能、原子能等各种天然能源发电……总之，人们到处都在利用自然规律改造自然界的面貌，为自己创造新的生存条件。

可以说，我们周围的环境已经是“人化”了的自然。我们衣、食、住、行所用的一切，都是人类智慧的结晶。现在，不仅地球上的自然界到处都打上了人类意志的印记，而且由于宇航技术的发展，月球上已经留下人类的足迹，人工制造的航天器已经飞上火星、金星。所有这一切，都充分说明了意识对物质有巨大的反作用，意识不仅能够反映世界，并且能够改造世界。这是意识能动作用的最重要的表现。

马克思主义以前的唯物主义的主要缺点，就是只承认意识来源于物质、反映物质，而不承认意识对物质的反作用，不知道人的意识在反映客观世界的过程中又能积极地影响客观世界的发展进程，从而抹杀了意识的能动作用。与形而上学唯物主义相反，唯心主义则走到另一极端。他们虽然承认意识的能动作用，然而却把这种能动作用无限夸大和绝对化，把意识说成离开物质而独立存在并且能够创造物质的东西。他们不知道，意识对物质的反作用再大，也离不开物质对意识的决定作用，离不开物质对于意识的根源性。为什么这样说呢？

首先，支配人们行动的动机，指导人们改造世界的计划，都要受客观物质条件的制约。人们在行动之前所订的计划、方案以及预先设想的目标，都不是主观自生的东西，而是以对客观事物内部联系和发展规律的反映为基础的。支配人们活动的动机也不是主观自生的东西，而是由人们所面临的社会实践需要，人们在社会联系中所处的地位，以及生产和科学技术发展的水平决定的。原始人决不会产生乘火箭登月球的动机，美国的普通工人一般不会想去竞选总统，我国旧社会的农民一般也不会产生送孩子出国留学的念头。不同的人所以会有不同的甚至完全相反的动机，其根源就在于他们所处的客观物质条件不同。

其次，意识对物质的反作用是通过人们的实践活动来实现的。意识本身并不能直接作用于客观事物。人不能凭借意识去呼风唤雨，不能通过想象来移山填海。人所制订的方案、计划再好，如果束之高阁，并不实行，那么对客观世界也绝不能产生丝毫影响。人们只有通过实践活动，才能使计划变成现实，使主观的东西变成客观的东西，而实践活动正是一种客观的物质活动。

最后，预定的计划能否实现，预期的目的能否达到，要受物质运动的客观规律的制约。所谓意识改造世界，是指人们根据一定的计划、方案，凭借一定的物质手段（工具、仪器等），作用于物质世界的某一事物，使物质由一种形态转化为另一种形态。而各种物质形态之间的相互转化，总是遵循着一定的客观规律的。人不能随心所欲地制造或消灭任何规律，只能顺应规律、利用规律。鸟儿只有凭借空气才能自由飞翔，它在真空中纵有再强大的翅膀也无能为力。人的意识只有凭借自然和社会发展的规律，才能改造自然、改造社会。

可见，意识对物质反作用的发生，以意识对物质的反映为前提；意识对物质反作用的实现，以客观的物质的实践活动为条件；意识对物质反作用的成效，受物质运动的客观规律的制约。因此，否认意识对物质的反作用的形而上学唯物主义观点是不对的，把意识对物质的反作用加以夸大歪曲的唯心主义观点也是不对的。在这个问题上，我们既要划清辩证法与形而上学的界限，又要划清唯物主义与唯心主义的界限，坚持辩证法与唯物论的统一。

充分发挥主观能动性

正确理解关于意识的能动作用的基本原理，对于我们的实践活动具有重要的意义。

第一，既然意识能够正确地反映世界，那么，我们就应该坚持可知论，在社会实践活动中反对形形色色的不可知论，破除各种神秘主义和蒙昧主义，坚信人类理智的力量，努力使我们的意识正确反映客观现实，以揭示自然和社会的发展规律，推动我国社会主义物质文明、政治文明、精神文明、社会文明和生态文明的建设，促进科学的发展和社会的进步。

第二，既然意识对客观世界的反映是积极的、能动的，那么，我们就应该自觉发挥人类这种特有的能动性，在认识世界的过程中，深入实践，认真思索，力求通过现象认识隐藏在事物内部的本质和规律，并根据这些认识制订出符合实际的方针、政策来，以指导我们的实际工作。

第三，既然意识能够改造客观世界，那么，我们就应该充分重视意识对物质的这种能动的反作用，在实际工作中克服消极等待的懦夫、懒汉思想，鼓足干劲，积极地去发现客观世界固有的规律性，并把得来的正确认识付诸实践，使主观见之于客观，变精神的力量为物质的力量，争取改造自然和改造社会的胜利。我们要在一个有十几亿人口的经济落后的大国进行现代化建设，困难是很多的，这就需要我们发扬战争年代那种革命精神。人总是要有一点精神的。没有理想，没有觉悟，没有干劲，是什么事情也做不成的。因此，我们在建设社会主义物质文明的同时，必须注意建设高度的社会主义精神文明，进行广泛深入的思想教育。灿烂的思想之花必会结出丰硕的物质之果。与此同时，我们也应当注意批判那种主张精神决定一切的“精神万能论”，不要企图超出客观条件许可的范围去计划自己的行动，不要勉强去做那些经过努力还实在做不到的事情。只有把主观能动性和客观规律性、高度的革命热情和实事求是的科学态度结合起来，才能有效地发挥人的主观能动性。

阅读书目

《黑格尔法哲学批判》导言．见马克思恩格斯选集．3版．第1卷．北京：人民出版社，2012.

关于费尔巴哈的提纲．见马克思恩格斯选集．3版．第1卷．北京：人民出版社，2012.

反杜林论：第一编九，十一．见马克思恩格斯选集．3版．第3卷．北京：人民出版社，2012.

社会主义从空想到科学的发展：1892年英文版导言．见马克思恩格斯选集．3版．第3卷．北京：人民出版社，2012.

路德维希·费尔巴哈和德国古典哲学的终结：二．见马克思恩格斯选集．3版．第4卷．北京：人民出版社，2012.

唯物主义和经验批判主义：第二章1. 见列宁选集．3版修订版．第2卷．北京：人民出版社，2012.

中国革命战争的战略问题：第一章第四节：见毛泽东选集．2版．第1卷．北京：人民出版社，1991.

抗日游击战争的战略问题：第四章．见毛泽东选集．2版．第2卷．北京：人民出版社，1991.

论持久战：能动性在战争中；主动性，灵活性，计划性．见毛泽东选集．2版．第2卷．北京：人民出版社，1991.

新民主主义论：三．见毛泽东选集．2版．第2卷．北京：人民出版社，1991.

人的正确思想是从哪里来的？．见毛泽东文集．第8卷．北京：人民出版社，1999.

第十一讲　认识的基础

生活、实践的观点，应该是认识论的首要的和基本的观点。[①]

——列宁

第一个吃西红柿的勇士

酸甜可口的西红柿，人们大概都喜欢吃吧！然而您可曾知道，人类发现它好吃，还经历了一个曲折的过程哩！

西红柿的故乡在南美洲茂密的森林里。它那圆圆的个儿，青里透红的色泽，着实喜人。但是当地人却一直怀疑它有毒，既不敢碰它，更不敢吃它，还给它起了个吓人的名字叫作“狼桃”。16 世纪，英国人俄罗达拉里公爵在旅行期间发现了它，带了几株回英国种在皇家花园，供皇室贵族观赏。直到 18 世纪，法国有一位画家抱着献身精神，决心要试尝一下它。据记载，他在吃西红柿之前穿好了入殓的衣服，吃完以后就躺在床上等着上帝召见。但是，时间过了许久，他不但没有死去，而且也没有感到任何不适。这样一来，人们就知道了西红柿是可以吃的。

实际上，我们现在所吃的东西，很多都是最初有人冒险试尝之后，才知道它是可以吃的；而那些不能吃的东西，也是早有人试尝之后，才知道它是不能吃的。鲁迅先生曾经赞扬过第一次吃螃蟹的人，说他是很令人佩服的勇士，因为螃蟹的样子颇叫人不舒服，没点勇气是不敢去吃的。他还断定一定有人吃过蜘蛛，要不怎么知道它不好吃呢？这是很有道理的。可以食用本来是西红柿的一种客观属性，但是，在漫长的岁月里，人们却一

① 《列宁选集》，3 版，第 2 卷，103 页。

直认为它有毒，主观与客观不一致。只是经过法国那位未留下姓名的画家的实践，人们对它才算有了正确的认识，从而使主观符合了客观。这个过程说明了一个重要的认识论原理：实践是认识的基础。那么，什么是实践呢？它在人们认识过程中有什么作用呢？

1. 实践是人们改造世界的社会活动

人们每天都在从事着各种各样的实践活动。然而，什么是实践，在马克思主义哲学产生以前很长的时期内，哲学家们却始终没有给它一个科学的说明。

许多唯心主义哲学家也讲到实践或与实践相近的概念，如行、行动、行为、力行、活动、生活、践履等，但他们对实践的解释却是不科学的。有的把它说成是体验某种道德原则的活动，是个人的修身养性；有的把它说成是体验某种理性原则的活动，是一种精神的内省；有的把它说成是理论创造活动；有的把它说成是个人应付眼下环境的行为；有的把它说成是一种感性直观；有的甚至把它说成是小民百姓所从事的卑污勾当，干脆把它排斥在哲学研究的范围之外。

形而上学唯物主义哲学家在同唯心主义的斗争中，有时也提到实践在认识中的作用，也常常用实际生活中的事情来反驳唯心主义，论证唯物主义。但是，由于他们不了解人的社会性，不了解人的历史发展，因而也就不了解实践的社会性和革命意义，往往把实践归结为人们的饮食起居之类的生活琐事。

马克思主义认为，从广义上说，实践包括人们所从事的一切社会活动。工人做工，农民种田，牧民放牧，渔民捕鱼，猎人狩猎，战士打仗，教师讲课，编辑审稿，医生治病，演员表演，司机驾车，科学家做实验，工程师搞设计，售货员站柜台，炊事员做饭，运动员竞赛，干部处理工作，交通警察维持秩序，公安人员破案……人们所从事的这一切社会活动都是实践。从严格意义上说，实践指的是人们改造世界的活动。在实践过程中，人们通过一定的形式使主观见之于客观，把主观的东西在客观上表现出来，把自己的思想变成现实。具体地说，实践有以下五个方面的特征。

实践的客观性 实践具有客观性。实践并不像某些唯心主义哲学家所说的那样，是一种纯粹精神领域的活动，而是现实的、物质的活动。怎么理解这个客观性呢?

第一，构成实践活动的基本要素都是物质的东西。一切实践活动都是人使用一定的工具去改变外部世界。很明显，这里的人、工具、外部世界都是物质的因素。

第二，实践活动是客观的、现实的过程。实践活动中各种物质要素之间的联系和相互作用，不是在头脑中进行的思维推理过程，而是活生生的现实的过程。人们付出一定的脑力和体力来使用工具，工具在人们的操纵下作用于外部世界，外部世界在人和工具的作用下改变样子，这个过程本身就是各种物质要素之间的联系和转化过程。谁也没有听说过，只要躺在床上想一想犁地，地就犁好了；只要想一想造块手表，这手表就可以戴到手上了。

第三，作为实践活动出发点的人的目的是来自客观的。实践是有预期目的的，所有的实践都是人们通过一定的活动去实现自己的目的。而目的的产生是以一定的物质需要和物质条件为基础的，它的根据是客观的。

第四，实践的结果也是客观的。在实践中不论是否达到了人们所预期的目的，它总是有结果的，总会引起外部世界一定的变化，产生一定的影响，留下一定的痕迹。这个结果是不以人们的好恶为转移的，是客观的。

实践的能动性 实践具有能动性。改造世界的实践活动是人们有意识、有目的的自觉活动。这种自觉活动是人类改造世界的实践活动，是区别于动物适应环境的本能活动的基本标志。人们在行动之前都抱有确定的目的，根据一定的客观事实提出计划、办法，然后才去行动。

我们知道，为了增加收成需要改良土壤。蚯蚓就是一个改良土壤的能手。它那翻开的口腔将沙粒、土壤和腐烂的有机物质包围起来，一口吞下去。经过消化之后，有机物被吸收，沙土被排出。这沙土经过蚯蚓的消化管道之后，不仅变得细腻、湿润，而且还增加了许多化学物质，变得肥沃了。蚯蚓还能把细土翻到上面，把粗土盖到下面。所有这些都起到了改良土壤的作用。看起来蚯蚓不仅考虑周到，而且还是一个多面手哩！然而，蚯蚓所做的这一切，都是出于自己维持生存的需要，是一种摄取食物的本能活动。它在地里钻来钻去吞食排泄时，全然不会像农民在播种之前那样想到：这块地什么时间犁，犁几遍，犁多深；这块地的土是酸性还是碱性，宜用氮肥还是磷肥；这块地缺不缺水分，什么时候灌溉好；等等。蚯蚓的“改良土壤”同农民的改良土壤，是不可同日而语的。

我们都见过蜂窝吧，那是多么精致呵！如果我们动手去仿造一个，也未见得一下子就能造得很像。然而蜜蜂构巢并不是为了炫耀它的高超技艺，那也是为了生存需要而进行的一种适应环境的本能活动。它在活动之前，脑子里既没有蜂巢的概念，也没有形成这个“建筑物”的形象和方案，它既不知道自己在做什么，也不知道自己的活动将会引起什么样的变化和后果。人就不一样了。哪怕是盖一间小厨房，也要事前设计一番。看看有多大地皮，有多少料，几个人动手，需要多少时间，打算在里边放多少东西，然后根据这些情况盖一间省料省地省工合用的小厨房。在进行这个设计时，人的脑子里就大体上形成了这间小屋的形象和施工的方案，建造的过程基本上是按照这个形象和方案去进行的。我们从事任何一件事情大体都有类似的过程，这是许多人都亲身经历过的。

实践的革命性　实践具有革命性。实践并不像某些哲学家所说的那样，只是一些饮食起居之类的生活琐事；它在本质上是革命的、批判的活动。这里说的革命和批判，不是人们通常所讲的那种“社会革命”和“批判斗争”，而是泛指对客观现实的变革、改造。实践作为人们改造世界的活动，它的结果总会引起客观实际一定程度的改变。这种改变从其根本性质、总的趋势上来讲，都是在把客观实际改变得更加适合于人们的需要，都是在一定程度上推动了人类文明的发展和进步。

只要我们每天留意一下周围的环境，总会发现它的样子在不断改变，或盖了房子，或修了马路，或栽了树木，或装了电灯，或安了电话，或建了商店，或增加了车辆……这一切改变都是由人的实践活动引起的。经常待在一个地方可能不易察觉，而一年一度回家探亲的人，这种感觉就非常明显了。更不必说 21 世纪的今天同人类出现以前的地球相比了。自从地球上有了人类，它就一天天变得不是原来的样子了。现在地球上的许多变化都是人类实践活动的产物。人类就是以自己的实践活动在批判旧世界，革旧世界的命。唯心主义者和旧唯物主义者不了解实践活动的这一革命的、批判的意义，因而都不能给实践以应有的评价和地位。

实践的社会性 实践具有社会性。实践并不像某些哲学家所说的那样，是一些个人应付环境的行为，而是社会的人所从事的社会活动。实践是社会实践。肚子饿了要吃饭，天冷了要加衣服，困了要睡觉等，都是个人的行为，不属于社会实践。然而同样的行为，处在不同的联系之中意义也就不同。我们平日吃饭属于生理需要，但是进行外事活动时邀请外宾共进晚餐，就是一种社会活动了，就有了社会意义，成为社会政治实践的一部分了。诸如此类，可以举出很多。

有些哲学家之所以否认实践的社会性，就是因为他们没有看到任何人都是社会的人，人总是生活在一定的社会关系之中，脱离社会联系的单个人根本没有办法生存下去，更谈不上有意识地去改造世界了。指导人们实践活动的思想、目的等是社会的产物，实践活动本身也必须由人结成一定的社会关系才能进行，实践活动的结果都必定会或大或小地发生一定的社会影响。

无论在什么样的社会里，人民群众总是实践活动中的主要力量。所以，实践又是以人民群众为主体的社会实践活动。社会实践实质上是各个时代人民群众的实践。

实践的历史性 实践具有历史性。无论在深度上或广度上，实践都是一个由低级到高级的不断发展着的历史过程。实践的水平直接受人们的认识能力和社会发展水平的制约。随着人们对客观世界认识的日益广泛和深刻，以及随着社会物质生活条件的发展，实践也必然不断向前发展，不可能永远停留在一个水平上。

在一定历史时期，人们所达到的实践水平是有限的，而就整个人类的世世代代的延续来说，它的发展又是无限的。从消极等待自然界的恩赐到积极向大自然索取，从只能制造维持生命的最简单的衣食住行用品到制造各种航天飞行器，从使用石器从事生产活动到利用原子能、计算机等，这一切都说明了实践是一个由低级到高级、由简单到复杂的历史过程。

综上所述，实践的客观性、能动性、革命性、社会性和历史性，是人类实践活动的基本特征。这五个方面相互联系，不可分割。否认了其中任何一点，都会离开马克思主义的实践观，都不可能对实践的意义及其在认识中的作用做出科学的说明。

2. 物质生产活动是最基本的实践活动

人们所从事的一切社会活动都是实践。实践的内容是丰富多彩的，实践的形式也是多种多样的。我们在前面已经提到一些实践的形式，实际生活中当然远远不止那些。但概括起来不外乎这样几类：改造自然的物质生产活动，改造社会的社会政治活动，以及同这两者紧密联系的文化艺术活动和科学实验活动。在人类的全部实践活动中，物质生产活动、社会政治活动和科学实验是三项基本的实践，它们对于人类社会的存在和发展有着十分重要的作用；而其中物质生产活动又是最基本的实践活动，是决定其他一切活动的东西。

物质生产活动决定其他社会活动 为什么说物质生产活动是最基本的实践活动，是决定其他一切活动的东西呢？

首先，物质生产活动是人类赖以存在和发展的基础，是从事其他活动的前提和条件。我们知道，正是由于物质生产活动，才实现了从猿到人的巨大飞跃，才创造了人类本身。人类要生存下去，头等重要的事情就是必须进行物质资料的生产，以解决吃饭、穿衣、住房等最关紧要的问题。只有这样，才有可能去从事社会政治、文化艺术、科学实验等其他活动。否则，离开了物质生产活动，人类都无法生存，哪里还谈得上从事什么其他活动呢？这一点是十分明显的。

然而，历来的剥削阶级思想家出于他们的阶级偏见，都看不到或有意抹杀这一事实。他们为了贬低劳动人民的历史作用而贬低物质生产活动的地位，把它说成卑贱的、不足道的；为了夸大自己的历史作用而抬高社会政治活动或理论创造活动的地位，把它们说成是决定一切的。这实际上是一种“忘本”，忘记了他们之所以能够高谈阔论，正是由于劳动人民生产的粮食填饱了他们的肚皮，由于劳动人民创造出各种物质资料维持了社会的存在，才使他们有精力和时间去从事其他各项活动。

其次，一切实践活动归根到底都是由物质生产活动的需要而产生，是为物质生产活动服务的。社会政治活动的出发点和归宿都同发展生产相联系，所解决的问题归根到底都是生产力发展过程中所出现的矛盾。当生产力的发展遇到来自社会方面的阻碍时，为了排除这些障碍，客观上就提出了改造社会的要求，就需要进行各种形式的社会斗争。阶级本身就是生产力发展到一定阶段的产物。在阶级社会里，各个社会阶级之间的斗争也是解决生产力和生产关系之间冲突的一种特殊手段。革命的阶级为了解放生产力要打破旧的生产关系，反动阶级则拼死维护它，这就必然会有阶级斗争。科学实验更是直接依赖于物质生产活动的。科学实验的课题是由生产提出的，实验的手段是由生产提供的，实验的成果需要在生产中加以检验和推广。科学技术是对于物质生产活动经验的概括和总结，教育是适应物质生产活动对技术人员的需要而建立起来的。文化艺术活动也依赖于物质生产活动。音乐、舞蹈等艺术活动是对于物质生产活动过程的形象表现和集中提高，它们归根到底都是来自生产活动又为生产活动服务的。

最后，物质生产活动的发展决定着其他一切活动的性质、规模和水平。同生产力发展水平相对低下相适应的是奴隶和奴隶主的对立及其斗争，同个体自然经济相适应的是农民和地主的对立及其斗争，同社会化大生产相适应的是工人和资本家的对立及其斗争。这三个处于生产力发展不同阶段上的阶级斗争，性质不同，斗争的方式和使用的手段不同，斗争的结局也不同。物质生产的发展可以为文化艺术活动、科学实验活动开辟更为广阔的领域，提供更为丰富的题材，创造更为雄厚的物质基础，从而促进文化艺术和科学实验活动不断发展。

各种活动对物质生产活动的影响　当然，其他形式的实践活动对于物质生产活动也具有很大的影响。由于生产关系的性质对生产力的发展有巨大的反作用，因而改变和调整生产关系的各项社会政治活动都会影响到生产力的发展。对于自然的改造在很大程度上取决于对社会的改造，优越的社会制度能够为生产的发展创造更为有利的条件。在阶级社会里，只有革命的阶级反对反动阶级的阶级斗争和社会革命，才能推翻反动阶级的政治统治，打破旧的生产关系，建立新的生产关系，解放生产力，促进物质生产的发展。

科学实验本来就是为了解决物质生产活动中提出的各种技术问题而产生的。它对于这些问题的解决，当然会反过来极大地推动人们的物质生产活动。各项科学实验成果付诸生产实践之后所引起的生产的巨大发展，无论是在过去和现在，在国内和国外，都是举不胜举的。从当前社会实践的发展来看，科学实验对于物质生产活动的预见作用、指导作用和推动作用越来越大。在现代化大生产的条件下，如果离开科学实验所提供的新的理论和技术，要想高速度地发展社会生产是根本不可能的。要全面迅速推进我国社会主义现代化建设事业，关键在于科学技术现代化。而科学实验则是科学技术现代化的重要条件，是发展现代科学技术必不可少的实践形式。

总之，社会实践有多种形式，其中物质生产活动是最基本的实践活动，是决定其他一切活动的，而其他实践活动对物质生产活动也有巨大的影响。

3. 实践是认识的基础

为什么说实践是认识的基础呢？因为认识依赖实践，认识一点儿也离不开实践。实践是认识的来源、动力、目的，又是检验认识的标准。

实践是认识的来源 人们的认识是从哪里来的？这是一个很古老的哲学问题。古希腊哲学家柏拉图说，认识是人的一种回忆。他说人在出生之前，早已在“理念世界”里生活过一个时期，在那里遇到过各种各样的东西；出生之后把这些东西回忆出来，就成了人的认识。把认识看成从“理念世界”带来的，这是一种客观唯心主义观点。我国古代哲学家王阳明说，认识是人头脑中原来就有的东西，要获得认识只需向内用力到头脑中去索求就可以了，头脑一清醒认识就显现出来了。把认识看成人脑中固有的东西，这是一种主观唯心主义观点。上述两种观点都是同认识产生的事实不符合的。

实际情况是：在改造世界的实践活动中，人们通过自己的各种感觉器官同客观世界接触之后，客观事物反映到人的头脑中来，然后再经过人脑的整理加工，从而形成了对客观事物及其规律的认识。这里的关键是在实践活动中接触客观事物。如果离开人的实践活动，拒绝接触客观事物，那么任何认识都是不可能产生的。俗话说：“经一事，长一智。”讲的就是这个道理。用哲学的语言来说，就叫作“实践出真知”。

物质生产活动是最基本的实践活动。人的认识，包括对自然界的认识和对社会的认识，也主要是来自于物质生产活动。在物质生产活动中，人们逐渐地了解自然的现象、自然的性质、自然的规律性、人和自然的关系；经过物质生产活动，也在一定程度上了解了人和人的社会关系、社会的本质、社会发展的规律性等。同时，人们所参加的政治活动、科学实验，以及文化艺术活动等社会实践，也是认识的来源。通过这些活动，人们获得各种认识。

我们知道，人类科学知识的宝库包括自然科学、社会科学和思维科学这三大领域，而所有这些知识都是从实践中得来的。自然科学是人们在改造自然的生产活动中获得的关于自然的知识。人们在从事农业生产的实践活动中，认识到农作物生长与时令节气等自然条件的关系，从而取得了关于农业、天文、生物等方面的知识；人们在丈量土地、衡量物体、计算时间等实践活动中，认识到事物的数量关系，由此取得了关于数学的知识；人们在建筑房屋、造船、航海、兴修水利等实践活动中，认识到物体的一些机械原理，从而得到了关于力学的知识；如此等等。这些都说明了自然科学知识来源于生产活动的实践。在社会实践中，人们不仅认识着自然，而且也认识着社会。政治学、经济学、法学、伦理学等社会科学，都是人们在改造自然和改造社会的实践中取得的，是对社会现象及其内部联系的认识。思维科学是研究思维及其规律的科学，而人们对思维及其规律的认识，是通过人们在实践活动中所进行的各种交往获得的。

就人类认识的总体来说是这样，就某个人对某一具体事物的认识来说也是这样。人们对于某一事物的认识，从根本上说，也都是在实践活动中通过同这个事物接触而获得的。前边提到的古代哲学家王阳明坚决反对这个道理。有一次他看到书上说“格物致知”，主张通过研究事物取得知识；他不相信，就到竹林里去体验。他一天到晚坐在竹子面前凝视，一连看了好多天，几乎都病倒了，也没有看出个所以然。于是他说“格物致知”是不对的，知识不是来自研究事物，而是来自人心；竹子的道理存在于人的心中，要获得竹子的知识就向内心用力索取好了。其实，他不懂得人们在凝视竹子时已经获得了一些关于竹子的认识，知道了竹子是一节一节的，是长长的、绿色的、有叶子的，叶子是扁平细长的……这些关于竹子的外貌的认识，不就是通过接触竹子而获得的吗？至于竹子生长的道理，竹子的内部结构等，虽然不能单凭眼睛看来获得，但人们只要动手通过一定的解剖和分析，就可以知道竹子的年龄、化学成分、习性、用途等。

既然认识都是在实践活动中通过与客观事物接触而获得的，那么，所谓生而知之的“天才”当然也就不存在了。在日常生活中，人们赞扬某人具有超群的才能时常誉其为天才，这本无不可。然而，若真的把他理解为生来就有高超的才能，那就不对了。实际上，所谓天才，不过是在反映客观事物方面比较聪明一些罢了。但是，要把这方面的优越性发挥出来，还要取决于社会实践。试想，如果一个人生下来就与世隔绝，那么，即使他的生理素质和反映机能再好，也是不会得到任何知识的。

历史告诉我们，不少人先天的生理素质并不十分理想，但由于后天的努力，却可以成为天才的科学家、政治家、思想家。恐怕谁也不会否认鲁迅是一个伟大的文学家、思想家吧！当有人说鲁迅是天才时，他自己却说：哪里有天才！我是把别人喝咖啡的工夫都用在工作上的。很多人在听了歌唱家的演唱之后，往往说他（她）的嗓子真好。其实一个人成为歌唱家是三分靠嗓子、七分靠训练。这都说明，一个人的卓越才能除了他的先天素质以外，主要是同他参加社会实践的广度和深度密切联系在一起的。“勤能补拙”，“天才就是勤奋”，都说的是实践出智慧。

说到这里，可能有人会说，在科学技术高度发达的今天，我们完全可以通过电脑、电视、收音机、报纸来认识世界，真可谓“秀才不出门，全知天下事”了，恐怕“实践是认识的来源”这一理论已经过时了吧！这种说法是不对的。我们通过电脑、电视、收音机、报纸只是间接地认识世界，了解情况；而真正亲知的，还是参加实践活动的人们。是他们在实践中获得了知识，然后通过网络、电视、广播、报纸等传达给我们。如果没有人直接实践，网络、电视、广播、报纸是无法告诉我们任何东西的。

又有人会问，既然如此，那为什么还要上学读书？这就是我们要说的直接经验和间接经验的关系问题。我们强调只有实践才是认识的唯一源泉，认为只有在实践中亲身同客观事物接触，才能获得关于客观事物的认识，但我们并不否认间接经验的重要性。经验是人们在实践活动中同客观事物接触时，所获得的关于客观事物的认识。它有两种形式：一种是自己亲自实践，直接接触客观事物获得的，叫作直接经验；另一种是从别人那儿得到的，叫作间接经验。这两种经验都来源于实践，都是从实践中取得的。区别只在于，对我来说是直接经验的东西，对别人就成为间接经验的东西了；反过来也一样，别人的直接经验对我来说又成了间接经验。

一切正确可靠的经验，无论如何都是从实践中获得并经过实践检验的。因此，在实践中取得直接经验和向别人学习间接经验都是不可缺少的。一个聪明的人，一个先进的民族，总是既勇于实践，从亲身实践中取得直接经验；同时又善于学习，从书本上、从古今中外的先进人物那里学习他人的经验，并且把这种学习同自己的具体实践结合起来，变成自己的东西。我们上学就是接受老师传授的经验。我们召开经验交流会，就是为了传播自己的直接经验，并从别人那里获得间接经验。实践表明，学习和掌握间接经验是非常重要的。它可以避免别人走过的弯路，比较快地掌握最先进的成果。

其实，实际生活中大量的事情既不需要事事直接经验，也无法做到事事直接经验。说到西红柿，今天当然不需要非得自己亲口吃一下，才相信它可吃；同样，砒霜也不必非得自己吃一下，才相信它有毒。实际上，由于人们实践范围的限制，一个人拥有的知识中大量的还是属于间接经验的东西。一个国家也是这样，有些东西需要自己在实践中摸索，有些则可借鉴他人。我国要迅速赶上或超过世界先进水平，早日实现中华民族的伟大复兴，必须在尊重自己的实践经验的同时，认真学习世界上其他民族的好东西。只有蠢人才要求事事直接经验，才拒绝古今中外一切科学的、人文的属于间接经验的东西。

实践是认识发展的动力 人类认识发展的历史表明，只有从实践的发展中不断汲取新的原料、新的营养，才能使认识不断获得新的内容、得到新的发展。认识的发展是随着实践的发展而发展的。人类的实践总是由低级到高级、由简单到复杂不断向前推移的。由此决定认识也不断由低级到高级、由简单到复杂向前推移。认识的发展以实践为动力，是从认识以实践为来源这一观点中必然引出的一个结论。如果说认识以实践为源泉，是从认识的产生方面揭示了认识对于实践的依赖关系，那么，认识以实践为发展的动力，则是从认识的发展上说明了认识对实践的依赖关系。

纵观人类认识的历史可以看到，一切科学知识都是适应实践的需要，并在实践的基础上产生和发展起来的。古代天文学、数学和力学之所以首先产生和发展起来，原因就在于这几门科学所研究的是当时发展农牧业、建筑、造船、航海业等迫切需要解决的问题。中世纪以后，物理学和化学等自然科学之所以蓬勃发展起来，是因为当时新兴资产阶级为了发展工业生产，需要探测自然物体的物理、化学特性和自然力的活动方式。至于现代科学的迅速发展，一系列新的科学部门，如系统论、控制论、信息论、高能物理和遗传工程学的出现，也都是为了回答现代实践提出的问题，适应现代工业、现代农业和现代生活的需要。社会一旦有技术上的需要，这种需要就会把科学推向前进。当前我国科学技术成果之所以不断涌现，根本的原因就在于经济和社会发展实践的需要。随着经济社会的发展，我国的科学技术一定还会出现新的飞跃。

实践不仅推动着人们对自然界认识的发展，而且也推动着人们对社会现象认识的发展。在一个很长的历史时期里，一方面由于剥削阶级的偏见，经常歪曲社会的本质（这也是由其实践地位决定的），另一方面则由于生产规模的狭小，限制了人们的眼界，人们对于社会历史的本质和发展，还只限于片面肤浅的了解。只是到了伴随大工业的出现而进入近现代社会以后，形成了现代资产阶级和无产阶级，才有可能对社会历史作出全面深刻的了解，才能把对于社会的认识变成科学。

实践推动着科学的发展，同时也提高着人们的认识能力。人们的认识能力是同科学知识水平分不开的，二者总是在实践的基础上相辅相成、共同发展的。已有的科学知识是人们发挥自己认识能力的前提，没有某方面的科学知识，也就没有某方面的认识能力；反过来，人们已经具有的认识能力，又是获得新的科学知识并使认识不断深化的必要条件。

新的认识手段的发现和创造，对提高人的认识能力具有重大意义。当人们还只是依靠自己的感官接触事物，专靠大脑进行思考的时候，对于客观世界的认识是很有限的。但是，当实践为人们创造出新的认识手段、认识工具以后，情况就大不一样了。在现代的生产领域和科学实验范围内，射电望远镜、电子显微镜、加速器、探测器、雷达、声呐、人造卫星，以及其他科学仪器、实验设备的创造和应用，大大地提高了人们的认识能力，扩大了人们的视野。它们在人类探索自然过程中所起的作用，是人的肉体感官所不能比拟的。电子计算机的发明，为人脑提供了有力的助手。它可以有效贮存和处理大量的信息、数据，可以高速准确地进行极其复杂的逻辑和数学运算。数学中有名的“四色定理”，如果只靠人脑，即使耗费一个人的毕生精力也无法完成对它的计算证明，而使用电子计算机只需很短时间就可以完成了。这些都说明，实践的发展为提高人类的认识能力开辟了无限广阔的前景。

认识适应实践的需要而产生，又随着实践的发展而发展。实践的发展不断向人们提出新的要求、任务和课题，推动人们去探索、研究和解决，使认识的发展成为必要；人们在实践中掌握了越来越多的科学知识，积累起越来越丰富的经验和材料，创造出更新的认识手段和认识工具，又使认识的发展成为可能。认识发展的必要和可能，都只有从实践的发展中才能得到科学的说明。认识和实践之间矛盾的不断出现，是由实践的发展引起的；而它的不断解决，又是在不断向前推移的实践中实现的。

实践是认识的目的 一切认识之所以能够产生和发展，就在于它不仅来源于实践，而且还能够为实践服务。离开实践需要、不为实践服务的认识是毫无意义的。这样的认识既不可能产生，更谈不到发展。一切错误的认识之所以终究要被人们抛弃，不是因为它不为实践服务，而是因为它不符合客观实际，因而不能有效地为实践服务。人们的认识无论正确的还是错误的，都有它自己的实践目的；区别只在于，它们在改造客观世界的实践活动中所起的作用及其结果不同。

强调认识必须为实践服务，这是马克思主义哲学区别于一切剥削阶级哲学的一个特点。过去旧的哲学家只是用不同的方式解释世界，但问题却在于改变世界。马克思主义哲学认为，来自实践的理论之所以重要，正是也仅仅是因为它能够指导实践，为实践服务。人们认识世界的目的不在于懂得了客观世界的规律性因而能够解释世界，而在于运用这种对于客观规律性的认识去改造世界，把认识付诸实践。以往的哲学家在口头上总是否认认识对实践的依赖关系，否认认识必须为实践服务；但在实际上，他们总是为剥削阶级狭隘的私利服务，力图按照他们的世界观去改造世界。这不仅反映了剥削阶级哲学的虚伪性和欺骗性，而且也从反面表明，实践是认识的目的这一论断真实地揭示了实践与认识的内在联系。

实践是检验认识的标准 认识对于实践的依赖不仅表现于认识在实践中产生和发展，又回到实践中去为实践服务，而且还表现在认识的正确与否必须由实践来检验。关于实践为什么是检验认识的唯一标准，以及实践怎样检验认识，后面另有专题论述。这里要说明的是，实践作为检验认识的标准表明它是认识的基础，是决定认识的。

总之，人的认识无论从哪一方面说，都是不能离开实践的。这是马克思主义认识论首要的、基本的观点。

尊重实践，深入实践

正确理解实践是认识的基础的基本原理，对于我们的实践活动具有重要的意义。

第一，既然实践是人们改造世界的社会活动，实践具有客观性、能动性、革命性、社会性和历史性，那么，我们在实际工作中，就应当充分认识实践的革命的和批判的意义，积极投身到火热的实践斗争中去。我们正在进行的中国特色社会主义建设，是一项具有历史意义的伟大实践。每一个有志于改造中国、建设中国的人，都应当把自己的聪明才智贡献给这一宏伟事业。

第二，既然物质生产活动是最基本的实践活动，那么，我们在实际工作中，就应当充分认识物质生产活动的地位和作用，把物质生产活动摆在首要的中心的位置上，以物质生产实践为中心，全面开展改造自然、改造社会的实践活动，实现中华民族的伟大复兴。

第三，既然实践是认识的基础，人的认识一点也离不开实践，那么，我们为了获得关于客观世界的正确认识以指导自己的行动，就必须尊重实践、深入实践，倾听实践的呼声。只有不断从实践中汲取营养，使自己的思想和认识跟上实践的发展，才能适应实践对我们的要求，完成实践向我们提出的任务。我们现在所从事的是立足中国、面向世界的宏伟事业，许多事情都是我们过去没有遇到过的。然而时间又不允许我们学好了再干，而是要求边干边学，在干中学习。总之，要在当代中国发展的实践中学习，在实践中积累知识，增长才干。

阅读书目

关于费尔巴哈的提纲．见马克思恩格斯选集．3版．第1卷．北京：人民出版社，2012.

反杜林论：第一编三．见马克思恩格斯选集．3版．第3卷．北京：人民出版社，2012.

自然辩证法：劳动在从猿到人的转变中的作用．见马克思恩格斯选集．3版．第3卷．北京：人民出版社，2012.

路德维希·费尔巴哈和德国古典哲学的终结：二．见马克思恩格斯选集．3版．第4卷．北京：人民出版社，2012.

唯物主义和经验批判主义：第二章6. 见列宁选集．3版修订版．第2卷．北京：人民出版社，2012.

怎样组织竞赛?．见列宁选集．3版修订版．第3卷．北京：人民出版社，2012.

实践论．见毛泽东选集．2版．第1卷．北京：人民出版社，1991.

改造我们的学习．见毛泽东选集．2版．第3卷．北京：人民出版社，1991.

整顿党的作风：关于反对主观主义部分．见毛泽东选集．2版．第3卷．北京：人民出版社，1991.

人的正确思想是从哪里来的?．见毛泽东文集．第8卷．北京：人民出版社，1999.

在扩大的中央工作会议上的讲话：第四点．见毛泽东文集．第8卷．北京：人民出版社，1999.

第十二讲　认识的形成和发展

从生动的直观到抽象的思维，**并从抽象的思维到实践**，这就是认识**真理**、认识客观实在的辩证途径。[①]

——列宁

科学史上为什么有些人物成对出现？

爱因斯坦曾经指出，科学家们由于共同协作而导致重大发现。科学史上的有些人物常常是成对出现的，例如，第谷和刻卜勒、伽利略和牛顿、法拉第和麦克斯韦等。每一对中的第一位都直觉地抓住了事物的联系，而第二位则严格地用公式把这些联系表达了出来，并且定量地应用了它们。

丹麦天文学家第谷用了30年的时间精细地观察行星的位置，做了详尽的记录，还把过去流传下来的星表上的错误一一纠正。他所掌握的感性材料既丰富又可靠，可惜由于缺乏理论思维，他始终没能从这些材料中发现行星运行的规律，却错误地认为行星围绕太阳转，太阳又绕地球转。

第谷的助手刻卜勒则勤于理论思维。他对第谷积累的感性材料连贯起来进行了艰苦的思索和认真的分析，提出了许多假说。起初，他假设太阳绕地球转，所得的结果误差很大，与观察资料不符。后来改用“日心说”，假设火星绕太阳做圆周运动，计算的结果仍不理想。于是，他大胆地假设“火星的运动轨道是椭圆，太阳位于椭圆的一个焦点上”，结果与观察资料符合。就这样，他前后用了十几年的时间，经历了多次尝试和失败，运用了一系列的推理和计算，终于从第谷积累的感性材料中引出了行星三大定律，被誉为“天空的立法者”。

---

① 《列宁全集》，中文2版，第55卷，142页。

可见，没有大量的感性材料固然不能凭空产生科学的理论，但是单纯的感性材料的积累，也不能自然而然地形成科学理论。任何一个科学理论的提出，都是对于大量的感性材料进行分析研究的结果。这个过程也是人类认识形成和发展的一般过程。首先，在实践活动中，客观世界不同的现象、关系、方面反映到人的头脑里，形成感觉、知觉、表象等感性认识；继而在此基础上，经过大脑这个“加工厂”的制作，产生概念、判断、推理等理性认识，这是从实践到认识的过程。然后，人们用已经形成的理性认识去指导实践，变革物质世界，这是从认识到实践的过程。人类的认识就是这样，实践、认识、再实践、再认识，循环往复；由低级到高级，由简单到复杂，不断发展，不断前进。

1. 认识从感性认识开始

认识来自实践。在从实践到认识的过程中，认识表现为感性认识和理性认识两种形式。感性认识是认识的低级阶段，理性认识是认识的高级阶段。

感性认识是认识的起点 感性认识是人们在实践过程中由外界事物直接作用于人的感觉器官而产生的对于事物的表面现象、事物的各个片面、事物的外部联系的认识。它有感觉、知觉、表象三种表现形式。关于这三种形式以及它们反映客观存在的情况，我们在前面论及意识的起源和本质时已经讲过。这里着重把它们作为认识形成过程中的一个阶段加以分析。

只要我们注意分析一下自己对某一事物的认识过程，就不难发现，一切认识都是从感性认识开始的。我们欣赏歌唱家唱歌，总是先对他们的舞台形象、音色、情感等形成一些感觉和印象。在此基础上，才会对演员形成一个综合的评价。我们去商店买袜子，在买之前总是要挑选挑选，看看大小是否合适，手感是否舒服，颜色是否好看，之后才能得出好不好的结论，作出买不买的决定。如果有哪个售货员硬要顾客先决定买不买，然后再让顾客看，这就违反了认识的正常秩序，因而引起顾客的不满也就是很自然的了。我们到桂林去游览，直接看到的是青山、绿水、奇峰、异洞，经过与其他风景区加以比较并经过一番思索之后，才能得出“桂林山水甲天下”的结论。

为什么认识一定要从感性认识开始呢？因为人是通过眼、耳、鼻、舌、身这五种感觉器官直接同外界事物接触的。人无论认识什么事物，都必须首先通过这些器官同它接触，舍此没有别的途径。一个生来失明的盲人，就没有颜色、明暗、线条等感觉，对于世界上只有用眼睛才能看到的那些事物和现象，他都不可能形成认识。

感性认识在变革事物的过程中产生 感性认识是由外界事物刺激感官而引起的。但是，人的感觉和动物的感觉有质的区别。人不是被动地接受外界事物的刺激，而是在实践过程中能动地去接触客观世界。人的感觉、知觉、表象不但一刻也离不开实践，而且处处受到实践的制约。

首先，人只有在变革客观世界的实践活动中才能接触外界事物，产生感觉，形成知觉和表象。一个脱离实践与外界根本隔绝的人，就不可能接受外界刺激，产生对于外界事物的反映，形成感性认识。这一点是很明显的。

其次，人的感觉器官和感受能力是在实践中不断发展起来的。实践使人的感觉与动物的感觉发生了根本的区别。老鹰具有极其敏锐的视力，比人看得远；但是，人的眼睛能够识别的东西却远远超过老鹰，并且当人的映象不符合客观实际时，能够迅速地调整自己的感觉。实践也使现代人和原始人的感觉能力发生了很大的差异。原始人还不能精确区分外部世界的颜色、声音、滋味、气味，以及形状等方面的细微差别；而现代人则能比较容易地做到这一点。同时，每个人具体实践的差异也会造成人们感觉能力方面的差异。普通人只能辨别三五种不同的黑色，而印染工人却可以辨别出四十多种。熟练的面粉工人用手摸一下面粉，就可以确定小麦的品种。侦察人员很容易发现为常人所不易觉察的脚印、指纹。音乐家则能分辨出音响中极其细微的差别。这些情况都是我们在日常生活中经常可以遇到的。

感性认识是认识的低级阶段 感性认识在人们对客观世界的认识活动中占有什么地位，具有什么作用呢？第一，感性认识是人对客观事物认识的起点，没有感性认识就不可能有对于客观事物的任何认识。人们总是首先在接触某一事物时形成对于该事物的感觉、知觉、表象，然后才能对它做进一步的研究和了解，总是先知其然，然后才知其所以然。第二，感性认识是人类知识的基础，任何知识都是对于感性认识进行加工整理的结果。

感性认识是人类认识的起点，这一方面说明了感性认识在整个认识过程中具有重要的作用，另一方面也说明了感性认识只是认识的低级阶段。感性认识之所以是认识的低级阶段，是由它本身的特点决定的。感性认识的主要特点有三：

第一是直接性和表面性。一切感性认识都是感官对于外界事物的直接感知。客观事物直接呈现在人们感官面前的都是一些表面现象，而隐藏在现象背后的本质却是不能凭感官直接感知的。农民辛勤劳动，不得温饱；地主不劳而获，花天酒地。这是农民可以直接感知到的，有切身体会的。然而地主对农民剥削的实质，以及封建的经济和政治制度，却不是一眼就看得出来的。所以，觉悟以前的农民虽然痛感剥削之苦，但并不真正理解剥削。

第二是生动性和直观性。事物的表面现象千变万化、丰富多彩，直接反映这些现象的感性认识也是非常生动的。但是，生动的感性认识却把握不住隐藏在现象背后的稳定的本质。小孩子到动物园去玩，凶猛的老虎、调皮的猴子、美丽的孔雀等，在他们的印象中是非常生动的，说起来真可谓活灵活现；然而对于这些动物的种属、习性之类，则一句也说不出来。这就表明，他们对这些动物的把握，还仅仅是停留在感官所直接感知的那些东西上面。

第三是具体性和片面性。感性认识对于事物的表面现象或某一方面的特性的反映是十分具体的，对于某一事物的某一特性可以用直观的形式加以详细描述。但是，它不能概括地反映事物的全体及其多方面的联系，因而又是片面的。

凡此种种，都说明了感性认识只能是认识过程中的初级阶段。对于认识的真正任务在于把握事物的内在本质和规律，认识的目的在于指导实践来说，它就显得非常不够了。

2. 必须从感性认识上升到理性认识

从感性认识上升到理性认识是认识的真正任务 人们在实践中取得认识，是为了更好地指导实践。要做到这一点，光有感性认识是不行的。感性认识虽有直接性、生动性、具体性的优点，但随之而来又有表面性、直观性、片面性的缺点。感性认识由于其优点而有可靠的一面，又由于其缺点而有不可靠的一面。

我们知道，客观事物都是本质和现象的对立统一。对事物的现象，人们的感觉器官是可以直接感知的；而事物的本质及其内部联系，则是无法凭感觉器官直接把握的。要把握事物的本质，就要借助于理性认识，就要从生动的直观上升到抽象的思维。

17 世纪英国著名哲学家弗兰西斯·培根曾经用蜘蛛、蚂蚁和蜜蜂作比喻来形象地说明这一问题。他说，经验主义哲学家好比蚂蚁，只会盲目地堆积材料，而不会进行加工；理性主义者好比蜘蛛，只会从自己肚子里吐出丝来编成神秘之网，而不知和实际联系；真正的哲学家应当像蜜蜂一样，从花园和田野的花朵里采取原料，消化这些原料，然后酿出香甜的蜜。据统计，一只蜜蜂要酿成一公斤蜂蜜，必须在上百万朵花上采集原料。当然，蜜蜂的可贵之处，不仅在于它辛勤地、广泛地收集原料，而且还在于它能够精细地对这些材料进行加工。一只满载花蜜回巢的蜜蜂，要经过一二百次吞吐，才能酿出蜜来。

蜜蜂的本能活动对于我们理解认识问题也很有启示：要能动地收集材料，更要能动地对材料进行加工。用哲学的术语来说，就是要有感性认识，更要从感性认识飞跃到理性认识。

理性认识是认识的高级阶段 理性认识是人们在感性认识的基础上形成概念并运用概念做出判断、进行推理的阶段。它是人们对事物的本质、事物的全体、事物的内部联系的认识。理性认识是认识的高级阶段，它包括概念、判断、推理这三种形式。

概念是对客观事物的本质特征的反映。人们每时每刻都在借助于概念进行理性思维，进行判断和推理。概念和感觉、知觉、表象相比，有质的区别。直接性、生动性和具体性是感觉、知觉、表象的特点，间接性、普遍性和抽象性是概念的特点。概念反映事物的本质、全体和内部联系，它能把握感觉、知觉、表象所不能把握的东西。凭借感官人们可以看到铜是黄色的，摸到它是凉的、硬的等，也可以看到铁是黑色的，摸到它是凉的、硬的等，从而形成对于它们的表面印象，仅此而已。然而凭借理性思维，却可以通过对于铜、铁等的本质特征，以及它们之间的联系的认识，形成“金属”这个概念。感官只能把握某一块铜或铁，而无法把握“金属”。“金属”这一概念是对于事物间接的反映，具有一定的抽象性和普遍性。

判断是在概念的基础上发展起来的一种比较复杂的理性认识的形式。任何一个判断都是由两个或两个以上的概念组成的。“狗是动物”这个判断，就是“狗”和“动物”这两个概念由系词“是”联结而成的。“帝国主义和反动派是纸老虎”这个判断，就是由“帝国主义”、“反动派”、“纸老虎”这三个概念组成的。判断是在概念的基础上，对于客观事物之间以及事物与其属性之间的联系的反映。

推理是由一系列判断组成的。它是根据事物之间的联系和关系，从已知推出未知，由一个或几个判断推出另一个新的判断的理性认识形式。推理这种形式十分明显地表现出人类思维的创造性。推理的过程，就是从个别到一般或从一般到个别，把一般和个别加以统一的过程。它一定要超出直接感性经验的范围，否则就不可能从已知到未知。

古代很多人都想准确地测定金字塔的高度，对于这一庞然大物用感性的方法测量是十分困难的，然而这个难题却由古希腊哲学家泰勒斯运用推理的方法解决了。泰勒斯在观察日晷仪的过程中发现：每天总有这么一个时刻，日晷仪的投影等于日晷仪本身的高度；既然日晷仪这样，那么别的事物也会出现这样的情况，因而任何事物的影子长度在某一时刻都会等于它本身的长度；既然如此，那么金字塔的影子长度在某一时刻也必定等于它本身的高度。这样一来，测量塔高的难题也就十分完满地解决了。从这件事中可以看到，如果不运用推理，就无法进行思考。人们常说“让我想一想”，其实这个“想一想”就是一连串的运用判断进行推理的过程。

概念、判断、推理作为理性认识的三种形式，它们和感性认识是统一的认识过程中的两个不同质的阶段。从感性认识上升到理性认识，就认识的表现来说，是从生动的直观到抽象的思维；就认识的形式来说，是从感觉、知觉、表象到概念、判断、推理；就认识的内容来说，是从事物的表面现象到事物的内在本质，从事物的片面到事物的全体，从外部联系到内部联系。从感性认识到理性认识，使认识大大地提高了一步，跃入了认识的高级阶段。

理性认识依赖于感性认识　感性认识和理性认识既然是统一的认识过

程中的两个阶段，那么，它们之间又有些什么联系呢？

首先，理性认识依赖于感性认识。感性认识是认识的起点，是理性认识的来源和必经阶段。古希腊唯心主义哲学家柏拉图在他的著作《美诺篇》里，曾经编过这样一个故事。一天，哲学家苏格拉底对他的朋友说，人的知识是头脑中原来就有的，根本不需要学习和实践。他的朋友不同意。苏格拉底就让他的朋友叫来一个小奴隶，他通过和小奴隶谈话，使小奴隶从自己的嘴里说出了欧几里得几何的十条公理。于是这位朋友认输了。他们不知道，小奴隶之所以能够说出十条几何公理，并不是因为他头脑中天生就有这些公理，而是因为他在平时的实践活动中已经积累了大量有关数和形的感性知识。小奴隶经常走路，当然知道直着走比曲里拐弯地走要近，稍一启发就很容易理解两点之间直线最短这一公理。他每天干活生产出很多东西，自己所得无几，当然容易理解整体大于部分。苏格拉底的谈话，只不过是引导小奴隶把认识从感性上升到理性而已。

正如前面所说的，没有第谷 30 年里所积累的观察材料，也就不可能引出刻卜勒的行星三大定律；同样，如果小奴隶没有任何实践经验，苏格拉底纵然口若悬河，也无法使他说出一条几何公理来。可见感性经验是理性认识的基础，它为理性认识提供原材料或半成品。没有丰富的感性认识，就不可能有理性认识。

唯理论片面夸大理性认识的作用，说感觉会欺骗人，只有理性认识才是可靠的。他们不知道，理性认识之所以靠得住，恰恰因为它们是来自感性认识的。诚然，假象会引起人们的错觉。但是要知道，即使是错觉在认识上也是有价值的，经过思索分析找出错觉之所以错，同样可以达到正确的认识；正如发现假象之所以假，同样可以达到本质一样。因此，不能因为有产生错觉的可能，就否定整个感性认识的可靠性，否认它是理性认识的基础。诚然，感性认识所反映的是事物的表面现象。但是要知道，不掌握现象又怎能从中发现本质呢？如果因为感性认识没有反映事物的本质而加以排斥，那么认识就永远也不会达到本质；如果得到了理性认识而否定感性认识，那也可以说是一种“忘本”。

感性认识有待于上升到理性认识 其次，感性认识有待于上升到理性认识。为什么感性认识一定要上升到理性认识呢？因为感性认识所把握的只是事物的表面现象，只有理性认识才能把握事物的本质和规律性；而认识的任务就在于把握事物的本质和规律性，以便用以指导实践。如果人们的认识仅仅停留在感性认识阶段，那么，人们在实践中就会寸步难行，人类社会也就得不到发展。

经验论认为感性认识都是亲眼所见，亲耳所闻，是最可靠的；而理性认识全是人们理智的产物，是不可信的。他们反对从感性认识上升到理性认识。这种观点是不对的。实际上，第一，感觉到的东西不能立刻理解它，而只有理解了的东西才能更深刻地感觉它。一出戏在没有理解它的思想和艺术价值之前，只能留下一个笼统的大体的印象；而一旦理解之后，就可以对它的许多精微之处形成鲜明深刻的印象。所谓“会看戏的看门道，不会看戏的看热闹”就是这个道理。第二，尽管理性认识来自感性认识，但并非理性认识的东西现成地存在于感性认识之中。感性认识中只有事物的表面现象，而理性认识中才有事物的本质和规律性。感觉只知道一个现象跟着一个现象，而经过连贯起来的思索，上升到理性认识，才能发现其间的真实联系。第三，理性认识由于把握了事物的本质和规律性，因而比感性认识更可靠、更真实、更深刻地反映着客观事物。

感性认识和理性认识相互渗透 最后，感性认识和理性认识是相互渗透的。在实际的认识过程中，既没有单纯的感性认识，也没有单纯的理性认识，它们总是相互交错、相互渗透的。

一方面，感性之中有理性。人的感觉不同于动物的感觉。它是在理性支配下的感觉，是掺杂有理性的感觉，是被理性大大加强了的感觉，同时又是借助于理性表现的感觉。当一个人看到别人的衣服时说：“这人穿的衣服是军绿色的。”在这个简单的感觉里边，就已经表现出了理性的因素。这个人的视觉在反映这件衣服的颜色时，已经把它跟一般的绿色作了比较，并发现了差别，又跟军装的绿色作了比较，并发现其相似之处。这个感觉里包含了个别和一般、同一和差别，在感觉的过程中运用了比较，在表达感觉时又使用了“人”、“衣服”、“军绿”这样一些概念。可见，人离开概念无法形成感性认识，也无法表达感性认识。

另一方面，理性之中也有感性。再抽象的思想，究其根源也都是来自感性认识的；同时，任何思想都必须通过一定的文字符号，或者具有一定音响的语言这些感性东西来传递或表达。纯粹的理性和纯粹的感性一样，都是不可思议的。

3. 比较、抽象和概括、分析和综合是从感性认识上升到理性认识的基本方法

从感性认识上升到理性认识，从而使认识由现象深入到本质，这是一个极其复杂的过程。怎样才能实现从感性认识到理性认识的飞跃呢?

要有丰富可靠的感性材料 要实现从感性认识到理性认识的飞跃，必须掌握大量的感性材料。客观事物的本质和规律深深地隐藏在现象背后。要透过现象把握本质，就必须有十分丰富而不是零碎不全的、合乎实际而不是错误百出的感性材料。人的大脑好比一座加工厂，进去的是感性认识，出来的是理性认识。感性认识是原料或半成品，理性认识是产品。如果没有足够的感性认识作原料，人脑这个工厂里的机器再好，也是制造不出成品的。“巧妇难为无米之炊”。

有人认为理性认识的产生全凭“灵感”。“灵感”这东西确实是有的。一提起灵感，人们就会想起诸如“阿基米德洗澡”、“牛顿看到苹果落地”、“门捷列夫玩扑克牌”、“凯库勒做梦”一类的故事。其实，在所谓的“灵感”背后，是大量的感性认识和极其艰苦的脑力劳动。

有人说，门捷列夫是在摆弄扑克牌时发现元素周期律的。实际上，在门捷列夫发现元素周期律以前的50多年里，许多化学家早就在探索元素之间的联系和规律了。他们做了大量的观察和实验，从质的方面和量的方面测定各种元素，提出的元素分类法不下50余种。门捷列夫吸取了前人的成果，自己又经过20年的探索，做了无数次的实验，积累了关于各种元素的基本资料，终于从中发现了元素周期律，成就了科学上的一个勋业。他在谈到元素周期律的发现时说：这个问题我大约考虑了20年，而有些人却认为，坐着不动，五个戈比一行，五个戈比一行地排列，突然就成功了，事情并不是这样。

可见，所谓“灵感”，不过是指一个人被某个问题长期困扰百思不得其解时，突然受到某种启发而豁然开朗。如果没有解决这个问题所必需的足够的感性材料，如果没有长期的艰苦努力，只是乞求“灵感”，那么乞

求一辈子，“灵感”也是不会到来的。

要有科学的方法 要实现从感性认识到理性认识的飞跃，还必须掌握科学的方法。事实表明，没有感性材料固然不可能产生理性认识，但有了感性认识也只是有了原材料和半成品，有了向理性认识飞跃的可能，也还不能就此自然而然地上升到理性认识，更不等于已经有了理性认识。要使感性认识上升到理性认识，还必须充分发挥大脑这个加工厂的作用，开动“机器”，对感性材料进行去粗取精、去伪存真、由此及彼、由表及里的加工制作。

所谓去粗取精，就是舍弃那些次要的、无关紧要的东西，抓住那些主要的、与事物本质有关的材料，以防“捡了芝麻，丢了西瓜”；所谓去伪存真，就是识别并剔除那些虚假的、不足为凭的东西，抓住那些真实可靠的、可做根据的材料，以防“鱼目混珠”，为假象所蒙蔽；所谓由此及彼，就是不要孤立、片面地研究事物，而要努力寻找事物之间的联系，把它们连贯起来加以思索，以免“一叶障目，不见泰山”，以偏概全；所谓由表及里，就是不要停留在事物的表面，而要深入到事物的内部，发现其内在的本质和规律性，以免浮光掠影，只获鱼虾而不得蛟龙。

怎样才能做到去粗取精、去伪存真、由此及彼、由表及里呢？科学家们为了探索自然界和社会发展的奥秘，创立了一系列科学的方法，如归纳法、演绎法、理想化方法、数学方法、系统方法、假设方法、功能模拟方法、信息方法、科学逻辑方法等。科学方法多种多样，可以根据认识对象的不同情况去加以选择。但是，有几种认识方法是贯穿在一切科学方法之中的最基本的方法，这就是比较、抽象和概括、分析和综合。我们要实现从感性认识到理性认识的飞跃，就应该懂得并且能够比较熟练地运用这些方法。

比较 比较是确定事物之间同异关系的一种研究方法。物质世界的统一性和多样性，决定了客观事物之间既有相同点，也有相异点。比较就是要从事物的异中求同，又要从事物的同中求异，从而揭示事物的本质。这是人们加工感性材料的第一道工序。经过比较，感性材料分门别类，井井有条，隐藏在其中的本质就容易显现出来。

苹果落地是人们经常见到的现象，为什么牛顿竟独具慧眼，从这区区小事中悟出大道理呢？实际上牛顿根据苹果落地这一事实，在脑子里进行了大量的比较和联想。他想，月亮不是很像一只大苹果吗？为什么苹果落向地面，而月亮不落向地面呢？一颗炮弹射出去，会落在地面上。如果增加发射速度到一定程度，这颗炮弹就会绕着地球旋转，甚至永远不会落地。这颗围绕着地球旋转的炮弹多么像月亮啊！那么，为什么月亮围绕地球旋转而不落到地上呢？因为它有离心力。可是为什么月亮不飞离地球呢？这可能是因为有另外一种力在吸引着它。地球、火星、金星等行星都在绕太阳旋转，就像月亮绕地球旋转一样，说明各个天体之间确实有一种互相吸引的力。从这里牛顿产生了关于万有引力的思想。

牛顿的思维过程充分显示了比较方法的重要性。牛顿正是通过对苹果和月亮、月亮和炮弹、月亮围绕地球旋转和行星围绕太阳旋转这些表面上差异很大的东西进行比较，从而找到了它们之间本质上共同的东西——万有引力。只有通过对大量感性材料进行比较，才能确定它们的粗精、真伪、彼此、表里，才能谈到去粗取精、去伪存真、由此及彼、由表及里，才能抓住事物共同的本质属性，从而形成概念。

抽象和概括 抽象和概括是形成概念、由感性认识上升到理性认识过程中相互联系的两个重要方法。抽象是单独抽取事物某个属性或方面，撇开其他属性或方面的一种研究方法。如果我们把通过抽象分离出来的属性，在思想中看作既独立于其他属性，又独立于客体的一种东西，那么就产生了一系列的科学概念，如力、速度、温度、数、形、价值等。从表面上看，抽象似乎使我们远离了对象，但实际上却使我们摆脱了各种次要因素的影响，“去粗取精”，在一种“纯粹”的形态中研究对象主要的、本质的特征，暴露其本质和规律，反倒更加接近对象。

马克思对劳动二重性的剖析就是一个很好的例证。劳动总是具有不同形态的，比如，农民种地、牧人放羊、铁匠打铁、裁缝做衣等都是具体劳动。如果把种地、放羊、打铁、做衣这些各有特点的劳动的具体形式抽象掉，那么，农民、牧人、铁匠、裁缝的劳动都具有一个共同点，即人的体力和脑力的耗费。在这一点上，不管什么样的劳动都是一样的。马克思把抽象出来的“一般人类劳动的耗费”称为抽象劳动。马克思对劳动所作的抽象，表面上似乎远离了种地、放羊、打铁、做衣等劳动本身，但是实际上却更接近了这些劳动的本质。只有抽象劳动才能使不同的具体劳动进行比较，才能提供说明商品的二重性、价值形态、剩余价值等现象的根据。

概括和抽象相对应，它把从某些具有若干相同属性的事物中抽取出来的本质属性，推广到具有这些相同属性的一切事物，从而形成关于这一类事物的普遍概念。换句话说，概括就是把抽象出来的事物的属性加以总结，形成概念，再运用概念进行判断和推理。达尔文乘“贝格尔”号军舰考察世界时发现，同是鹦鹉，美洲的、非洲的、澳洲的、亚洲的却因条件不同而形态各异。于是他从中抽象出鹦鹉具有物种变异的属性。然后，他又观察到马、牛、鸡、狗等动物也存在变异，各种植物也有这一特点。由此，他概括出了生物学上的一个普遍概念——物种变异。

概括和抽象是辩证的统一。抽象是概括的前提，概括是抽象的结果。概括必须建立在抽象的基础上，抽象必须经过概括，才能更好地认识事物的本质和规律性。

分析和综合 分析和综合也是形成概念、由感性认识上升到理性认识过程中相互联系的两个重要方法。分析和综合密不可分。它们都是人类在生产实践基础上历史地形成和发展起来的。人类通过概念在思想中实现分析和综合以前，已经在实践中千百万次地把整体分割为部分，再把部分联合为整体了。

分析把事物分解为各个属性、部分、方面，以便逐一加以认识。分析是认识事物整体的一个必经阶段，因为任何事物都是由部分组成的一个整体。脱离整体去认识部分，固然对部分的认识不会完全；但是如果我们对部分认识不清，那么，对整体的认识也只能是模糊的。分析则使我们有可能研究整体的各个部分，从而为揭示整体的发展规律创造条件。毛泽东在《中国社会各阶级的分析》一文中，就采用了这种分析方法。他把中国人划分为地主阶级、买办阶级、中产阶级、小资产阶级、半无产阶级、无产阶级以及游民无产者，并对每个阶级的经济地位、特点，以及在革命中的态度和作用等逐一进行了分析。这种分析就为把握中国社会的总体打下了基础。

综合和分析相对应，是把事物的各个属性、部分、方面再组成一个整体的研究方法。分析使我们得以剖析事物的各个部分；但是，单纯的分析还不能使我们对事物形成完整的认识。只有在分析的基础上进行综合，才能把握矛盾的总体，才能发现事物的本质。毛泽东在对中国社会各个阶级的地位、特点和作用分别进行了具体分析之后，又综合起来看各阶级的相互关系和相互作用，从而形成了“谁是我们的敌人，谁是我们的朋友，我们应该依靠谁、团结谁、反对谁”的认识，并据以制定中国新民主主义革命的路线。对中国社会各个阶级的分析和综合说明，综合离开分析，只能得到一种模糊笼统的印象；分析离开综合，只能得到一些支离零散的素材。分析是综合的基础，综合是分析的完成。只有把二者结合起来，才能构成一个完整的科学方法。

以上所举的五种方法，是从感性认识飞跃到理性认识的基本方法。随着人类认识和科学的不断发展，新的科学方法也在不断涌现。但是，任何方法都只能是一种工具，并不能代替人类进行思维。为了实现由感性认识向理性认识的飞跃，必须开动大脑这个思维的“机器”，勤于思索。俗话说：“眉头一皱，计上心来。”不勤于思索，是永远也不能从感性认识上升到理性认识的。

4. 从理性认识再回到实践是更重要的一次飞跃

对于一个具体事物的认识，从感性认识上升到理性认识，通过它的表面现象达到其内在的本质，似乎可以说对它的认识是完成了。然而，事情到此并没有结束，这仅仅是对某一事物认识形成过程的一半。这个认识还需要进一步回到变革这一事物的实践活动中去。这个过程就是从理性认识到实践的飞跃过程。这一次飞跃比从感性认识到理性认识的飞跃更为重要。

首先，只有从理性认识飞跃到实践，才能实现理性认识。认识的目的并不在于掌握了世界发展的规律性因而能够解释世界，而在于根据对于世界发展规律性的认识去改造世界。如果不从理性认识向实践飞跃，理性认识就无法实现，世界就得不到改造，认识的目的也就不可能达到，人类社会就无法前进。这样的理性认识再好，也是没有意义的。

其次，只有从理性认识飞跃到实践，才能判明理性认识的正确性。理性认识固然是对于事物的本质和规律性的认识，然而这一认识是否正确，理性认识本身是无法判明的，只有在实践中才能得到检验。如果不从理性认识向实践飞跃，那么，理性认识本身正确与否就会成为一个悬而未决的问题，人们在实践中也将陷于无所遵循的盲目状态。

最后，只有从理性认识飞跃到实践，认识才能继续发展。一般来说，理性认识在回到实践中时原封不动地得到实现，是极其罕见的。它总会在实践中暴露出其错误或不完全之处，并得到实践的纠正和补充，从而使认识继续发展。如果不从理性认识向实践飞跃，那么，人类的实践和认识就只能永远停留在一个水平上。

5. 对客观世界的认识是一个无限发展的过程

从感性认识上升到理性认识，又从理性认识回到实践，并在实践中达到了预期的目的，从而证实了认识的正确性，那么，总可以说对于这一具体过程的认识完成了吧！不错，这时对于一个具体事物的某一具体认识过程可以说是完成了。然而还不能说对于这一事物就认识完了，更不能说整个认识可以到此结束了。为什么呢？我们知道，任何一个事物都处于客观世界的普遍联系之中，它同其他事物的联系或关系是无限的，通过这些联系或关系所表现出来的特性也是多方面的、无限的；所以，对它的认识也就永远不会完结。我们在一定历史时期内只能根据实践提出的具体任务，对它的某些方面进行认识，任何时候也不能宣布对它的认识已经完毕。而对于整个世界来说，就更是如此了。

物质世界是无限的，它在时间上无始无终，在空间上无边无际。世界上的万事万物都处在无限的运动、变化、发展之中。人类对世界的认识也是一个由不知到知、由低级到高级无限发展的过程。客观世界的运动变化发展是无穷的，人在实践中对客观世界的认识也就永远不会完结。人们在实践中形成认识，又用这个认识去指导实践，在指导实践的过程中又形成新的认识，然后又用新的认识再去指导实践……由此可见，实践、认识、再实践、再认识，循环往复以至无穷，而实践和认识的每一循环的内容，与以往相比都进到了相对高一级的阶段。人类认识的总过程就是这样。

人类几千年来对宇宙的认识，就是在广度和深度上不断发展的历史。远古时期，人类凭借直觉，感到太阳东升西落，群星点缀着夜空，地球处于宇宙的中心。公元2世纪，古希腊天文学家托勒密在这种认识基础上创立了一种宇宙结构模型。他认为地球静止在宇宙的中心，太阳、月亮和当时已经观察到的水星、金星、火星、木星、土星都围绕着地球在圆形轨道上转动。这个宇宙模型就是有名的“地心说”。“地心说”借助于宗教势力，在天文学领域里统治达一千多年之久。直到16世纪，波兰天文学家哥白尼发表《天体运行论》，向“地心说”提出挑战。哥白尼认为，太阳位于宇宙的中心，好像坐在王位上统率着围绕它旋转的行星家族。他还认为，地球不但绕着太阳转，从而产生春、夏、秋、冬四季的变换；而且地球本身还有自转，从而出现昼夜的交替。这就是有名的“日心说”。

但是，在16世纪以前，人们所认识的宇宙实际上还只限于太阳系，范围十分有限。到了17世纪末、18世纪初，随着望远镜的发明和改进，人类对宇宙的观察大大超出了太阳系，发现太阳只不过是千千万万颗恒星中的一颗，仅银河系就有1 000多亿颗恒星，太阳并不是银河系的中心，更不是宇宙的中心。这时，人类对宇宙的认识已经达到10万光年。到了现代，人类制造了反光望远镜、折光望远镜、射电望远镜，宇宙可观察距离已达200亿光年。现代天文学的发展，使古代的占星术被视为愚昧而加以抛弃。等到人类遨游更遥远的太空之际，又会发现我们现在对宇宙的认识实际上还是十分幼稚的。

人类对宇宙的认识是这样，对于地球上万物的变化、社会的发展以及人类本身的认识也是这样。永远也不会有这样的时刻：人类已经认识了一切，除了面对已有知识连声赞叹之外，再也没有什么事情好做了。

经常调查研究，及时总结经验

正确理解关于认识的形成和发展的基本原理，对于我们的实践活动具有重要的意义。

第一，既然人的认识都是从感性认识开始的，那么，我们在实际工作中，就应当十分重视感性经验。要真正认识某一事物，就要投身到变革该事物的实践中去，进行调查研究，取得感性经验，获得第一手材料。领导干部如果不注重增加感性知识，就难免要犯教条主义和官僚主义的毛病。

第二，既然人的认识必须从感性认识上升到理性认识，那么，我们在实际工作中，就不要局限于自己已有的感性经验，而要开动大脑这个思维机器，勤于思索，把感性经验提高到理性认识，努力从事物的现象中发现事物的本质及其发展的规律。各级领导干部对自己所领导的地区、部门、单位的工作必须不断总结经验，使之条理化、系统化；对于了解到的情况必须认真研究，从而引出正确的结论，做出正确的处置。如果有经验而不总结，有调查而无研究，那么同样不能取得真知，不能消除官僚主义，还难免要犯经验主义和事务主义的毛病。

第三，既然比较、抽象和概括、分析和综合是从感性认识上升到理性认识的基本方法，那么，我们在实际工作中，就应该学会这些方法，自觉运用这些方法。只有把在深入实际调查研究过程中所取得的材料按照上述方法进行整理，才能从中引出正确的结论。

第四，既然从理性认识再回到实践是更重要的一次飞跃，那么，我们在实际工作中，就应当自觉坚持理论联系实际，实现由理论到实践的飞跃。离开实践的理论是空洞的、无意义的理论，离开理论的实践是盲目的、无成效的实践。这两种倾向既伤害理论又有碍实践，我们要注意克服。

第五，既然对客观世界的认识是一个无限发展的过程，那么，我们在实际工作中，就要注意克服认识问题上的形而上学思想，反对停止的观点、骄傲自满的观点。任何时候都不要沾沾自喜于已经取得的认识，而要努力进行新的探索，发展已有的认识，不断把认识推向新的、更为高级的阶段。

阅读书目

《政治经济学批判》导言：3. 政治经济学的方法．见马克思恩格斯选集．3版．第2卷．北京：人民出版社，2012.

自然辩证法：辩证法．见马克思恩格斯选集．3版．第3卷．北京：人民出版社，2012.

唯物主义和经验批判主义：第二章1. 见列宁选集．3版修订版．第2卷．北京：人民出版社，2012.

谈谈辩证法问题．见列宁选集．3版修订版．第2卷．北京：人民出版社，2012.

中国革命战争的战略问题：第一章第四节．见毛泽东选集．2版．第1卷．北京：人民出版社，1991.

实践论．见毛泽东选集．2版．第1卷．北京：人民出版社，1991.

《农村调查》的序言和跋：序．见毛泽东选集．2版．第3卷．北京：人民出版社，1991.

人的正确思想是从哪里来的？．见毛泽东文集．第8卷．北京：人民出版社，1999.

第十三讲　概念和范畴

在人面前是自然现象之网。本能的人，即野蛮人，没有把自己同自然界区分开来。自觉的人则区分开来了，范畴是区分过程中的梯级，即认识世界的过程中的梯级，是帮助我们认识和掌握自然现象之网的网上纽结。①

——列宁

“我要吃水果，不吃苹果!”

据说，有一个人病中口干舌燥，呼喊要吃水果。当有人把苹果送到他手中时，他却大发雷霆：“我要吃水果，不吃苹果!”于是，人们又去给他买来了梨，他还是不要，大叫：“我要吃水果!”人们慌忙又去买来橘子，他照样大叫：“我要吃水果!”人们随后又买来了菠萝、枇杷……他总是一句话：“我要吃水果!”结果，他什么也没有吃到。

这位病人的愚蠢是人们用常识就可以说明的。然而，从哲学上讲，他犯了一个什么错误呢？他不了解水果这个一般概念同苹果、梨、橘子、菠萝、枇杷等具体的水果之间的关系，离开具体事物去把握一般概念，把概念看成可以离开具体事物而单独存在的实体。这就表明，他对概念的本质和形成的道理是不明白的。那么，概念的本质是什么？它是怎样形成的？它在人们认识活动中有什么作用？现在我们就来讲讲这些问题。

---

① 《列宁全集》，中文2版，第55卷，78页。

1. 概念和范畴是对客观事物本质联系的反映

概念是从具体事物中抽象出来的 孩子听说星期天要领他到动物园去看动物，准会高兴得跳起来。孩子虽然知道你要带他去看的是什么，但他并不真正懂得“动物”这个概念。他想到的只是狮子、猴子、熊猫、孔雀、大象这样一些具体的动物，头脑里出现的是狮子的凶猛、猴子的调皮、熊猫的可爱、孔雀的美丽等一些具体的形象。“动物”这个概念是从各种各样具体动物中抽象出来的一般。世界上并不存在抽象的“动物”，存在的只是具体的、单个的动物。即使是饱经沧桑、博览群书的学者，也永远不可能说出“动物”的具体形象。只要他一说出来，就不是牛，便是马、羊、狗、虎等。孩子们要在学了生物学之后，通过对许多具体动物的了解，并把它们与人、植物、无机物等加以比较之后，才能形成科学的“动物”概念。

概念的产生意味着人的认识从个别上升到了一般，透过现象深入到了本质。各门科学都是由一些特定的概念构成的。数学中的数、正数、负数、极限、微分、积分，力学中的质量、重量、力、速度、加速度，物理学中的基本粒子、场、分子、沸点、熔点，化学中的元素、原子、原子量、核电荷、化合价、化合、分解，生物学中的同化、异化、遗传、变异、细胞、生命，政治经济学中的生产力、生产关系、劳动、价值、剩余价值、工资、货币等，都是该学科的一些重要的概念。这些科学的概念之所以能够构成科学，就因为它们都是对各门科学研究对象的本质联系的反映。把这些概念按照一定的体系组合在一起，就可以全面把握对象的内部联系和规律性。

概念是对于客观事物本质的反映。这是辩证唯物主义关于概念本质的基本观点。这个基本观点强调了两个方面。一方面说概念所反映的不是事物的现象，而是事物的本质；另一方面说概念不是事物的本质自身，也不是决定事物本质的东西，而是对于事物本质的反映。

形而上学唯物主义由于不了解认识从感性向理性的能动飞跃，因而不能理解概念与感性认识之间质的区别。唯心主义由于颠倒了主观和客观的关系，因而把概念看成就是事物的本质，或把概念说成是能够创造事物的东西。在唯心主义者看来，不是先有苹果、橘子、香蕉、梨、桃之类，才有“水果”这一概念，而是先有水果的概念，再由这个概念把某些水果规定为苹果，把另一些规定为橘子等。在他们看来，概念不是人们在长期实践和认识的过程中对于客观事物认识深化的产物，而是人们头脑中原先就有的，或者是由神的启示在心灵中唤起的。所有这些都是对于概念本质的歪曲。

概念的抽象性和普遍性 概念作为客观事物本质联系的反映，有两个显著的特点。

一个是抽象性。概念舍弃了事物表面的、个别的形象，抓住了事物内部的共同的本质的东西。“人”这个概念，就是在对不同性别、年龄、肤色、国籍、阶级、职业、文化程度、宗教信仰等各种各样人的感性认识基础上，舍去这些个别差异，抽象出他们共同的、本质的东西之后形成的。这个“人”所具有的只是那些区别于其他动物、凡人皆有的特点。这个“人”不是张三、李四，而是具有社会性的动物。这个“社会性”比起那些性别、年龄、肤色等抽象多了，但它却比那些感性的东西更接近于人的本质，更深刻地反映了人。

再一个是普遍性。概念不是对某一个别事物的反映，而是在对个别事物认识的基础上形成的对这一类事物的反映，因而具有普遍性。前边说的人的概念就不局限于某一个具体的人，而是概括了整个人类的普遍性的东西。力学中“力”的概念，用公式可表示为 F＝ma。它所揭示的作用力（F）的大小与物体的质量（m）和加速度（a）乘积之间的正比关系，并不顾及各种具体条件，而是普遍适用的。概念的这种普遍性，使它能够摆脱各种具体条件的干扰，把共性、一般、规律放在一个比较纯粹的理想形态下加以研究，从而揭示出事物之间的内在联系。

范畴是最基本的概念 弄清楚了概念，范畴也就清楚了。范畴也是概念，是一些更普遍、更基本的概念，是对客观事物普遍本质的概括和反映。客观世界是一个相互联系的整体，作为对这个世界反映的概念，也就必然是相互联系的。“工人”、“农民”、“教师”、“医生”、“学生”对于“人”来说，是一些小概念，它们都可以归到“人”这个概念里边。而“人”比之于“哺乳动物”，又是一个较小的概念。在“哺乳动物”之上，还有一系列大概念，如“动物”、“生物”、“有机物”、“物质”。其中一个概念比一个概念更大，概括性更高。“物质”这个概念概括了世界上一切事物最普遍的共性，即客观实在性。

像“物质”这样最广泛、最普遍的概念，叫哲学范畴。本书中所涉及的许多基本概念，诸如精神、运动、时间、空间、联系、变化、发展、矛盾等，都是哲学范畴。除了哲学范畴以外，各门科学也都有自己特定的范畴。各门科学所赖以建立的那些最基本的概念就是该门科学的范畴，如化学中的化合、分解，生物学中的生命、细胞、遗传、变异，政治经济学中的劳动、抽象劳动、具体劳动、价值、使用价值、剩余价值等。当然，各门科学的范畴比起哲学范畴来，又成了较小的概念，因为它们所反映的是客观世界某个特定领域和特定方面的普遍本质，而哲学范畴所反映的是客观世界一切事物和现象的普遍本质。

由此看来，概念和范畴之间并无严格的、绝对的界限。它们的产生、本质和作用等都是一样的，我们把某一概念称为概念还是范畴，常常是根据问题的范围来确定的。

2. 概念和范畴是人们认识世界和改造世界的工具

既然概念和范畴是对客观事物的本质联系的反映，那么，它对于人们认识世界和改造世界的活动无疑具有重大的作用。

概念和范畴使人成为自觉的人　概念和范畴是人们认识世界的结晶，它一经产生，又使人类本身发生了巨大的变化。如果说劳动使猿变成了人，那么，概念和范畴就使人从本能的人变成了自觉的人。我们简单回顾一下人类智慧发展的历史，就可以看到概念和范畴在这方面的作用。

人类告别了类人猿之后，便进入了极其漫长的蒙昧时代。那时候人是没有概念和范畴的。通常把那一时期的人叫作本能的人或野蛮的人。野蛮人的思维是极其简单的。他们把世上的万物都看成和人类一样的东西，并没有把自己从自然界区分出来。空中的云彩，河里的流水，山上的树木，遍野的土石等，在他们看来都是有生命、有感觉的。本能的人只是通过适应自然界来满足自己的需要。

经过长期的实践，人越来越广泛地接触到多种多样的事物和现象，开始积累了比较丰富的感性经验，逐渐认识了一些事物的本质，从而通过语言形成一些简单初步的概念和范畴。这时，人类才告别了幼年时代，从本能的人变成自觉的人。自觉的人把自己同自然界区分开来了，懂得了以人类为一方，以人之外的客观世界为另一方。我们知道，要做到这一点，就必须把主观和客观区别开来，看到两者之间的对立和转化。如果连最简单的、哪怕是极其模糊的主观和客观的范畴也没有，那么，要做到这一点是不可能的。同样，如果连某种最原始的因果观念也没有，那么，就不可能有人类的自觉行动，因为人类行动的自觉性集中表现在他们能够预测行动的后果。

总之，概念和范畴使人类对世界的认识从自发状态进入自觉状态，使人类从消极适应自然改进到积极改造自然，从本能的人变为自觉的人。

概念和范畴对人的活动有巨大作用 人类认识和实践发展的历史，从一个侧面来说，就是人们更加自觉、更加熟练地制定、运用、发展概念和范畴的历史。人类借助于概念和范畴能够预见事物的发展，预测行动的结果，使人们的活动更加自觉。人们不断总结对于自然现象和社会现象的认识，在有关自然界和社会各种联系的知识的基础上，建立和发展了自然科学和社会科学。显而易见，没有各种基本的概念和范畴，就不可能把各种知识系统化为科学理论。

不仅如此，概念和范畴对于人们的活动也有极为重要的反作用。我们都知道，“人性”、“自由”、“平等”、“博爱”这些概念，在资产阶级反对封建主义的斗争中曾经起过多么大的动员、鼓舞、组织作用。在我国近代以来的历史上，“进化”、“发展”、“科学”、“民主”、“革命”、“建设”、“改革”、“创新”等概念和范畴，对于我们社会进步所起的巨大作用，也是人所共知的。

概念和范畴对于人们认识世界和改造世界活动的这种巨大作用，也可以从错误的概念和范畴对于人的思想行动的束缚和干扰中得到证明。人类认识世界是一个极其复杂曲折的过程。由于种种原因，在认识中人们常常会形成一些虚假的概念，如“上帝”、“鬼”、“神”之类，以及“燃素”、“热素”、“以太”等。这些虚假概念束缚着人们的思想，使人的认识从错误的前提出发，循着错误的道路发展，以致往往在真理碰到自己鼻子尖时还看不到它。这样的情况在人类认识史上是数不胜数的。

英国化学家普利斯特列就是一例。他虽然于1774年析出了氧气，但是由于他摆脱不了“燃素”这个虚假概念的束缚，宁肯把它称为“无燃素气体”。此后不久，瑞典的青年药剂师席勒研究空气在燃烧中的作用时，也发现了一种“火空气”。其实这种“火空气”就是氧气。但是由于同样的原因，使得氧气这个本来可以推翻“燃素说”、引起化学革命的元素，也在他鼻子尖下跑掉了。

在社会领域里，一些错误的概念所造成的恶劣影响更是明显。科学的概念和范畴是人类认识世界和改造世界的强有力的工具，能够推动人们的实践和认识的发展；错误的概念和范畴会阻碍人们的实践和认识的发展。

那么，概念和范畴为什么会成为人们认识世界和改造世界的工具呢？它们又有些什么具体的作用呢？

概念和范畴是人类认识之网的纽结 概念和范畴是人类认识之网的纽结，可以帮助我们把握整个世界的联系。世界上一切事物或现象都是相互联结的，各种现象相互交织，就像一张错综复杂的网。如果把每一现象看作这个网上的“眼儿”，那么，各种本质的联系就是这个网上的纽结。我们的认识要不被伸向四面八方的网线所迷惑，要把握每一个网眼儿，就必须找出联结网线构成网眼儿的纽结，也就是抓住现象背后的本质。概念和范畴既然是对客观事物本质联系的反映，也就可以帮助我们来把握现象之网的纽结，借以把握事物或现象之间的联系。

比如，“量”这个概念就可以帮助我们抓住事物或现象之间的量的联系。太平洋的深度、珠穆朗玛峰的高度、赤道的长度、人的身高、桌子的大小、地球到月球的距离等，如果没有“量”的概念，简直是不可理解的。有了“量”的概念后，我们就可以把一切具有量的特性的东西联系在一起进行分析，形成科学的认识。

再如，借助于“原因”和“结果”这一对哲学范畴，我们就可以把握世界上一切事物或现象之间的因果联系。“太阳晒石头”和“石头变热了”，这是我们在生活中常常看到的两种现象。如果没有“原因”和“结果”这对范畴，就无法把握它们之间的联系，还会把这两个现象当作彼此孤立的事情，或者看成是个别的特殊的联系。有了“原因”和“结果”范畴后，人们就能借助它们总结出“太阳晒石头”是“石头变热了”的原因，而“石头变热了”是“太阳晒石头”的结果。如果没有“原因”和“结果”这对范畴，那么，在我们的思想中就连两件最简单的事实也联系不起来。

把简单的事物联系起来加以认识，需要概念和范畴；认识复杂的自然现象和社会现象，就更加需要概念和范畴了。概念和范畴之所以具有这种功能，就因为它们是与客观物质世界联系之网相对应的人类认识之网的纽结。

概念和范畴是人类认识深化的标志 概念和范畴是区分认识发展的梯级，是认识深化过程的标志，可帮助我们了解人类认识发展的历史过程，总结人类认识发展的规律。

人们对客观世界的认识是一个不断深化、日益全面的发展过程，作为认识结晶的概念和范畴也有一个不断发展的过程。一定的概念和范畴的产生，反映了人类认识深化的一定阶段。在古代，人们对世界的认识还是朴素的、笼统的，因而也就不可能形成像现代科学中那样系统的概念和范畴。即使同样一个概念和范畴，在人类认识发展的不同时期，它的内涵和外延也时而扩大时而缩小，反映着人们对世界认识深化的程度。

我们知道，"力"这个古老的概念经历了三个阶段，直到近代才发展成为科学的概念。

在古代，人们通过对自己身体的各种体验，产生了关于力的原始的想法，如一个人力气大是因为肌肉有力，跳得高是因为腿有弹跳力，看得远是因为眼睛有视力，能吃能喝是因为胃有消化力。人们在与周围事物的接触中，又进一步推广了这一想法，如手推车之所以向前运动是因为给了它推动力，热的东西之所以烫人是因为有热力，木块在水面浮起是因为有浮力等。这是"力"的概念的最初阶段。它反映了人类对这一类现象的一种朦胧的直观的认识。

后来，各门具体科学陆续建立，然而又很不发达，还无法揭示各种现象的本质，于是"力"这个概念虽然被赋予一定的科学形式，但却被到处借用。那时，为了解释生物之所以有生命，就提出了生命力；解释化学反应，就提出了亲和力；解释物体之所以运动，就提出了作用力……其他如热力、电力、磁力、想象力、记忆力等也相继出现。几乎有多少种现象，便有多少种力。这是"力"概念发展的第二阶段。这时对于"力"的滥用，正好反映了只有力学略具规模，人们还不理解高级运动形式，于是只好用低级的运动形式来说明一切。

此后，随着各门科学的发展，“力”的概念进入了第三个阶段，它的科学含义逐渐被揭示出来。在这一阶段，“力”被严格限制在机械运动和物理运动的范围内，代表着物体间的一种相互作用，表现运动的一种转移；其他本来用“力”来解释的各种现象，纷纷从“力”的概念中分化出去。“力”的概念在第三阶段的分化和缩小，表明人们对力现象认识的深入和精确。

科学上的其他概念也像“力”一样，总是在不断地精确化、科学化的。通过概念的这种不断变化发展的历史，我们可以找到总结人类认识发展变化的线索，从而掌握人类认识的发展过程及其规律。

概念和范畴是进行逻辑思维和推理的基础 概念和范畴是进行逻辑思维和推理的基础，可以帮助我们预测事变的进程。概念和范畴是人们进行逻辑思维活动的基本要素。没有概念和范畴，人们就无法进行逻辑思维，不能做出判断，更不能进行推理。如果没有“量”的概念，甚至连“盆比碗大，缸比盆大”这样一些极其简单的判断也无法做出，也就更无法进行“因为缸比盆大，盆比碗大，所以缸比碗大”之类的推理了。

借助于概念和范畴而进行的逻辑思维活动，使人们能够从已知推出未知。我们知道，所谓判断和推理不过是概念所包含的内容的充分展开。由于概念和范畴反映了客观事物中规律性的东西，因此依据这些概念和范畴，我们就能对事物做出合乎规律的判断，可以对事物的发展进程进行预测。

概念和范畴是构成科学理论体系的基础 概念和范畴是构成科学理论体系的基础，可以帮助我们建立、完善科学理论的系统。我们知道，一门科学的创立，至少要有两个条件。一个是确立该学科的基本概念，即明确该学科所研究的对象和特殊矛盾，以便和其他学科区别开来。再一个是在该学科基本概念的基础上，按照一定的逻辑构成一个严密的知识体系。换句话说，就是要在一定的基本概念和基本原理的基础上，把零散的知识联合在一个统一的体系之中。具体的知识只有在进入这个体系并占有一定的位置时，才能成为科学的知识。

比如生物学，它是研究生命现象的科学。因此，“生命”是生物学最基本的概念，生物学都是围绕着“生命”这个概念展开的。要探索生命之谜，就要从外部到内部来认识生命的物质结构，由此就产生了一系列概念。

第一阶段，主要是研究生命物质结构的外部形态，引出了“植物”、“动物”、“根”、“茎”、“叶”、“心脏”、“血液”等概念。

第二阶段，由于显微镜的使用，找到了植物和动物的显微组成部分——细胞，以后又发现了基因的载体——染色体。“细胞”、“染色体”这些概念的形成，标志着生物学的研究进入了新的层次，人们开始在细胞的水平上探讨生命的本质。

第三阶段，人类通过电子显微镜等物理学、化学新技术的应用，使生物学进入了分子水平的研究阶段，又产生了诸如“核酸”、“蛋白质”、“遗传密码”等一系列新概念。与研究生命的物质结构相应的，是探寻这些物质的特殊的运动形式。通过对生命运动形式的研究，人们发现了许多生命运动的规律。对这些规律的描述则又是由一系列概念完成的，如“同化”、“异化”、“遗传”、“变异”、“突变”等。

可以说，整个生物学就是围绕着探索生命的本质这一基本过程展开的。生物学就是由这一研究过程中所产生的大大小小的各种概念所组成的一个有机的概念体系。

同样，哲学也是由一系列哲学概念构成的严密的体系。马克思主义哲学的基本原理就是通过一些哲学概念来表述的。哲学既然是世界观，就首先要说明世界是什么。唯物辩证的世界观认为世界是物质的，于是“物质”就成为第一个范畴。物质是运动的，引出“运动”；物质的运动是在时间、空间中进行的，引出“时间”、“空间”；物质世界是普遍联系的，引出“联系”；物质世界的普遍联系是和永恒发展联系在一起的，引出“发展”等。物质世界发展到一定阶段而出现意识，引出“意识”；由意识对物质世界的能动作用而引出“实践”和“认识”；认识的任务在于把握真理，引出“真理”等。物质世界发展到一定阶段而出现人类社会，引出“社会”；由社会而引出“社会存在”和“社会意识”、社会的“生产力”和“生产关系”、“经济基础”和“上层建筑”，以及社会的历史发展等。

总而言之，整个哲学理论系统就是一个完整的推理过程。这个推理的过程是以一系列基本原理即判断作前提的，而这些判断都不过是一些哲学基本概念的展开。所以，整个哲学理论就是建立在一些最基本的概念的基础上的。我们要学好哲学，首先就要明确每个范畴的特定内容及其相互联系，以及它们在整个范畴体系中的地位和作用。

由此可见，科学是概念的体系。要建立一门科学，首先就要确立这一门科学的基本概念。任何一门科学都是对于它的基本概念的展开；任何一门科学也都可以被归结为一个最基本的概念，都可以以一个概念作为它的标志。

3. 概念和范畴是发展变化的

客观世界处于永恒运动、变化、发展之中。人类对这个世界的认识也总是不断发展的。与此相适应，作为认识结晶的概念和范畴既是相对稳定的，又是经常发展变化的。概念的相对稳定，是指概念在一定条件下都有确定的含义。概念的发展变化，是指在认识过程中总会有一些新的概念和范畴产生出来，也总会有一些概念和范畴因不适用而被淘汰；即使是同一个概念和范畴，它的内容也会随着主客观条件的变化而变化。这就是概念、范畴的确定性和灵活性。

形而上学看不到概念和范畴的发展变化，虽然承认概念的确定性，但却否认概念的灵活性，认为概念和范畴一旦形成就永恒不变。唯心主义夸大概念的灵活性，却否认概念的确定性，以概念的发展变化抹杀概念内容的客观性。这两种观点都是违反人类认识发展的历史的。

那么，概念和范畴是怎样发展变化的呢?

首先，新概念不断出现。概念和范畴是在人们的实践和认识过程中形成的。随着实践和认识的不断发展，在概念和范畴的大家庭里总要不断地加入一些新的成员。人类实践和认识进入一个新的领域，解决一个新的问题，就会形成一些新的概念。我们稍微注意观察一下人们的社会生活，稍微留意一下各种报刊，几乎每天都会看到一些新概念问世。

其次，旧概念陆续淘汰。由于客观上和主观上种种条件的限制，在认识过程中难免要产生一些虚假的概念。后来随着人们认识的发展，发现这些概念不能正确反映客观实际，甚至还束缚人们的认识和实践活动，于是就把它们抛弃。

“以太”这个概念在自然科学中曾被广泛使用过。17 世纪惠更斯提出光的波动说时，就认为光的传播需要一种“介质”，这种“介质”被称为“光以太”。18 世纪，罗蒙诺索夫和罗勒把光现象、电现象和“以太”联系起来，认为光是“以太”的振动，电是“以太”振动产生的。1864 年法拉第设想，电是“以太”粒子的一种运动，“以太”是一种弹性媒质。后来麦克斯韦发现光的电磁波时也采用了这个设想，认为电磁波是通过“以太”传播的，称之为“电磁以太”。我们在恩格斯的《自然辩证法》和列宁的《唯物主义和经验批判主义》中可以看到，他们也在一定意义上使用过这个概念。实际上，经过科学家们长期研究发现，把“以太”当作光和电传播的介质是错误的，光和电磁波本身就是一种物质的运动形式，并不需要“以太”作为特殊的介质。于是，“以太”这个概念也就自然而然地退出了物理学的舞台。

如果我们翻一下科学史和思想史文献，就会发现不少过去曾经广泛使用而现今再也无人使用的旧概念。旧概念的抛弃和新概念的产生，都从一个侧面反映了人类对客观世界认识的深化过程。整个人类认识的发展，表现在概念方面，也就是概念的除旧布新的过程。

最后，旧概念增加新意。随着人们认识的发展，有些概念虽然变得不恰当，不能很好地反映出新的意思；但是，鉴于它已为人们所惯用而不便抛弃，因此就对它加以改造，赋予新的含义。

我们知道，“数学”这门古老的学科，原意是指关于数的学问，是专门研究数的。后来随着对事物认识的深入，发现用数来概括它的研究对象已不恰当；因为它所研究的实际上是事物的量的方面，而量并不是都可以表示为数的。然而并没有因此就把数学改为“量学”。后来，又进一步把数学的内容精确地规定为关于世界的空间形式和数量关系的科学。这时，数学这一概念的含义同最初的含义已大不相同，然而并没有因此抛弃它另换新概念，只不过赋予一些新的含义罢了。

还有一种情况是概念的移植和借用。比如，“反馈”原来是无线电学应用于调节输入输出关系的一个概念。美国的维纳在创立“控制论”时，对“反馈”概念进行了改造，使它成为“控制论”中的一个基本概念。“灵魂”本来是一个虚假概念，但经过改造之后却被广泛使用着，如“没有正确的政治观点就等于没有灵魂”、“教师是人类灵魂的工程师”等。

任何一个概念和范畴，本身都有一个不断精确化和深刻化的过程。“数”在古代只是作为正整数和分数的总称。因此，当古希腊数学家毕达哥拉斯在求直角三角形斜边长时，发现了 $\sqrt{2}$ 这个无理数，居然目瞪口呆。

他为了固守“数”的旧含义竟矢口否认它是数。但是“数”的含义的扩充是不以他个人的意志为转移的。随着对于事物数量关系认识的发展，逐渐地又增加了零、负数、无理数、虚数等。现在，“数”的含义仍在不断扩充。就像“数”概念一样，任何一个概念和范畴都有它的发生、发展的历史，概念的内容总是要不断深化、不断精确的。

4. 正确运用概念和范畴是正确思维的保证

有一次，在公共汽车上有两个小学生争论：是北京大，还是上海大？一个说北京大，因为北京是首都，比上海重要；另一个说上海大，因为上海比北京人口多；一个说北京面积比上海大，另一个说上海生产的东西比北京多……旁边有个学生插了一句：怎么才算“大”？这一问，两个人又争论开了。他们对“大”的理解不一致，也就无法按照统一的标准来讨论问题，并取得一致的意见。生活中这样的事情经常遇到。对于这个问题，首先应当明确“大”的含义。假如说城市大小要看人口多少，那么就是上海比北京大；如果说城市大小要看面积大小，那么就是北京比上海大。

又如，人们争论意识对于物质在一定条件下能不能起决定作用。一些人说能，因为意识对物质的反作用在一定条件下是很大的，它可以决定客观实际的状况；一些人说不能，因为说意识对物质有决定作用，就是承认意识第一性物质第二性，从而陷入唯心主义。双方相持不下。原来他们对于“决定作用”这个概念的理解和运用是不一致的。一个把它理解为作用很大，一个把它理解为第一性的、本原的作用。可见，没有一个明确的概念是无法进行正常的思维和思想交流的。

正确使用概念和范畴是我们进行正确思维的基础。概念上差之毫厘，往往在判断和推理上就会失之千里。诡辩论者常常就是在概念上做文章。他们否认概念的确定性，歪曲概念的灵活性，按照自己的需要，进行一些似是而非的推理。所以，正确运用概念也是揭露和批判诡辩论的一种有力武器。

怎样才能做到正确运用概念和范畴呢？最根本的就是，要按照概念和范畴本身的特点来运用概念和范畴。

概念的确定性 要注意把握概念的确定性。每一个概念都有它的内涵和外延，即它的内容和范围。我们在使用任何一个概念进行思维活动时，一开始就要明确它的内涵和外延，只有这样，才能保持概念的同一性和确定性，避免引起歧义，产生混乱。

我们知道，宇宙无论在时间上或空间上都是无限的。而一些自然科学家却说宇宙有限。有的唯心主义哲学家便据此认为，他们的主张和自然科学是一致的。在本质上是唯物主义的自然科学怎么会得出与唯心主义一致的结论呢？原来，一些自然科学家所说的"宇宙"的内涵和外延都与哲学上说的"宇宙"不同，它指的实际上是"总星系"。这只是整个宇宙的一个部分。如果他们明确说总星系是有限的，就不至于引起思想混乱了。

英国古典政治经济学家亚当·斯密虽然合理地提出了劳动价值论，但由于他没能严格确定"劳动"的含义，以致与"劳动力"混为一谈，从而不能科学地揭示资本主义社会的本质。马克思第一次对"劳动"与"劳动力"这两个概念作了科学的区分，指出劳动就是劳动力在生产过程中的使用，而劳动力则是存在于人体中的体力和智力。马克思规定了这两个概念的确定含义，从而也就揭示了资本的存在是以剥夺劳动者的生产资料并使劳动力成为商品为前提的。这就为剩余价值学说的创立奠定了科学的基础。从这件事可以看出，明确概念的含义在科学研究中具有多么重要的意义。

我们平时说话、写文章、思考问题，也都要坚持概念的确定性。违背了概念的确定性，就会出现一些可笑的逻辑错误。譬如说：运动能增强体质，"三反"、"五反"是运动，所以"三反"、"五反"能增强体质。这个推理显然十分可笑。其错误就在于偷换了"运动"这个概念，混淆了政治运动和体育运动的区别。诡辩论者的一个基本手法就是抹杀概念的确定性，把表面相似然而含义不同的概念当作同一概念来使用。

概念的灵活性 要注意把握概念的灵活性。我们知道，概念不是永恒不变的，它随着物质世界的发展变化以及人们对世界认识的深化而不断发展变化。因此，我们进行思维时，一定要注意把握概念的灵活性。

哲学史上有一个概念叫作"自在之物"，它的含义就非常灵活。康德创造这一概念时，说它是存在着然而不可知的东西。马克思主义哲学说到它时，有的指客观上存在的东西，有的指尚未认识的东西，有的指不可捉摸的神秘的东西。因此，当我们说承认"自在之物"或否认"自在之物"时，都必须说明承认或否认的是哪种意义上的"自在之物"。否则，就会因某些唯心主义者否认“自在之物”而以为是在驳斥“不可知论”而加以肯定，或者因某些唯物主义者肯定“自在之物”而以为主张“不可知论”而加以指责。可见，不了解概念的灵活性，就无法进行正确的思维，做出正确的判断，进行正确的推理。

概念的全面性 要注意把握概念的全面性。我们知道，世界上一切事物或现象都处在对立统一的联系之中。因此，反映客观事物本质的概念也必然处于对立统一的关系之中。每一个概念都以与自己相对立的概念为前提，而且每个概念的含义也只有在与对立概念的关系中才能确定。我们经常接触的上和下、大和小、物质和精神、运动和静止、有限和无限、绝对和相对、一般和个别、普遍和特殊、共性和个性、形式和内容、现象和本质、原因和结果、必然和偶然、可能和现实、真和假、善和恶、美和丑等概念，都是对立的统一。其中每一个概念离开了它的对立概念，都不可能有明确的含义。物质的含义，只有通过它和精神的关系来确定；精神的含义，也只有通过它和物质的关系来确定。

所谓把握概念的全面性，就是把握概念本身中所体现的这种对立统一，就是从对立统一中把握概念。否则，就看不到概念之间的联系和转化，就不能理解概念的灵活性，就会陷入片面性。我们在形成物质世界的统一性这个概念时，同时也就表明了物质世界的多样性，因为无多样性就不可能有统一性的问题。因此，在把握这个统一性时，必须全面地把它看作多样性的统一，而不能片面地看作排斥多样性的单纯的统一。

总之，概念的全面性充分体现了事物相互联系的辩证法。我们在思维时，虽然不能完全做到把握概念的一切关系、联系和方面，但是我们要力求做到这一点。这是正确思维的前提和基础。虽然正确运用概念和范畴是正确思维的保证，但人们正确运用概念和范畴的能力却不是自发形成的。准确把握概念的确定性、灵活性和全面性的本领，只有在长期的实践过程中，经过严格的科学训练才能学会。

正确运用概念和范畴

正确理解关于概念和范畴的基本原理，对于我们的实践活动具有重要的意义。

第一，既然概念和范畴是客观事物本质联系的反映，那么，我们在实际工作中，对于任何问题的认识都一定要形成一个明确的概念。只有这样，才算是对它有了真正的了解，然后才能谈得上正确恰当的处理。否则，认识必然是若明若暗的，处理也必定是稀里糊涂的。

第二，既然概念和范畴是认识世界和改造世界的工具，那么，我们为了正确认识世界和有效改造世界，就必须注意形成科学的概念。有些人不了解概念的作用，以为弄清概念就是咬文嚼字，就是“从概念出发”，就是“教条主义”、“本本主义”，这是不对的。他们不懂得，无论是研究理论问题，还是解决实际工作问题，没有正确反映客观事物的明确概念是不行的。概念上差之毫厘，在论证问题、解决问题时就会谬以千里。我们日常工作中发生的许多差错，往往出自对于所处理的事情缺少一个明确的概念。许多实际工作中的意见分歧，也往往来自对于同一事物没有形成共同的正确的概念。

第三，既然概念和范畴是不断发展变化的，那么，我们在实践和认识过程中，就应当注意研究客观事物的发展变化，及时总结，以形成新概念，抛弃或者改造旧概念。要注意防止思想僵化，抱着过时的陈旧概念不放，那样是会束缚人们的思想和行动的。

第四，既然正确运用概念和范畴是正确思维的保证，那么，我们就应当在分析问题和解决问题过程中，注意学会运用概念和范畴的艺术，以保证思维活动正常进行。我们知道，在实际工作中，正确的处置意见来自对情况的了解和认真的思索。这个思索的过程就是在概括客观情况的基础上，形成概念，并运用概念做出判断，进行一系列推理活动的过程。如果对于概念运用得不恰当，就不可能进行正确的判断和推理，也就无法通过思索形成正确的处置意见。为了学会运用概念的艺术，就要学点哲学和逻辑学。

阅读书目

神圣家族，或对批判的批判所做的批判：第五章（2）．见马克思恩格斯文集．第1卷．北京：人民出版社，2009.

资本论：第一卷第一篇第一章．见马克思恩格斯选集．3 版．第 2 卷．北京：人民出版社，2012.

自然辩证法：辩证法、[规律和范畴]、[生物学]．见马克思恩格斯选集．3 版．第 3 卷．北京：人民出版社，2012.

黑格尔《逻辑学》一书摘要．见列宁全集．中文 2 版．第 55 卷．北京：人民出版社，1990.

谈谈辩证法问题．见列宁选集．3 版修订版．第 2 卷．北京：人民出版社，2012.

实践论．见毛泽东选集．2 版．第 1 卷．北京：人民出版社，1991.

关于正确处理人民内部矛盾的问题：一．见毛泽东文集．第 7 卷．北京：人民出版社，1999.

第十四讲　真理和谬误

真理只有一个，而究竟谁发现了真理，不依靠主观的夸张，而依靠客观的实践。只有千百万人民的革命实践，才是检验真理的尺度。①

——毛泽东

玻璃瓶的“裁决”

《红楼梦》第五十回中讲黛玉、宝钗等人猜谜语。李纨破了一个“萤”，打一字。宝琴猜做“花”。众人不解。黛玉笑道：妙得很！萤不正是由草化来的嘛！上边一个草字头，下边一个化，不就是个花字吗？众人会意，相视而笑。然而，无论是黛玉还是宝琴本人未必知道，我国民间流行的这个“腐草化为萤”的说法，是一种叫作“自生论”的观点。

原来，科学上关于生命起源的问题，曾经流行过两种说法。一种叫“神创论”，认为生命是由神创造出来的。另一种叫“自生论”，认为从腐烂肮脏的东西中可以自然而然地产生出生命来，如肉腐生蛆、污水生蚊等。“神创论”虽然得到宗教势力的支持，但毕竟没有多少科学家认真地相信它。“自生论”有简陋的实验和粗略的观察为依据，因而为不少人接受。生命到底能不能自然发生，历史上争论了一千多年。17 世纪的一位意大利医生曾做过一个实验，发现不加罩子的肉能生蛆，而加了罩子的肉，即使腐烂也不会生蛆。这个实验对“自生论”是一个沉重的打击。但是随着微生物的发现，“自生论”又抬头了。使肉腐烂的微生物不是自然发生的，又是从哪里来的呢？争论又激烈起来了。直到 19 世纪 50 年代末，这场关于“自生论”是不是真理的争论才得到裁决。

---

① 《毛泽东选集》，2 版，第 2 卷，663 页，北京，人民出版社，1991。

做出这个裁决的，是法国生物学家巴斯德的玻璃瓶。巴斯德猜想：微生物的来源可能是空气，空气中的生物胚种进到有机物中，使它腐烂。为了弄清事情是否果真如此，他连续做了两个著名的实验。一个是“高山考察”。他把几十个装有培养液的小玻璃瓶子带到阿尔卑斯山下，然后，每登上一定高度，就打开一批瓶口，让空气进入瓶内。回去以后检验发现，海拔越高，空气越稀薄，培养液受细菌的污染就越轻微。另一个是“U形瓶实验”。他在U形瓶中装上培养液，观察培养液同空气中的尘埃相接触时和不相接触时有什么不同。结果他看到，培养液不接触尘埃就没有变化，接触了尘埃之后就生出许多微生物来。他的想法得到了证实：生命不是自然发生的，而是由混在空气中的胚种生长起来的。

巴斯德虽然没有能够明确回答生命的起源问题，但却用他那小小的玻璃瓶的实验和观察的结果驳倒了“自生论”，为这场持续了一千多年的争论做出了最有说服力的裁决。从这场争论和裁决中，我们可以看到，应当怎样区分和确定一个理论的正确或不正确。这里边的道理具有普遍的意义。这就是哲学上所说的真理和谬误以及检验它们的标准问题。

1. 真理是意识对于客观存在及其发展规律的正确反映

真理，这是一个多么神圣而崇高的字眼啊！历来的思想家、文学家、诗人都把最美好的语言加在它的身上。古往今来的有志者无不把对真理的追求当作最大的幸福。所有那些为真理而耗尽心血、献出生命的人们，都是时代的精英、人类的鲜花。他们的劳动绵延万代，汇成了浩瀚的真理海洋。

什么是真理 随着历史的推移和科学的发展，真理不断地作为常识而逐渐渗入人们生活的各个方面，指导着人们的日常生活和工作；同时，人们又在自己的活动中不断发现和证实新的真理，或者补充、修改、发展原有的真理。因此，人们对于真理并不那么陌生。然而，对于真理不陌生是一回事，从理论上弄清什么是真理又是一回事。那么，什么是真理呢？真理是意识对于客观存在及其发展规律的正确反映。真理是和谬误相比较而存在的，因此，我们只有通过真理和谬误的相互比较，才能弄清它们各自的特点及其区别和联系。为了理解上述真理的定义，我们不妨对那些众所周知的真理性的认识，做一些具体的分析。

首先，所有真理性的认识都属于意识的范畴，都是人的认识。所谓真理，顾名思义，无非是真实的道理；而道理不过是人们对于客观存在及其发展规律的认识。两点之间直线最短，是人们对于空间位置关系的一种认识；作用力和反作用力方向相反大小相等，是人们对于物体相互作用的规律的一种认识；生产关系一定要适合生产力的性质和水平，是人们对于生产力和生产关系之间的关系及其发展规律的认识。如此等等，它们都是一种认识。当然，它们并不是认识的全部。人的全部认识可以一分为二：真理和谬误。通常说真理的形式是主观的，意思就是说它是以意识的形式存在着的。在这一点上，它和谬误面目相同，犹如孪生兄弟。

其次，所有真理性认识的内容都是客观的，都是对于某一个或某一类客观事物的认识。真理作为一种认识是对于客观存在的反映，是以客观存在为其内容的。前边提到的两点之间直线最短这一真理，就是对于客观存在的空间关系的反映，并以这种关系为内容。谬误作为一种认识也是对于客观存在的反映，以客观存在作为它的内容。在这一点上，真理和谬误也没有原则的区别。

再次，所有真理性的认识都是对于客观存在的正确认识。在这一点上，真理和谬误存在着原则的区别。两点之间直线最短，不仅是对于客观存在的空间关系的认识，而且是对于这一关系的正确认识。如果说两点之间曲线最短，那就是对于这一关系的错误认识。凡是与客观存在相符合的认识就是真理，凡是与客观存在不符合的认识就是谬误。

最后，真理是对客观事物的本质和规律的正确认识。我们日常生活中所遇到的诸如“张三是人”、“马有尾巴”、“今天是星期一，明天是星期二”之类的判断，虽是对于客观情况的正确反映，但不要轻易给它们冠以真理的美名。之所以要强调这一点，就是为了说明，人们认识的真正任务不在于了解客观事物的现象，也不在于能够指出一些简单的事实，而在于把握它的本质和规律，从而有效地指导自己改造世界的活动；同时，强调这一点，还可以防止把真理庸俗化。

总之，真理是意识对于客观存在及其发展规律的正确反映。与此相应，谬误则是意识对于客观存在及其发展规律的不正确的反映。

真理和谬误的关系 真理和谬误是统一的认识过程中出现的相互矛盾

着的两种事物。它们之间的关系，如同一切矛盾着的两个方面一样，是对立的统一。

首先，真理和谬误是相互对立的。真理和谬误，一个是正确的，一个是不正确的，二者有着原则的区别，不容混淆。二者相互排斥、相互斗争，不可调和。

其次，真理和谬误是相互依存的。它们相比较而存在，相斗争而发展。真理之所以是真理，就在于它同谬误相比是正确的，这种正确性只有在同谬误相比较中才能充分显现出来，才有意义。假如人类认识中没有谬误，那么真理就是认识的全部，从而"真理"这个概念也就变得毫无意义了。反过来对于谬误也是这样。不仅就真理和谬误的存在而言，它们是相互依存的；而且就其发展而言，它们也是相互依存的。真理不在同谬误的斗争中就得不到检验、补充、修正，就得不到发展；谬误不在同真理的斗争也不可能充分暴露其为谬误，也得不到纠正。在这个意义上，我们在肯定实践是认识发展，从而也是真理发展的动力的前提下，也可以把真理同谬误的斗争看作真理发展的一个动力。

最后，真理和谬误的对立不是绝对的，而是相对的，它们在一定的条件下能够相互转化。一方面，真理总是有自己一定的适用范围，一旦超出了这个范围就会变成谬误。牛顿力学对宏观世界和低速运动的描述无疑是正确的，因而被称为真理。然而，一旦用它去描述微观世界和高速运动，立刻就会陷于荒谬。另一方面，谬误同样也有自己一定的范围，在这个范围之外，它也可能成为真理。在研究化学运动的范围内，"一种化学元素可以转化为另一种化学元素"的原理曾被证明是错误的；但是，当科学研究深入到原子核物理的范围时，这一原理就变成了真理。如果说古人的炼金术所使用的方法是歪门邪道的话，那么，他们相信可以用别种金属"炼出"黄金，则是一种天才的猜测。粒子物理学告诉我们，金与铅的差别在于后者比前者多三个带正电的质子，如果用高能加速器把铅的三个质子打出，铅就可以变成黄金。

谬误虽是对于客观存在及其发展规律的不正确的反映，但它却是人类认识发展过程中不可缺少的一个环节，是到达真理的前阶。人们对客观事物及其规律的认识不能一次完成，而要经历循环往复的过程。刚开始对某一新事物的认识可能是错误的，然而人们可以从中吸取教训，使自己的认识朝着正确的方向前进。所谓错误常常是正确的先导，正是在这个意义上讲的。实际上，人们分析谬误的过程往往就是发现真理和发展真理的过程。

真理和谬误常常交织在一起，从而造成了人类认识的复杂性。人们为着追求真理，排除谬误，一个首要的问题，就是要把它们区分开来。为此，就必须进一步弄清如何鉴别一个认识是否为真理，以及怎样进行这种鉴别。

2. 实践是检验认识、区分真理和谬误的唯一标准

关于真理的标准问题，是哲学上长期争论的一个大问题。历来的哲学家由于他们的哲学倾向不同，对这个问题也各有不同的说法。唯有马克思主义哲学做出了正确的回答：实践，只有实践才是检验认识、区分真理和谬误的标准。

为什么只有实践才是检验认识、区分真理和谬误的标准呢？我们从正反两个方面来说明这个问题。

实践具有直接现实性，所以能够检验认识 首先，我们看一看为什么实践能够成为检验认识、区分真理和谬误的标准。实践之所以能够检验认识、区分真理和谬误，是因为实践高于认识，因为实践不仅具有普遍性，而且还具有直接现实性。

所谓实践的普遍性就是指：同样的实践，在同样的条件下，总会产生同样的结果。一百多年前，英国物理学家、化学家尼科尔森和卡莱尔在他们的实验室里，通过电解水的方法得到了氢气和氧气。今天，我们的中学生在他们的教室里，采取同样方法也可以得到氢气和氧气。实践的普遍性根源于客观规律的普遍性。一项成功的实践，表明它符合客观规律。只要按照同样的条件去实践，就必然会重复出现同样的结果。正因为如此，人们才能把实践经验概括为具有普遍意义的理论；也只有这样，才有可能运用实践检验一种理论、认识是否真理。否则，如果人们行动的成败纯属偶然，那么就既不会有理论，也不会有检验理论的标准了。

实践的普遍性提供了检验认识的可能性，实践的直接现实性才能把这种可能变为现实，才能发挥出实践检验认识、区分真理和谬误的作用。实

践的直接现实性就在于：它是主观见之于客观的活动，能够把主观变成客观，把思想、理论等现实化，予以实现。我们知道，看一个认识是不是真理，就是看它与客观存在是不是符合；而是不是符合，只有去实现它，即照着这种认识去做并产生出效果之后才能知道。一旦我们通过电解水获得氢和氧，并且计量出它们的比例是 2∶1 时，我们关于“水分子是两个氢原子一个氧原子构成的”这一认识就被证实为真理了。同时也就表明，“水分子是由一个氢原子和一个氧原子构成的”、“水分子是由两个氢原子两个氧原子构成的”，或“水分子是由其他原子构成的”等认识，是与客观存在不符合的，因而是谬误。

实践以外别无其他标准 其次，我们来看一看，除了实践以外，别的“标准”为什么不能成为标准？也就是说，为什么实践是检验真理的唯一标准。

在谈到真理标准问题时，否认实践标准的人们所提出的各种各样的标准，不外乎三种类型：一是以主观作标准；二是以客观事物本身作标准；三是以有用作标准。

关于以主观作标准。这方面的具体说法不胜枚举。有的以感性直观作标准，认为凡亲眼所见、亲耳所闻的就是真理。有的以清楚明白作标准，认为凡能够自圆其说的就是真理。有的以多数人的意见为标准，认为凡多数人同意的就是真理。有的以权威作标准，认为凡符合权威的意见的就是真理。西方很长一个时期里以宗教教条定是非。我国封建社会里以孔子的是非定是非。这些说法形式不同，但归根到底都是以某种主观的东西作为检验认识、区分真理和谬误的标准。只要把这些标准运用于实际生活，很快就可以看出它们都是不能成立的。

感性直观只能把握事物的现象，不能了解事物的本质，它的局限性是十分明显的。用眼睛把水盯上一年，也无法看出水是由什么成分组成的，更不用说去判定“水是氢二氧一构成的”正确，还是“水是氢一氧二构成的”正确。

实际生活中经常遇到，许多假道理说得倒也头头是道、清楚明白，然而与客观实际并不符合。可见，以是否清楚明白作为真理的标准是行不通的。

尽管真理最终是要被多数人掌握的，但也不能以多数人的意见为标准去判定是否真理。一方面，真理开始时总是被少数人发现和掌握，绝不能因此说真理一开始是谬误；另一方面，多数人的意见本身是否为真理还必须经过检验，它怎能充当检验别的认识是否正确的标准呢？

权威也不能作为标准。因为权威本身并不是不证自明的，而是被实践检验之后才具有权威性的。至于实际生活中某些规章制度，某些以服从为条件的权威，如十字路口上的红绿信号灯等，是根据某种实际需要而做出的强制规定，并不属于认识论的范围。

理论，即使是马克思主义这样的科学理论，也不能作为检验真理的标准。我们知道，理论不具有直接现实性，不经过实践，再好的理论也无法把自己变成现实，从而也就不能显示出自己是否与客观存在相符合。马克思主义理论之所以被称为真理，并不是因为它是马克思、恩格斯提出的理论，而是因为它经过实践检验表明是符合客观规律的。它本身的真理性尚且需要检验，又怎么能作为标准去检验别的认识呢？

在日常生活中，经常以某某观点符合马克思主义为理由而称之为真理，从表面上看，似乎马克思主义在这里也充当了标准。其实不然。这种情况的真正含义在于：这个观点符合马克思主义，因而一定能够得到实践的证实。所以，这个观点的真理性的最后根据，还是在于它归根到底可以被实践证实。可见，以主观的东西作为检验认识、区分真理和谬误的标准是不正确的。

关于以客观事物本身作标准。哲学上主张以客观事物本身作为检验认识、区分真理和谬误的标准的人不多。为了说明实践是唯一的标准，在这里我们也把这种情况简要分析一下。我们知道，客观事物的根本特性就在于它独立存在于人们的意识之外。只有当人们用行动来干涉它的时候，它才以自己特有的方式显示出这样那样的变化，向人们发出“信息”。如果人们只是坐而论道，并不实际同它接触，那么，客观事物是不会答理他们的，正像有人指鹿为马，鹿也不会对此有任何表示一样。除非有人创造出某种奇迹，让客观事物直接同人类通话；否则，客观事物本身是不能发表意见，评判你对它的认识是不是符合它的情况的。因此，它不能成为检验人们对它的认识是否真理的标准。

关于以有用作标准。所谓以有用作标准，就是根据某一认识能不能使人的利益、欲望得到满足，以及满足的程度如何来判定它是不是真理。哲学上的实用主义学派是主张这种观点的典型代表。

实用主义的创始人詹姆斯公开宣称：凡是有利于我的工作，并使我获得效果的东西就是真理，这是真理的唯一标准。按照这种标准，某种认识此时此地能够满足自己的要求，那么它就是真理；彼时彼地不能满足，就是谬误。同一个认识对张三有用，张三就可誉之为真理；对李四无用，李四就可贬之为谬误。这样一来，势必导致“公说公有理，婆说婆有理”的无真理可言的境地，亦即取消了真理的标准。

当然，真理作为对客观事物及其发展规律的正确反映，对于指导人们改造世界的活动无疑是有意义的，即有用的。然而，决不能因此说有用的就是真理，更不能进一步确定以是否有用作为检验认识、区分真理和谬误的标准。

逻辑证明不能取代实践检验　为了进一步说明实践标准的唯一性，我们在这里谈谈关于逻辑证明的问题。所谓逻辑证明，就是运用逻辑推理的方法来论证某一认识的真理性。它从一个公认为真理的前提出发，按照一定的逻辑规则来进行推理。它所依据的道理就是：与某一真理相一致的认识必是真理；或者说，按照正确的逻辑规则，从正确的前提出发必然得出正确的结论。“所有的金属都导电，铜是金属，所以铜导电。”这个推理就是用逻辑的方法证明了“铜导电”这一认识的正确性。这种证明方法是在人们不能事事直接经验，也无须事事直接经验的情况下经常使用的一种手段。它在科学发展的过程中起着重大作用，尤其在理论科学中具有更大的作用。但是，必须指出，逻辑证明无论有多么重大的作用，毕竟不能代替实践作为独立的检验真理的标准。这是因为：第一，逻辑证明过程中从前提到结论，还只是在理论范围内进行的一种逻辑推演，并没有把理论现实化，并没有直接展现出它与客观存在是否符合。所以，它只能起到证明的作用，不能起到检验的作用；它只能说明某理论与某已知的正确理论相符合，因而必定能够在实践中得到证实，但并没有进行这种证实。第二，虽然真理是合乎逻辑的，但合乎逻辑的未必都是真理，以它作标准显然是靠不住的。第三，逻辑推理中正确的结论所依据的前提的正确性，以及所遵循的逻辑规则的正确性，都不是从逻辑本身得到证明的，而是经过人们长期实践多次检验过了的。因此，即使表面上看来是由于逻辑推理而得到证明的真理，实际上还是根源于实践的检验。逻辑证明本身也是建立在实践的基础之上的。

在谈到逻辑证明的力量时，人们常常援引勒维烈先于观察而正确无误地预见海王星的例子。可是，人们却往往忽略了与此相映成趣的另一个例子。还是那个勒维烈，后来又发现水星的轨道与计算的结果也不一致。于是，他又假定还有一颗比水星更接近太阳的行星。然而，人们按照他指示的位置，连影子也没找到，因为这颗“行星”根本就不存在。那么，水星的轨道为什么与计算的结果不一致呢？天文学家为此苦恼了五十多年。直到相对论发表以后，人们才恍然大悟。原来万有引力定律只是近似正确的，越靠近太阳，准确性就越低，在计算水星轨道时，应作一些修正才能与观察相符。我们从这两个例子中，不仅看到了正确的理论对实践的巨大指导作用，看到了逻辑证明同实践检验的真实关系，而且还看到了实践的历史局限性。原来，由于实践是一个历史的发展过程，因而它对真理的检验并不是一次完成的，而是一个不断深入、反复检验的过程。

3. 实践对于认识的检验不是一次完成、绝对准确和固定不变的

实践标准的相对性　一切认识都必须接受实践的检验。凡经过实践检验并被证实了的认识就是真理；凡被实践否定了的就是谬误。这一点是绝对的、无条件的，舍此再无别的标准。这是实践标准的绝对性。同时，实践标准也有它的相对性。这种相对性表现在以下三个方面：

首先，实践对于认识的检验，通常都不是一下子可以完成的；大量的真理性的认识都是在它提出以后很久，经过多次、反复的检验才被实践逐渐证明的。有些真理性的认识甚至还需要实践无限地证明下去。事实表明，科学的真理，包括马克思主义这样的真理，它们的真理性既不是不证自明的，也不是一下子就能被实践证实而立即完全显现出来的。许多科学的真理都属于预见，常常跑到实践前面，就更不是眼下的实践所能一下子完全证实的，而有待于实践的发展逐步加以检验和证实。像辩证唯物主义哲学关于世界的物质性、关于时间和空间的无限性这样的理论虽然是科学的真理，但对于它的证明要靠实践和科学长期的、持续的发展来解决，永远也不能宣布实践对它的检验已经完毕。如果不懂得这个道理，以为实践对于认识的检验是一次可以完成的，那么就不仅由于不能坚持

多次反复检验而得不出正确的结论，而且还可能会因为不能很快从检验中引出可靠的结论而怀疑实践作为检验标准的资格，怀疑实践标准的绝对性。

其次，实践对于认识的检验，也不是绝对准确的，甚至是会有错误的。实际生活中常有这种情况，照正确的理论去做，却达不到预期的效果，而错误的理论却歪打正着。做化学实验时，一个正确的理论，由于实验设备简陋或实验人员操作失当而得不到证实；相反，一个错误的理论却在上述情况下得到证实。由此可见，一个理论的正确与否，显然不能根据某一两次的实践检验做出结论，而应该进行多次反复的检验。如果不懂得这个道理，以为实践对于认识的每一次检验都是准确无误的，那么就不仅可能颠倒真理和谬误，而且还可能因某一两次检验结论的错误而怀疑实践作为检验标准的资格，怀疑实践标准的绝对性。

最后，实践对于认识的检验也不是固定不变、一劳永逸的。实际生活中常有这种情况，曾经被实践检验并得到证实的真理，在情况发生了变化时，可能不再是真理。以往被证实为真理的认识究竟此时是否仍是真理，还必须用新情况下的实践对它重新加以检验。如果不懂得这个道理，那么就不仅会把曾被实践检验并证实过的真理错误地宣布为永恒真理，而且还可能由于发现某些曾被实践证实为真理的认识不再是真理而怀疑实践作为检验真理标准的资格，怀疑实践标准的绝对性。

实践标准为什么具有相对性 承认实践标准的相对性，不仅对于防止把实践标准凝固化具有重要意义，而且对于坚持实践标准的绝对性，防止由于不懂得它的相对性而引起的对实践标准的动摇，也具有重要意义。那么，实践标准为什么会有相对性呢？为什么实践对于认识的检验不是一次完成、绝对准确和固定不变的呢？主要有以下两方面的原因：

首先，人类的实践是一个历史的发展过程，处于某一具体历史时期的实践总要受到一定的历史条件的限制，因而它对于认识的检验也就不可避免地有着一定的历史局限性。实践是人们根据自己对于客观世界的认识所进行的改造世界的活动。它的水平不能不受人们认识水平的制约。同时，实践和认识又都受着社会发展水平的制约。任何实践活动都是具有一定认识水平的人在一定的历史条件下进行的。人们提出的目的，用以进行实践活动的物质手段，以及实践的方式等，无不受一定的物质条件的限制。在一定的历史条件下，人类的实践只能达到一定的水平。实践有一个由低级到高级、由不完善到完善的发展过程；与此相应，它对认识的检验也有一个由暂时不具备检验的条件到具备检验的条件的过程，也有一个由不准确到准确的过程，还有一个检验的结果由适用到不适用的过程。

其次，人们对于实践检验的结果也不是一下子就能完全正确地反映并加以科学概括的。检验一种认识是否真理，应当看实践的结果，这无疑是正确的。不过，在进行检验的实际过程中，还常常遇到一个如何看待实践结果的问题。我们知道，实践结果本身是不会说话的，它不能直接告诉人们某一认识是否为真理。只有人们在对这一结果做出如实的反映和正确的概括之后，实践检验的结论才是可靠的。然而，并不是任何人、任何时候都能做到这一点。人们对实践结果的反映和概括因受到主客观条件的种种限制，也表现为一个过程，也不是一次就能准确无误做到的。这样一来，就又给实践对于认识的检验造成了复杂的情况，使实践的标准具有了相对性。

我们知道，关于光的本质问题，17 世纪在自然科学中形成了两种不同的学说。一派是以牛顿为代表的微粒说，另一派是以惠更斯为代表的波动说。前者以机械力学为依据，后者用机械波动理论来证明。究竟谁是谁非？实践的结果表明：当光线从空气进入水中时，光线折向法线。两派都承认这一事实，然而对于这一事实的解释却截然不同。持微粒说者假定水中的光速大于空气中的光速，因而说此结果证实了微粒说；持波动说者则相反。究竟谁对这一实验结果的反映和解释是正确的呢？还需要进一步实践，即具体测量空气中和水中的光速。可是，当时的实验水平无法做到这一点。到了 19 世纪初，人们在实践中发现了光的干涉、衍射和偏振等现象，这些事实有力地支持了光的波动说。1850 年，佛科用实验的方法测定了光在水中传播的速度，证明光在水中的速度小于在空气中的速度，这又为光的波动说提供了直接的证明。至此，似乎波动说取得了全胜。然而，随着实践的进一步深入，现代物理学又根据新的实验认为，光具有波动和微粒二象性。

由这件事可以看出，用来检验认识的实践是在不断发展的，人们对于实践的结果的认识也是不断发展的。绝对不能把某一次实践检验的结论宣布为永远不变的，也不能认为对于实践的结果是一下子就可以把握得住的。

坚持真理，修正错误

正确理解关于真理和谬误的基本原理，对于我们的实践活动具有重要的意义。

第一，既然真理是意识对于客观存在及其发展规律的正确反映，谬误是对于客观存在及其发展规律的不正确的反映，而真理同谬误又是相比较而存在、相斗争而发展的，那么，我们就必须努力探索真理，善于区分真理和谬误，并勇于坚持真理、修正错误。我们的任务是改造世界。所谓改造世界的活动，就是把认识予以实现的过程；所谓有效地改造世界，就是力促真理的实现，避免错误的干扰，并用真理去纠正错误。真理的发现和坚持，以及错误的识别和纠正，都不是轻而易举的事情，应当准备为此付出艰苦的劳动。

第二，既然实践是检验认识、区分真理和谬误的唯一标准，那么，我们就应当尊重实践的裁决，在这个问题上没有比实践更高的权威。任何人也没有不服从实践裁决的特权，在实践的裁决面前是人人平等的。

第三，既然实践对于认识的检验不是一次完成、绝对准确和固定不变的，那么，我们对于任何一种认识，都不应当根据某一两次检验就断定它是否真理，而应当坚持多次的反复的检验，以求检验的结果尽量准确可靠。即使被实践证实为真理的认识，也不应当认为它就是永远不变的真理；而应当根据时间、地点、条件等方面的变化，及时检验它是否仍然具有真理性。只有随着实践的发展不断检验我们的认识，才能保证我们永远站在真理一边。在实际工作中，对于一种政策是否正确可行，一定要经过试验，试验的结论不应当仅仅根据某一地区、某一单位或某一次的情况，而应当是建立在多次反复试验的基础之上。

阅读书目

关于费尔巴哈的提纲：二．见马克思恩格斯选集．3版．第1卷．北京：人民出版社，2012.

社会主义从空想到科学的发展：1892年英文版导言．见马克思恩格斯选集．3版．第3卷．北京：人民出版社，2012.

路德维希·费尔巴哈和德国古典哲学的终结：二．见马克思恩格斯选集．3版．第4卷．北京：人民出版社，2012.

唯物主义和经验批判主义：第二章6. 见列宁选集．3版修订版．第2卷．北京：人民出版社，2012.

共产主义运动中的“左派”幼稚病：十．见列宁选集．3版修订版．第4卷．北京：人民出版社，2012.

反对本本主义．见毛泽东选集．2版．第1卷．北京：人民出版社，1991.

实践论．见毛泽东选集．2版．第1卷，北京：人民出版社，1991.

新民主主义论：一．见毛泽东选集．2版．第2卷．北京：人民出版社，1991.

关于正确处理人民内部矛盾的问题：八．见毛泽东文集．第7卷．北京：人民出版社，1999.

人的正确思想是从哪里来的？．见毛泽东文集．第8卷．北京：人民出版社，1999.

第十五讲　真理的特性和发展

马克思主义者承认，在绝对的总的宇宙发展过程中，各个具体过程的发展都是相对的，因而在绝对真理的长河中，人们对于在各个一定发展阶段上的具体过程的认识只具有相对的真理性。无数相对的真理之总和，就是绝对的真理。①

——毛泽东

1＋1能够不等于2吗?

街头曾经流传过这样一则小故事：有一天，一位相声大师给一位数学家打电话，请他回答“1＋1在什么时候不等于2”。数学家想了想说：“1＋1在任何情况下都应该等于2，没有不等于2的时候。”相声大师却说：“不，这样的时候是有的。”“什么时候呢?”“在算错了的时候呀!”数学家会意，二人大笑。

说故事的人本来是想用夸张的手法把两种人物的性格（一个机智诙谐，一个严肃认真）做个对比，可是故事中对问题的答案却引起了人们的兴趣。1＋1果真只有在算错了的时候才不等于2吗?假如真的请数学家来回答1＋1有没有不等于2的时候，恐怕他们未必会像故事中那样简单地说“没有”。

从数学的观点来看，要回答“1＋1＝2”是否正确，首先必须弄清楚这两个“l”各代表什么，怎样相加，在什么样的条件下相加。“1＋1＝2”的例子固然可以举出许多，可是“1＋1≠2”的例子同样也是不少的。在化学反应中，一个碳原子加上一个氧原子，变成了一个一氧化碳分子：

① 《毛泽东选集》，2版，第1卷，295页，北京，人民出版社，1991。

$C+O \rightarrow CO$。在生物学中，一个精子加上一个卵子变成了受精卵之后，就能在母体中发育成为一个胚胎。在物理学中，一个原子核受到一个中子的轰击之后，分裂成跟原来差不多大小的两个粒子，同时放出2～3个中子。接着，这些中子又引起别的原子核分裂，形成连锁反应。这里的1+1先是等于4或者5，然后出现2+2、4+4……最后等于多少，就数不清了。日常生活中也可以找到许多这样的例子。一个小伙子和他心爱的姑娘结婚，两个人加在一起组成的是一个家庭，而不是两个单身……总之，“1+1≠2”的事是存在的，并不都是荒谬的。

也许有人会问：“1+1=2”这样天经地义的真理怎么都成了有条件的呢？那还有没有真理呢？要想解决这个问题，就必须了解真理的特性和发展。

1. 真理是客观的

真理内容是客观的 提起真理，人们一下子就会想到某些科学的学说、观点、公理、定律或一些精辟的至理名言，如马克思主义、爱因斯坦相对论、能量守恒和转化定律，以及“知识就是力量”、“群众是真正的英雄”之类的格言。不过，当人们想到它的时候，并不一定都自觉意识到这每一条真理中都包含着两个方面：一是这些写在纸上、出自口里并留在人们脑海中的“论断”；二是这些“论断”所揭示的事实。前者是真理的形式，后者是真理的内容。这两个方面的统一构成了真理完整的形态。

人们在实践中逐步把握了事物的本质和规律，形成一定的思想观点，并借助语言形式把它表达出来。真理只有当人把它“说”出来时，才具有一般的社会形式。没有经过任何人的实践和思考，没有被任何人用语言表达出来的客观存在，是客观事实，而不是现实的真理。尽管如此，对于真理来说，形式比起内容来还是第二位的。前者是依赖于后者的。实际上，只有真理所揭示的客观内容存在，表达它的主观形式才成为必要和可能的。真理所概括的事实，在有适当的主观形式表现它以前早就存在着了。“人是由古猿进化而来的”这一论断之所以是真理，只是由于自然界确实存在着由猿到人的进化过程，而且，早在达尔文1859年发表进化论描述这一过程之前的几百万年就已完成了这一进化过程。

再者，关于同一事物的真理，内容只有一个，而形式却可以多种多样，并且还会发生变化。人们通过实践从不同的角度，在不同程度上能够认识同一内容。这种认识以自然科学、社会科学和哲学等不同方式表达出来，而实质上却是一回事。关于物质运动，在物理学中有能量守恒和转化定律，在化学中有质量守恒定律，它们在应用中表现为一定的数学形式，而在哲学上，则是我们所熟知的物质运动的永恒性原理。关于系统论的原理，马克思在《资本论》中用政治经济学和哲学的语言作了阐述，现代系统论则把它作为一门独立的学科，采用专门的语言加以发挥，而它们所包含的内容则是一致的。

同一真理的内容，采用不同的表达形式，这在同一领域、同一学科中也是存在的。我们知道，进化论是由达尔文和华莱士各自独立提出来的。他们发现了同一真理，而具体说法却各有特色。一个丰富而具体，另一个则简单而抽象。量子力学中的薛定谔方程和海森堡方程，描述的是量子运动的同一规律，而数学的形式却迥然不同。一个是微分方程，另一个则是矩阵方程。这些不同的说法之间，虽然在普遍性的程度上有些差别，但这些形式上的差别都没有改变它们内容上的根本一致。

从以上对于真理的分析可以看出，任何真理都是对于客观存在及其发展规律的反映，都以客观存在及其发展规律为自己的内容；离开了这个客观内容，真理就不成其为真理了。由于任何真理都具有客观性，所以在强调这一特性时，往往就把真理称为客观真理。哲学上把承认客观真理的学说称为客观真理论，把否认真理客观性的理论称为主观真理论。

唯物主义从承认物质世界的客观性及其在人们意识中的反映这一基本前提出发，必然承认真理中包含着不依赖于人类的客观内容。所有的唯物主义者都是客观真理论者。唯心主义从否认物质世界的客观性这一前提出发，必然否认真理中的客观内容。所有的唯心主义者都是主观真理论者。唯心主义者宣称真理是纯粹主观的东西，是单纯的思想形式。实际上，这种“主观真理”是不存在的，因为任何真理作为一种认识只能是对于客观实在的反映。

真理的存在是客观的　真理的客观性不仅表现在真理的内容是客观的，而且表现在真理的存在也是客观的。也就是说，真理所表现出的与客观存在及其发展规律的符合，是不以任何人的意志为转移的。某一认识是否正确反映了客观存在及其发展规律，不以主观上的感觉如何而定，不以主观上的好恶为转移。人们日常生活中把真理当作一个客观的目标去探索和追求，都是在这种意义上来使用真理概念的。真理存在的客观性是我们每一个人都经常可以体会得到的。

首先，真理只能探索、发现而不能发明、创造。古往今来，人类获得一个又一个真理。但是，没有一个真理不是在实践活动中通过研究自然的、社会的和思维的规律并达到与它的符合而获得的。哥白尼的“日心说”并没有创造出与太阳系运行无关的真理，伽利略的落体定律也不曾给自由落体增加新的规则。它们只不过是达到了与太阳系运行以及自由落体运动实际情况的符合。历史上也曾有过一些人想要发明什么“真理”，如热衷于发明制造“永动机”的真理等，结果无不由于无法创造这一符合而以失败告终。

其次，真理同客观存在及其发展规律的符合是一个否认不了、抹杀不掉的事实，因而它迟早一定会被发现并得到传播，绝不会永远被埋没。16世纪的西班牙医生塞尔维特为了探求动物和人体血液循环的真理，同世纪的哲学家布鲁诺为了宣传“日心说”，都被宗教裁判所处以火刑。但是关于血液循环、地球转动的真理不久就成了人们的常识。历史上经常有许多人在不同的地方各自独立地发现同一个真理的情况，更加有力地证明了真理存在的客观性。英国的牛顿和德国的莱布尼茨发现微积分学的原理，匈牙利的亚诺什、德国的高斯和俄国的罗巴切夫斯基发现非欧几何学原理，法国的勒维烈和英国的亚当斯通过计算发现海王星等，都是各自独立工作却几乎同时做出了相同的结论。

再次，在同一条件下对同一对象的认识，只能有一个是真理。人的认识由于实践地位和思想方法的不同而会有所不同，在同一时间、地点、条件下对于同一个对象的认识往往根本不同，“公说公有理，婆说婆有理”的事是经常发生的。但是经过实践检验之后就会看到，真正符合客观实际的认识只能是一个。有的时候，似乎对同一对象的两种不同说法都能够成立，然而实际上却是分别适用于不同的条件。“三角形内角的和等于180°”和“三角形内角的和不等于180°”这两种说法是矛盾的，然而它们各自在自己适用的范围内都是符合客观实际的。前者是对平面空间来说的，后者是指弯曲空间而言的。

最后，真理是不能违背的，违背了真理就必然失败。无数正反面经验证明，真理具有任何个人、权威、权力所不能比拟的力量。谁握有真理，谁就是强者，谁就能取得最后胜利；而背离真理的人，不论地位多高、权力多大，也终将受到真理的惩罚。历史上一些不出名的小人物能够战胜威名显赫的大人物，弱小民族能够打败强大的入侵者，首先就在于有真理。真理的力量并不在于人的主观意志，而在于它与客观存在及其发展规律的符合。

2. 真理是具体的

真理总是具体的，抽象真理是不存在的。这就是说，每一条真理都是在一定时间、地点和条件下主观对于客观的符合，离开一定时间、地点、条件不受其制约的真理是没有的。因此，说某一认识是不是真理，必须首先弄清楚它是在什么时间、地点、条件下对什么对象而言的，然后在这样的环境中进行实践的检验，看它是否符合实际，才能得出结论。在日常生活中，许多被看作真理的常识，人们往往以为它们是不受任何条件制约的。实际上条件还是有的，只不过由于人们生活在这种条件之中，已经习以为常不加注意罢了。“人是要吃饭的”，这个尽人皆知的常识似乎是拥有无条件真理权的一个论断，然而它也仅仅是就维持人的生存的一般条件而言的，并不适用于一切情况。例如，当一个人因病不得不中断饮食时，这个命题对他来说就是不正确的。承认真理的具体性，对于理解真理以及区分真理和谬误，有着极为重要的意义。

那么，真理的具体性表现在什么地方呢？

真理的针对性　每一条真理都是在一定的时间、地点、条件下对于客观存在的符合，都有自己特定的范围，从而表现出明确的针对性。每一条真理都是对宇宙间一定的事物或事物的某一方面的特性、本质、规律的反映。不反映任何过程，不说明任何事物的“抽象真理”根本不是真理。试想，如果一个抽象的公式（如 $X+Y=Z$）既不代表什么，又没有任何规定，谁会承认它是真理呢？

真理的对象、范围是特定的。对象的范围有广狭之分，真理的普遍性也就存在着程度的差别。不论真理的普遍性多大，它总是以特定的事物或过程作为自己对象的。数学历来被看作高度抽象的科学，但它也有自己特定的对象，即事物间普遍的数量关系和空间关系。数学中的符号、图线、公式、规则等也都有自己的具体性，都能在现实中找到它的原型。所以，数学的真理也是具体的，不是抽象的。任何真理离开了它的对象就不再是真理。适合于不同对象的真理，彼此也不能张冠李戴。无的放矢，不解决实际问题地空喊真理，就是把真理变成废话。

把适合这一对象的真理搬到别的对象上去，也会使真理变成谬误。在生物学中，达尔文进化论是真理，而社会达尔文主义把动植物界的“生存竞争”、“自然选择”原理应用于人类社会并当作普遍原则，就成了为社会不平等现象和帝国主义侵略扩张政策辩护的伪科学理论。唯物辩证法揭示了自然界、社会和思维的一般规律，它是适用于一切领域的普遍真理。但是，这种适用也仅仅在于它能够指导人们探索和运用各个领域中的特殊真理，而不在于能够代替自然科学、社会科学和思维科学的研究。

真理的历史性　每一真理都随时间、地点、条件的变化而变化，从而表现出生动的历史性。真理不仅表现出同客观现实一致，而且还表现出同认识过程的历史条件一致。当人类认识的历史条件发生变化时，真理的内容和形式就会随之变化。

第一，同一真理的内容，由于历史条件不同，所采取的表现形式也不同。例如，古代人所说的“钻木取火”和后来的“摩擦生热”，古代的“相反相成”、“两极相联”和现代的“对立统一”等，它们虽然基本内容是一致的，但在表现形式上却有深浅、广狭之别。这种差别正体现了达到真理过程的历史条件的差别。

第二，随着人类实践和认识的发展，一些在知识体系中曾居于首创、领先地位的真理陆续变成了普通的常识，有的甚至表现出一定的狭隘性。“地球围绕太阳转”，曾经是付出了多么大代价才得到的，得到之后又产生了多么大影响的真理啊！可是在今天，这已不过是极为普通的常识。“太阳不会从西边出来”，曾被看作“天经地义”不可更改的真理，可是现在我们知道，这只是在地球上看到的现象。如果在金星上看，就不是这样了，因为金星自转的方向和地球正好相反。如果在太阳系以外的星球上看，情形就会更加不同。人类不知经过多少年观察才做出的这一判断，现在看起来竟是多么的狭隘啊！

第三，随着历史条件的变化，对于同一对象的认识，真理可以变成谬误，谬误也可以变成真理。关于这方面的情况，我们在前面关于真理和谬误的论述中已经谈到，这里就不再重复了。

总之，真理的具体性归根到底在于主观对于客观符合的条件性。这里所说的条件，既包括客观对象的情况，又包括认识主体本身的情况，也包括认识过程所依赖的其他历史情况。

真理为什么是具体的 真理为什么是具体的呢？

首先，因为真理所反映的一切客观事物和过程都是具体的。事物是在一定的时间、地点、条件下存在的事物。过程是在一定的时间、地点、条件下发生的过程。它们都具有多方面的内部和外部因素及其相互联系。真理对客观事物和过程的正确反映，也就是把对象的这些实际情况的总和作为自己的内容，因此它必然也是具体的。

其次，因为人的认识过程是具体的。主观同客观的符合总是在一定的时间、地点、条件下实现的。真理不是抽象的人进行玄想的产物，而是具体的人在一定的时间、地点、条件下进行具体的实践和认识活动的成果。人们按照什么样的方式实践和思维，对于他们达到真理的途径、所获得的成果，以及表达真理的方式，都必然会产生深刻影响；而人们实践和思维的方式和水平，总是处在人类历史发展的一定阶段上的，都有其具体的历史特征。因此，作为这种方式和水平的集中表现的真理，也就必然是具体的、历史的。

既然真理是客观的，它反映着永恒发展的物质世界；既然真理是具体的，它以时间、地点和条件为转移，那么由此就应该得出结论：真理是发展的。

3. 真理是发展的

真理不是凝固、僵死、万古不变的教条，而是充满着活力的无限的运动过程。真理发展的内部源泉在于它自身所包含的相对性和绝对性之间的对立统一。

真理是过程 真理不是主观和客观静止的统一，而是主观追随客观并不断接近客观、深入客观的过程。虽然我们所知道的每一真理都是对于客观存在及其发展规律的反映，但是绝不可以把这个反映理解为像照片一样的东西。照相机和景物本来都是运动的，但是照相时“咔嚓”一响，印出来的照片却是不动的。真理是过程，是表现主观和客观以及主观对于客观的符合的矛盾运动的过程。

首先，真理的内容是客观事物的运动过程，而不是对象在某一刹那的凝固状态。一切客观事物都是运动的过程，它的本质和规律也是过程，真理所包含的内容就是这种本质和规律的过程。我们知道，热力学中关于熵的定律，以及“物极必反”、“生产力决定生产关系”等真理，所说的都是过程，都是事物运动发展的来龙去脉。在这个意义上，与其说真理像“照片”，不如说像“录像”；不过它“录”的不是个别的、外在的形象，而是事物的普遍规律和内在本质。

其次，在真理中既包含着对象的过程，也包含着认识主体向客观对象接近的过程。认识主体这架“录像机”在实践中随着对象的运动不断调整自己的“角度”、“焦距”、“光圈”和“速度”，这些也都会在真理中表现出过程性来。因此，每一真理既是以往认识过程的结果，又是现在的认识过程本身，还是今后认识过程的起点。换句话说，每一真理都是认识总过程中的一个阶段。

最后，真理的主观形式也是有过程的。人所做出的任何一个判断，都是在思维中使概念相互联系的过程。所谓“物极必反”的说法，就是在思维中把“极”和“反”两个概念联系起来的过程。

总之，真理无论就其内容或形式，还是就主客观的统一来说，都是过程。懂得这一点，对于我们形成科学的认识是十分重要的。我们日常生活中经常遇到这种情况：争论双方都未把真理当作一个完整的过程，而是只抓住对象过程中的某一环节、方面或特性，或者只抓住主体反映客体的某一角度，就各执一端，互相反对，结果都不能说服对方。物理学中争论了很久的光究竟是粒子还是波的问题就是这样。一派根据光在运动中的粒子特性，就说光是粒子，不是波；另一派则根据光的波动性表现而肯定光是波，否认光的粒子性。后来才发现，粒子和波都是光在运动中的真实表现，区别只在于它们是光现象过程中的不同环节和侧面。哲学史上经验论和唯理论的争论也是如此。经验和理性是人的认识过程中的不同阶段，把其中任何一个绝对化，孤立起来，都不能达到真理，充其量也只有片面的真理性。

真理的绝对性和相对性 真理是一个不断向前发展的过程。真理的发展，就在于它的相对性和绝对性的对立统一。

真理的绝对性指的是真理本身所具有的那些绝对的、无条件的因素、成分或方面。任何真理都具有绝对性。因此，在强调这一方面时，往往把真理称为“绝对真理”。真理中所包含的绝对性因素表现在哪些地方呢？第一，真理是对于客观实在的正确反映，包含着不依赖于认识主体的客观内容，这种客观性和正确性是绝对的。第二，就认识的深度来说，真理的发展越来越接近客观对象更深刻的本质，这种日益深刻的发展趋势是绝对的；这种发展所无限趋近的那个历史终极目标，是对于客观对象完全正确的反映。第三，就认识的广度来说，真理的发展越来越接近客观对象的全体，这种日益完全的发展趋势是绝对的；这种发展所无限趋近的那个历史终极目标，是对于客观对象包罗无遗的反映。

例如，“摩擦是热的一个源泉”，“一切机械运动都能借助摩擦而转化为热”，“任何运动形态都能转化为其他运动形态”，这三个真理中的每一个都具有客观性和正确性。只要摩擦就会有热产生，只要有机械运动就能借助摩擦而转化成热，只要有运动就总能由一种形态转化为另一种形态，这些都是上述三个真理中所包含的绝对性。同时，从知道摩擦生热到知道机械运动生热，是由个别性的认识进到特殊性的认识，由此再进到知道一切运动形态之间的转化，是达到了普遍性的认识。因此，这三个真理之间还依次表现出日益完全、日益深刻的发展趋势，表现了真理作为一个发展过程的绝对性。

真理的相对性指的是真理本身所具有的那些相对的、有条件的因素、成分或方面。任何真理都具有相对性。因此，在强调这一个方面时，往往又把真理称为“相对真理”。真理中所包含的相对性因素表现在哪些地方呢？第一，真理随着认识及其所反映的客观对象的发展变化而发展变化，它是具体的、历史的。第二，就认识的深度来说，真理对于对象的反映，由于各种条件的限制，在一定历史时期是有一定界限的，是近似的。第三，就认识的广度来说，真理对于对象的反映，由于各种条件的限制，在一定历史时期只能是对于某些局部、某些方面的反映。前边讲到真理的绝对性时所举的那三个真理，同时也具有相对性。那三个真理的依次深化本身，就体现出了真理的具体性和历史性；而不论其中的哪一个，也都没有穷尽对于摩擦、热、机械运动、运动形态及其转化等现象的认识。绝对性和相对性是真理本身固有的矛盾着的两个方面。这两个方面的关系又是怎样的呢?

真理的绝对性和相对性的辩证关系　首先，真理的绝对性和相对性是同一事物的两个方面、两个特性，它们相互渗透，相互包含，相互补充，构成一个整体。任何真理都既是相对的，又是绝对的。我们前边举过的那几个真理就是例证。它们都既具有绝对性，又具有相对性，是一身而二任的。我们常常遇到有人问：某某真理是绝对真理还是相对真理。其实，在这样提问时，就已经把真理本身中这两个相互依存的特性给割裂开了。实际上，这两个特性在任何情况下都是不可分割的。相对中包含着绝对，绝对中包含着相对，相对和绝对都不能脱离对方而独立存在。只讲相对性，不讲绝对性，是亦非，非亦是，最终无是非，就会抹杀真理同谬误的界限，这是相对主义的表现。只讲绝对性，不讲相对性，一成真理，万古不变，否认真理的发展，这是一种绝对化的倾向。

在实际生活中，常常有人试图寻求某种一劳永逸地解决问题的知识，即所谓“终极真理”。他们往往举出“巴黎在法国”、“拿破仑死于 1821 年 5 月 5 日”、“整体大于部分”等作例证，认为这些都是只有绝对性没有相对性的真理。当然，从这些常识反映了一定的客观事实来说，它们是绝对的，永远不会被推翻的。但是从宇宙和人的认识发展的总体上来说，它们也不是无条件的、超越时间和空间的、绝对准确和包罗无遗的。

“巴黎在法国”是一个历史的事实。但当还不存在法国，或者法国人还不曾在塞纳河畔建起巴黎这座城市的时候，就不能说巴黎在法国。如果地壳发生了大的变动，巴黎城消失了（这并不是绝对不可能的），那时改成“巴黎曾经在法国”才是正确的说法。“拿破仑死于 1821 年 5 月 5 日”，对于表达拿破仑死亡的时间来说，只是一种近似的说法。即使精确到几时、几分、几秒，也仍然是近似的，因为对于时间的测定不可能准确到一点也不差；况且在生理学和医学上，人死亡的标志本身就是很难加以精确确定的。至于“整体大于部分”这个数学公理，也有它的相对性。它只不过是对于有限系统适用的公理。在无限系统中，整体和部分是可以相等的。我们知道，无限数列“1、3、5、7……”是无限数列“1、2、3、4、

5、6、7……”的一部分。但是，由于二者都是无限的，所以两个数列上的数字一一对应，可以说总和相等。

总之，人类迄今所获得的一切知识，都不是纯粹绝对的、最终的、永远不变的。人类的认识在发展，在前进。我们不应局限于上述例子中的那种知识，不应满足于一般常识而把老生常谈赞誉为绝对真理。在小事情上玩弄大字眼是不聪明的。企图寻找一劳永逸的真理的想法和做法，都是不利于认识的进步和真理的发展的。

其次，真理的绝对性和相对性之间没有不可逾越的鸿沟，它们是可以相互转化的。正是由于这种转化，真理才不断得到发展，日益深刻，日趋完备。真理的相对性和绝对性的对立统一，是真理发展的内部源泉。真理的绝对性使得真理能够成为真理，它是每一真理发展的基础和起点。相对性则暴露出真理的局限性，提出发展的要求并指明发展的方向。相对性和绝对性的相互作用、相互转化推动着真理的发展。

拿人类对宇宙的认识来说。过去在地球上观察宇宙，获得许多真理性的知识。但这些知识受到很大局限。于是，人们运用在地球上得到的可靠知识，发展科学技术，发射人造卫星、宇宙火箭、登月飞船和星际探测器，建立空间实验站，到宇宙空间的其他天体上去观察宇宙，从而得到了更高一级的知识。在真理的发展过程中，不仅原有知识中所掺杂的幻想、臆测和错误的成分被剔除了，而且原有知识的局限性也被突破，原来起限制作用的条件被掌握了，变成了新的内容被纳入更高一级的知识中去。于是，原有知识的相对性因素变成了新知识的绝对性内容，原有知识中的绝对性因素变成了新知识中特殊的、有条件的、相对的成分或一般常识；而新的知识所包含的真理，又有自己新的相对性和绝对性，因此又需要发展，向更新更高一级的知识和真理前进。

最后，无数相对真理的总和构成绝对真理。马克思主义哲学经典作家也常常把真理日益深刻、日益完全的发展所无限接近的那个终极目标，即意识对于客观存在及其发展规律的完全正确、包罗无遗的反映，称为绝对真理。与此相应，他们还把一定历史时期中所达到的对于客观存在及其发展规律的某些方面的近似正确的反映，称为相对真理。这时，绝对真理和相对真理的关系就成了整体和部分的关系。列宁把相对真理说成是绝对真理这个大粮库中的“一粟”，毛泽东把绝对真理比作由无数相对真理汇成的“长河”。绝对真理是人类对客观存在及其发展规律正确认识的整体，这个整体是由无数个在一定历史条件下形成的对于客观存在及其发展规律近似正确的反映构成的。离开了相对真理，也就没有绝对真理；离开了绝对真理，相对真理本身也就成为毫无意义的东西了。整个人类的认识史就是由相对真理积累绝对真理，或由相对真理走向绝对真理的过程。

真理发展过程的无限性 真理发展了，原有的相对性和绝对性相互转化了；发展了的真理又具有新形式的绝对性和相对性。这样一次又一次地发展，真理就越来越深化，越来越完备，像接力赛一样，一个阶段一个阶段地向着物质世界更深刻的本质接近。但是，真理的发展与接力赛也有不同的地方：真理没有终点，没有“最后一棒”。真理的相对性和绝对性的转化是一个无限的过程。这是真理发展的客观规律，任何真理都不例外。

马克思主义学说是我们确信的真理。它正确反映了社会的本质和发展规律。一百多年来的社会实践已经反复证明了它的真理性。从这个意义上说，它是绝对的。但是，马克思主义也是人类对社会认识发展史上的一个阶段。在这个阶段上，没有也不可能穷尽社会的一切方面。从这个意义上说，它也是相对的。

马克思主义的巨大的生命力并不在于宣布自己为永恒真理，而在于能够自觉地坚持真理发展的辩证法，不断开辟认识真理的道路。马克思主义必须不断用新的经验、新的成果来补充和丰富自己，同时也用新的原理和结论去修改或代替已经不再适应新的历史条件的原理和结论。一百多年来，马克思主义已经经历并继续经历着一个又一个大大小小的发展阶段。作为人类认识史上的一个新阶段，马克思主义还将向更高的阶段迈进。

坚持真理，发展真理

正确理解关于真理的特性和发展的基本原理，对于我们的实践活动具有重要的意义。

第一，既然真理是客观的，它以不依赖于主体的客观存在及其发展规律作为自己的内容，那么，我们就必须尊重真理、服从真理。尊重真理就是尊重事实、尊重规律，尊重每个人发现真理、坚持真理的权利；服从真理就是服从客观事实、服从客观规律，不能同服从个人混为一谈。

第二，既然真理是具体的，那么，我们在实际工作中，就必须从具体的实际出发，具体地分析具体的问题，把握住主客观各方面的因素和条件及其相互联系，以求达到主观和客观的具体的、历史的符合。

第三，既然真理是绝对的，又是相对的，真理是发展的，那么，我们在认识世界和改造世界的活动中，就必须既敢于坚持真理，又勇于进行新的探索，批判停止的、悲观的和无所作为的观点，戒骄戒躁，防止思想僵化。真理的发展是一个永无休止的过程。在这条道路上没有"终极"和"顶峰"。用辩证唯物主义的认识论武装起来的人们，应当勇敢承担起发展真理的义务，积极观察新情况、研究新问题、做出新结论，以求推动真理的发展，用自己的辛勤劳动创造人类的精神财富。

阅读书目

反杜林论：引论二，第一编九，三个版本的序言一．见马克思恩格斯选集．3版．第3卷．北京：人民出版社，2012.

自然辩证法：辩证法．见马克思恩格斯选集．3版．第3卷．北京：人民出版社，2012.

路德维希·费尔巴哈和德国古典哲学的终结：一、四．见马克思恩格斯选集．3版．第4卷．北京：人民出版社，2012.

唯物主义和经验批判主义：第二章4、5，第五章8．见列宁选集．3版修订版．第2卷．北京：人民出版社，2012.

谈谈辩证法问题．见列宁选集．3版修订版．第2卷．北京：人民出版社，2012.

实践论．见毛泽东选集．2版．第1卷．北京：人民出版社，1991.

第十六讲　社会和自然

自然主义的历史观……是片面的，它认为只是自然界作用于人，只是自然条件到处决定人的历史发展，它忘记了人也反作用于自然界，改变自然界，为自己创造新的生存条件。①

——恩格斯

人类起源问题上的一次辩论

1860年6月，英国科学促进会在牛津开会辩论人类起源问题。牛津主教威尔伯福斯特地赶来“粉碎达尔文”。达尔文学说的捍卫者赫胥黎到会迎战。威尔伯福斯主教利用宗教的权威和人们的无知，在会上恣意挖苦赫胥黎：“我要请问一下坐在我旁边的赫胥黎教授，按照你的关于人是从猴子传下来的信念，请问跟猴子发生关系的，究竟是你的祖父一方，还是你的祖母那一方？”听众哄堂大笑，主教踌躇满志。赫胥黎当场用科学事实批驳了主教，并庄严回答：“一个人没有理由因为有猴子做他的祖先而感到羞耻，如果有一个祖先在我的回忆中会叫我感到羞耻，那就是这样的一种人：他不满足于自己的活动范围，却要用尽心机来过问他自己并不真实了解的问题，想要用花言巧语和宗教情绪来把真理掩盖起来。”赫胥黎的雄辩使主教狼狈不堪，全场哗然，尊重科学的多数听众却为赫胥黎热烈鼓掌。

那么，宗教是怎样说明人类起源的呢？按照《圣经》的说法，人类是上帝创造出来的。上帝创造的第一个人名叫亚当。上帝用尘土先做成男人的躯体，然后将气吹进他的鼻孔，使他得到了灵魂。接着，上帝又使亚当

① 《马克思恩格斯选集》，3版，第3卷，922页。

熟睡，从他身上取下一根肋骨，造了一个女人，名叫夏娃，做亚当的妻子。现在的人都是亚当和夏娃的后代。这种上帝造人说，就是要人们相信人世间的一切都是上帝安排的，社会是按照上帝的旨意发展的，人们不可能掌握什么社会发展的规律去改造社会，一切只能听天由命。

与这种唯心主义形而上学的历史观相反，马克思主义的唯物辩证的历史观，科学地说明了人类的起源和人类社会的形成问题，并进而揭示了人类社会发展的规律，成为无产阶级和劳动人民认识社会和改造社会的伟大工具。

1. 社会是一个活的机体

我们每个人都生活在社会上，可以说对社会是很熟悉的。当你从学校毕业准备奔赴工作岗位时，老师说你就要走上“社会”了；即使在学校里，你担任个班长、文娱委员之类的工作，也说是担任“社会”工作。履历表上面有一栏叫作社会关系，人们都知道它要求填写家庭成员以外的亲戚和关系密切的朋友。人们谈到对某一个地方的观感时常说，这里的社会风气如何如何，社会秩序如何如何，如此等等。

这里所说的“社会”都是指的什么呢？仔细琢磨一下就会发现，它指的就是由人的活动而产生的各种社会关系，以及由各种社会关系作为纽带把人联结成的整体。用哲学的术语来说，社会就是由人们的相互关系构成的一个有机整体。在这个整体中，人是“细胞”，社会关系是“纽带”，各种各样的社会现象是通过社会关系而联系起来的人的活动。列宁曾把社会称为“活动着和发展着的活的机体”。这个说法十分准确地表达了唯物辩证的社会历史观。

社会机体是有结构的　为什么说社会是一个有机整体呢？因为社会是有结构的，构成社会的各个层次、各个部分之间有着内在的联系，从而使各个层次、各个部分构成一个统一的整体。打个比方说，社会就像一座大厦。我们知道，大厦是由各层以及每层的各个房间组成的，每一层之间由楼梯联系着，每一层的各个房间又按照各自的用途而联系着。

社会机体也是由不同层次构成的。从下往上看，首先是生产力。人要生存就要吃饭、穿衣、住房，而要满足这些需要，就必须从事物质生产活动。所谓物质生产活动就是人使用工具去改造自然，这就是生产力。其次是生产关系。任何生产活动都不是一个人单独可以进行的。要进行物质生产，除了使用工具同自然发生关系外，还必须同其他人结成一定的关系，这就是生产关系。一定的生产关系构成一定社会的经济基础，在这个基础上建立起来的意识形态和政治法律制度是社会的上层建筑。

显然，任何一个社会大厦都有这三个层次：生产力、生产关系（经济基础）、上层建筑。我们对一个社会的了解，常常是由上而下，首先看到的是它的上层建筑，尔后才发现它的经济基础（生产关系）和生产力，正像我们乍看到一座楼房总是先被富丽堂皇的楼体所吸引一样。历史唯物主义作为科学的社会历史理论，不仅要分析社会这座大厦的外表，而且要深入大厦的内部结构，揭示各个层次之间的联系。

社会的这三个层次具有内在的联系。上层建筑是由经济基础决定的，是经济基础的反映；有什么样的经济基础，就有什么样的上层建筑。经济基础就是生产关系的总和。生产关系是由生产力决定的，是生产力发展的形式；有什么样的生产力，就有什么样的生产关系。由此可见，整个显露于地面之上的社会建筑物是以生产关系作为基础的，而生产关系又以生产力作为它的更深一层的根基。因此，生产力一旦发生显著变化，庞大的社会建筑物就必然随之动摇或改变。

以上是从宏观的角度，从大的方面来描述社会有机体的层次。如果再进一步看，这三个层次本身也是有层次的，也是由不同层次构成的有机整体。构成它们的各个层次又是有层次的。关于这个方面，后面具体讲到生产力和生产关系、经济基础和上层建筑，以及它们的相互关系时都会讲到。这里所强调的是：社会是有层次的，因而是有结构的。

讲到这里，也还只是限于从纵的方面来考察社会的结构。其实，社会这个有机整体，不仅在纵的方面表现出它是由各个层次构成的，而且在横的方面也表现出它是由各个部分构成的。从社会的上层建筑来说，它有社会意识形态和政治法律制度；从经济基础来说，它表现为生产资料占有关系，具体生产过程中人和人的关系，以及产品的分配关系等；从生产力来说，它包括劳动者、劳动资料、劳动对象等。

构成社会的这些部分之间存在着内在的联系，把它们联结成一个整体。上层建筑中的社会意识形态和政治法律制度都是建立在一定的经济基础之上的，它们共同被这一定的经济基础所决定，而且政治法律制度还同社会意识形态相适应，由此构成统一的上层建筑整体。经济基础中的三个方面也是相互联系的，它们共同由一定的生产力所决定，而生产资料占有关系对于生产关系的其他方面乃至整个生产关系都具有决定性的意义。这三个方面相互联结，构成一个社会的经济基础。生产力也是由它的三个要素相互联结而形成的。这三个要素各自起着重要的作用，都从一个侧面表现生产力的性质和水平。

总之，无论从纵的方面还是从横的方面来看，社会都是一个由不同的层次和不同的部分构成的有机整体。

社会机体是运动发展的　为什么说社会是一个活的机体呢？因为社会这个机体是不断发展的，它不断地改变着自己的形态。从有人类社会以来，已经经历了原始社会、奴隶社会、封建社会、资本主义社会，现在已经有一部分国家进入了社会主义社会（共产主义社会的初级阶段），将来所有的国家都要进入共产主义社会。

我们知道，任何事物发展的动力都在于事物内部的矛盾性。社会的发展也是这样。社会由一种形态向另一种形态转变，也是由于它内部固有的矛盾既斗争又统一而造成的。社会形态由一定的经济基础以及由它决定的上层建筑构成。经济基础和上层建筑的矛盾运动促成了社会形态的更替，因此，这对矛盾是社会的一种基本矛盾。

在经济基础和上层建筑的矛盾中，经济基础是决定性的，有什么样的经济基础就有什么样的上层建筑，亦即有什么样的社会。由此可见，在一切社会关系中，生产关系是具有决定意义的。正因为这样，马克思在分析社会时，首先就把生产关系从众多复杂的社会关系中单独抽取出来加以研究。然而，生产关系也不是社会发展的最终的根源。它本身又是由生产力的性质和水平决定的，有什么样的生产力就有什么样的生产关系。社会的状况归根到底是由生产力发展的状况决定的。所以，生产力和生产关系的矛盾是推动社会发展的最基本的矛盾。

正因为如此，马克思在分析社会活动时，不仅把社会关系归结于生产关系，认为生产关系是决定一切社会关系的东西；而且还进一步把生产关系归结于生产力发展的高度，认为生产力发展的水平是决定生产关系并进而决定一切社会关系的东西。这样一来，社会就不是一个一旦形成就永远如此、凝固不变的东西，而是一个活生生的、运动发展着的机体。把握了社会内部的矛盾性，就可以理解一定社会形态出现和存在的必然性，以及这一社会形态过渡到另一社会形态的必然性。

2. 社会是自然界长期发展的结果

前边说过，社会是一个活的机体，那么，这个机体是怎样产生、形成的呢?

我们知道，人是社会的细胞，没有人当然就无所谓社会。各种社会关系又是把人联结起来构成社会的纽带，没有社会关系，人就只是单独的个体，而不能成为社会的人。因此，所谓社会的形成问题实际上就是下述两个问题：第一，人类是怎样产生的；第二，各种社会关系是怎样形成的。

大量确凿的科学材料证明，人和人类社会是由自然界长期进化发展而来的。在这个进化过程中，劳动起了决定性的作用。劳动使古猿变成了人，并在生产劳动中形成了人的各种社会关系。

人类的产生 人类是从直立猿人进化而来的。大约一千多万年以前，古猿从原先的树居生活逐渐改营地面生活，慢慢确定了直立行走的姿势。从此古猿的前肢就不再单纯用来行走和进食，而且还能从事其他活动，可以握住石块、枝条或动物的骨骼来防御敌人、获取食物。以后逐渐从偶然使用工具发展到经常使用工具。这时的“劳动”虽然还是动物式的本能的活动，但却已经包含着人类生产劳动的萌芽。

后来，大约在二三百万年前，又由使用天然工具到学会制造工具，猿人从此开始了真正人的劳动。在漫长的劳动过程中，猿的前肢逐渐变成人的手，无音节的喊叫逐渐变成音节清晰的语言，较为简单的猿脑逐渐变成发达而又完善的人脑，模糊的感觉逐渐变成清楚的意识，从而完成了从猿到人的转变。自然界提供了最初的人身材料，而劳动的熔炉则把这个人身锻炼成为从事社会活动的主体。

在从猿到人的进化中，有两个相互制约又相互促进的过程：一方面，社会是由人的活动创造的，没有人和人的活动也就没有人类社会；另一方面，人本身又是社会的产物，人只有与同类结合起来才能从事生产劳动，只有在劳动过程中与同类发生交往，才能促成意识和语言的产生，才能使人最终从动物界分离出来。

社会关系和社会组织的形成 在从猿到人的转变过程中，人类社会就已经有了它的雏形。它从一种原始群开始，然后逐步发展成为具有特殊结构的社会组织。

猿人为了生存而采集果实，猎取野兽，捕捞鱼虾。所有这些活动无一不是依靠集体的力量来进行的。这样一来，他们在集体的劳动过程中就自然而然地形成一定的联系，结成一定的生产关系，并进而发展出其他社会关系。在猿向人转变时，不可能脱离天然的血缘纽带去另外组成什么社会，亲属关系是他们唯一的关系。要了解人类社会关系和社会组织的形成，就不能抛开这种血缘亲属关系，以及与此相联系的家庭形式的产生和发展。

关于猿人的家庭集团研究，至今还缺乏直接的实际材料。但是，根据考古学的研究成果可以推测出，在从动物状态向人类状态过渡期间，曾相应地有过一段杂乱的性关系时期。不仅兄弟和姊妹可以做夫妻，而且父母和子女之间的性关系也是允许的。这种杂乱的性关系形成一种原始群。这种原始群是一个较大的持久的集团，是从猿的群体到人类社会的一种过渡形式。杂乱的性关系使猿人不可能有任何确定的社会组织形式。然而，正是由于这种群体活动才使他们能够从事渔猎等生产活动，主动生产自己所需要的东西，不再单纯攫取现成的生活资料。

原始群进一步发展成为血缘家庭。血缘家庭是最古老、最原始的家庭形式。在这种家庭形式中，婚姻集团是按辈分来划分的。这时排除了祖孙之间、双亲和子女之间互为夫妻的权利和义务，而兄弟姊妹则仍可为夫妻。应当说明，这方面的进步并不是什么道德原则在起作用，而是自然选择的结果；因为这种婚姻形式较之以往的形式更有利于繁衍和竞争。后来的各种家庭形式都是从这一家庭形式发展起来的。血缘家庭经过发展转变为“普那路亚家庭”。在这种家庭形式里，已经排除了母方的兄弟和姊妹间的性关系。这一进步直接导致氏族的形成。

氏族是用动物命名的血缘团体。它不仅是一个血缘团体，而且还是最基本的社会单位。氏族表现了国家产生以前的原始社会的基本特征。每个氏族推选出一个酋长和一个军事首领。酋长的权力是纯粹道德性质的，他手里没有任何强制手段。军事首领仅仅在出征时才能发号施令。酋长和军事首领由全体成年男女任免。同氏族的人必须相互援助和保护。氏族成员共同劳动，共同消费。妇女在氏族社会中占有支配地位。这一方面是由于在当时婚姻形式下，子女仍然只知其母不知其父，因而氏族成员的关系只能根据母系血统来确定；另一方面也由于妇女在社会经济生活中起主导作用。这时的氏族是母系氏族公社。通常由几个氏族组成一个胞族，由血缘相近的胞族组成一个部落。氏族公社的出现，说明人类已经建立起有结构、有层次的社会机体，它标志着人类社会正式形成。

此后，家庭形式进一步的发展是由群婚转变为个体婚。先是转变为对偶婚，最后转变为一夫一妻制。一夫一妻制不是以自然条件为基础，而是以经济条件为基础。随着农业、畜牧业的发展，产品有了剩余，因而出现了私有制。男子在社会生产和共同经济中的地位日益重要。他们成为新的财富（粮食、畜群、劳动工具、奴隶）的获取者，随之也就成为这些财富的所有者。为了确保子女能够继承父亲的财产，就必须使血统和继承权按男子计算，母权制也就自然地让位给父权制。男子成为维系氏族的中心，妇女则处于附属地位。

历史上出现的最初的阶级对立，是与个体婚制下夫妻间冲突的发展同时发生的。这时，氏族制度被它内部的阶级矛盾所炸毁，不可避免地被国家所代替。国家和旧的氏族组织不同的地方在于：第一，它按地区来划分它的国民，从而打破由血缘关系所形成的旧的氏族公社；第二，它建立起一种社会权力，这种权力从社会中产生但又自居于社会之上。构成这种权力的不仅有武装的人，而且还有物质的附属物，如监狱和各种强制机关。这些东西都是以前的氏族社会所没有的。国家代替以血缘关系为纽带的氏族之后，人们之间的经济关系充分表现出它固有的决定作用，同时使社会的各种上层建筑能够从萌芽状态变成完备的体系。至此，作为经济、政治、思想的统一体的社会机体，就在广阔的地面上出现了。

3. 社会的发展是一个自然历史过程

社会和自然的统一性，不仅表现在人类社会是从自然界发展而来的，而且表现在社会的发展同自然界的发展一样，也是按照客观规律运动发展的过程。社会的发展是一个自然历史过程。

社会运动是物质运动的一种形式。辩证法所揭示的关于事物发展的基本规律，不仅支配着自然界，而且也支配着人类社会。所不同的是：在自然界发生作用的，是一些盲目的、不自觉的力量；在社会历史领域进行活动的，则是有意识的、经过思考或凭激情行动的、追求某种目的的人，任何事情的发生都不是没有自觉的意图、没有预期的目的的。自然过程根本无须人的参与，而社会过程则离不开人。既然如此，那又怎样理解人类社会的发展是不以人们的意志为转移的客观过程呢？

人们的活动只能在一定历史条件下进行 人们是在一定的历史条件下进行活动的，而这个历史条件则是不以人们的意志和愿望为转移的。人们总是根据他们的愿望、理想进行活动的，总是抱着一定的目的，并力图去实现这一目的。但是，任何人也不能自行选定自己生活的条件，而只能在既定的、历史延续下来的条件下进行各种活动。在这些条件中，经济条件是决定性的。人们不能自由选择生产力。任何生产力都是以往人们活动的结果，都是一种既得的力量。因此，人们必须从现有的物质条件出发，在历史上已经形成的环境中活动。人们进行社会活动时，必须考虑周围环境的特点，正确了解自己的处境，以及它所提出的要求和任务；否则，置客观环境于不顾，单纯按照自己的愿望行事，结果必定失败。

社会主义新中国是从半封建半殖民地的旧中国过来的，原有的生产力水平很低，中国的社会主义建设只能在这种生产力条件下逐步提高。在中国，对旧的社会关系的改造，较之发达资本主义国家革命后的社会主义改造，也必定艰巨得多；而且，不可避免地还要经历更多的阶段，采取更多的步骤，在一定时期内保存更多旧的东西。如果不顾及这些既定的条件，为了什么“善良的愿望”而超越历史发展的阶段，采取简单化的办法，过早人为地去消灭那些现今还必须保留的旧社会的残迹，那就不仅不能促进我们事业的发展，而且还会极大地破坏社会生产力。

人们的活动必须服从客观历史规律 人们的活动必须服从客观的历史规律。人们在创造自己的社会生活时，从每个人的单独活动来看都是有意识、有目的的；但是，活动的结果却不是由他们自己所抱的目的决定的，而是由客观历史规律决定的。只要我们注意观察一下社会生活，就会发现，人们的意志、愿望、目的在社会行动中常常是互相矛盾、互相冲突的。在社会生活中，一个人的愿望常常会受到另一个人的妨碍，而最后出现的结果又往往是他们谁都没有希望过的。由此可见，整个来说，在社会历史领域中，也和在自然界一样，是盲目的、不自觉的力量在起作用。历史运动的规律和方向，就在这些力量的互相冲突中表现出来。人们的意志、愿望最后不得不服从这个历史运动的客观规律。

社会生活中的这种盲目性，就是在社会主义制度下也难以完全避免。社会主义公有制使人们可以按照计划来组织社会的生产和生活。随着社会主义向共产主义的发展，社会自觉地、有计划地发展的可能性越来越大，盲目的、不自觉的力量的影响将逐步削弱。但是，社会生活总是在各种矛盾冲突中进行的，即使自觉遵循社会发展的规律，也只能减少盲目性而不能根绝盲目性；因为人们对规律的认识和利用本身也是一个过程，是在不断摸索中实现的。

人们活动的动机根源于物质利益　人们活动的动机是以物质利益为根源的。虽然人们活动的动机是主观的，是思想的产物，但是动机背后的动力却是客观的物质利益。在社会生活中，人们通过各种活动来追求自己的目的。人们所追求的究竟是什么呢？归根到底就是物质利益。所谓物质利益不过是人们（个人、集团、阶层、阶级、民族）为了维持生存和发展对于物质生活资料的需求。正是这种物质利益推动大量的人群、整个的阶级乃至整个的民族行动起来，进行各种形式的活动和斗争。任何人的动机、愿望、意志归根到底都不过是一定物质利益的反映，任何动机的产生归根到底都是由一定的物质利益引起的。

马克思主义以前的许多哲学家，认为人的动机是历史事变的最终的推动力，从没想过去研究隐藏在这些动机后面的是什么，这些“推动力”的推动力又是什么。黑格尔虽然正确指出了历史人物的动机不是历史事变的最终原因，认为这些动机后面还有别的动力；但是，他不从历史本身去寻找这种动力，而说某种“宇宙精神”是历史发展的动力。尽管他把历史的发展看作一个过程，但却是唯心主义地解释这一过程，不是把它看作自然历史的过程，而是看作宇宙精神展现的过程。

马克思主义的唯物辩证的历史观从一切社会关系中发现了具有决定意义的生产关系，并且找出了决定生产关系的生产力。这样一来，就不仅正确揭示了社会的发展是一个不以人们的意志为转移的自然历史过程，而且说明了这个过程就是生产力发展的过程。人类社会的发展是由生产力的发展推动的，社会发展的进程是由生产力的水平决定的。把社会发展归结于生产力的高度，就为理解社会的发展及其规律指明了方向。

总之，社会的发展同自然的发展既有不同的一面，又有相同的一面。如果不注意社会生活是由具有理性和意志的人们创造的这一特点，从而把它同自然过程混为一谈，就会忽视人的作用，就无法解释历史；如果因为社会生活中存在着人的理性和意志的作用，就否认社会的发展是一个客观的物质过程，就会陷入唯心主义的唯意志论。这都是不符合社会发展的唯物辩证本质和历史事实的。

4. 社会在和自然的相互作用中发展

人类社会从自然界分化出来，从而形成了社会和自然的矛盾。社会和自然既统一又斗争，推动着社会的发展，也引起自然界的变化。人类社会就是在这种相互作用中发展的。在这种相互作用中，人是能动的主体，自然界是人要改造的客体，物质生产就是实现这个改造的过程。社会和自然在物质生产实践过程中得到了统一。

自然界是社会存在和发展的前提 社会的存在和发展是以自然界为前提的。没有自然界作为前提，社会的存在和发展是不可想象的。

首先，人类每时每刻都需要与自然界进行物质和能量的交换。离开这种交换，人类一天也不能存在。我们知道，人是社会的人；然而人的生理机体却是属于自然界的。人体的新陈代谢、吐故纳新是整个自然界物质循环系统的一个环节。为了维持这个机体，人们需要从自然界的动物和植物中摄取食物，要从空气中吸取氧气。这些我们每个人都有切身体会，就用不着多说了。

其次，人类要不断从自然界获取生活资料和生产资料。大自然好像是人类的食品仓库和工具仓库。当人类社会发展还处在低级阶段时，人们主要是从自然界谋取现成的东西。那时，人类吃的野果、鱼虾、鸟兽，穿的树叶、兽皮等，用的工具如石块、木头等，都来自自然界。随着人类社会的发展，自然界作为食品库和工具库的作用依然存在，然而更重要的是作为生产资料的源泉。在现代社会中，工业不断发展，人们一方面继续从自然界谋取生活资料，同时也日益着重从自然界谋取生产资料，如金属、煤炭、石油、木材、水力等。工业的发达虽然一方面可以提高人们改造自然的能力，减少对自然界的依赖；然而另一方面，随着自然力的开发，又增加了对自然界的依赖。很明显，如果切断石油的供应，许多工业发达国家庞大的工业和交通系统很快就会陷于瘫痪。随着工业的发展，经济联系的扩大，可以减少对某一地区、某种原料的依赖；但是，随之而来的却是对于另一地区、另一种原料的依赖。只要人类还生活在自然环境中，就不可能完全摆脱对于自然界的依赖。

再次，自然界的规律是人们从事生产活动的基础。在生产活动中，人们面对自然界，认识它，改造它。人们在生产活动中，只能认识自然规律，利用自然规律，限制它的盲目作用，使之服从人的需要；但是，人永远不能创造或消灭自然规律。火的使用，对于增强人类的体质和推动社会的发展都产生了极大的影响。后来，随着人们对自然界认识的日益广泛和深刻，又先后征服了蒸汽力、电力和原子能等，促使社会以前所未有的步伐向前发展。人类对自然力的征服来自对自然规律的正确认识，而不是对自然规律的摆脱。

最后，自然界还直接制约着人类自身的增长。我们知道，地球作为一个星体，它本身在各个方面都是有限的，人口的数量要受到地球所能提供的食物和热量的制约。人体所需要的能量，归根到底来自太阳能。但人不能直接吸收太阳能，而要靠绿色植物把它转化为化学能，贮存在有机物质中，然后才能以食物的形式被人吸收。那么，地球究竟能给多少人口提供食物和热量呢？根据计算，地球上的植物每年可转化太阳能 660×10^{15} 大卡。如果人类完全以植物为食（这是最节约能量的方式），那么每人每年要消耗 8×10^{5} 大卡。按照这个标准计算，地球大约可以养活 8 000 亿人口。如果人类能够利用地球上植物生产总量的 10%，那么地球只能养活 800 亿人口。如果人类只能得到地球植物生产总量的 1%（这个比例据说更符合对一个生态系统观察得到的数据），那么地球只能养活 80 亿人口。按照目前的统计资料，到 2015 年，世界人口已超过 73 亿，那么距离地球上的人口饱和已经不远了。尽管人们还可能开辟新的途径来满足对热量的需要，但人口问题绝对不可掉以轻心。

总之，自然界对于人类社会的存在和发展是一个经常起作用的、极为重要的条件。对于这种作用必须给予恰当的估计。忽视它是不对的，那样势必要在实际生活中受到惩罚。然而，过分夸大它也是不对的。

有一种叫作“地理环境决定论”的观点就犯有这种错误。它认为地理环境、自然条件决定着社会生活。法国的孟德斯鸠有一句名言：“气候的权力强于一切权力。”就是说社会制度、民族生活的特点都首先是由气候决定的。英国的布克尔说，气候、食物、土壤和地形四个自然因素决定着人类社会的命运。在这种错误理论的基础上，后来又产生出一种所谓“地理政治论”，宣扬政治是由地理因素决定的。根据这种理论，帝国主义的侵略掠夺都是合理的，因为那是在为争取“生存空间”而斗争；居住在中心地带的文明民族对于居住在边缘地带的落后民族的统治是应该的。这些理论是十分错误的。

实际上，自然条件的优劣对于社会的发展可以起到加速或延缓的作用，但不能决定社会的性质和社会发展的进程，不是社会发展的决定力量。在中国这 960 万平方公里的土地上，自然条件几千年来并未发生多大变化，然而社会面貌却发生了翻天覆地的变化。过去 100 多年时间里，它由一个封建大帝国变成一个半封建半殖民地国家，又由半封建半殖民地国家变成一个社会主义国家。可见，社会发展的根本原因、决定力量并不在自然界。

人是改造自然的能动的主体　如果只看到自然界如何作用于人，自然条件如何制约人类社会的发展，而看不到人对自然界的积极作用，就会陷入片面性。唯物辩证的历史观在承认人对自然界的依赖的同时，还承认人对自然界的反作用，认为人能够改造自然界，为自己创造新的生存条件。人之所以区别于动物，就在于他能够制造生产工具，而制造生产工具本身就意味着人具有改造自然界的能力。动物也有“工具”，然而那不过是它们躯体的一部分；动物也进行“生产”，可是它们的生产对于周围自然界的作用几乎等于零。只有人才能在自然界打下自己意志的印记，因为他们不仅变更了动植物的位置，而且也改变了动植物生活地区的面貌，甚至还改变了动植物本身。

人类劳动是有目的、有意识的活动。人们能按照预先设计的模式来改造自然，而且这种模式随着实践的发展越来越远离它的天然状态，越来越带有人的主观想象的成分。这一点只要看看现代的高楼大厦与原始的洞穴，现代的轮船、舰艇与原始的独木舟的差别，就一目了然了。同时，人能够通过自己的精神活动支配自己的肢体，又通过肢体支配生产工具，从而有意识地调节和控制人和自然界之间的物质变换过程。动物虽然也有自己物种发生、发展的历史，但是，它们自己并不知道这部历史。人离开狭义的动物越远，就越是有意识地自己创造自己的历史，那种不能预见的作用、不能控制的力量对这一历史的影响也就越小。

历史发展到今天，整个自然界的面貌，例如地球的表面、植物、动物以及人类本身都发生了显著的变化。这一切都是由人类的实践活动造成的。我们现在生活的自然界，几乎没有完全与人无关的、真正自然而然的“自然”了。动物只“生产”它自己所直接需要的东西，而人则再生产整个自然界。

当然，这绝不是说，人类的愿望都能如愿以偿，他们活动的结果都能和预先确定的目的完全符合。实际上，人们并不能完全预见自己活动的结果。由于今天人类的实践和认识还受到种种限制，人们能够预见自己生产的直接的、第一步的后果，甚至也能预见某些间接的、第二步、第三步的后果，但是对于那影响更为深远的后果就很难预料了。工业生产中的“三废”（废水、废气、废渣）所引起的公害就是一例。所谓大气污染，就是人类的生产活动在空气中排放的或经过大气化学反应所产生的种种有毒物质造成的。这些物质集中在某一局部地区，浓度达到一定程度并持续一定时间，就会对人和动植物造成极其有害的影响。今天，空气和河水污染、生态失去平衡等事件，各国时有所见。这些都是人们在发展工业时所未曾预计到的。由于私有制造成的生产无政府状态，使人不能有计划地调节生产和分配，在经济领域里不得不受盲目力量的支配。资本主义社会周期性的经济危机就是这方面突出的表现。

总之，社会是在和自然相互作用中发展的。自然界是社会存在和发展的前提，同时，社会的发展又不断改变着自然界。社会和自然就处在这种对立统一的关系之中。

从社会和自然的对立统一中把握社会

正确理解关于社会和自然的基本原理，对于我们的实践活动具有重要的意义。

第一，既然社会是一个活的有机体，那么，我们在观察和研究社会时，就应当注意深入这个机体内部去分析它的内在结构，把握它的各个层次、各个部分及其相互关系。只有这样，才能找到理解社会的钥匙，运用唯物史观的立场、观点、方法去指导各门社会科学的研究，并从中引出认识社会、改造社会、推动社会发展的正确结论。

第二，既然社会是自然界长期发展的结果，那么，我们在研究具体社会现象时，就应当注意把握社会和自然的统一性，既不能离开自然界去研究社会，也不能把自然界的东西硬搬到社会领域里来。

第三，既然社会的发展是一个自然历史过程，那么，我们在研究人类社会时，就一定要采取唯物辩证的态度，如实反映社会发展的客观过程，分析社会发展的矛盾运动，在把握社会发展规律的基础上自觉地改造社会、创造历史。社会是从自然界发展而来的，但它又是不同于自然界的一种特殊的运动形式。因此，要掌握社会发展的规律，就必须对社会本身进行深入细致的研究。否则，如果用社会以外的规律，如物理规律、化学规律、生物规律等，来解释社会现象，那就必然会歪曲社会的本来面目。

第四，既然社会是在和自然界的相互作用中发展的，那么，我们在研究社会的发展时，就要注意它同自然界的相互作用，在从事改造社会的活动时，就要看到它与改造自然的活动的联系。社会的改造要受改造自然的制约；同时，对自然的改造也在很大程度上依赖于社会改造的胜利。

阅读书目

德意志意识形态：一 费尔巴哈 A1. 见马克思恩格斯选集 .3 版 . 第 1 卷 . 北京：人民出版社，2012.

资本论：第一卷第一版序言 . 见马克思恩格斯选集 .3 版 . 第 2 卷 . 北京：人民出版社，2012.

卡尔·马克思《政治经济学批判。第一分册》：二 . 见马克思恩格斯选集 .3 版 . 第 2 卷 . 北京：人民出版社，2012.

自然辩证法：劳动在从猿到人的转变中的作用 . 见马克思恩格斯选集 .3 版 . 第 3 卷 . 北京：人民出版社，2012.

家庭、私有制和国家的起源 . 见马克思恩格斯选集 .3 版 . 第 4 卷 . 北京：人民出版社，2012.

路德维希·费尔巴哈和德国古典哲学的终结：四．见马克思恩格斯选集．3版．第4卷．北京：人民出版社，2012.

恩格斯致约瑟夫·布洛赫（1890年9月21—22日）．见马克思恩格斯选集．3版．第4卷．北京：人民出版社，2012.

什么是“人民之友”以及他们如何攻击社会民主党人?：第一编．见列宁选集．3版修订版．第1卷．北京：人民出版社，2012.

卡尔·马克思：唯物主义历史观．见列宁选集．3版修订版．第2卷．北京：人民出版社，2012.

第十七讲　社会存在和社会意识

物质生活的生产方式制约着整个社会生活、政治生活和精神生活的过程。不是人们的意识决定人们的存在，相反，是人们的社会存在决定人们的意识。①

——马克思

贾府上的焦大为什么不会爱林妹妹？

当人们说到某个姑娘的美貌时，常说她像林黛玉。林黛玉究竟是怎样的一个美人呢？看过《红楼梦》的人都知道，在曹雪芹笔下，她不仅姿色出众，而且才气过人。作者形容她是：两弯似蹙非蹙笼烟眉，一双似喜非喜含情目；态生两靥之愁，娇袭一身之病；泪光点点，娇喘微微；娴静似娇花照水，行动如弱柳扶风；心较比干多一窍，病如西子胜三分。难怪王熙凤惊叹：天下真有这样标致人儿，我今日才算看见了！这样的美人在当时招人喜爱，是一点儿也不奇怪的。

可是，鲁迅在《二心集》里却说，贾府上的焦大是不会爱林妹妹的。焦大何许人也，竟不爱林妹妹？焦大是宁国府的老家人。他从小跟着宁国公几番出征，救过宁国公的命。凭着这份功劳，宁国府里的人对他都另眼看待，谁也不肯难为他。他自己年老以后，不顾体面，一味地喝酒，喝醉了又无人不骂。即使他的小主人贾蓉说他几句，他也嚷着要“白刀子进去，红刀子出来”！他不忍贾府日渐败落，常乘酒兴当着主人的面痛斥贾府主子。鲁迅为什么说焦大不爱林妹妹呢？其实，焦大和林黛玉并没有会过面、谈过话，本来说不上爱不爱。鲁迅这样说，是从道理上做的一个推

---

① 《马克思恩格斯选集》，3 版，第 2 卷，2 页，北京，人民出版社，2012。

论。鲁迅所根据的是一个什么样的道理呢？这就是社会存在决定社会意识、社会物质生活条件决定人的思想感情这个历史唯物主义的基本原则。

1. 社会存在和社会意识的关系问题是历史观的基本问题

如果我们仔细观察一下社会生活，就会发现它也是一分为二的。一个是社会的物质生活过程，叫作“社会存在”。它包括物质资料的生产方式及其必要条件——人口和地理环境等内容。其中最基本的内容是物质资料的生产方式。人口和地理环境本来是自然界的一部分，然而由于它们是社会物质生产的必要条件，所以又是社会存在的组成部分。另一个是社会的精神生活过程，叫作“社会意识”。它包括人们的政治思想、法律思想、道德观点、艺术观点、宗教观点、哲学观点等社会意识形态，以及情绪、感情、风俗、习惯等社会心理。

历史观的基本问题 “社会存在”和“社会意识”是统一的社会生活的两个方面，是我们前边讲过的“存在”和“意识”在社会生活领域里的具体表现。正像存在和意识是哲学中两个最基本、最广泛的概念，它们之间的关系问题是哲学的基本问题一样，社会存在和社会意识是社会领域里两个最基本、最广泛的概念，它们之间的关系问题是社会历史观的基本问题。为什么说社会存在和社会意识的关系问题是历史观的基本问题呢？

首先，社会存在和社会意识的关系问题是研究一切社会历史问题的出发点，对于它的态度决定着对于其他社会历史问题的解决。

我们知道，社会历史问题是多方面的，诸如社会的起源问题，社会发展的动力问题，社会发展的规律问题，生产力和生产关系的关系问题，经济基础和上层建筑的关系问题，阶级和国家的起源、消亡问题，社会革命的问题，各种社会实践在社会发展中的作用和相互关系问题，个人和社会、个人和群众的关系问题等。所有这些问题都同社会存在和社会意识的关系问题紧密相连，都以对于社会存在和社会意识的关系问题的解决作为前提和基础。在所有这些问题中，都包含着社会生活的物质方面和精神方面，最后都可以归结到物质现象和精神现象的关系问题上。只有正确解决了社会存在和社会意识的关系问题，才有可能科学地解决上述问题以及其他一切社会历史问题。如果在社会存在和社会意识关系问题上持错误的观点，那么，在其他问题上也就不可能是正确的。

其次，对于社会存在和社会意识关系问题的不同回答，是划分历史唯物主义和历史唯心主义的根本标准，是两种历史观斗争的焦点。

我们知道，存在和意识的关系问题是全部哲学的基本问题，主张存在第一性、意识第二性的属于唯物主义，相反的属于唯心主义。这个问题在社会历史领域就表现为社会存在和社会意识的关系问题。根据对它的不同回答，划分出历史唯物主义和历史唯心主义。历史唯物主义认为，社会存在决定社会意识；历史唯心主义认为，社会意识决定社会存在。这是两种根本对立的历史观。只有抓住社会存在和社会意识的关系这个根本问题，才能揭露唯心史观的错误，以科学的唯物史观战胜错误的唯心史观。

最后，社会存在和社会意识的关系问题不仅是关于社会历史理论的根本问题，而且也是改造社会的实际活动中的根本问题。

我们知道，历史观是人们认识社会、改造社会的出发点。有什么样的历史观，就有什么样的改造社会的方案。改造社会的方案之正确与否，就看它是否真正找到了社会发展的动力，抓住了社会发展的关键；而这些问题的解决，归根到底还要看它是否正确解决了社会存在和社会意识的关系问题。一切关于改造社会的方案，或有关路线、方针、政策的争论，最终都可以归结到关于社会存在和社会意识关系的争论，都可以在对于这个问题的解决中找到根源。

历史唯心主义 马克思主义哲学产生之前，在社会历史领域里，唯心史观一直占据统治地位。唯心主义哲学家不必说了，就连唯物主义哲学家，一旦涉及社会历史问题，也不能贯彻他们的唯物主义前提。有少数杰出的哲学家在研究社会历史问题时，虽曾提出过一些深刻的见解，但也只限于某些个别问题，而且始终没有能够上升为系统的唯物史观。法国唯物主义者虽然提出了“环境决定人、决定人的思想面貌”的唯物主义原则，但又主张“意见支配环境”的唯心主义观点；黑格尔虽然把人类历史描述为一个辩证发展的过程，但他又把历史的发展说成是某种神秘的宇宙精神的表现，是由宇宙精神推动的。

以往的历史观在本质上都是主张社会意识决定社会存在的，都把社会发展的动力归结为精神因素。这种历史观不可能揭示社会发展的规律，或者干脆否定社会生活的客观规律性，把社会历史看成机械的个人的结合，看成一团“剪不断，理还乱”的乱麻，看成一座“乱哄哄，你方唱罢我登场”的戏台。这种历史观抹杀阶级社会中阶级对立的事实，或者用人的心理、政治等非经济因素来解释阶级和阶级斗争现象。这种历史观夸大个人在历史上的作用，主张英雄创造历史，否认人民群众的实践活动对于社会发展的决定作用。

历史唯物主义　马克思、恩格斯创立的历史唯物主义打破了唯心主义在社会历史领域里的一统天下，把唯心主义从它的最后一个避难所中清除出去。历史唯物主义与辩证唯物主义在历史上是同时创立的，没有时间上的先后；它是辩证唯物主义世界观在社会历史领域合乎逻辑的、必然的贯彻。没有辩证唯物主义就不可能有历史唯物主义；同样，没有历史唯物主义也不可能有辩证唯物主义。它们的有机统一是马克思主义哲学完整的世界观。辩证唯物主义认为物质第一性，意识第二性，物质决定意识。把这一观点贯彻到社会历史领域，就理所当然地主张社会存在第一性，社会意识第二性，社会存在决定社会意识。正像物质第一性、意识第二性是整个辩证唯物主义世界观的基本前提一样，社会存在决定社会意识也是整个马克思主义历史观的基本前提。

从这一基本前提出发，历史唯物主义认为，物质资料的生产是社会存在和发展的基础，社会的历史首先是物质资料生产发展的历史；社会的发展是生产力和生产关系，以及经济基础和上层建筑矛盾的运动，人类社会是一个由低级向高级发展的自然历史过程；在阶级社会里，生产力和生产关系，以及经济基础和上层建筑的矛盾表现为阶级矛盾，历史的发展在阶级社会里又表现为阶级斗争的历史；无论在什么样的社会里，人民群众总是物质资料生产和阶级斗争的主力军，是社会发展的决定力量，因而历史的发展又是人民群众改造世界活动的历史。历史唯物主义的创立是历史观的一场革命。它为我们认识社会、改造社会的活动提供了正确的立场、观点和方法，是从事各项社会科学研究，以及从事各项社会政治斗争的世界观和方法论。

2. 社会存在决定社会意识

为什么说社会存在决定社会意识呢？

社会存在是社会意识产生的物质基础和前提 社会存在是社会意识产生的物质基础和前提。社会存在为社会意识的产生提供了必要性和可能性。没有一定的社会存在，就没有必要，也不可能产生一定的社会意识。

我们知道，任何人必须有饭吃，有衣穿，有地方住，然后才有可能去从事各种精神创造活动。一个社会也是这样。在原始社会里，生产水平十分低下，整个人类都在饥饿中勉强维持生命，根本无法从事精神创造活动；那时只能有一些萌芽状态的文化，而没有科学形态的社会意识。后来由于生产的发展，产品有了剩余；除了生产必需的物质生活资料以外，人们还有时间去从事精神创造活动。特别是脑力劳动和体力劳动分工以后，社会上有一部分人专门从事这方面的活动，从而出现了系统的政治、法律、科学、宗教、哲学、艺术等方面的理论观点。古希腊哲学家亚里士多德也承认，只有在一切必需的东西都具备以后，人们才开始谈论哲学。可见，物质资料的生产这个基本的社会存在，是社会意识产生的物质基础和前提。

任何一种社会意识，归根到底都是为适应一定的社会存在的需要而产生的。离开社会存在的需要，社会意识是不会产生的。伴随着近代大工业而出现了无产阶级同资产阶级的对立，适应无产阶级反对资产阶级斗争的需要而产生了马克思主义。马克思主义这个思想体系是资本主义大工业的产物。没有这个特定的社会存在的需要，就不可能有马克思主义的产生。其他社会意识形态，如政治、法律的理论的产生，情况也是这样。至于科学产生于生产的需要，我们在论述认识的基础时已经讲过，道理是一样的，这里就不再重复了。

社会存在决定社会意识的内容 社会存在决定社会意识的内容，社会意识是对社会存在的反映。有什么样的社会存在就有什么样的社会意识。

前面讲到的焦大不会爱林妹妹，说的就是人们的社会存在决定人们的社会意识，决定人们之间的情感、人们的审美观念等。我们知道，由于生活和感情是极其复杂的，焦大和林黛玉这两类人中的个别人能否相爱，情况也十分复杂。在小说、戏剧以及现实生活中，就不乏少爷爱上丫环、小姐爱上货郎这样的事。亲密的交往、融洽的志趣是男女之间产生爱情的重要原因。然而这种交往和志趣都是由一定的生活条件决定的。林黛玉和焦大各自的社会地位和生活条件使他们犹如天地相隔，所受的教育和生活经历使他们的志趣如同水火不容，他们之间绝不会产生爱情。

在封建社会里，在婚姻问题上往往起决定作用的与其说是个人的意愿，还不如说是家庭的利益。对于那些名门贵族来说，婚姻常常是一种带有政治性的活动。《红楼梦》中贾、史、王、薛四大家族，世代联姻，结成一个“一损俱损，一荣俱荣”的社会集团。这种集团利益使林黛玉这样的至亲也由于家道衰微、孤苦无依而不能同她理想中的恋人贾宝玉结合，又怎能设想一位千金小姐会委身于一个目不识丁、牵马听差的奴才呢？同样，在等级森严、判若阴阳两界的社会里，又怎能设想焦大这样的忠顺奴才会非分地去爱他主人家的小姐呢？

也许有人会问：体态的美丽不是人人都喜欢的吗？林黛玉的美貌难道不会使焦大动心吗？抽象地说确实如此，具体来说就不那么简单了。什么叫美，处在不同生活条件中的人们的看法是不一样的。人们的审美观念也是由他们的物质生活条件所决定的。从小说和戏剧中可以看到，一些狩猎民族曾把模仿动物的体态当作美。他们常用虎的皮、爪和牙齿来装饰自己。他们认为这样可以表现出灵巧有力，而灵巧有力是狩猎部落获得生活资料的基本条件之一。非洲有些部落的人以为拔掉上门牙或锉短上门牙是美的；因为前者使他们和反刍动物相像，后者使他们和肉食的野兽相像。还有些部落的妇女为了追求美丽，在自己的上嘴唇上钻一个孔，穿上一个金属的或竹制的大环。所有这些“美的体态”，对于在另一种条件下生活的人来说是很难理解的。可见，对于体态美，不同生活条件下的人是有不同理解的。在焦大这样一个曾经跟随主子过过戎马生活的人的眼里，林黛玉这个咯血多病、弱不禁风的姑娘究竟美不美，那还是个问题呢！

在阶级社会里，人们都在一定的阶级地位中生活，都站在一定的阶级立场上，用一定的思想表达自己所属的阶级的利益。因此，阶级社会里的社会意识一般都带有阶级性。现实生活中的阶级对立反映到社会意识领域，就成为相互对立的社会意识及其斗争。从总体上或从根本上说，反动阶级的社会意识总是歪曲地反映社会存在，只有进步阶级的意识才能够正确地反映社会存在。进步的社会意识与反动的社会意识之间的对立和斗争，是现实生活中经济利益根本对立的阶级之间斗争的反映和理论表现，而且前者是为后者服务的。

社会存在决定社会意识的发展　归根到底，社会存在决定社会意识的发展。随着社会存在的发展，社会意识也要在各方面发生相应的变化。社会存在的发展决定着社会意识的内容、形式和结构等方面的变化。

我们前边讲到的人们的审美观念，就是随着社会生活条件的发展变化而发展变化的。唐朝初年，由于崇尚武功，封建统治者把长得壮健丰满当作美女的标志；而到了五代十国的后唐，由于封建阶级日趋没落，整天沉湎于酒色歌舞，因而逐渐把缠裹小足、轻盈瘦削、弱不禁风的女子当作美人。

从表面上看，富于想象、允许夸张的文学艺术，似乎与物质资料的生产方式并无多大关系。其实，它也是或直接或间接来源于物质生产的，也要随着社会存在的发展而发展。据考古学发现，远在原始社会的狩猎阶段，就出现了最初的文学艺术，如画在洞壁上的彩色画，刻在石块或鹿角上的线条画，模拟狩猎或野兽活动的舞蹈，由劳动音响和劳动呼号发展而成的音乐、歌曲等。我国古代文献所载帝舜时期的“击石拊石，以歌九韶，百兽率舞”，大致说明了远古时代人们在敲击石器的伴奏下唱歌跳舞的情景。在原始部落里，每种劳动都有自己的歌，歌的拍子总是同这种劳动所特有的节奏相适应。由于当时人们的劳动多是简单动作的反复，于是两个节拍的诗型就成为各民族诗歌的原始格式。在绘画上，随着人们由狩猎过渡到农耕，绘画的内容也逐渐由动物形象演变为植物的花、叶、茎等。当剥削阶级在生产方式中占据主导地位时，文学艺术上的主人公全是公子小姐、达官贵人，而劳动人民不是毫无地位，就是被当作渣滓；而一旦劳动人民从旧的生产方式中解放出来，他们也就成为文学艺术上的主人，被当作英雄加以颂扬。这也表现了社会意识随着社会存在的变化而变化的情况。

科学的理论体系也是随着社会存在的发展而发展的。在资本主义生产方式形成初期，产生的是诅咒资本主义制度、表达无产阶级不成熟的理想的空想社会主义理论；随着资本主义生产方式的发展，无产阶级逐渐成熟，产生的是马克思主义的科学社会主义理论；随着资本主义由自由资本主义发展到垄断资本主义，马克思主义又发展到列宁主义。其他科学理论也莫不随着社会生活的发展而发展。

社会存在对社会意识的决定作用是个复杂的过程 从以上的说明可以看出，不论哪一种社会意识，不论就它的产生、内容或发展看，都是由社会存在决定的；以物质资料生产方式为主要内容的社会存在，是一切社会意识的基础和根源。社会存在决定社会意识，这是我们始终应当坚持的一个基本原理。但是，对于这个原理也不能做简单化的理解。不要以为社会存在对于社会意识的决定是直线式的。如果那样的话，人们也就不会在那么长的时期里一直没有发现社会存在决定社会意识这个真理了。

实际上，社会存在对于社会意识的决定是一个曲折复杂的过程。首先是一定水平的生产力，其次是由这种生产力决定的生产关系，再次是由这种生产关系所决定的人们一定的社会实践地位，最后才是由人们的社会实践地位所决定的人们的社会意识。因此，在分析社会意识对社会存在的依赖关系时，不能简单、直接地从社会生产力水平的高低去判定社会意识水平的高低。否则，就很难解释为什么在一些物质文明高度发达的资本主义国家里，精神文明中的某些方面却是极端糟糕的，而我国尽管物质文明程度不如某些资本主义国家，精神文明的一些方面却远远超过它们；很难解释为什么在生产力高度发展的资本主义社会里有许多人，甚至还有科学家相信天堂地狱、上帝创造世界一类的说法，而在我国反倒大多数人都是无神论者。

同时，社会意识一般也并不都像某些自然科学那样直接反映现实，它对现实的反映往往表现得比较曲折。尽管如此，我们还是可以在现实生活中找到它的根源。这不但由于像自然科学那样，社会意识可以从现实中找到它的客观原型，而且还由于它总是与一定的社会需要和物质利益相一致。有些社会意识尽管是对现实的歪曲反映，然而只要它符合一定的社会需要，就有它存在的基础。唯心主义哲学尽管已经被唯物主义哲学和科学的发展所驳倒，但是照样有滋生的土壤，有贩卖的市场，并且也在随着社会存在的发展而花样翻新。这种复杂的情况告诉我们，在分析社会存在和社会意识的关系时，一定要坚持唯物辩证的分析方法，切不可简单从事。

3. 社会意识对社会存在具有相对独立性和能动反作用

社会存在决定社会意识，有什么样的社会存在就有什么样的社会意识；社会存在变化了，社会意识也必然随之发生变化。这说明了社会意识对社会存在的依赖。另一方面，社会意识对于社会存在也具有相对的独立性和能动的反作用。

社会意识和社会存在不总是一致的 社会意识的产生和发展并不总是

同社会存在相一致的。这里有两种情况。

一种是社会意识落后于社会存在。社会意识虽然随着社会存在的变化而变化，但是，由于人们对社会存在的反映并不是一下子就可以完成的，社会意识往往不能马上跟着社会存在的变化而发生相应的变化。历史上常有这种现象，某种社会意识赖以存在的物质生活条件虽然消失了，可是它却还能继续存在一个相当长的时间，甚至有一些不经过长期的斗争，还不会轻易退出历史舞台。在我国，封建主义虽然早就被推翻了，可是封建主义的意识在我国的影响至今还依然存在。经过对资本主义工商业的社会主义改造，资产阶级作为一个阶级已经不存在了，可是资产阶级的意识并没有跟着一起被消灭，资产阶级个人主义的影响至今还相当严重。

另一种是社会意识跑到社会存在的前边。人的意识具有能动性，它能够根据现实推测未来。在世界上还根本没有社会主义和共产主义的经济体系的时候，已经出现了关于社会主义和共产主义的思想体系，已经预见到人类历史发展的必然趋势。

无论社会意识落后于社会存在，还是跑到社会存在的前边，都表明了社会意识对于社会存在具有一定的独立性，然而这种独立性只是相对的独立性。不管社会意识如何落后于社会存在的发展，它绝对不可能一直落后下去，它迟早要发生变化以适应社会存在。不管社会意识怎样跑到社会存在的前边，它归根到底仍然是社会存在的产物。关于社会主义和共产主义的思想体系，就是社会化大生产以及伴随这种大生产而出现的无产阶级反对资产阶级的斗争的产物；科学社会主义对未来社会发展的预见，也只限于指出它的基本趋势而无法说出它的细节。

社会意识具有历史的继承性 社会意识在自身的发展中具有历史的继承性。哲学是时代精神的表现，每一时代都有表现自己时代精神的哲学观点。但是，任何时代都不可能完全抛开以往的哲学思想，另外创造出一套与它毫不相干的哲学体系来。一种哲学思想的产生，除了有其现实的社会基础外，还必须有先行的思想材料。新的哲学不过是在现实的社会基础上对以往哲学思想的改造和继承，是人类哲学思维的进一步发展。马克思主义哲学虽然是哲学发展中的一个根本变革，但它也不是离开人类哲学思想发展大道的东西，而是对于以德国古典哲学为集中代表的以往优秀哲学思想的继承和发展。

社会意识之间的这种继承关系，造成了社会意识的发展同物质生活条件的发展不完全一致的情况。读过一点近代欧洲哲学史的人都知道，法国的经济比英国落后，但法国唯物主义的水平却比英国唯物主义高得多；德国在经济上比法国落后，然而德国的辩证法在对联系和发展的理解上却比法国唯物主义高出一筹。可见，经济上落后的国家由于充分利用了以往的思想资料，在哲学上也可能处于领先地位。当然，这种水平较高的哲学的出现，在它们自己国家内部也还是有一定的物质生活条件为基础的。

各种社会意识间可直接相互影响　各种社会意识在受社会存在制约的前提下，相互之间也可以直接发生影响。社会意识的发展归根到底决定于社会存在的发展，但是，各种社会意识之间的相互影响，对于推动它们的发展也有很大的作用。一种哲学观点的形成往往要受到政治观点的影响。推动哲学发展的唯物主义和唯心主义的斗争，总是在不同程度上反映着革命阶级与反动阶级的政治斗争，并为这种斗争服务。哲学中的某种倾向，不管哲学家本人意识到没有，总是被他们所属阶级的政治倾向所左右。在这种意义上可以说，哲学中所贯彻的一定倾向，就是哲学家所属阶级的政治的一种特殊形态。同样，哲学作为一种世界观和方法论，对于政治观点的形成和发展也发生着巨大的影响。

社会意识对于社会存在的反作用　社会意识对于社会存在具有能动的反作用。在前面说到意识的能动作用时，我们讲过意识对存在的反作用。把那些基本道理贯彻到社会历史领域，自然就会引出关于社会意识对社会存在的反作用的道理。在社会生活中，进步的社会意识由于正确反映了社会发展的规律和趋势，因而对社会发展能够起促进作用；腐朽没落的社会意识由于违反社会发展的规律，因而对社会发展起阻碍作用。

这种情况是我们在日常生活中经常可以见到的。十月革命一声炮响，给我们送来了马列主义。中国人民运用这个革命的科学的社会意识来观察和处理中国革命问题，取得了民主革命和社会主义革命的胜利，大大促进了中国社会发展的进程，使中国的经济、政治面貌发生了翻天覆地的变化。而反动的封建主义和法西斯主义则严重地阻碍了近代中国社会的发展。在我们进行中国特色社会主义建设的过程中，爱国主义精神、社会主义价值观都在发挥巨大的促进作用；而资产阶级的极端个人主义、拜金主义、享乐主义等思想意识则妨碍我们的建设事业的顺利进行。

4. 社会意识有多种多样的形式

社会心理 社会意识在反映社会存在时具有两种基本形式，一种是经验形式的社会心理，一种是理论形式的社会意识形态。社会心理是人们对社会存在的直接感受，是人们在日常生活条件的直接影响下自发形成的感情、情绪、感受、习惯等。我们通常说的风俗习惯、传统观念、阶级本能、朴素的阶级感情、民族情绪、自发的爱国主义等都属于社会心理。这种社会心理是通过世代相传、潜移默化的方式自发形成的。它是对社会存在的一种不系统的、不定型的、自发的、初级的反映形式。

人们的物质生活方式复杂多样、千变万化，人们的社会心理也是复杂多样、千变万化的。在各种形式的社会心理中，民族心理恐怕要算是最强烈、最持久、影响最广的一种。民族是在历史上形成的有着共同语言、共同地域、共同经济生活和通过共同文化表现出来的共同心理素质的稳定的人群共同体。语言、地域、经济生活是民族共同体的物质因素，通过共同文化表现出来的共同心理素质是民族共同体的精神因素，后者是前者在意识上的反映。这种民族共同心理素质，是我们每个人都可以从自己的经验中体会到的。

中华民族是世界上人数最多的一个民族。当他们聚居在本国国土上的时候，并不感觉到自己是一个特殊的民族，有什么特殊的心理；但是一跟别的民族接触，就立刻意识到自己是一个与别的民族有区别的民族，并力图保持自己的民族特点。旅居在世界各地的华侨同胞世世代代保持着自己民族的传统习惯，保持着民族自尊心和自豪感，保持着深厚的爱国感情就是明证。中华民族的各族人民历来反对外来民族的侵略压迫，为了解除这种压迫，不惜做出巨大的民族牺牲进行顽强斗争，这也是民族的共同心理素质的表现。为了加强团结，一个民族总是要设法巩固其共同心理，总是要强调一些有别于其他民族生活方式上的特点，并把它上升为代表这个民族的标志，还常常把从长期生活中创造出来的喜闻乐见的风格加以渲染发扬，使人一望而知是某某民族的东西，形成所谓“民族风格”。

在不同的国家，由于社会制度和生活方式不同而具有不同的社会心理。在资本主义社会里，各种人都普遍具有危机和恐惧心理，因为社会生活中你死我活的竞争，生产的无政府状态和周期性的经济危机，使人们随时随地都可能遭到突如其来的打击。在现代资本主义企业中，资本家对工人的剥削形式虽然有些改变，但是剥削的实质并没有变化。工人仍然随时有失业的可能，在业工人也由于劳动强度过高而弄得精神紧张。所有这些都突出地表现了人们不能掌握自己命运的危机感。这是资本主义社会中人们普遍具有的一种社会心理。在社会主义社会里，劳动人民既在政治上成为国家的主人，又在经济上成为生产资料的所有者，对执政党和人民政府充满信任，对自己的前途充满信心，普遍具有安全感，具有主人翁的自尊心，这是不同于资本主义社会的另一种社会心理。

同一个国家，在不同的政治、经济形势下，社会心理的情况也有不同。在"文化大革命"期间，我国人民对党和国家的命运，对自己的未来，普遍感到担心和忧虑，普遍感到压抑、迷茫；而在"文化大革命"结束以后，特别是在党的十一届三中全会以后，人们又普遍感到精神解放了，对党和国家的前途又充满信心了，普遍感到心情舒畅。

所有这些都说明，社会心理是由社会存在决定的，并随着社会存在的变化而变化。由于社会心理是分散、自发地发生的，所以往往为人们所忽视。其实，研究社会心理对于社会政治生活是很有意义的。我们制定政策的时候就必须考虑群众的情绪。我们有时说，对于那些"民愤"极大的犯罪分子必须坚决绳之以法。这个"民愤"就是群众情绪，就是社会心理的一种表现。

社会意识形态及其与社会心理的关系　社会意识形态是一种高级的社会意识，是从社会生活中提炼出来的对于社会存在比较系统、完整、自觉的反映形式。社会意识形态包括政治的、法律的、道德的、艺术的、宗教的、哲学的等思想和观点。其中每一种形式都从一个侧面反映社会存在并对它产生影响。这些不同的意识形态都是由一些概念和观点组成的比较严整的思想体系。

社会意识形态和社会心理是不同的。这种不同犹如我们前边讲过的认识过程中的理性认识和感性认识的不同。具体地说，这种不同主要有以下几个方面：

第一，它们的表现形式不同。社会心理是经验形态的东西，社会意识形态则是理论形态的东西。社会心理是零散的、不系统的，带有朴素性；

社会意识形态则是严整的、系统的，带有自觉性。

第二，它们产生的条件不同。社会心理是在日常生活中自发产生的。它在任何社会形态中都存在，即使在原始部落中，也会有不同的社会心理。社会意识形态则不可能自发产生，而只有通过对于现实关系和历史资料的分析综合才能形成，它的出现以历史上脑力劳动和体力劳动的分工为前提。只有这种分工才能使少数人有足够的时间来从事理论创造。

第三，它们的社会作用不同。社会心理自发地对社会生活产生影响，社会意识形态则集中表达一定阶级、一定集团的状况、利益和目的，并自觉地指导一定阶级、一定集团人们的社会生活，对于维持或改变社会现实有很大的作用。社会意识形态高于社会心理，对社会心理和社会生活起着指导和改造的作用，它自觉抵制其他阶级的社会意识的影响，积极提高本阶级的觉悟，扩大本阶级对于整个社会的影响。

社会意识形态和社会心理既然产生于同一的社会存在，又反映同一的社会存在，尽管有高级低级的区别，但也还有着内在的联系。它们之间的联系，也如同认识发展过程中理性认识和感性认识的联系。具体地说，主要有以下几个方面：

第一，社会心理是社会意识形态的思想基础。它为一定的社会意识形态的形成和发展提供激情、动机和意识素材，是社会意识形态的思想来源。社会意识形态是在社会心理基础上提炼出来的，是社会心理集中、系统、自觉的表现。社会意识形态在形成过程中无不打上明显的社会心理的烙印。我们常说马克思主义合情合理。所谓合情就是符合无产阶级和劳动人民的愿望，所谓合理就是合乎事物发展的规律。马克思主义既正确反映了客观事物的发展规律，又集中表达了无产阶级和劳动人民的愿望，是在无产阶级和劳动人民的社会心理基础上升华出来的一种科学的社会意识形态。我们常说毛泽东思想是具有中国特点、中国气派、中国风格的马克思主义。这个中国特点、中国气派、中国风格之中，就显示出中华民族历史地形成的社会心理的特点。

第二，社会意识形态对社会心理及其发展有巨大影响。文学艺术对人们的情感、情绪、习惯等方面的影响是显而易见的。政治思想对社会心理的影响也是巨大的。共产主义理想使人们精神充实，乐观向上，情绪饱满；没落的资产阶级意识使人们精神空虚，彷徨忧郁，悲观厌世。

第三，社会心理是社会意识形态和社会存在的中介。社会存在通过社会心理对社会意识形态发挥决定作用。同时，社会意识形态反过来又通过社会心理对社会存在发挥其反作用。在社会生活中，人们结成一定的生产关系，并由此形成处于不同经济地位中的人们不同的社会心理，进而在此基础上形成理论化、系统化的社会意识形态。反过来，社会意识形态又给予社会心理以巨大影响，并通过这种影响作用于社会存在。

各种社会意识形态的主要特点 社会意识形态有多种形式，主要有政治的、法律的、道德的、艺术的、哲学的和宗教的思想等。各种形式的意识形态都是对于社会存在的反映，作为一种意识形态都是关于社会存在的思想体系；但是，它们对社会存在的反映和作用又是各不相同的。

政治的和法律的思想是随着阶级和国家的出现而出现的。它们是关于国内各阶级、各社会集团之间的关系，关于各阶级、各社会集团在国家中的地位，以及关于国际政治关系等方面的理论化和系统化的思想观点。我们知道，政治是经济的集中表现，在阶级社会里经济关系又表现为阶级关系，法律是在经济上和政治上居于统治地位的阶级的意志的表现，因此，政治思想和法律思想是各种社会意识形态中阶级性最强烈、最鲜明的部分。它们比其他社会意识形态更直接、更集中地表现各阶级、各社会集团的物质利益。它们对于社会存在以及其他社会意识形态有着重大的作用和影响。

道德是调节人们之间，以及个人与社会之间相互关系的一整套观点和准则的体系。早在原始社会，道德就已萌芽。人类进入阶级社会之后，道德也分化为统治阶级的道德和被统治阶级的道德、剥削者的道德和被剥削者的道德，具有鲜明的阶级性。道德和政治法律不同，它不直接依靠强制手段或强制机关，而是依靠教育、示范、社会舆论、传统习惯和个人信念，以及道德修养等，来维护一定的行为准则的实施，并进而维护一定的社会利益和阶级利益。以集体主义为核心的共产主义道德，是无产阶级和劳动人民的利益和要求的反映。它是人类道德发展的最高阶段，是最高尚的道德。

艺术是运用生动、具体、感人的艺术形象来反映社会存在的一种社会意识形式。艺术的形式是多种多样的，有诗歌、音乐、绘画、舞蹈、戏剧、小说、电影等。随着人类社会生活的发展，艺术形式还会不断增多。

早在原始社会，艺术就随着人类生产劳动的出现而出现了。一进入阶级社会，艺术就有了阶级性，各个阶级的艺术都根据自己阶级的需要去反映现实。进步阶级的艺术能够揭露旧社会的黑暗和丑恶，号召和鼓舞人民群众对旧制度进行反抗斗争，唤起人民群众对新生活的向往。反动阶级的艺术宣扬邪恶，扼杀人民群众的斗争，使人消极颓废，追求低级趣味。历史上优秀的艺术作品都是和当时的人民生活息息相关的，都能够用生动、典型的形象集中反映当时社会生活中的某些矛盾关系，鲜明地表现出某种思想和情感，使千百年以后的人们还能从这些作品里认识到当时生活的面貌，还能深深地受到作者思想情感的感染。无产阶级的艺术是为无产阶级和人民大众服务的，是教育人民、打击敌人的武器，是革命事业的一部分。它坚持革命的政治内容和尽可能完美的艺术形式的统一。

宗教是用虚幻的、非现实的形式反映社会存在的一种社会意识。宗教本身是自然压迫和社会压迫的产物。当人们对于这种压迫无力反抗又不能理解时，就把盲目的自然力量和社会力量尊为神灵加以崇拜。历来的统治阶级都极力维护宗教信仰在人们精神领域中的统治，以巩固自己在现实生活中的统治。宗教要劳动人民忍受现世的痛苦，以换取来世的幸福，使劳动人民放弃反抗压迫、争取解放的斗争。宗教既然是自然压迫和社会压迫的产物，那么，随着人们对这两种压迫的摆脱，以及对自然力量和社会力量的支配，宗教也必然会趋于消亡。

马克思主义哲学主张无神论，但并不企图依靠行政命令或批判宗教来消灭宗教。当宗教的社会基础还存在的时候，是不可能在群众的意识中消灭宗教的。我国不但不想依靠法令来消灭宗教，而且还在宪法中规定公民有宗教信仰的自由。我们充分相信，一旦人们从自然力量和社会力量支配下的奴隶变成支配自然力量和社会力量的主人，人民群众就会自己动手打碎各种自然神和社会神的偶像。

此外，社会意识还有多种其他的形式，如科学、哲学等，这里就不一一说明了。从以上说明可以看出，各种社会意识形态反映的内容不同，它们各自都从不同的侧面反映社会存在；反映的方式不同，它们反映社会存在的手段、表现形式各不相同，有的具体有的抽象，有的生动直观形象，有的富于逻辑特色。它们与社会存在联系的密切程度不同，这种联系有的近有的远，有的直接有的间接。它们对社会存在的作用不同，作为对社会存在的反作用，在作用的方式、大小、性质上各有不同，有的强有的弱，有的迅速有的缓慢，有的直接有的间接。各种社会意识形态之间尽管在这些方面有所不同，但是，它们都不是彼此孤立、互不相干的。它们所反映的对象是同一的社会存在，它们的基础和来源都是同一的社会物质生活。因此，它们各自在从不同的侧面、用不同的方式反映社会存在时，必然相互补充、相互渗透、相互影响，从而构成一个反映社会存在的社会意识形态体系。

正确理解社会意识的本质和作用

正确理解关于社会存在和社会意识的基本原理，对于我们的实践活动具有重要的意义。

第一，既然社会存在和社会意识的关系问题是历史观的基本问题，那么，我们在考察任何一种社会历史现象或社会历史观点时，都一定要从这个基本问题出发，分清什么是历史唯物主义，什么是历史唯心主义，掌握二者的分歧和对立，坚持历史唯物主义，反对历史唯心主义。

第二，既然社会存在决定社会意识，那么，我们对于任何社会意识都不能单从它本身去理解和对待，而应当在现实社会存在中寻找它的根源。不能企求在尚未出现某种社会存在时，硬要社会具有与它相应的意识；也不能在某种社会存在尚未消亡时，人为地从社会上“消灭”与它相应的社会意识。

第三，既然社会意识对于社会存在具有相对的独立性和能动的反作用，那么，我们无论在什么时候，都不要忘记用革命的、正确的意识去抵制反动的、错误的意识，注意发挥革命思想对于改造社会的巨大作用，注意加强对人们的政治思想教育、社会主义人生观价值观教育和共产主义道德教育，批判各种资产阶级的腐朽思想。意识常常是落后于存在的，要注意向人们宣传社会主义的新思想。思想阵地决不能放弃，思想意识领域里的斗争决不能放松。

第四，既然社会意识具有多种多样的形式，社会心理和社会意识形态是两种基本形式，那么，我们在研究社会意识现象时，就应当注意全面研究这两种形式，分析它们各自的特点和规律，以及对于社会存在的不同作用，不能只看到或只强调一种形式而忽略另一种形式。特别是对于社会心理的研究长期未被重视，现在应当加以强调。在实际工作中，在制定政策时，社会心理也是我们应当加以考虑和研究的。人民群众的情绪是我们应当时刻关心和研究的一个重要课题。

阅读书目

德意志意识形态：一 费尔巴哈．见马克思恩格斯选集．3版．第1卷．北京：人民出版社，2012.

《政治经济学批判》序言．见马克思恩格斯选集．3版．第2卷．北京：人民出版社，2012.

卡尔·马克思《政治经济学批判。第一分册》：一．见马克思恩格斯选集．3版．第2卷．北京：人民出版社，2012.

卡尔·马克思．见马克思恩格斯选集．3版．第3卷．北京：人民出版社，2012.

反杜林论：第一编九．见马克思恩格斯选集．3版．第3卷．北京：人民出版社，2012.

在马克思墓前的讲话．见马克思恩格斯选集．3版．第3卷．北京：人民出版社，2012.

路德维希·费尔巴哈和德国古典哲学的终结：四．见马克思恩格斯选集．3版．第4卷．北京：人民出版社，2012.

恩格斯致康拉德·施米特（1890年8月5日）．见马克思恩格斯选集．3版．第4卷．北京：人民出版社，2012.

恩格斯致弗兰茨·梅林（1893年7月14日）．见马克思恩格斯选集．3版．第4卷．北京：人民出版社，2012.

唯物主义和经验批判主义：第六章2. 见列宁选集．3版修订版．第2卷．北京：人民出版社，2012.

卡尔·马克思：唯物主义历史观．见列宁选集．3版修订版．第2卷．北京：人民出版社，2012.

新民主主义论：三．见毛泽东选集．2版．第2卷．北京：人民出版社，1991.

在延安文艺座谈会上的讲话．见毛泽东选集．2版．第3卷．北京：人民出版社，1991.

在中国共产党全国宣传工作会议上的讲话．见毛泽东文集．第7卷．北京：人民出版社，1999.

第十八讲　社会生产的发展

生产以及随生产而来的产品交换是一切社会制度的基础；在每个历史地出现的社会中，产品分配以及和它相伴随的社会之划分为阶级或等级，是由生产什么、怎样生产以及怎样交换产品来决定的。①

——恩格斯

为什么古代有人吃人的现象？

常言道：虎毒不食子。怎么有理性的人竟吃起自己的同类来了？这是不是故作惊人之笔？不是。在我国唐代诗人白居易的诗《轻肥》中就有一句："是岁江南旱，衢州人吃人"。这个"是岁"指的是公元809年。这里丝毫不存在什么诗人对灾情的夸张。这样的惨事，不仅在我国历史上发生过，而且在外国历史上也不乏记载。

俄国哲学家普列汉诺夫曾说过，原始人在食物匮乏时就吃自己的老父、老母。1980年3月在雅典报道过一则新闻：克里特岛人在公元前1450年左右有吃人肉的习性。考古学家在克里特岛的克诺索斯宫殿附近的一所房屋中，发掘出一些人的尸骨。尸骨上留下的刀痕同动物被宰割后留下的刀痕一模一样。这些尸骨不是完整的，而是支离破碎的。已经辨认出200多根骨头是8～11个年龄为10～15岁的儿童的。这个发现表明，这里确实存在过人吃人的事实。这是不是克里特岛人特有的野蛮、怪癖呢？不是的。

人类学家摩尔根在《古代社会》一书中，曾根据事实说明了古代为什么会有人吃人的现象。他说，吃人的风气在整个蒙昧阶段是普遍流行的，

① 《马克思恩格斯选集》，3版，第3卷，654页。

平时吃被俘获的敌人，遇到饥荒时，就连自己的朋友和亲属也吃。这在渔猎时代是不可避免的，因为那时食物没有保证，人们经常遭受极度饥饿的威胁。直到亚洲和欧洲的先进部落有了家畜，美洲的先进部落因为耕种而有了稳定的淀粉食物之后，人吃人的现象才消失。

社会发展到了今天，人吃人理所当然地被看作极不道德的、违背人性的行为。人们在提到旧社会时，常说那是一个人吃人的社会，足见人吃人是被当作惨无人道的丑恶行为而加以诅咒的。这些事实说明了什么呢？它说明由生产发展所提供的食物状况，对于人类的生活方式和思想道德面貌起着决定性的作用，生产的发展对于社会的发展起着决定性的作用。

1. 社会发展史首先是生产发展的历史

社会是发展的。从传说中的有巢氏构木为巢到几十层的摩天大楼，从燧人氏钻木取火到核电站发出强大的电力，从披挂树叶的北京猿人到王府井大街上身着时装的娇艳姑娘，这一切都说明人类社会发生了多么巨大的变化！可是，这种变化的基础是什么呢？是物质资料的生产。没有物质资料的生产，也就没有人类的一切。物质资料的生产是人类社会存在和发展的基础。这个道理是很清楚的。

首先，没有物质资料的生产就没有人类社会。我们知道，人类社会是从人类产生那一天开始的，没有人就无所谓人类社会。在前面论及社会和自然时我们已经讲过，正是生产劳动使古猿变成人，形成人类社会。

其次，没有物质资料的生产，人类社会的一切其他活动都无法进行。人与动物不同。他不能像动物那样浑浑噩噩地过日子，除了吃饭穿衣，还要进行社会交往，从事政治、文化、艺术活动。可是所有这些社会活动，都必须是在解决了吃、穿、住的问题之后才能进行。

最后，没有物质资料的生产，就没有人类社会的发展。我们知道，人类不是消极地等待自然界的恩赐，而是积极地认识自然、改造自然，向自然界索取自己所需要的东西。这种需要是不断发展的。为了满足这种日益增长的需要，人们就必须在深度和广度上提高改造自然的能力，发展生产。正是人类这种不断满足又不断提高的对于物质资料的需要，推动着社会生产的发展。社会生产的发展创造了人类的物质文明和精神文明，推动了人类社会的发展。

总之，物质资料的生产是社会存在和发展的基础。人类社会发展的过程，从根本上说，就是物质资料生产发展的过程。人类社会的历史首先就是物质资料生产发展的历史。

2. 社会生产是生产力和生产关系的统一

一说起生产，大家很容易就会想到手把锄头除野草的农民，全神贯注在机器旁操作的工人，站在船头奋力拉网的渔民……如果把这些生产活动分析一下，就可以看出它里边包含两个基本的方面，或两种基本的关系。一个方面是人运用一定的物质手段积极地作用于自然界。这是人和自然界的关系，叫作生产力。它是人类改造自然获取物质生活资料的能力。另一个方面是人为了积极地改造自然，按照一定方式相互联系结合成一个整体。这种人和人在生产过程中结成的关系，叫作生产关系。

任何生产活动都是由生产力和生产关系这两个方面结合在一起构成的，是这两个方面的统一。当我们说到某某产品是怎样生产出来的，即说明它的生产方式时，就包括它是按照什么样的方式组织起来的人，使用什么样的工具制造出来的。我们日常生活中所说的生产往往是指生产力，而经济学中一般地把生产方式称为生产。我们这里所说的生产都是生产方式的简称。

什么是生产力　生产力是人们改造自然获取物质生活资料的能力。它包括两个方面：劳动者和生产资料。这两个方面是一切生产力都不可缺少的。劳动者是生产力中人的因素。劳动者的劳动能力包括从事生产活动的人的体力和脑力。生产资料是生产力中物的因素，它由劳动资料和劳动对象这两个部分组成。劳动资料是劳动者用来向劳动对象发挥自己作用的那些物质条件，其中最主要的是生产工具。此外，生产劳动所需要的其他物质条件，如厂房、设备等也是劳动资料。劳动对象是劳动者运用劳动资料进行加工的那些物体。它包括自然存在的自然力和进入劳动过程的自然物体这两部分。劳动者、劳动资料、劳动对象三者结合就构成了生产力。生产过程就是劳动者运用以生产工具为主的劳动资料作用于劳动对象的过程。

劳动者是生产力中起主导作用的要素。劳动资料的制造、使用和劳动对象的改变，都依赖于劳动者的活动。生产活动有低级和高级、简单和复杂之分，但无论从事什么生产活动，劳动者都必须具备生产所必需的生产经验和劳动技能。这种经验和技能是劳动者在制造和使用工具的过程中逐渐形成和不断发展的。人们不可能永远停留在一个技术水平上。

以生产工具为主的劳动资料是生产力的一个重要因素。劳动者只有借助于一定的劳动资料，才能进行改造自然的活动。工具等劳动资料是劳动者制造的，它随着劳动者技术水平的不断提高而不断改进，也不可能永远停留在一个水平上。人类社会已经经历了由简单工具到复杂工具、由工具到机器、由简单机器到复杂机器等几个时代。现在，由电子计算机控制的自动化机器体系日益普及和提高，不仅原来组成机器的三个部分（发动机、传动机、工作机）发生了惊人的变化，而且又增加了一个指挥控制系统。劳动资料的发展不仅促使生产力迅速发展，而且还深刻改变了生产力内部各要素之间的关系。

在手工工具阶段，人直接控制工具作用于劳动对象，工具不过是人的肢体的“延长”。在大机器生产中，人把直接作用于劳动对象的职能交给了机器，自己只承担控制和维修机器以及设计新机器的任务。由于电子计算机的应用，甚至连一部分管理职能也交给了机器。这种劳动资料的发展不仅使人的肢体“延长”了，而且使人脑的作用扩大了。起初，人在生产过程中是作为一种自然力与自然界相互作用的，人的器官是最原始的劳动工具，人的体力是最原始的动力；当机器代替了人的直接作用后，人就不再仅仅作为一种自然力作用于自然界，而是在更高程度上和更大范围内作为自觉的人支配自然界了。

劳动对象也是生产力中不可缺少的因素。劳动对象有两类：一类是自然资源，另一类是经过加工的原材料。生产力的发展总是同发现新的劳动对象分不开的。一方面，进入生产过程的自然资源越来越多样化；另一方面，原材料的种类和规模也不断扩大。可见，劳动对象也是不断发展变化的，也不可能永远停留在一个水平上。

在生产力的要素中，还有一个不容忽视的要素，这就是科学技术。科学技术虽然不是生产力中一个独立的要素，但它却渗透到上述三个基本要素之中。当科学技术尚未应用于生产过程时，还不能算作现实的生产力；它一旦应用于生产过程，就会成为劳动者的生产经验和技能的组成部分，就会导致生产工具的改进和劳动对象的扩大。历史上，蒸汽机的发明和应用曾经导致了第一次工业革命。现代科学技术，以核能的利用，电子计算机和微电子技术、激光技术、光纤通信技术的发明和应用，空间科学和航天技术、海洋工程技术、生命科学和现代生物工程技术的发展为主要标志，正在经历一场新的科学技术革命，并以空前的规模和速度应用于生产。科学技术越来越成为重要的生产力。

总之，劳动者、劳动资料和劳动对象构成生产力。生产力的各要素及其结合的变化，都会引起生产力的变化。由于人和自然始终处于矛盾之中，这就造成生产力的各环节必然处于经常变化之中。所以，生产力是生产中最活跃、最革命的因素。

什么是生产关系 物质资料的生产从来都是社会性的活动。人们只有以一定方式结合起来，才能进行生产；人们只要进行生产，彼此之间也就必然发生一定的联系或关系。社会生产的总过程包括生产、分配、交换、消费四个环节。在生产总过程中，在所有这四个环节上，人们都发生一定的相互关系。这个关系主要有以下三方面：生产资料所有制的形式，人们在具体生产过程中的地位和关系，产品的分配形式。这三个方面相互联系、相互制约，形成一个有机的整体。其中，生产资料所有制形式是最基本的。它不仅决定着生产关系中的其他两方面，而且决定着整个生产关系的性质，是生产关系的基础。

在人类历史上，生产关系有两种基本类型：一种是以生产资料公有制为基础的，一种是以生产资料私有制为基础的。属于前者的有原始社会、社会主义和共产主义社会的生产关系；属于后者的有奴隶社会、封建社会和资本主义社会的生产关系。在以公有制为基础的生产关系中，人们之间是平等的、互助合作的关系，分配是按照有利于劳动者的原则进行的，或者按需分配，或者按劳分配。在以私有制为基础的生产关系中，人们之间是支配和被支配、剥削和被剥削的关系，分配是按照有利于生产资料所有者的原则进行的。

同生产力一样，生产关系属于社会生活的物质方面。它是客观存在的，是不以人们的意志为转移的。为什么这样说呢？首先，生产关系是历史的产物，是人们生存和活动的既定前提。后来的生产关系都是对前一种生产关系进行否定之后产生出来的。生产关系一旦产生出来，又成为当时人们生产活动的前提。人们不能自由选择生产力，也不能自由选择生产关系。其次，生产关系是通过物质资料的生产、分配、交换和消费这些不同的环节表现出来的，表现为物的运动。这种物的运动是在人们的意识之外进行的，并且不以人们的意志为转移。

总之，生产关系的客观性是由物质资料生产活动的客观性决定的。正是这种客观的经济关系构成各种政治思想关系的基础，成为最基本的社会关系。生产力和生产关系是统一的生产活动中相互依赖、相互制约着的两个方面，二者有机统一起来，构成社会的生产方式。它们的矛盾运动推动了社会生产的发展。

3. 生产力和生产关系的对立统一推动社会生产发展

社会生产是生产力和生产关系的矛盾统一体。这两个方面既统一又斗争，构成了社会生产的运动，推动了社会生产乃至整个社会的发展。生产力和生产关系的矛盾是社会的基本矛盾，它的状况规定着社会上一切其他矛盾的状况。生产力和生产关系矛盾运动的规律，即生产关系必须适合于生产力的性质和水平，规定和影响着所有其他社会规律，是社会发展的基本规律。生产关系一定要适合生产力的性质和水平，反映了生产力和生产关系之间内在的本质的联系。这种联系表现在两个方面：一方面是生产力决定生产关系；另一方面是生产关系反作用于生产力。这个“决定”和“反作用”相结合，就构成了生产力和生产关系的矛盾运动。

生产力决定生产关系　生产力是怎样决定生产关系的呢?

首先，生产力是生产关系形成的物质基础和基本前提。有生产力就必须有生产关系，有什么样的生产力迟早也必须有什么样的生产关系。某种生产关系能否存在，不是由生产关系本身来决定，而是由生产力的状况来决定。生产关系的命运完全以它与生产力适合的程度而定。当生产关系不适合生产力的需要时，想维持它也维持不下去；当生产关系适合生产力的需要时，想改变它也改变不了。

其次，生产力的状况决定生产关系的性质。人们在生产、分配、交换、消费等方面结成什么样的关系，不是由人的主观意志决定的，而是由生产力的状况决定的。对生产资料实行公有制还是实行私有制，不能根据某种善良的愿望或道德原则，而要根据生产力的性质和水平。与使用石器的极低的生产力相应的，是以原始公社公有制为基础的原始公社的生产关系；与使用金属工具为主、有了一定程度发展的生产力相应的，是以奴隶主占有生产资料和奴隶为基础的奴隶制生产关系；与铁制工具广泛应用的生产力相应的，是以地主阶级占有土地等生产资料并对农民进行剥削为基础的封建主义生产关系；与使用机器的生产力相应的，是以资本主义私有制为基础的资本主义生产关系；与社会化大生产相应的，是以社会主义公有制为基础的社会主义生产关系。可见，生产力的状况不同，它所要求建立的生产关系也不同。任何生产关系都不能离开生产力的实际状况而凭空出现。同样，生产关系究竟先进不先进，不能由它自身的性质来判定，而要看它是否适合于当时生产力的性质和水平。

最后，生产力的发展决定生产关系的发展。在生产方式中，生产力是最活跃的因素，生产关系则是相对稳定的。这种相对稳定虽然也是生产力的要求，但是当生产力发展到一定程度时，又要求打破这种相对稳定，对生产关系实行变革。人们为了生存就必须不断进行生产，社会生产的连续进行，使生产资料和生产经验不断积累起来。这种积累就会使生产方法越来越多样化，生产技术不断得到改进。生产方法的多样化和生产技术的改进，必然引起新的社会分工。新的社会分工又必然引起生产过程中人们之间关系的变动，引起生产关系的变革。

无论哪一种生产关系，在它所能容纳的全部生产力发挥出来以前，是决不会灭亡的；而新的生产关系在它赖以存在的物质条件尚未成熟之前，也是不会出现的。这就像鸡蛋壳和鸡胚胎之间的关系一样。起初，蛋壳是保护胚胎的，使它能够发育成长。但是，到了一定阶段，蛋壳不仅不再起保护作用，反而变成胚胎进一步发育的桎梏。胚胎不发育到一定程度是不会冲破蛋壳的。然而到了一定时候，小鸡为了能够正常成长，又必须打破那个已经成为桎梏的外壳。

生产力的发展必须经过日积月累的量变阶段，才能达到根本性质的变化。与此同时，生产关系也有一个从基本适合到基本不适合，再到完全不适合的变化过程。到了完全不适合的时候，就要用革命的手段，彻底打破旧的生产关系，建立新的生产关系，使物质生产得以继续进行下去。可见，生产关系的变革完全是由生产力的发展引起的，生产力的发展是生产关系变革的客观物质根据。

生产关系对生产力的反作用　生产力决定生产关系，但生产关系也不是消极的，无所作为的；它对生产力也有巨大的反作用。生产关系对生产力的反作用，总的说来，有两种情况：当它适合生产力的性质和水平时，它是生产力的发展形式，从而能够保护、促进生产力的发展；当它不适合生产力的性质和水平时，它就变成生产力的桎梏，从而破坏现有的生产力，阻碍它的发展。

怎么来判定生产关系是否适合生产力的性质和水平、能否促进生产力的发展呢?

生产关系能不能促进生产力的发展，关键在于能不能促进劳动者和生产资料的结合。当生产关系在客观上有利于劳动者和生产资料的结合时，它就能充分发挥现有的人力和物力的作用，推动生产力的发展。在原始公社末期，私有制有利于劳动者和小块土地相结合，有利于人们采用当时已经出现的金属工具，从而推动生产力向前跨进了一大步。资本主义制度使许多工人在同一时间、同一空间（同一劳动场所），为了生产同一产品，在同一资本家的指挥下工作，从而大大节约了生产费用，提高了生产效率。这是资本主义制度比小生产制度优越的地方。

相反，当生产关系在客观上妨碍劳动者和生产资料的结合时，它就要造成人力物力的浪费，使生产力难以维持和发展。历史上由于奴隶的逃亡、农民的流离失所、工人的大批失业而造成的生产停滞或下降，都说明当时的生产关系妨碍劳动者和生产资料的结合，与生产力发展的要求不适合。

生产关系能不能促进生产力的发展，还要看它能不能调动各个社会集团的生产积极性。我们知道，生产关系实际上就是生产资料和生产成果在不同社会集团中的不同分配。这种分配造成了不同社会集团的不同利益。这些不同利益又形成了不同社会集团活动的动机，决定了它们或者关心生产，或者阻碍和破坏生产。在这方面，生产关系对生产力的反作用是极其明显的。

生产关系对生产力的反作用有两种情况。一种情况是调动直接生产者的积极性，对生产力起着直接的推动作用。社会主义公有制代替资本主义私有制，之所以能够推动生产力的发展，主要就是因为新的生产关系使生产资料直接归劳动者所有，使直接生产者得到物质利益，激发了他们生产的积极性，因而促进了生产力的发展。另一种是以间接的方式推动生产力的发展。在资本主义代替封建主义时，新的生产关系由于符合生产资料所有者的利益，使他们为了增加自己的财富而不能不关心生产。追求利润的要求曾驱使资产阶级奔走于全球各地，到处开办工厂企业，到处建立联系，因而使得资产阶级在它取得统治不到一百年的时间里创造出的生产力比过去一切时代所创造的总和还要多。然而，这时的直接生产者却无这种兴趣和积极性。他们是被迫从事生产的，他们曾以破坏机器来表示自己的反抗。这时的劳动人民是在被奴役的条件下创造社会财富的。

在讲到生产关系对于生产力的反作用时，有一个问题应当提出来着重加以强调：生产关系对生产力的反作用，只有通过生产力的内部矛盾，通过人与自然的关系才能发生影响。新的生产关系由于调整了生产过程中人与人的关系，使得人提高了改造自然的兴趣和能力，从而为生产力的发展创造了条件，开辟了道路；但是，它本身并不能直接解决人与自然的关系，不能代替人对自然的改造，因而也就不等于现实的生产力。我国社会主义生产关系的建立，为发展社会生产力开辟了一条无限宽广的道路；然而，要把生产力真正提高一步，还要靠我们努力认识自然和改造自然，付出辛勤的劳动。那种以为生产关系一改变，生产力自然就会发展的想法，是天真幼稚的。

总之，生产力决定生产关系，生产力的发展引起生产关系的变革，而变革了的生产关系又进一步促进生产力的发展。如此往复，以至无穷，从而推动社会生产不断向更高一级发展。

4. 阶级社会里生产力和生产关系的矛盾表现为阶级矛盾

生产力决定生产关系，生产关系反作用于生产力。在这种矛盾运动中，生产力不断发展，生产关系也相应地发生连续的量变和在量变基础上的质变。生产方式中的新因素首先出现在生产力中。在连续的生产过程中，生产力的性质和水平通过劳动经验的积累和劳动工具的改进而不停地变化着。同生产力相比，生产关系则具有相对的稳定性。它在发展进程中经常落后于生产力的发展，因而和生产力发生矛盾。当这种矛盾极端尖锐的时候，生产关系便成为生产力发展的障碍，使物质生产再也不能继续发展，甚至停滞、倒退。这时，人们为了不致丧失已经取得的物质成果和精神成果，为了能够生存下去，就不得不改变已经与生产力性质和水平不相适应的旧的生产关系。这时，改变旧的生产关系、建立新的生产关系的社会革命就要到来。在阶级社会中，生产力同生产关系的矛盾，以及为了改变不适合生产力的生产关系而进行的活动，常常表现为阶级矛盾和阶级斗争，表现为一个阶级推翻另一个阶级的暴力行动。

阶级社会里的生产关系 由于在历史上一定社会生产体系中所处的地位不同，对生产资料的关系不同，在社会劳动组织中所起的作用不同，以及领得自己所支配的那份社会财富的方式和多寡不同，形成了一些不同的集团，这样的集团就是阶级。

所谓阶级就是在历史上一定社会生产体系中处于不同地位的集团。这就是说，阶级是与历史上某一特定的生产方式相联系的。在包含着对抗的生产方式下，人们划分为不同的阶级。在奴隶制生产方式下划分为奴隶主和奴隶，在封建主义生产方式下划分为地主和农民，在资本主义生产方式下划分为资产阶级和无产阶级。因此，必须联系生产力和生产关系的矛盾运动，去考察社会阶级的划分。

所谓阶级就是对于生产资料有着不同关系的集团。各阶级在生产体系中所处的地位不同，主要表现在它们对生产资料的关系不同。这是划分阶级最根本的标准。由于它们对生产资料占有关系不同，就决定了它们在劳动组织中的作用不同，以及领取社会财富的方式和多寡的不同。在阶级社会中，总是有的阶级占有生产资料，有的阶级失去生产资料。只要在社会上只有一部分人占有生产资料，那就必然要出现剥削和被剥削、统治和被统治的现象。阶级是随着生产资料私有制的产生而产生、变化而变化、消灭而消灭的。

所谓阶级就是在社会劳动组织中起着不同作用的集团。社会分裂为剥削者和被剥削者、统治者和被统治者，是生产有了一定发展而又不大发展的结果。当社会总劳动所提供的产品除了满足社会全体成员最起码的生活需要以外，只有少量剩余，而劳动占去社会大多数成员的全部或几乎全部时间的时候，这个社会的成员就必然分裂为阶级。一方面是大多数人完全投身于劳动，另一方面是少数人脱离直接生产劳动，去从事公共事务和精神文化活动。究竟哪些人从事直接生产劳动，哪些人从事精神文化活动，这是由他们对生产资料的关系决定的。只有那些垄断物质生产资料的人，才能同时又垄断精神生产。资本家之所以是资本家，并不因为他是工业的领导人；相反，他之所以能够成为工业的“司令官”，因为他是资本家，占有生产资料。现代资本主义企业中，从事管理活动的经理不过是资本家的代理人。

所谓阶级就是领得自己所支配的那份社会财富的方式和多寡不同的集团。在阶级社会里，处于不同阶级的人，经济收入的方式是不同的。资本家的经济来源是利润或利息，工人则以工资为经济来源。他们收入的多寡也不同，资本家和工人的收入极其悬殊。这一特征虽然不是阶级的根本特征，但却是划分阶级所不容忽视的一个特征。

如果把关于阶级的特征同生产关系的几个方面联系起来，就可以看到，阶级的特征不过是生产关系的各个方面在社会阶级结构中的表现。生产关系的各个环节是不可分割的，阶级的各个特征也是不可分割的。在阶级社会里，生产过程中不同的人划分为不同的阶级，人与人的关系是一种阶级关系。所以说，在阶级社会里，生产关系必然表现为阶级关系。

阶级社会里生产力和生产关系的矛盾 在阶级社会里，生产关系表现为阶级关系，任何一种生产关系都反映着一定阶级的利益。在奴隶制生产关系下，奴隶主占有生产资料和奴隶，对奴隶进行剥削，符合奴隶主的利益；在封建主义生产关系下，地主占有土地，以地租的形式剥削农民，符合地主阶级的利益；在资本主义生产关系下，资产阶级占有工人的剩余劳动，符合资产阶级的利益。这些剥削阶级都是一定历史时期现存生产关系的维护者，他们都极力反对变革现存的生产关系。然而，生产力的发展迟早要使现存的生产关系由适合变成不适合，那些代表生产力发展要求的阶级不得不起来推翻阻碍生产力发展的旧生产关系，建立起适合生产力发展的新的生产关系。

这时，生产力与生产关系的矛盾，就表现为新生产关系与旧生产关系的矛盾，要求变革旧生产关系建立新生产关系与维护旧生产关系反对建立新生产关系的矛盾，表现为要求变革旧生产关系的进步阶级与维护旧生产关系的反动阶级之间的矛盾。这个矛盾是建立在物质利益冲突基础上的，不通过阶级斗争是无法解决的。所以，生产力和生产关系的矛盾，变革和维护旧生产关系的矛盾，表现为阶级矛盾。这个矛盾只有通过一个阶级推翻另一个阶级的阶级斗争才能解决。

社会发展史首先是物质资料生产发展的历史，而物质资料生产的发展实际上是生产力和生产关系的矛盾运动。在阶级社会里，这一矛盾运动又表现为阶级矛盾，要通过阶级斗争来解决，因此，阶级社会发展的历史又是阶级斗争的历史。一部世界文明史，就是生产力和生产关系的矛盾通过阶级斗争而发展的历史。从15世纪开始，在西欧封建社会内部孕育着新的资本主义经济因素。在资本主义发展的一定阶段上，资产阶级代表着新的生产力，起来反抗封建土地占有者和行会师傅所代表的旧的生产秩序。阻碍生产力发展的封建桎梏被打碎以后，生产力获得巨大的发展。然而，生产力的进一步发展，社会化的大生产又同资本主义的生产秩序发生冲突。被资本主义生产秩序所束缚的大工业，一方面使广大无产阶级越来越贫困化，另一方面生产出来的大量产品越来越没有出路。生产的过剩和人民的贫困，二者互为因果。这个矛盾只有通过改变资本主义的生产关系，使生产力摆脱桎梏才能解决。可是，资产阶级是不会同意改变资本主义生产关系的，因为这意味着放弃它对生产资料的占有，放弃它既得的物质利益。因此，无产阶级反对资产阶级的阶级斗争，以及推翻资本主义制度的社会主义革命，就成为不可避免的了。

显而易见，阶级斗争是由于不同阶级在社会生产中所处的地位，以及由此产生的物质利益方面的矛盾而引起的，绝不是人们任意虚构的或随心所欲地煽动起来的。社会发展的最终根源，是社会生产力的发展，是生产力和生产关系之间的矛盾。在阶级社会里，由于阶级斗争可以解决生产力和生产关系的矛盾，变革旧的生产关系，解放生产力，不断为社会生产的发展开辟道路，因而就成为阶级社会发展的直接动力。

注意解决生产力和生产关系的矛盾，促进社会生产的发展

正确理解关于社会生产的发展的基本原理，对于我们的实践活动具有重要的意义。

第一，既然社会发展史首先是生产发展的历史，那么，我们在研究社会的发展时，就应当注意研究生产的发展，从中引出社会发展的规律性。

第二，既然社会生产是生产力和生产关系的统一，那么，我们在研究社会生产时，就应当注意研究生产力和生产关系这两个方面的情况，研究它们的相互关系。一方面，要随时注意研究生产力发展的情况，把握生产力发展的动向和趋势，发现生产力发展中所提出的要求。只有这样，才能做到及时提出和解决社会发展中的问题，才是实实在在地推动了社会的前进。另一方面，也要随时注意研究生产关系。在研究生产关系时，我们一定要如实地把它看成生产过程中必然发生的关系，看成在人们意识之外发生的客观的关系，而不能把它想象成可以由人任意规定的东西。

第三，既然生产力和生产关系既对立又统一，由此推动社会生产的发展和整个社会的前进，那么，我们在实际工作中，就应当时刻注意研究生产力和生产关系的辩证关系，分析生产力和生产关系的矛盾运动。一方面，要注意发现那些不适合生产力状况的生产关系，以便及时加以调整和改革，千万不要等到不可收拾的地步才去解决。另一方面，又要注意在生产关系还能够适应生产力状况时，维持它一定的稳定性。当生产关系还能够容纳生产力发展时，如果把它改变了，同样会破坏生产力的发展。

第四，既然在阶级社会里生产力和生产关系的矛盾表现为阶级矛盾和阶级斗争，那么，我们在实际工作中，就应当正确理解阶级和阶级斗争问题，正确处理生产斗争和阶级斗争的关系。阶级斗争是生产力和生产关系的矛盾的表现，也是解决这一矛盾的手段。阶级斗争由于能够解决生产力和生产关系的矛盾，因而能够推动社会的发展。如果离开生产力和生产关系的矛盾去孤立地抓阶级斗争，就是为斗争而斗争，就是无的放矢，就失去了阶级斗争的本来意义。

阅读书目

共产党宣言：一 资产者和无产者．见马克思恩格斯选集．3版．第1卷．北京：人民出版社，2012.

雇佣劳动与资本．见马克思恩格斯选集．3版．第1卷．北京：人民出版社，2012.

《政治经济学批判》序言．见马克思恩格斯选集．3版．第2卷．北京：人民出版社，2012.

《政治经济学批判》导言：I.1、2. 见马克思恩格斯选集．3版．第2卷．北京：人民出版社，2012.

马克思致帕维尔·瓦西里耶维奇·安年科夫（1846年12月28日）．见马克思恩格斯选集．3版．第4卷．北京：人民出版社，2012.

反杜林论：一 概论，第二编 一，第三编 二、三．见马克思恩格斯选集．3版．第3卷．北京：人民出版社，2012.

在马克思墓前的讲话．见马克思恩格斯选集．3版．第3卷．北京：人民出版社，2012.

家庭、私有制和国家的起源：1884年第一版序言．见马克思恩格斯选集．3版．第4卷．北京：人民出版社，2012.

弗里德里希·恩格斯．见列宁选集．3版修订版．第1卷．北京：人民出版社，2012.

伟大的创举．见列宁选集．3版修订版．第4卷．北京：人民出版社，2012.

关于正确处理人民内部矛盾的问题：一．见毛泽东文集．第7卷．北京：人民出版社，1999.

第十九讲　社会形态的发展

随着经济基础的变更，全部庞大的上层建筑也或慢或快地发生变革……无论哪一个社会形态，在它所能容纳的全部生产力发挥出来以前，是决不会灭亡的；而新的更高的生产关系，在它的物质存在条件在旧社会的胎胞里成熟以前，是决不会出现的。[①]

——马克思

从郭巨埋儿到高老头被弃

《二十四孝图》中有一幅叫《郭巨埋儿》，说的是汉代有个名叫郭巨的人，家境贫穷，他的老母常将自己的那一份饭分给三岁的孙子吃。郭巨看了心中不安，就和妻子商量，决定埋掉自己的儿子，以免与老母分食。封建社会这种“孝道”到了资产阶级取得统治地位的时候，就被抛弃了。资本主义的商品经济使人与人之间的关系完全变成了赤裸裸的金钱关系。巴尔扎克的《高老头》深刻揭露了这种冷酷的现实。高老头的两个女儿，依靠高老头的金钱，一个高攀贵族，成了伯爵夫人，跨进了上流社会；一个嫁给了银行家，成了阔太太。她们出嫁时，每人得到80万法郎的陪嫁，所以对高老头极尽奉承阿谀之能事。但是，不久高老头就被撵出了她们的家门，在公寓里过着穷困的生活。起初，他每星期还可以去女儿家吃一两次饭，后来连女儿家的门也不能进了，因为他的钱袋越来越瘪了。高老头临死前很想见女儿，哭天喊地，也是枉然。高老头叹道：“倘若我留着家私，没有把财产给她们，她们就会来了，会用她们的亲吻来舔我的脸!”

从郭巨孝母埋儿到高老头无钱被弃，生动地表现出人们之间的关系发

① 《马克思恩格斯选集》，3版，第2卷，3页。

生了深刻的变化。这是一种什么变化？为什么会发生这种变化呢？为了理解这种变化，就要了解社会形态的本质和社会形态更替的规律。

1. 社会形态是经济基础和上层建筑的统一

什么是社会形态 在前面关于社会和自然的论述中，我们曾对社会作了大致的描绘。但是，要想真正了解社会，不是单单知道社会的定义就可以解决的；况且，关于社会的定义，也只有经过对具体的社会进行分析之后才能得出。只有对具体的社会有了一些具体了解之后，才能够充分理解关于社会的一般定义。所谓具体的社会，就是处在一定历史发展阶段上的、以特定形态存在的社会，我们把它叫作“社会形态”。

社会和社会形态是普遍和特殊的关系，犹如物质和草、木、山、川之类的关系一样。社会都以一定的形态存在着，表现为一定的现实社会形态。我们中国现在是社会主义社会，即以社会主义形态存在的社会。然而，社会主义社会不是一种独立的社会形态，它属于共产主义社会形态，是共产主义社会的初级阶段。社会的发展在不同的历史阶段上以不同的形态出现，所以说社会形态是发展变化的。原始社会、奴隶社会、封建社会、资本主义社会和共产主义社会，就是处于不同发展阶段上的五种基本的社会形态。

那么，社会的形态是由什么规定的？各个社会形态间的区别何在？前边说过，社会是一个由各种社会关系构成的有机整体；生产关系是各种社会关系中最基本的关系。然而人们之间除了在物质生产过程中结成生产关系外，还从事别的活动，形成别的社会关系，这就是政治关系和思想关系。人们的政治关系体现在各种政治制度中，体现在政权、法制、军队、警察、法院、党派团体等国家机构和政治机构中；思想关系则体现在各种社会意识形态中，体现在人们的各种政治和思想活动中。社会就是由生产关系即经济关系和政治、思想关系构成的一个整体。社会形态的性质和特征是由这两类关系之间的相互关系决定的。社会形态的发展就是由这两类关系的矛盾运动推动的。

对于这两类关系，马克思、恩格斯把它们比作社会大厦的基础和上层建筑，说生产关系是社会建筑物的经济基础，政治、思想关系是它的上层建筑。这原本是一种比拟，后来就变成了历史唯物主义把握社会的一对基本概念。

什么是经济基础 什么是经济基础呢？经济基础就是生产关系，一定社会的生产关系的总和构成该社会的经济基础。任何社会都是处于发展过程中的活的机体，所以在任何社会的经济基础当中，随时都会存在着过去的痕迹和未来的萌芽。因此，要确定一个社会的经济基础的性质和状况，就必须找出那个主要的、基本的生产关系。我们说的经济基础是“一定社会的生产关系的总和”，是指占主导地位的那种生产关系的各个方面、各个环节的总和，而不是把占主导地位的生产关系与过去旧生产关系的残余，以及未来生产关系的萌芽拼凑在一起。我国的经济基础是社会主义的，就是因为在我国占主导地位的是社会主义的生产关系。这种社会主义性质表现在生产、分配、交换、消费等过程的各个环节上，也贯穿在生产资料所有制、人在生产过程中的地位和关系、产品的分配等生产关系的各个方面中。当然，这并不是说，过去遗留下来的以及处于萌芽状态的未来经济成分在现实生活中不起作用；而是说它们不能决定现实社会经济基础的性质，不能作为区分这一社会和那一社会的根据。

“经济基础”这个概念形象而又准确地表现了生产关系在社会机体中的地位和作用。它形象地表明，生产关系是物质生产领域以外的一切社会现象的基础和根源；其他一切社会现象都必须由生产关系来说明，都必须与生产关系相适应。

什么是上层建筑 什么是上层建筑呢？哲学上把建立在一定的经济基础之上的社会意识形态，以及与它相适应的政治、法律制度叫作社会的上层建筑。它包括国家政权、法制、军队、警察、法庭、监狱等制度和设施，以及政治、法律、道德、哲学、艺术、宗教等思想观点。上层建筑是一个庞大的体系，它的各个组成部分有机地联系在一起。一定的政治机构设施是同一定的政治法律制度相适应的，是它的附属物；一定的政治法律制度又是同一定的政治、法律等思想观点相适应的，是以它为指导而建立起来的。在阶级社会里，上层建筑具有强烈的阶级性。无论是政治法律制度，还是政治思想、法律思想等思想观点，都是一定阶级利益的表现，都是为一定阶级的利益服务的。在上层建筑庞大的体系中，政治居于主导地位，它是经济的集中反映，国家政权是上层建筑的核心。

任何形态的社会都是由经济基础和上层建筑这两个方面构成的。一定的社会形态是一定的经济基础和与之相适应的上层建筑的统一体。经济基础和上层建筑既对立又统一的矛盾运动，推动着社会形态的发展和更替。

2. 经济基础决定上层建筑

在经济基础和上层建筑这一对矛盾中，经济基础起主要的决定的作用。从总体上看，这个决定作用表现在：经济基础是上层建筑的根源和基础，上层建筑必须与经济基础相适应。当然，上层建筑这个庞大体系中的各个部分对于经济基础依赖的情况又不尽相同。其中，政治法律制度直接地表现经济基础的内容、性质和变化，直接地体现由经济关系决定的统治阶级的利益和意志。所以，它是经济基础直接的上层建筑。道德、艺术、宗教和哲学等意识形态，虽然作为上层建筑也根源于社会的经济基础，但却不像政治法律制度那样直接，它在自己的形成和发展过程中具有更大的独立性。

那么，经济基础是怎样决定上层建筑的呢?

经济基础的形成决定上层建筑的产生 经济基础的形成决定着上层建筑的产生。在上层建筑中，无论是政治法律制度还是各种思想观点，看起来好像是人们按照自己的意志建立起来的，是随心所欲的，然而实际上却不是这么回事。社会的经济关系是政治法律制度和思想观点的最深刻的根源。

各种上层建筑都是适应经济基础的需要产生的，只有在一定的经济基础之上它才能出现，才能建立。不同性质的经济基础决定着产生不同性质的上层建筑。封建的生产关系决定着封建君主专制的政治制度和各种各样的封建等级观念的产生。资本主义生产关系决定着资产阶级的共和国和各种各样个人主义思想意识的产生。没有一定的生产关系，就不可能产生与之相应的政治上层建筑和观念上层建筑。

经济基础的性质决定上层建筑的性质 经济基础的性质决定着上层建筑的性质，上层建筑是经济基础的反映。有什么样的经济基础，就有什么样的上层建筑。

在原始社会里，生产关系是共同劳动、共同消费的互助合作关系，没有阶级，没有剥削；反映这一经济基础的上层建筑也不带有阶级性，它的社会组织不是阶级的组织，而是代表全体社会成员的公共权力。氏族酋长在氏族内部的权力，是父亲般的、纯粹道德性质的，他手里没有强制的手段。生产力发展到一定程度时，不可避免地出现了私有制；而在私有制基础上，不可避免地产生出阶级。随着阶级的产生和阶级矛盾的尖锐化，又不可避免地产生了国家。

与原始社会组织的性质不同，国家是经济上占统治地位的阶级的权力组织，是统治阶级用来保护自己利益的强制机关，是一个阶级压迫另一个阶级的工具。在阶级社会里，剥削阶级在生产关系中居于统治地位；建立在这种经济基础之上的上层建筑，也就是确立剥削阶级在政治上和思想上的统治。绝对不会出现在生产关系上由剥削阶级占支配地位，而在政治上却由被剥削阶级占统治地位的情况。社会主义政治制度是以社会主义的生产关系为其经济基础的；没有社会主义的生产关系，社会主义的政治制度就不可能巩固。

在阶级社会里，阶级矛盾是对抗性的矛盾。这种矛盾反映到上层建筑领域，就表现为各个阶级争夺政治权力的激烈斗争。在意识形态上，也必然出现相互对立的倾向：在封建社会里，有地主阶级的贵贱、等级观念，也就有农民阶级的“等贵贱，均贫富”的思想；在资本主义社会里，有资产阶级的个人主义思想，也有无产阶级的集体主义思想。只要社会上有不同的经济成分，以及由此决定的不同的阶级，那就必然会有政治思想领域里的斗争。

经济基础的变化决定上层建筑的变化　经济基础的变化决定着上层建筑的变化。生产力发展到一定程度，迟早会引起生产关系的变革；随着生产关系的变化，全部庞大的上层建筑也会或快或慢地发生变化。当旧的生产关系被新的生产关系否定时，旧的上层建筑也或迟或早地要被新的上层建筑所代替。即使在同一社会形态里，经济基础的某些局部发生了变化，上层建筑也会相应发生某种变化。这就是说，社会的政治法律制度和意识形态都是随着经济关系的变化而变化的，上层建筑领域的每一变化都可以在现实的经济关系中找到根据。

在西欧封建制度下，与经济分散性相适应的，是政治以及其他一切方面的分散性。后来，随着资本主义生产关系在封建社会中的产生和发展，经济上的日益集中就要求消灭封建割据状态，建立民族的集权国家。于是西欧地区便由原先各自独立的，各有不同法律、不同政府、不同税则的地区，逐步结合成为统一的国家，组成统一的政府，制定统一的法制和统一的税则。这个统一的过程在不同国家是以不同方式实现的，但结果一样，都建立起了经济上和政治上统一的资产阶级国家。

前边讲过，上层建筑的各个部分与经济基础联结的紧密程度是不同的，因而在反映经济基础的变化方面也有所不同。尽管它们随着经济基础的变化迟早要发生变化，但却有快有慢，有早有迟。上层建筑的根本变革总是首先在国家政权、政治法律制度上表现出来，而道德、艺术、哲学、宗教等意识形态方面的变化则要慢得多。常常是旧的经济基础早已消灭，而旧的意识形态却还要存在很长时期。这一情况表明，在上层建筑领域里，特别是意识形态方面的革命，要比经济基础方面的变革艰巨得多、复杂得多，也需要更长的时间。

3. 上层建筑对于经济基础有巨大的反作用

上层建筑是由经济基础决定的，但这绝不是说，上层建筑对于经济基础是消极的，对于自己基础的命运是漠不关心、无能为力的。相反，上层建筑一经产生，就是一个巨大的力量，它积极为经济基础服务，一方面促进自己基础的形成和巩固，另一方面竭力清除旧的基础。上层建筑各个部分以不同方式对经济基础发生作用。这个作用归结起来，就是保护自己的经济基础，积极促进自己基础的形成、巩固和发展。这种作用存在于经济基础从产生到消灭的整个过程中。

意识形态对经济基础的反作用　我们先来看看上层建筑中的意识形态部分对于经济基础的反作用。意识形态就其性质来说，有进步的、革命的和落后的、反动的区分。进步的、革命的意识形态能够为新的经济基础进行理论的论证，从而促进它的产生和发展。进步的意识形态总是比上层建筑的其他部分产生得要早一些。它一出现就为新的社会制度大喊大叫，鸣锣开道，宣传新制度的优越性，批判旧制度的落后性。它通过这种方式动员和组织群众，为推翻旧制度、建立新制度而奋斗。

当然，进步的意识形态也不是凭空产生的。它的出现表明，先进的人们已经认识到现实社会中生产力和生产关系的矛盾，并力图加以解决。解决这个矛盾的第一步，就是推翻保护旧生产关系的国家政权，为新的生产方式的形成和发展开辟道路。14 世纪到 16 世纪在欧洲出现的文艺复兴运动，就是新兴资产阶级反对封建地主阶级的一次思想文化运动。它延续了二三百年，涉及政治思想、文学艺术、科学和哲学等各个方面，对资产阶级的政治革命以及资本主义生产方式的形成和发展起了酵母的作用。后来，在 18 世纪的法国以及 19 世纪的德国，哲学革命都做了政治革命的前导。在中国，1919 年发生的五四新文化运动，也为中国共产党的成立和新民主主义革命做了思想准备。

同样，落后的、反动的意识形态在维护旧的经济基础方面也有相当大的作用。它极力为旧的经济基础辩护，以维持它的存在。因此，进步的、革命的意识形态在为自己的经济基础服务时，不能不同落后的、反动的意识形态进行斗争，并以这种斗争的胜利加速旧的经济基础的崩溃和新的经济基础的形成与巩固。

政治法律制度对经济基础的反作用 现在我们再来看看上层建筑中政治法律制度部分对于经济基础的反作用。同意识形态一样，政治法律制度在性质上也有新旧之分。新的政治法律制度对于摧毁旧的经济基础、保护新的经济基础有着重大的作用。我国春秋战国时期公布成文法（如郑国子产的刑书、邓析的竹刑、晋国范宣子的刑书等），进行变法运动（如商鞅变法），就是要用政治法律制度来保护新生的封建土地所有制。秦国商鞅变法的基本内容就是“除井田，民得买卖”，废除奴隶主阶级的土地国有制（“井田制”），确立封建地主阶级的土地所有制。秦统一六国后，颁布了“令黔首自实田”的法令，要求占有土地的人向国家报告私人占有土地的数额，在全国范围内用法令确认了土地私有制，使“民田多者以千亩为畔”。湖北云梦出土的秦律规定“盗徙封”（即偷偷移动田界的标志）要科以“赎耐”（可以用钱保赎的四年徒刑）。这都是用政治法律制度来保护新的生产关系。

新的生产关系确立以后，政治法律制度还能够适应生产力的发展，调整生产力和生产关系以及各阶级之间的矛盾。调节的手段有两种：一种是剥夺敌对阶级的反抗手段，镇压敌对阶级的反抗，使斗争缓和下来；另一种是协调本阶级内部关系，以免某些人为了自身的利益而损害整个阶级的利益。前者如封建国家对农民起义的镇压、资产阶级政府对罢工的镇压；后者如封建统治阶级内部对豪强地主的某些限制，以及在一定条件下对劳动人民的某些让步。社会主义国家也要不断处理自身的矛盾，巩固和完善社会主义的经济基础，以促进生产力的发展。党的十一届三中全会以来，我们实行的国民经济调整与工业企业管理体制的改革，以及农村政策的调整等所取得的良好效果，都充分表明了人民民主专政的国家政权对经济基础的巨大作用。

同样，旧的政治法律制度对于扼杀新的经济基础、维护旧的经济基础也有相当大的作用。面对经济危机日益加深，阶级矛盾日益尖锐的情况，一些资本主义国家也通过国家政权，制定一些法律来调节经济、缓和矛盾，以维护资本主义的经济制度。当然，这些措施虽可显效于一时，但归根到底只会加深危机。

关于上层建筑对经济基础的反作用，有两个问题需要着重指出。第一，上层建筑对经济基础反作用的大小和好坏，取决于它和经济基础之间相互关系的状况。上层建筑与经济基础相适应，它对基础就起积极作用，越是适应，积极作用就越大。上层建筑与经济基础相背离，它对基础就起破坏作用，越是背离，破坏作用就越大。第二，上层建筑只有通过战胜与其相反的上层建筑，才能为自己的经济基础服务。旧上层建筑是为旧经济基础服务的，新的阶级和社会力量不摧毁旧的上层建筑，就不能摧毁旧的经济基础，因而也就不能建立和发展新的经济基础。

4. 经济基础和上层建筑的矛盾推动社会形态更替

生产力的发展引起生产关系的变革，而生产关系的变革又必然引起全部庞大的上层建筑的变革，由此造成整个社会形态的更替和发展。人类社会的历史就是社会形态更替的历史。

上层建筑和经济基础的矛盾 上层建筑和经济基础是共居于同一社会形态的矛盾着的两个方面。它们之间既对立又统一，从而促成社会形态的更替，推动社会的发展。为什么经济基础和上层建筑之间会有矛盾呢？

首先，这是由生产力和生产关系之间的矛盾决定的。生产力的发展使它与生产关系之间经常存在着由适应到不适应的情况。建立在生产关系基础之上的上层建筑，也会由于生产关系的变革而出现与它不相适应的情况。所以，经济基础和上层建筑之间的矛盾是经常存在的。

其次，这是由每一个社会都包含着过去的、现在的和未来的经济成分这种复杂情况决定的。经济基础方面新旧掺杂，反映到上层建筑领域也就不可能是纯粹的。任何一个社会形态的上层建筑都不可能是单纯的。这里有新经济基础和旧上层建筑之间的矛盾，如封建社会末期资本主义的生产关系和封建主义的上层建筑之间的矛盾，社会主义社会中过去遗留下来的旧思想和新建立起来的公有制之间的矛盾；还有新的上层建筑和旧的经济基础之间的矛盾，如新中国建立初期人民民主专政的国家政权同资本主义工商业和个体小生产之间的矛盾。

最后，这是由社会意识落后于社会存在造成的。存在决定意识，意识应当随着存在的变化而变化；然而，意识的变化往往落后于存在的变化。旧的思想意识在新的经济基础建立起来以后，仍然会保存很长的时间。旧的思想意识传播越广、影响越深，它保留的时间也就越长。这就使它和新经济基础不能不发生矛盾，而且不能不延续很久。

经济基础和上层建筑的矛盾是在生产力和生产关系的矛盾基础之上产生的又一对社会基本矛盾。这两对基本矛盾相互联系、相互制约。一方面，由于社会的发展总是从生产力的变化开始，然后引起生产关系以及建立在生产关系基础上的上层建筑的发展，所以生产力和生产关系的矛盾决定着经济基础和上层建筑的矛盾的变化和发展。有什么样的生产力，就有什么样的生产关系，就有什么样的经济基础和上层建筑，以及由它们构成的社会形态。另一方面，由于生产力和生产关系的矛盾的解决总是依赖于经济基础和上层建筑的矛盾的解决，所以，生产力和生产关系的矛盾也要受经济基础和上层建筑的矛盾的制约。上层建筑通过对经济基础的反作用而影响生产力和生产关系的矛盾，影响生产力的发展。

经济基础和上层建筑的矛盾在阶级社会表现为阶级矛盾　在阶级社会里，经济基础和上层建筑的矛盾如同生产力和生产关系的矛盾一样，也表现为阶级矛盾和阶级斗争。无论是新的经济基础和旧的上层建筑之间的矛盾，或者新的上层建筑和旧的经济基础之间的矛盾，它们后面都站立着一定的阶级，都是以一定的阶级利益作背景的。这种矛盾和斗争常常直接表现为两个阶级之间的斗争。进步阶级代表生产力发展的方向，要求变革生产关系；反动阶级为了维护旧的生产关系而强化其上层建筑。这时，经济基础和上层建筑的矛盾，实质上就是进步阶级和反动阶级在如何对待经济基础变革问题上的矛盾。这种矛盾的焦点在于维持或推翻旧的上层建筑，以维护或变革旧的经济基础。

我们知道，阶级的结构是由社会的生产关系决定的。这种客观的经济关系和阶级关系不能不反映到政治上和思想上来。因此，阶级斗争也必然在政治和思想领域中表现出来。无产阶级反对资产阶级的斗争就具有经济的、政治的和思想的三种主要的形式，它涉及经济基础和上层建筑的各个方面。只有经过广泛的、深入的阶级斗争，才能推翻资本主义制度，实现社会形态的变革。

生产力与生产关系有一个由基本适合到基本不适合、再到完全不适合的变化过程，经济基础与上层建筑的矛盾相应地也有这样一个变化过程。这一矛盾发展过程，使社会形态的变更必然有一个从量变到质变的过程，最终由一种社会形态转变为另一种社会形态。

5. 社会主义制度是一种崭新的社会制度

我们知道，人类社会发展到今天，经历了原始社会、奴隶社会、封建社会和资本主义社会，一部分已进入了社会主义社会。与以往的社会制度相比，社会主义制度是一种崭新的社会制度。

社会主义社会和原始社会相比，二者虽然都以生产资料公有制为基础，但社会主义制度是以人类物质文明和精神文明的全部发展成果为前提的，这是原始社会低下的生产力所不能比拟的。同时，社会主义社会的社会组织也是原始社会所不能比拟的。社会主义社会和奴隶社会、封建社会、资本主义社会这三个阶级社会相比，则不仅是发展程度的不同，而且还有本质的区别。社会主义社会是人类历史上空前美好的、崭新的社会制度。

为了解决资本主义社会中生产力和生产关系，以及经济基础和上层建筑之间的矛盾而爆发无产阶级革命，建立了社会主义社会。但在社会主义社会里，生产力和生产关系、经济基础和上层建筑之间的矛盾仍然存在。具体说来，社会主义生产关系虽然是和生产力的发展相适应的，但它还很不完善，这些不完善的方面和生产力的发展又是相矛盾的。除了生产关系和生产力发展的这种既相适应又相矛盾的情况以外，还有上层建筑和经济基础之间既相适应又相矛盾的情况。这个“既相适应又相矛盾”，就是社会基本矛盾在社会主义社会里运动的总特点。

社会主义社会生产力和生产关系的矛盾 社会主义生产关系的基础是社会主义公有制，生产过程中人与人之间的关系是互助合作关系，对个人消费的生活资料实行按劳分配。这种新的生产关系同生产力发展的要求基本上是适应的。生产资料公有制的建立，使劳动者和生产资料直接结合起来，解决了资本主义社会中社会化大生产和生产资料私人占有的矛盾，从而使国家有可能更自觉地组织社会生产，以满足人民的需要；劳动者摆脱了被奴役被统治的地位，使他们有可能参加生产的管理，主动性可以得到发挥；按劳分配消灭了剥削，使个人利益与集体利益、国家利益一致起来，有利于发挥劳动者的生产积极性。

但是，社会主义的生产关系和生产力之间也还有不适应的一面。在所有制方面，存在着国营经济和集体经济这两种公有制之间，以及它们与个体经济之间的矛盾，它们内部在管理体制方面也存在矛盾；在生产中人与人的关系方面，存在着工农之间、城乡之间、体力劳动和脑力劳动之间、干部和群众之间的矛盾；在分配方面，存在着生产和需要之间、积累和消费之间、国家利益与集体利益同个人利益之间的矛盾。所有这些矛盾又使得社会主义的生产关系同生产力的发展存在着不适应的情况。

人们通常以为，生产力是最活跃的，它总是跑在前面，因此只有生产关系落后于生产力的矛盾，不会有生产关系跑到生产力前面去的矛盾，由此就认为生产资料所有制越公越好，越大越先进。于是，在一个时期内，在农村把自留地、家庭副业和集市贸易当作“资本主义尾巴”砍掉；在城市过早地把合作社经济转变为全民所有制，不允许少量个体经济存在。结果，严重挫伤和束缚了人民群众的生产积极性，使国民经济遭到很大破坏。这种情况是在社会主义社会这个特定条件下出现的一种现象。我们知道，在历史上，生产关系总是因为生产力的不断发展而经常落后于生产力的要求，不可能发生生产关系跑到生产力前面去的情况。但是，在社会主义制度下，人们认识了生产关系和生产力的辩证关系，能够自觉地调整生产关系。在这样的条件下，就有可能出现对生产关系的变革操之过急，生产关系跑到生产力前面去的情况。过去几次搞“穷过渡”就是在生产力没有多大发展的情况下，扩大全民所有制的范围，超越了生产力发展的水平，结果破坏了生产，又不得不退回来。

评判一种生产关系是进步还是落后，不能孤立地看生产关系是不是“大”和“公”，而要看它是不是适合生产力的性质和水平，看它是促进还是阻碍生产力的发展。我国农业生产长期以手工劳动为主。对于手工劳动来说，集体所有制比全民所有制、小集体比大集体更加适合。那种认为在任何条件下全民所有制一定比集体所有制优越，大集体一定比小集体优越的观点，是不符合马克思主义的。改革开放以来，我国农村由于实行各种形式的生产责任制从而搞活了农村经济，就充分说明了这一道理。

应当指出，社会主义条件下生产关系和生产力之间的矛盾与以往社会二者之间的矛盾是不同的。一般说来，它是非对抗性的矛盾，可以在社会主义社会内部通过发展生产力、改革生产关系中不适合的环节逐步加以解决，而不必像以往的社会那样，只有通过革命推翻旧的社会制度才能解决。我国所进行的经济体制改革，就是社会主义生产关系自我完善的有效措施。

社会主义社会经济基础和上层建筑的矛盾　社会主义社会的上层建筑也是由政治法律制度和社会意识形态两个部分构成的。无产阶级的国家政权是社会主义上层建筑的核心部分，以马克思主义为指导的社会主义意识形态是社会主义上层建筑的重要部分。社会主义的上层建筑和经济基础基本上是适应的。无产阶级的国家政权是改造私有制巩固公有制、组织经济建设的有力工具；以马克思主义武装起来的共产党的领导是巩固和发展社会主义经济的根本保证；以马克思主义为指导的社会主义意识形态对于批判旧的经济基础和上层建筑、发展社会主义经济基础起着巨大的作用。

我国社会主义上层建筑对于社会主义公有制的建立是起了积极的推动作用的，对社会主义经济基础的巩固和发展发挥了应有的保护和促进作用。我们的社会主义国家政权对于生产力和生产关系的矛盾采取了积极的措施加以调整，保证了生产力在正常的轨道上发展。1958 年出现的浮夸风，曾经造成工农业生产大幅度下降，国民经济比例关系严重失调。但不久，1960 年冬党中央就提出“调整、巩固、充实、提高”八字方针，并根据这个方针采取了一系列措施，到 1962 年就扭转了危局，使国民经济开始好转，1965 年全面好转，到 1966 年工农业生产继续以较高速度发展。但是，1978 年又重演了 1958 年“左”的错误。这年的积累率占国民收入使用额的 36.5%，又一次造成国民经济的比例失调。没有多久，党的十一届三中全会又提出调整国民经济的方针，并且收到了明显效果。这两次调整充分表现了社会主义上层建筑对于经济基础积极的、自觉的调节和保护作用，也充分表明了社会主义上层建筑同经济基础是基本适应的。

但是，社会主义上层建筑和经济基础也有不适应的一面。社会主义社会是从资本主义社会脱胎出来的，在上层建筑方面不可避免地会带有资本主义、封建主义的痕迹。诸如个人主义、官僚主义、无政府主义、平均主义等，以及其他传统观念，都是与社会主义经济基础不相适应的。同时，社会主义上层建筑也不是一经建立就十分完善的，它在某些环节、某些制度方面也存在着缺陷，诸如民主和法制方面的某些不完备等。这些也是与经济基础不相适应的。在我国，这种不适应还特别表现在“左”的思想对国民经济的破坏上。1958 年“大跃进”所造成的巨大损失，以及“文化大革命”对整个国民经济的破坏等，都充分说明了这一点。

恩格斯早就说过，国家权力可以帮助经济发展得快一点，但也可以沿着相反的方向起作用；这样，政治权力就会给经济发展造成巨大损害，并能引起大量人力、物力的浪费。恩格斯说的虽然是过去的历史，但是实践证明，社会主义国家也不能保证它的政治权力始终不发生给经济造成巨大损害的问题。社会主义经济是建立在公有制基础上的高度社会化的大生产，国家有可能根据经济规律发展经济。这时，如果我们正确地运用社会主义制度的优越性，按照客观规律办事，就能以人类历史上前所未有的速度发展经济；相反，如果我们不研究、不遵守客观规律，而靠“长官”的想当然去瞎指挥，就会造成某些部门、单位甚至整个国民经济的停滞和倒退。事实证明，当社会主义建设取得一定胜利之后，往往容易使人头脑发热，以为可以不顾客观规律的要求为所欲为；结果，无一不受到那内在的、铁的必然性的惩罚。这个教训是我们应当永远记取的。

还需要指出，社会主义社会中经济基础和上层建筑的矛盾，一般来说，是局部的、非对抗性的，大量表现为人民内部的矛盾。因此，它可以在社会主义内部，通过批判旧的意识形态、改革和完善社会主义的政治法律制度来解决，而不需要像以往的社会那样，只有根本推翻旧的上层建筑才能解决。

注意解决经济基础和上层建筑的矛盾，充分发挥社会主义制度的优越性

正确理解关于社会形态的发展的基本原理，对于我们的实践活动具有重要的意义。

第一，既然社会形态是经济基础和上层建筑的统一，是由这两个方面构成的，那么，我们在观察一种社会形态时，就要着重研究该社会内部结构状况，具体分析该社会的经济基础和上层建筑。只有这样，我们才能避免为一些表面的社会现象所迷惑，真正认识该社会的本质。

第二，既然经济基础决定上层建筑，那么，我们在分析社会现象时，就必须坚持从经济事实出发去解释上层建筑领域内的各种现象，并在实际工作中经常注意调整上层建筑，使其适应于巩固和发展经济基础的需要。

第三，既然上层建筑对于经济基础具有巨大的反作用，那么，我们在实际工作中，就必须十分重视发挥上层建筑为经济基础服务的作用，特别要注意发挥国家政权和思想教育的作用。

第四，既然经济基础和上层建筑的矛盾推动社会形态的更替，那么，我们就要深入研究经济基础和上层建筑的矛盾运动，通过发展生产为社会发展奠定物质基础，并在此基础上使社会制度方面改革的成果得以巩固。

第五，既然社会主义制度是一种崭新的社会制度，那么，我们就要从思想上真正认清它的优越性，从而更加热爱社会主义祖国。我们不仅要懂得社会发展的一般规律，而且要了解社会主义社会的具体矛盾和特殊规律。只有这样，才能顺利解决社会主义制度发展过程中的各种矛盾，充分发挥社会主义制度的优越性，并在实践中逐步完善社会主义制度。

阅读书目

德意志意识形态：一费尔巴哈．见马克思恩格斯选集．3版．第1卷．北京：人民出版社，2012.

共产党宣言：二 无产者和共产党人．见马克思恩格斯选集．3版．第1卷．北京：人民出版社，2012.

《政治经济学批判》序言．见马克思恩格斯选集．3版．第2卷．北京：人民出版社，2012.

共产党宣言：1883年德文版序言，1888年英文版序言．见马克思恩格斯选集．3版．第1卷．北京：人民出版社，2012.

反杜林论：第二编二、三、四．见马克思恩格斯选集．3版．第3卷．北京：人民出版社，2012.

在马克思墓前的讲话．见马克思恩格斯选集．3版．第3卷．北京：人民出版社，2012.

路德维希·费尔巴哈和德国古典哲学的终结：四．见马克思恩格斯选集．3版．第4卷．北京：人民出版社，2012.

恩格斯致约瑟夫·布洛赫（1890年9月21—22日）．见马克思恩格斯选集．3版．第4卷．北京：人民出版社，2012.

恩格斯致康拉德·施米特（1890年10月27日）．见马克思恩格斯选集．3版．第4卷．北京：人民出版社，2012.

恩格斯致弗兰茨·梅林（1893年7月14日）．见马克思恩格斯选集．3版．第4卷．北京：人民出版社，2012.

恩格斯致瓦尔特·博尔吉乌斯（1894年1月25日）．见马克思恩格斯选集．3版．第4卷．北京：人民出版社，2012.

论工人政党对宗教的态度．见列宁选集．3版修订版．第2卷．北京：人民出版社，2012.

马克思主义的三个来源和三个组成部分．见列宁选集．3版修订版．第2卷．北京：人民出版社，2012.

卡尔·马克思：唯物主义历史观．见列宁选集．3版修订版．第2卷．北京：人民出版社，2012.

论国家．见列宁选集．3版修订版．第4卷．北京：人民出版社，2012.

青年团的任务．见列宁选集．3版修订版．第4卷．北京：人民出版社，2012.

论战斗唯物主义的意义．见列宁选集．3版修订版．第4卷．北京：人民出版社，2012.

新民主主义论：一一～一五．见毛泽东选集．2版．第2卷．北京：人民出版社，1991.

在延安文艺座谈会上的讲话．见毛泽东选集．2版．第3卷．北京：人民出版社，1991.

关于正确处理人民内部矛盾的问题：一，八．见毛泽东文集．第7卷．北京：人民出版社，1999.

在中国共产党全国宣传工作会议上的讲话．见毛泽东文集．第7卷．北京：人民出版社，1999.

第二十讲　社会发展过程中的革命变革

革命是历史的火车头。[1]

——马克思

艾奇逊是怎样解释中国革命的？

在中国人民解放战争取得决定性胜利，新中国即将诞生前夕，美国国务院于1949年8月5日发表了题为《美国与中国的关系》的白皮书。在国务院编好这个白皮书之后，当时的国务卿艾奇逊于1949年7月30日给总统杜鲁门写了一封信。在白皮书和艾奇逊的信里，充满着对中国人民和中国革命的恶意污蔑和严重歪曲。

按照艾奇逊的说法，中国之所以发生革命是由于两个原因：一是“中国的人口太多”，二是“受西方的影响”。他说中国人口太多，不堪重负，历代政府都解决不了吃饭问题，因而引起社会骚动不安，发生革命。这个说法显然是不对的。革命的发生难道是因为人口太多的缘故吗？古今中外有过很多革命，都是因为人口太多吗？许多国家地广人稀，不也照样发生了革命吗？艾奇逊说中国受西方新思想的刺激，有了进取心，因而激起了骚动和不安。这个说法也是不对的。西方帝国主义的入侵，给中国人民带来了什么进取心呢？向帝国主义进取吗？那是不可能的。帝国主义是要把中国变成它的殖民地，而不是要中国向前发展。只是由于帝国主义给中国带来了奴役和压迫，才激起了中国人民的反抗。

艾奇逊关于中国革命的观点，是用唯心史观解释社会革命现象的一个典型。那么，应当怎样看待社会革命呢？它的根源是什么？它是怎样爆发

---

① 《马克思恩格斯选集》，3版，第1卷，527页，北京，人民出版社，2012。

的？它在社会发展过程中起什么样的作用呢？

1. 社会革命的根源是生产关系同生产力的矛盾

社会革命是变革社会制度的政治运动　人类社会按照自身固有的规律不断发展。社会的发展和一切事物的发展一样，也是由低级向高级发展的，任何一个社会形态都必然要被高一级的社会形态所代替。社会形态的依次更替，是通过社会革命来实现的。没有社会革命，就不可能完成社会发展过程的飞跃。

什么是社会革命呢？从广义上说，在社会生活中，无论是在社会的总体上，还是在社会的某一个领域里，凡是发生了根本性质的变化，都可以称为社会革命。我们通常说的产业革命、技术革命、经济革命、政治革命、思想革命、教育革命、文化革命等都是社会革命。从狭义上说，社会革命则是指人们为了适应生产力发展的要求所进行的变革社会制度的政治运动。我们这里要谈的社会革命，就是后一种意义上的社会革命。

在阶级社会里，社会革命表现为进步阶级所进行的变革社会政治制度和经济制度的斗争。具体地说，就是代表新生产方式的进步阶级，采取革命手段推翻反动阶级的政治统治，以新的上层建筑和经济基础代替旧的上层建筑和经济基础。一般说来，由进步阶级变革旧的政治制度的政治革命，是进行经济制度变革和整个社会革命的决定性手段；经济制度的变革则是整个社会革命的主要内容，并为政治制度变革的巩固和发展提供可靠基础。无论是政治制度还是经济制度的根本变革，最终目的都是为了解放生产力，推动社会由一种形态进入到更高一级的形态。

社会革命的社会根源　任何革命都不是凭空产生的，都有它内在的根据，有它深刻的社会根源。生产力和生产关系的矛盾运动就是社会革命内在的客观根据。

我们知道，在人类社会发展的整个过程中，生产力和生产关系的矛盾是最基本的矛盾，生产关系一定要适合生产力状况的规律是最基本的规律。在社会的发展中，生产力是最活跃的因素。生产力发展到一定阶段，便同原先的生产关系发生尖锐的矛盾，原先曾经同生产力相适应的生产关系便由生产力发展的形式变成生产力发展的桎梏。这就在客观上提出了变革已经过时的生产关系，并建立适合于生产力发展的新生产关系的历史任务。但是，旧的上层建筑总是千方百计维护旧的生产关系，阻碍生产关系的根本变革。因此，要解决生产关系和生产力之间的尖锐矛盾，就必须首先解决旧的上层建筑同变革经济基础（即生产关系）的要求之间的矛盾，打碎旧的上层建筑，建立适合于变革经济基础要求的新的上层建筑，进而变革生产关系。

标志着世界近代史开端的17世纪英国资产阶级革命，就是代表新生产方式的资产阶级，为了扫除由封建专制制度所维护的封建主义生产关系这一发展资本主义的障碍所引起的。英国农奴制度在14世纪末已经解体，资本主义经济在封建社会内部逐渐成长。到了16世纪，农业中的商品生产有了显著增长，工场手工业也相当发达，商业势力已扩展到海外。16世纪后期，英国资本家兴办了许多新的工业。毛纺工业成了全国性的工业。冶金、采煤、造船、玻璃、火药、造纸等工业也得到迅速发展。15世纪末新航路开辟后，英国海外贸易活动范围随之扩大。16世纪后半期和17世纪初，享有专卖权的特许贸易公司相继成立。海外掠夺加速了资本的积累，工业生产进一步扩大。毛纺工业的发展对羊毛的需要量不断增加，为发展饲羊业而进行的圈地运动，在16世纪已广泛开展。到了17世纪，由于工业人口的增加，粮食和其他农产品需要量日益增多，促使地主进行更大规模的圈地，以追逐厚利。农村中大片公地变成了私产，变成了资本主义性质的农场或牧场。这时英国经济制度内部的矛盾日益深刻。在农业和工商业中，资本主义生产关系不断发展。资产阶级以及同资本主义有密切联系的地主要求摆脱封建制度的束缚，广大农民群众和城市平民要求推翻封建压迫，而占统治地位的斯图亚特专制王权则竭力维护封建专制统治。这种生产关系和生产力的矛盾，以及要变革生产关系和维护旧生产关系的矛盾的发展和激化，终于导致了英国资产阶级革命。

那么，在生产力十分落后的旧中国，发生了由中国共产党领导的新民主主义革命和社会主义革命，也是有根据的吗？我们的回答是肯定的。旧中国的生产力固然是落后的，然而半殖民地半封建的生产关系和上层建筑不仅更加落后，而且极其反动，这就使如此落后的生产力也长期受到严重的束缚，得不到发展。中华民族在帝国主义、封建主义和官僚资本主义这三座大山压迫下，真是灾难深重到了极点。在这种情况下，只有在中国共产党领导下进行民主革命，进而发展到社会主义革命，才是中国人民的唯一出路。我国人民的革命正是一百多年来旧中国生产关系同生产力之间矛盾运动的必然结果。

在有些人看来，似乎在我国取得新民主主义革命胜利后，没有必要再接着进行社会主义革命，如果发展资本主义说不定还会更好一点。这是一种糊涂观念。历史经验一再表明，在帝国主义和无产阶级革命时代，半殖民地半封建的旧中国要想独立发展资本主义是行不通的。了解一点中国近代史的人都会知道，从 1840 年鸦片战争到 1919 年五四运动前夜，其间近八十年里，中国人也曾经向西方资产阶级学习过进化论、天赋人权论和资产阶级共和国的思想，也制定过各种改革方案，组织过政党，举行过革命，以为这样就可以对外抵抗帝国主义侵略，对内发展资本主义了，但结果却一次又一次宣告失败。学习西方走资本主义的道路是行不通的，这已是历史的结论。“没有共产党就没有新中国”，“只有社会主义才能救中国”，这两句话深刻地揭示了这个真理，其间也包含着我国老一辈人丰富的经验教训。

2. 社会革命的根本问题是夺取国家政权

当我们对历史上发生过的革命进行一个大概的分析之后，就会发现，革命发展的一般进程大体上是这样的：首先由进步阶级的思想家和代表人物适应社会发展的客观需要创立革命的理论，提出革命的纲领，建立革命的政党，组织革命的队伍；其次，把革命斗争逐步引向政治斗争，推翻反动阶级的政治统治，夺取国家政权；最后，运用革命政权的力量，实行社会经济制度的根本变革，促进生产力的发展。

从革命发展的一般进程中可以看到，任何一个革命阶级要变革旧的经济制度，首先必须改变旧的政治制度；变革经济制度的斗争，必然集中表现为夺取国家政权的斗争。我们知道，一定的生产关系构成社会的经济基础；社会的上层建筑是由经济基础决定并为其经济基础服务的，是力图巩固和维护其经济基础的；而国家政权、政治制度则是上层建筑的核心部分，它对于维护经济基础起着特别重要的作用，是该社会经济基础能否维持下去的根本保证。因此，要从根本上改变社会生产关系即经济基础，就必须首先推翻建筑在它上面的上层建筑，特别是国家政权。

阶级斗争的历史经验也一再表明，一定阶级的经济统治和基本的经济利益，既是靠夺取国家政权的政治斗争来取得的，又是靠巩固和加强国家政权的政治斗争来保持和发展的。反动统治阶级为了维护其经济利益，都毫无例外地要利用所掌握的国家政权，拼命阻碍经济制度的变革。在这种情况下，革命阶级要消灭旧的经济制度，建立适应生产力发展要求的新的经济制度，显然只有推翻旧的国家政权，建立新的国家政权才能实现。

由此可见，当社会生产力发展到需要根本变革旧的生产关系时，革命阶级夺取国家政权的斗争，对于整个社会制度的改造就具有决定的意义。国家政权从反动阶级手中转到革命阶级手中，也就成了实现革命的首要的和基本的标志。正是在这个意义上，我们说，一切革命的根本问题是夺取国家政权的问题。

3. 社会革命是社会发展的巨大动力

革命就是解放生产力 我们知道，一切事物的发展过程都经历着由量变到质变，又从质变到新的量变这两种状态的相互转化。社会的发展也是这样。一般来说，社会的发展过程总是不断通过和平进化和革命变革这两种状态的相互更替向前推移的。从社会发展的总体上看，这两种状态都是不可缺少的。社会的和平进化是社会革命的准备。没有社会的进化，就不可能发生社会革命。但是，进化只能解决社会发展中的量变问题，唯有革命才能解决社会发展中的质变问题。因此，同社会进化相比，社会革命在社会发展中的地位和作用更加重要。

社会革命对于社会发展的重要作用，就在于它能够解放生产力，因而是推动社会发展的巨大动力，是社会历史的火车头。人类社会发展历史的实质就是物质资料生产发展的历史。在物质资料的生产中，生产力是最活跃的因素。由于生产力的发展而引起生产关系即社会的经济基础以及社会的上层建筑的变革，从而引起一种社会形态向另一种社会形态的更替。然而，当生产力的发展受到旧的生产关系束缚时，能不能打破旧的生产关系，对于促进生产力的发展并进而推动社会的发展具有决定性的作用。

社会革命就是要推翻旧的上层建筑，变革旧的经济基础，通过变革生产关系来解放被束缚的生产力，从而推动整个社会的前进。因此，社会革命是人民群众的盛大节日。人民群众是历史的创造者。只有在革命时期，才能使进化时期生产力和生产关系的自发发展让位于人民群众为实现生产方式和整个社会制度的根本变革而进行的自觉斗争，从而极大地激发人们改造世界的革命热情、首创精神和历史主动性。

革命是社会发展过程中剧烈变动的时期，是社会制度大变革的年代。人们常用“一天等于二十年”这句话来形容革命时期社会所发生的急剧变化。在社会发展处于革命飞跃时期，几年甚至几个月的变化，比社会进化的几十年、几百年都更迅速、更广泛、更深刻。我国革命胜利所引起的生产力的巨大发展，以及整个社会面貌的变化，就是有力的证明。这方面的情况是我们每个人都非常熟悉的。

社会革命和社会改良的关系　强调社会革命对于社会发展的伟大作用，并不意味着否认社会改良对于社会发展的作用。实际上，这二者是对立的统一。首先，革命和改良二者之间有着原则的界限。革命是进步阶级推翻反动阶级统治的剧烈的、根本性的变革，是旧的社会形态向新的社会形态的转化；而改良则是统治阶级迫于被统治阶级的革命斗争，在维护其现存的经济和政治制度的范围内，所做出的某种局部的让步。正是在这个意义上，我们把改良看成革命的“副产品”。其次，革命和改良二者之间又具有统一性。在进步阶级夺取政权的时机成熟之前，改良是社会发展过程中一个必不可少的步骤，是革命阶级用来积蓄和壮大革命力量、教育和组织阶级队伍的一个重要环节。一个革命政党如果不正确地估计革命的客观形势和主观条件，一概排斥改良，拒绝利用改良作为促进革命斗争的一种辅助手段，就会犯“左”倾冒险主义的错误。但是，当革命的主客观条件已经成熟，革命的胜利是不可避免的时候，如果仍然醉心于社会改良，那就要犯右倾投降主义的错误。

在对待改良的问题上，改良主义是一种较为普遍的错误观点。在改良主义者看来，改良就是一切。他们认为，和平进化是社会发展的正常状态和根本途径，革命则是社会发展中的一种“病态”或“反常现象”。他们鼓吹用阶级合作来代替阶级斗争，用和平改良来代替革命行动。与此相反，马克思主义认为，无产阶级在谋求自身解放的斗争中，在一定历史条件下，争取社会改良是必要的；但是，必须把争取改良同准备革命联系起来。改良不是也不可能是无产阶级解放的根本途径。无产阶级要摆脱资产阶级的压迫和剥削，最终只有通过社会革命才能实现。改良主义者的错误不在于要求改良，而在于他们把改良看成是无产阶级所要求的一切，看成是解放无产阶级的根本道路。

4. 无产阶级革命是最彻底的社会革命

社会革命的不同类型 社会形态的更替总是通过社会革命来实现的。这是一条不以人们的主观意志为转移的客观规律。但是，历史上已经发生过的革命却不是千篇一律的。17 世纪的英国革命，18 世纪的法国大革命，都是资产阶级革命；俄国十月革命是无产阶级革命；我国人民反对帝国主义、封建主义、官僚资本主义的革命是新民主主义革命……可见，社会革命有着不同的类型。

那么，根据什么来确定革命的类型呢？所谓革命类型，是指由生产关系和生产力的矛盾状况所决定的革命性质和革命内容的总和。因此，要区分革命类型，就要具体分析不同历史阶段生产力和生产关系矛盾的特点，具体分析由这一特点所规定的革命的性质和内容。在阶级社会发展的各个阶段上，已经发生过的所有社会革命，根据它们各自要解决的社会基本矛盾的特殊性，以及由此而来的不同的革命性质和革命内容，可以概括为以下几种基本类型：新兴地主阶级领导的反对奴隶制度的革命；新兴资产阶级领导的反对封建制度的革命；无产阶级领导的反对资本主义制度的社会主义革命。

众所周知，历史上发生过连绵不断的奴隶暴动和农民起义。我们应当肯定这些斗争在摧毁奴隶主阶级和封建地主阶级的反动统治过程中所起的决定作用；但是由于奴隶和农民都不是新生产方式的代表，他们都不可能成为革命的领导力量。他们的斗争成果或者被统治阶级用来作为改朝换代的工具，或者被新兴的革命阶级用来作为推翻旧制度、建立新制度的工具。因此，从严格的意义上来说，奴隶和农民的斗争都不是单独的革命类型。

即使在同一种类型的革命中，由于各个国家所处的具体历史条件不同，阶级力量对比的状况和阶级斗争的形势不同，往往在革命的性质和内容上也存在着或大或小的差别。同是资产阶级民主革命，又有旧民主主义革命和新民主主义革命之分，它们各有不同的特点。在革命的领导力量上，前者是资产阶级，后者是无产阶级。在革命的对象和动力上，前者主要矛头指向封建地主阶级，农民和无产阶级在革命中处于助手或同盟军的地位；后者是在无产阶级领导下，以工农联盟为基础、团结小资产阶级和民族资产阶级，共同反对帝国主义、封建主义和官僚资本主义。在革命的前途上，前者建立的是资本主义制度；后者要进而转变到社会主义革命，建立社会主义制度。总之，旧民主主义革命属于世界资产阶级革命的范畴，新民主主义革命属于世界无产阶级革命的范畴。如果再进行更深入的分析，还可以看到，同是旧式的资产阶级革命，17 世纪的英国革命和 18 世纪的法国革命又各有特点；同是新式的资产阶级民主革命，俄国的二月革命和我国的新民主主义革命也存在着差别。

无产阶级革命的深刻性、彻底性、广泛性　人类社会的发展同一切事物的发展一样，是由一系列否定环节组成的链条。奴隶制社会以生产资料私有制否定了原始社会的生产资料公有制，这是一个根本的否定。通过地主阶级革命建立起来的封建社会对奴隶社会的否定，以及通过资产阶级革命建立起来的资本主义社会对封建社会的否定，都是以一种私有制形式否定另一种私有制形式。这两次否定作为私有制发展链条的两个环节，虽然促进了私有制的发展，但都不是根本性质的否定，仍然从属于私有制对公有制的否定。

只有通过无产阶级革命建立起来的社会主义公有制社会，才是对一切私有制社会的根本否定。社会主义公有制虽然重复了原始社会公有制的某些特征，但这些却是在更高阶段上的重复。社会主义公有制也必定要经过一系列否定，最后发展到高度完善的共产主义公有制社会。但这一系列否定也只是作为公有制发展链条上的各个环节，促进公有制向高度完善的形式发展，而不是根本性质的否定。它仍然从属于公有制对私有制的否定。

因此，以公有制为起点来考察社会形态的发展，人类社会的确是经历了公有制、私有制、公有制这三个阶段。这三个阶段不仅完整地反映了事物发展由肯定到否定、再由否定到否定之否定波浪式前进的普遍规律，而且深刻地表现出无产阶级革命是最深刻、彻底、广泛的一次革命。为什么这样说呢？无产阶级革命同以往剥削阶级所进行的革命又有什么根本的不同呢?

第一，剥削阶级所进行的革命都是以建立私有制为目的的，都是以一种私有制代替另一种私有制；无产阶级革命则以彻底消灭私有制为目的。它不仅要消灭私有制，而且还要最终铲除一切产生私有制的可能性。它比以往任何革命都更彻底、更深刻。

第二，剥削阶级所进行的革命通常是在现实社会中已经存在着他们所要建立的生产关系的情况下发生的；无产阶级革命则是在没有现成的社会主义生产关系的条件下发生的。如果把奴隶社会转变到封建社会，或由封建社会转变到资本主义社会看作私有制的一种连续性，那么，由资本主义到社会主义则是这种连续性的中断。无产阶级革命所要实现的是人类社会发展过程中的一个大飞跃。

第三，剥削阶级所进行的革命的基本任务是夺取政权，并使这一政权适合于已经存在着的封建主义的或资本主义的私有制经济；无产阶级革命的基本任务则是在夺取政权以后建设新的社会主义经济。剥削阶级的革命通常是以夺取政权来完成的。对于无产阶级革命来说，夺取政权只是“万里长征的第一步”，更加伟大艰巨的任务还在后头。它必须利用政权逐步改造旧经济、组织新经济，逐步清除资产阶级和一切剥削阶级的思想影响，组织社会主义的思想文化建设，为过渡到共产主义创造物质条件和精神条件。

第四，剥削阶级所进行的革命是用一种剥削制度代替另一种剥削制度的革命，政权也只是从一个剥削阶级手里转移到另一个剥削阶级手里，只要改善一下旧的国家机器，就可以为确立新的生产关系扫清道路了；无产阶级的历史任务是彻底消灭阶级剥削和阶级压迫，旧的国家机器不可能变为无产阶级专政和建设社会主义的工具，因此，必须摧毁旧的国家机器，建立新型的无产阶级的国家机器。

第五，剥削阶级所进行的革命是为少数剥削者谋利益的革命，它不可能持久地把广大劳动群众团结在自己周围；无产阶级革命则是为最广大人民群众谋利益的革命，它不仅能够而且必须持久地把人民群众团结在自己周围，因而是最广泛的革命。

总之，无论从革命的内容或形式上看，无产阶级革命都是人类历史上最深刻、最彻底、最广泛的一次革命。

暴力革命是无产阶级革命的基本形式　在不同的社会历史条件下，革命所采取的形式是多种多样的，概括起来不外乎暴力革命和非暴力革命（即和平转变）两种。暴力革命的主要内容和最高形式是武装斗争；但它又不限于这一种形式，还有其他形式。一切不受现行法律约束的、围绕着推翻反动政权这一中心任务的“非法斗争”，都属于暴力革命的范畴。非暴力革命泛指在现行法律允许范围内所进行的一切“合法斗争”。在阶级社会里，反动阶级和革命阶级之间的矛盾是对抗性的矛盾，在反动统治阶级掌握着国家政权这个暴力机器的条件下，要解决两大对抗阶级之间的冲突，就必须采取暴力革命的形式。暴力革命是一切革命，特别是无产阶级革命的基本形式。

为什么无产阶级革命必须采取暴力革命的形式呢？

首先，居于统治地位的资产阶级同历史上的一切反动统治阶级一样，是不会自动放弃对于无产阶级的剥削和压迫的，它不会自行退出历史舞台，主动交出国家政权。要想推翻资产阶级的反动统治，建立无产阶级的阶级统治，就必须用暴力打倒资产阶级。

其次，资产阶级的政治统治和经济利益是靠暴力来维持的。资产阶级国家本身就是一种暴力。国家机器的主要成分是军队和警察。资产阶级总是首先使用暴力维持其对于无产阶级和劳动人民的压迫和剥削，镇压无产阶级和人民群众的反抗斗争，把反革命的武装斗争提到日程上来。在这种情况下，无产阶级要革命，就不得不使用革命的暴力反对反革命的暴力，不得不进行革命战争。

最后，历史上所有大革命的经验和已经发生过的无产阶级革命的经验都反复证明，在阶级社会里，革命战争是不可避免的；舍此就不可能推翻反动的统治阶级，实现社会发展的飞跃。

前面说到的英国资产阶级革命就经历过两次内战。第一次进行了四年（1642—1646 年），第二次进行了半年多（1648 年 2—9 月）。后来 1688 年推翻复辟的斯图亚特王朝的所谓“光荣革命”，也是以暴力做后盾的一次政变。1789—1794 年的法国资产阶级革命，也是经过一系列的内战才粉碎封建地主阶级的统治取得胜利的。美国资产阶级革命，不仅经过了 1776—1781 年的独立战争，而且还经过了 1861—1865 年反对奴隶制的国内战争，才取得了完全的胜利。尽管英国、德国、日本等国家的资产阶级革命最后都走上了同封建地主阶级谋求妥协的道路，因而使革命带有不彻底性；但是，这些国家在资产阶级和地主阶级达成妥协以前，也还是经历了不同程度的国内战争的。

一个剥削阶级推翻另一个剥削阶级的革命，尚且需要使用暴力；那么像无产阶级革命这样深刻彻底的革命，就更需要使用暴力了。俄国的十月革命和我国人民的革命都充分说明了这一点。俄国十月社会主义革命的胜利，是经过武装起义取得的，随后又经历了三年国内战争和粉碎外国武装干涉的战争，才得到巩固。我国无产阶级领导的人民革命经过22年的浴血奋战，才取得了胜利。这些历史大家都是很熟悉的。

由此可见，面对资产阶级日益强化的国家机器，不经过暴力革命，无产阶级就不可能推翻资产阶级的统治，就不可能对资本主义制度进行根本改造，也就不可能建立、巩固和发展社会主义制度。

无产阶级并不拒绝革命的和平发展 当然，我们指出暴力革命是无产阶级革命的基本形式，并不意味着否定在特殊历史条件下革命和平发展的任何可能性，更不意味着我们反对革命的和平发展。

早在19世纪70年代，马克思就曾经设想过，在英、美这样的国家，无产阶级有可能通过和平手段达到自己的目的。因为当时这两个国家还没有军阀制度的主要机构，议会民主比较充分，工人力量比较强大，资产阶级也表示愿意接受大多数人的决议。即使如此，马克思也强调指出这只是一种例外。他认为，对于欧洲大陆上的国家来说，暴力仍然是革命的杠杆。同时，马克思还指出，即使英国资产阶级表示愿意服从大多数人的决议，但是，一旦在生命攸关的重大问题上处于少数时，他们还是会把战争提到日程上来的。这就是在资本主义还没有发展到帝国主义的时代，马克思对革命和平发展可能性的设想。大家知道，到了帝国主义时代，马克思所面临的那些历史条件，无论在英国还是在美国都已经不存在了。

在1917年俄国二月革命以后的一段时间里，列宁也曾设想过俄国革命可能例外地成为和平革命。列宁之所以做出这样的设想，是因为当时武器掌握在人民手里，也没有外力压制人民。但是，到了7月间，资产阶级临时政府开始组织反革命武装，镇压人民群众，使彼得堡淹没在工人和士兵的血泊之中。这就完全堵塞了俄国革命和平发展的道路，迫使无产阶级不得不举行武装起义。

上述事实都说明，无产阶级本来是很愿意通过和平手段取得国家政权的。这无论对于无产阶级，还是对于整个社会都更为有利。但是问题并不取决于无产阶级的善良愿望，而取决于资产阶级能不能接受和平转变，愿意不愿意通过和平方式交出国家政权。今后如果有了革命和平发展的可能，如在个别国家无产阶级力量占了绝对优势，资产阶级的国家机器软弱无力，并处于国内无靠、国际无援的境地，在这样的情况下，无产阶级及其政党还是应当加以利用的。但是，即使在某个国家出现了和平转变的现实可能性时，无产阶级也仍然需要做好武装斗争的准备，决不可把自己的基点只放在资产阶级愿意接受和平转变上面。无产阶级必须做两手准备，既不放过革命和平发展的机会，又要准备革命的非和平发展，准备随时应对反革命的武装袭击。只有这样，才能使无产阶级的革命事业立于不败之地。

那么，无产阶级通过议会斗争是不是可以取得政权，实现从资本主义到社会主义的转变呢？不能。为什么呢？

我们知道，资产阶级国家机器的主要部分是军队和警察，而不是议会。议会只是资产阶级民主的遮羞布和装饰品。资产阶级实行议会制还是取消议会制，赋予议会较大权力还是较小权力，采取这种选举法还是那种选举法，总是按照自己的需要来决定的。在资产阶级掌握军事官僚机器的情况下，无产阶级要通过选举取得议会中稳定的多数来实现社会主义是不可能的，或者说是不可靠的。

那些至今仍然处于非法地位的无产阶级政党，当然谈不上参加议会斗争和取得议会的多数席位。在一些资本主义国家里，共产党虽然有合法地位，可以参加选举，甚至在某种情况下还可能在议会中取得多数，有的还通过选举的胜利参加了政府，但是这绝不等于改变了议会的资产阶级性质，更不等于从根本上改变了国家政权的性质。相反，掌握国家机器的资产阶级可以随时宣布选举无效，解散议会，可以把共产党人从政府中赶出去，宣布共产党为非法。

1946 年智利共产党曾经支持资产阶级激进党取得选举的胜利，组织了包括共产党人在内的联合政府。但不到一年，资产阶级就利用国家军事机器迫使共产党退出政府，大肆逮捕共产党人，并在 1948 年宣布共产党为非法。这是一次深刻的教训。1970 年 9 月，智利社会党领导人阿连德联合共产党、社会民主党、激进党、基督教徒运动和独立人民运动等六个政党，组成人民联盟，在选举中获胜，阿连德当选为总统。他们组织了由六个政党参加的内阁；但是没有建立自己的武装，而是保留了原有的大资产阶级的军队。当时人们曾经以为这是通过宪法途径取得政权的样板，是和平进入社会主义的典型，证明议会道路是行得通的。但是，1973 年 9 月，智利三军司令发动军事政变，推翻了阿连德政府，阿连德本人被杀。这又是一次惨痛的教训。

那么，这是不是说无产阶级应该拒绝利用资产阶级议会，拒绝参加议会斗争呢？不是的。马克思主义反对用议会斗争代替无产阶级革命，但这并不意味着拒绝参加议会斗争。相反，马克思主义认为，议会斗争是无产阶级在一定条件下应当充分利用的一种合法斗争手段。无产阶级应该充分利用议会的讲坛来揭露资本主义社会，揭露资产阶级及其议会的欺骗性和反动性，教育广大群众，积蓄革命力量。如果在应该并且可能利用议会斗争时拒绝利用，也是错误的。

无产阶级取得政权后革命的新形式 无产阶级在取得政权以后，特别是在生产资料的社会主义改造基本完成以后，除了发生大规模的外敌入侵或者政权被资产阶级篡夺，革命将不再采取一个阶级推翻另一个阶级的暴力行动，不再表现为激烈的阶级对抗，而是通过社会主义制度本身，采取新质要素的逐渐积累、旧质要素的逐渐衰亡的方式，有领导、有步骤、有秩序地进行。否则，就势必要导致自己推翻自己的荒谬行为。

但是，应该看到，这个转入和平发展时期的革命比过去的革命更深刻、更艰巨。在这个和平发展的历史时期中，革命道路不会是风平浪静的，它必然会遇到公开的和暗藏的敌人以及其他破坏分子的捣乱。因此，无产阶级和革命人民一定要十分注意，继续保持崇高的革命理想和旺盛的革命斗志，把伟大的无产阶级革命事业进行到底。

做社会革命的促进派

正确理解关于社会发展过程中的革命变革的基本原理，对于我们的实践活动具有重要的意义。

第一，既然社会革命的根源是生产关系和生产力的矛盾，那么，我们在研究社会革命时，就应当深入分析它的客观根源，只有这样才能理解社会革命发生的客观必然性。只有真正理解了革命，才能自觉投身到变革旧的生产关系、解放生产力、推动社会发展的革命斗争中去。

第二，既然社会革命的根本问题是夺取国家政权，那么，每一个革命者在实际革命斗争中，就应当始终明确这一根本问题，把夺取国家政权作为中心任务，集中全力打碎旧的国家机器，变革旧的上层建筑，以便建立新的生产关系，促进生产力的发展。

第三，既然社会革命是推动社会发展的动力，是历史的火车头，那么，每一个有志于推动社会历史发展的人都应当积极赞助革命，投身革命，做社会革命的促进派。

第四，既然无产阶级革命是最深刻、最彻底的社会革命，那么，每一个从事无产阶级革命斗争的人都应当明确了解这一革命的任务，充分认识它是一项伟大、光荣、艰巨的事业，自觉献身于这　消灭剥削和压迫、彻底埋葬旧制度的最后的斗争。

阅读书目

共产党宣言：一　资产者和无产者，二　无产者和共产党人．见马克思恩格斯选集．3版．第1卷．北京：人民出版社，2012.

共产主义者同盟中央委员会告同盟书．见马克思恩格斯选集．3版．第1卷．北京：人民出版社，2012.

共产主义原理：第十六个问题，第十八个问题．见马克思恩格斯选集．3版．第1卷．北京：人民出版社，2012.

论权威．见马克思恩格斯选集．3版．第3卷．北京：人民出版社，2012.

反杜林论：第二编二、三、四，第三编二．见马克思恩格斯选集．3版．第3卷．北京：人民出版社，2012.

社会主义从空想到科学的发展：三．见马克思恩格斯选集．3版．第3卷．北京：人民出版社，2012.

欧洲工人运动中的分歧．见列宁选集．3版修订版．第2卷．北京：人民出版社，2012.

马克思主义和改良主义．见列宁选集．3版修订版．第2卷．北京：人民出版社，2012.

卡尔·马克思：无产阶级阶级斗争的策略．见列宁选集．3版修订版．第2卷．北京：人民出版社，2012.

第二国际的破产：二．见列宁选集．3版修订版．第2卷．北京：人民出版社，2012.

无产阶级革命的军事纲领．见列宁选集．3版修订版．第2卷．北京：人民出版社，2012.

国家与革命：第一章4．见列宁选集．3版修订版．第3卷．北京：人民出版社，2012.

立宪会议选举和无产阶级专政：六．见列宁全集．中文2版．第38卷．北京：人民出版社，1986.

为共产国际第二次代表大会准备的文件：3．见列宁选集．3版修订版．第4卷．北京：人民出版社，2012.

唯心历史观的破产．见毛泽东选集．2版．第4卷．北京：人民出版社，1991.

第二十一讲　人的社会性

> 人的本质不是单个人所固有的抽象物，在其现实性上，它是一切社会关系的总和。①
>
> ——马克思

兽孩为什么不通人性？

1972年印度发现了一个三岁的狼孩。据报道，这个狼孩怕火怕光，不穿衣服，用四肢走路；喜食生肉，不吃素食；白天，像小狗一样蜷缩在角落里睡觉，晚上起来活动；眼睛像狼眼一样发光；午夜后像狼一样长嚎；经训练后，才能用双脚走路。

在这之前，类似的发现已有多起。1920年发现过一个狼孩，在孤儿院经过十多年的抚养，到17岁死前才学会了晚上睡觉，用手拿东西，用杯子喝水，能听懂几句简单的问话，学会了四十几个词，但一直没有学会成句说话。1927年印度还发现过两个猴孩。猴孩像猴子一样爬树摘果，像猴子一样奔跑跳跃。1964年苏联发现过一个熊孩。他像熊一样笨拙地走路、咆哮，像熊一样敲打树木。

据统计，从18世纪到现在，已经发现了三十几个为野兽所哺育的孩子。这些发现引起了人们广泛的兴趣。人们在惊讶之余普遍地产生一系列疑问：这些在兽群中生活过的孩子回到人类社会以后，为什么不能像人一样生活呢？他们既然是人生的，他们的遗传因素与其他孩子应是同等水平的，为什么不能像其他孩子那样学会人类的生活方式呢？由于遗传，他们的大脑以及喉头、声带的结构也应当和其他孩子是同等水平的，为什么不

① 《马克思恩格斯选集》，3版，第1卷，135页。

能学会说话呢？为什么在兽群中仅仅度过了人生的最初几年，就丧失了人所能达到的语言能力呢？

要弄清楚这些问题，需要进行专门的研究。但是，有一点是可以肯定的：这些孩子由于离开了人类社会，所以丧失了成为人的条件。他们在兽群中生活，像野兽一样用四肢走路，于是两手得不到解放，因而就丧失了劳动的能力；不能劳动，脑髓就得不到发展；在兽群中听不到人类说话的声音，于是丧失了说话的能力；丧失了语言能力后即使回到人类社会，由于不能同人类交流思想，所以也不能成为社会中的一员，而只能作为具有人体的动物存在了。这种现象说明，人的本质是同社会实践联系在一起的，离开了社会实践就丧失了这种本质，就不成其为人了。

1. 人是社会的动物

人与动物的联系和区别 我们知道，人也是一种动物。历史上有不少科学家在反对上帝创造人类、考证人怎样由类人猿进化而来的时候，从许多方面揭示了人和类人猿在生理上的相似之处。这些材料都表明人是动物进化的结果，人的特性不过是动物特性的发展，它们之间有着一定的联系。

第一，从解剖学角度来看，人与猿猴等动物在骨骼、胚胎等方面是非常接近的。骨头的形状相似，胚胎的发育过程相近，在各发育阶段上，胚胎的形状非常相似。

第二，人的心理和黑猩猩等高级动物也极为接近。每当人们交谈情绪激动时，就会不由自主地恢复人类祖先所惯用的富于表情的手势语，如亲热地拍拍对方的肩膀，热烈拥抱或紧紧握手等。

第三，在使用工具方面，高级动物已能使用自然工具，如草茎、细棍等。如果草茎弯曲或者有枝杈，它们还能加以修整。当它们要喝水而嘴唇触不到时，就用树叶来吸取。它们还用树叶擦拭身上的毛，或者敷贴伤口。

第四，高级动物已有自己特殊的“语言”。它们彼此问候时向对方欠欠身，拉拉“手”，或拥抱、亲吻，或用手触碰身体的某个部位，又多半是非常敏感的部位。当看到树上结着成熟的果实时，它们就大声喊叫以通知同类。当它们遭到攻击时，就发出受到惊吓或感到疼痛的叫声。

第五，动物已有初级的“社会生活”。它们集结成群，一起生活。在群中有一定的“分工”和“等级”划分，头领有一定的权威；群中有一定的规矩，如果不遵守就要受到制裁。当然，这时的动物还只能消极地适应环境，它们的眼界只是它们的群，以及它们直接生活的山林。它们的群是松散的，不紧密也不稳固。没有群，每个个体也可以存在，也可以生活下去。它们是作为个体而存在的。

了解了动物和人这些相近的地方之后，说人是由动物进化而来的，就不会感到不可理解了。然而由动物到人的进化毕竟不是单纯量的积累，而是一个质的飞跃，即使是在一些相近之处，也有着质的区别。

首先，人能劳动，动物不能劳动。即使是人类的近亲，像黑猩猩等，也不具有劳动的能力和技巧。有人曾经十分细心作过长期的观察，结果发现，即使给予示范和训练，黑猩猩也不会用石制的手斧从硬木块上砍下木片，然后用木片从狭窄的管子里取出食饵。也就是说，它还不能进行像人类劳动那样的活动，不能为达到各种不同目的而使用某些物体，更不能用一种工具去制造另一种工具。

其次，人有语言，动物没有语言。语言是在人的进化过程中由于适应劳动和交往的需要而产生的。即使属于人类近亲的某些动物，由于不会劳动，彼此需要传达的东西也很少，不用分音节的语言就可以互通“情报”，因此也不必借助清晰的音节来表达彼此的意思。它们只能用“手势”、姿势进行交际，利用各种各样的叫声和呼唤声交流情报。无论经过怎样的训练，它们也只能学到一些手势语，而不能掌握语言。正是语言的发展使人类有可能超出其他动物，并制定某种规范来适当地和有效地规定社会性行动。语言还使那些靠动物比较简单的交流手段不可能达到的社会协作方式有了可能，从而促进了人类的智力和技术的发展，并使社会团结得越来越紧密。

再次，人有高级意识和精神生活，动物没有。首先是劳动，其次是语言，成了两个最主要的推动力，促进了人脑的发展。人脑能自我产生新的信息，动物则不能。因此，它只有一些低级的意识。由于有了语言，人脑自我产生新的信息，人就有了丰富的想象力和抽象思维能力。人的意识得到高度发展，产生了人类特有的精神生活。

最后，人有社会性，动物没有。这是人和动物的一个最重要的区别，同时也是决定以上区别的基础。人必须结成一定的社会关系，才能从事劳动。人只是在发生各种各样的社会交往时才有必要产生语言。意识是自然界长期发展的产物，也是社会的产物。人类个体不是像动物那样作为自然个体的存在，而是作为人类社会中的一员存在的。

人的社会属性和自然属性 从以上人和动物之间异同的简单说明中可以看到，由于人是从动物发展而来的，因而具有作为一般动物共有的自然属性。所谓人的自然属性就是人的生物性。人作为一种高级生物，是自然界的一部分。人的身上存在着生命形式的全部特点，如新陈代谢、遗传和变异等。作为生物的自然属性是人和人类社会存在的自然基础和前提，没有这种属性，当然也就不会有人和人类社会。但人又是不同于一般动物的社会动物，因而具有一般动物所没有的社会属性。人是社会活动的主体，是社会关系的承担者和体现者。人既是社会的前提，又是社会的产物。人之所以成为人并区别于动物，不是由于他的自然属性，而是由于他的社会属性。所以，社会属性是人的本质属性。在这个问题上，有两点需要说明一下。

首先，不要离开人的社会属性去谈论人的自然属性，更不要把自然属性看成人的本质属性。我们说过，人是由一般动物长期进化而来的社会动物。作为一种高级动物，人的机体和机能都是在动物的基础上发展起来的。人和一般动物一样，具有肉体组织及这个肉体组织所进行的各种生理活动。人也要饮食、生育等。然而人一旦成为人之后，由一般动物那里带来的这些自然属性也都打上了明显的社会烙印，即使看来是纯粹的生理活动，也具有明显的社会特点，也已“社会化”了。而且这种“社会化”的趋势随着人类文明的发展越来越深刻，甚至在逐渐改变着人的生理活动及其机能。

我们知道，人和动物一样要吃东西，动物吃东西仅仅是为了维持生存；而人吃饭除了满足这个最简单的生理需要外，还有许多社会方面的意义。人们常常用请客吃饭来联络感情，用改善伙食来表示愉快，用某种饮食来调节某方面的功能，以便适应工作上的需要，等等。人和动物一样要生育繁殖。动物交配不过是一种本能，而人的男女结合则体现着一定的感情、志趣的相投。在私有制社会里，婚姻常常是一种政治手段或金钱交易，带有强烈的社会色彩。况且，人类本身的增殖就是劳动力的再生产，也是社会生产的一个方面。它本身也要有一定的计划，遵照一定的比例。现代世界上许多国家都在控制人口的增长，并围绕着这一工作开展了一系列的社会活动，从而使人的生育这一看来纯属个人生理的活动更加“社会化”了。

可见，随着社会的发展，人类身上几乎没有什么不受社会影响的纯粹的、本来意义上的自然属性了。第二次世界大战以后，资本主义世界的婚姻状况发生了急剧的变化。在西方某些国家，兴起“性解放”的思潮。在“性解放”的鼓吹者们看来，“婚姻是一种性的选择”；“性交的行为是一种生理的事实，但并不是一件社会的事实”。很显然，他们从根本上否认了人的社会属性。实际上，人的性行为是受到社会制约的，并且是有意识的。在婚姻关系中，自然的性本能必然变成有意识地选择配偶的活动，在进行这种选择时要考虑到许多社会方面的因素。

人的爱情包含性欲，但不能归结为性欲。婚姻关系包含性的关系，但不能归结为肉体关系。婚姻包含着思想、文化、情感方面的交流。因此人类的婚姻关系必然包括精神的、心理的、道德的关系。从表面上看，男女之间的性行为、性结合似乎只是两个人之间隐秘的私事，实际上却是个社会问题。它摆脱不了人的群体性的特点，因而也摆脱不了这种群体性对它的要求和影响。人是社会的人，人的性行为理所当然要受到社会规范的约束。如果它违反社会的风俗、道德和法律，必将受到来自社会各个方面的谴责和惩罚。显而易见，把自然属性从与人的社会属性紧密联系中割裂开来，就已经是错误的，若把它看作人的真正本质，就更错误了。

其次，也要看到人的社会属性并不是同自然属性完全无关的东西，它也受自然属性的制约。人的社会属性是生物进化过程中产生的一种新的因素，不是离开生物的自然属性凭空出现的东西。离开人的生存和发展的需要去讲社会性是错误的。如果人没有生命，没有物质生活的需要，也就没有劳动，没有组成社会的必要。在前面论述社会和自然时，我们已经讲过人类社会是在自然同社会交互作用中发展的。同样，人也是在其自然属性和社会属性的相互作用、相互制约中发展的。看不到这一点，就不能完全理解人及其社会活动。

总之，人是社会化的动物，社会性是人区别于其他动物的本质属性。

2. 人的本质是一切社会关系的总和

人的本质是人的社会性。所谓社会就是以一定的物质生产活动为基础的一切社会关系的有机整体。因此，历史唯物主义认为，人的本质，就其现实性来说，是一切社会关系的总和。为什么说人的本质是社会关系的总和呢?

人的本质由社会关系决定 人是具体的、生活于现实的社会关系之中的人，现实的社会关系决定人的本质。只要我们不把人看作一种抽象的存在，当作一个空洞的概念来考察，那么，我们就很容易理解这个道理。我们所认识、接触、谈论的人，不管张三、李四，都是活生生的人，是现实生活中的人。

他们生活在一定的社会环境之中，同周围的人发生着各种各样的社会联系。他们或者上学，那就一定在某一学校的某一个班，就同校长、老师、同学发生联系，同出版社、印刷厂、书店、文具厂、文化用品商店等发生联系；他们或者做工，那就一定是在某一工厂的某一班组，同该厂的领导和工人，同原料供应单位以及产品销售、使用单位的人发生各种各样的联系；他们或者务农，那就一定是在某个村或某一农场的某生产队，同该地的农民，同农药厂、农机厂、粮油加工厂等方面发生联系；他们或者是家庭妇女，在家里从事家务劳动，那她就跟同衣食住行有关的单位或人发生联系……

总而言之，任何一个人都必定是生活在一定的社会关系之中的。不在任何社会关系中生活的人是没有的；除非他是我们一开始谈到的那种兽孩，而兽孩已经不是通常意义上所说的人了。

我们知道，在经济、政治、思想等所有的社会关系中，生产关系是最基本的社会关系。无论处于什么历史时期的人，总是处在一定生产关系中的人。在原始社会里，全体成员都处在平等、互助、合作的生产关系之中。在生产资料私有制占统治地位的社会里，绝大多数的人分别归属于奴隶主和奴隶、地主和农民、资产阶级和无产阶级的行列，分别结成不同形式的剥削和被剥削、支配和被支配的关系。这种关系是这几个社会里的基本关系，它决定着人与人的一切其他社会关系，并且决定着每个人的社会面貌。具有一定的社会面貌的人就是具体的人、现实的人。

人的本质通过社会关系表现出来 人的本质只有通过社会关系才能表现出来。人是具体的、现实的、具有社会面貌的人。这个社会面貌是由于人在社会关系中处于不同的地位而形成的，同时，它也是在不同的社会关系中表现出来的。我们看小说都知道，一部好的小说，其中人物的形象、人物的本质特征，都是通过一系列关系表现出来的，而不是作者直接介绍出来的。施耐庵并没说鲁智深如何有正义感云云，然而看过拳打镇关西、大闹野猪林之后，人们看到了他同恶势力是什么关系，同被欺凌者是什么关系，从而对他的这种品质也就自然地形成了鲜明的印象。社会中的任何一个人都是这样，只有从他在各种社会关系的具体联系中，才能把握他的具体本质。

人的本质随社会关系的发展而发展 人的本质总是随着社会关系的发展而发展的。我们知道，全部社会关系的基础是生产关系，而生产关系是随着生产力的发展而发展变化的。人的本质既然由社会关系决定，那么，它当然也就要随着社会关系的发展而发展。

在原始社会里，人们有着共同的经济利益、风俗习惯和共同的道德，他们在社会活动中所形成的共同劳动、相互关心的社会关系是人类的共同本质。一旦进入阶级社会，人们由于对于生产资料占有的状况不同，在生产中的地位和作用不同，领得的社会财富的多少和方式不同，而分别隶属于不同的阶级。这时，人的社会性就发展成为阶级社会的社会性，即带有阶级性的社会性。从无阶级社会发展到阶级社会，人就发展成为阶级的人，人的本质就带有阶级性。

在阶级社会里，人们既然在一个共同的社会中生活，具有共同的社会历史背景，人和人之间总还会或多或少保留一些“纯粹的”、“人类的”东西，诸如两性之间的感情一类的东西。然而，这些共同的、纯粹的人类的感情，在以阶级对立为基础的社会里，也被人们的阶级性破坏得差不多了。在阶级社会里，人的阶级性冲淡了人类共同的本质。一旦社会的发展进入共产主义社会，阶级对抗、阶级差别消灭了，产生阶级的一切社会关系也都消灭了；到那时，人的阶级属性也就随之消失，剩下的又是真正人类的共同的社会本质了。可见，人的本质不是一成不变的，而是随着社会关系的发展而发展的。

3. 在阶级社会里人具有阶级性

阶级社会里的每个人都在一定的阶级地位中生活 在阶级社会里，每个人都隶属于一定的阶级。大家都看过电影《白毛女》，影片中的黄世仁属于地主阶级，是个地主恶霸。杨白劳属于贫农，是个被逼得走投无路的劳动者。在电影《不夜城》中，张伯韩属于资产阶级，老瞿和银弟等属于无产阶级。在旧中国的农村里，一个人或是地主，或是富农，或是中农，或是贫农，或是雇农等；在城市里，一个人或是工人，或是城市贫民，或是小业主，或是资本家，如此等等。知识分子虽然不是一个独立的阶级，但也是隶属于一定的阶级的。此外，是否还有不属于任何阶级的人呢？没有了。

在阶级社会里，每个人都隶属于一定的阶级，都在一定的阶级地位中生活。占有生产资料的人相应地处在支配地位，没有生产资料的人处在被支配地位。处在被支配地位的人，在劳动果实的分配中，同样是被支配的。处在支配地位的人占有人类征服自然的绝大部分果实，劳动人民只能得到其中一小部分。剥削者花天酒地，劳动人民只能勉强维持最低的生活水准。在生产中占支配地位的阶级在政治上也是统治者。劳动人民则处于无权地位，是被统治者。统治阶级还垄断着人类精神劳动的成果。

在阶级社会里，每个人都表现出一定阶级的特性 在阶级社会里，每个人都是一定的社会关系和利益的承担者，都作为一个阶级的成员而存在。因此，每个人的活动都要受到所属阶级地位的制约，作为阶级的一个成员，不能不表现出阶级的特性。每个阶级都有自己本阶级的共同利益。为了维护本阶级的利益，分别属于各阶级的人都在政治上提出自己的要求，对现实的政治表示拥护或反对的意见。一个人的政治态度突出地反映着所属阶级的特性。凡是读过毛泽东的《中国社会各阶级的分析》和《湖南农民运动考察报告》的人都可以看到，处于不同阶级地位的人，由于经济状况不同而表现出的政治态度也是迥然不同的。这已是我们政治生活中的基本常识了。

生活在以阶级对立为基础的社会里的人，处在不同的阶级地位上，他们的愿望是不一样的。医院和药店的老板盼望着不时地来上一场瘟疫，最好每个人天天都害病；棺材铺、寿衣店的老板巴不得天天死人；玻璃店老板希望夜间来一阵大风，把全城门窗上的玻璃都打个粉碎；当铺老板巴望人们破产；军火商希望天天打仗；囤积居奇的粮店老板希望连年灾荒、颗粒无收……

这些想法在劳动人民看来是很不近人情的，但在他们看来却是很自然的；出于他们的阶级地位和阶级利益，也是不能不这样希望的。劳动人民的愿望当然与他们不同，这是很容易理解的。白居易的《卖炭翁》中写一个卖木炭的老头，“可怜身上衣正单，心忧炭贱愿天寒”。可见，这老翁的愿望也是由他的社会地位决定的。他腹中饥，衣正单，天暖和一些可能还好熬一点，然而社会处境却使他希望天再冷一点才好哩！否则，辛苦的劳动就要落空。显然，卖炭翁的心理与豪绅阔佬、公子小姐们的心理是不一样的。

人们的思想感情、道德观念、生活方式等，也都表现着人们的阶级性。人常说“喜怒哀乐，人之情也”，然而，在阶级社会里，这些人之常情也无不具有鲜明的阶级性。可以想象，家无隔夜粮的穷人绝对没有粮店老板折本的懊恼，煤矿老板也不会知道捡煤渣的老太婆的辛酸，平民百姓体会不到官场角逐的荣辱，公子王孙也无法理解农夫久旱盼雨的焦急。劳动人民喜爱健壮的美，剥削阶级喜爱病态的美。劳动人民认为应当见义勇为，助人为乐；剥削阶级认为人不为己，天诛地灭。可见，人的精神生活总是和他的经济地位相联系的，都反映着本阶级的阶级利益。他们的要求和愿望无不打着阶级的烙印。

在谈到人的阶级性时，有两种错误倾向是应当批判的。一种是宣扬超阶级的、抽象的、地主资产阶级的人性论。这种人性论离开人的社会性，离开人的阶级地位去谈论人的本质，认为人性是一种先天固有的、人类共同的本性，把人性看成是抽象的、超现实的东西。这种说法显然是违背社会存在决定社会意识这一基本原则的，也不符合客观事实。另一种是把社会性同阶级性混为一谈，把社会性说成就是阶级性，认为人只有阶级性而没有其他社会属性，这也是片面的。

到了共产主义社会，人才成为社会化的人 人类为了征服自然、统治自然，组成了社会。人类借助社会的力量发展生产力，生产着物质生活资料，创造着物质文明和精神文明。分工曾是人类进步的一个阶梯。但是，由于分工，由于私有制的产生，出现了阶级。人类在生产自己的生活资料的同时，还生产着支配自己的社会力量。人们组成社会，成为社会化的动物，结果又分化为不同的阶级，出现了一部分人支配另一部分人的局面，阶级性使人们对立起来。

大家知道，这种状态是人类整个发展过程中的一个曲折。以往人类的进步总是靠牺牲人类一部分的自由和幸福换来的。这种不合理的状态，只有生产力高度发展之后才能摆脱。那时的人不再是属于某一阶级的人，而真正成为社会化的人。那时的社会也不再是某一阶级统治另一阶级的社会，而是真正的全人类的社会。那就是共产主义社会。

到了共产主义社会，劳动成了人们生活的第一需要，而不再是单纯谋生的手段。人们的智力、体力都得到了发展，成为全面发展的人，因而迫使人们奴隶般地服从社会分工的情况就消失了。每个人都可以得到自由的发展，充分发挥自己的才能。这时候，结成共同体的人类会合理地进行他们同自然之间的物质和能量的交换。大自然不再是一种盲目的力量。这时候，人们才最后从自然奴役下，从异己力量的统治下解放出来。这时候，人才真正成了自己的主人，成了社会的主人，因而也就成了自然的主人。只有到了这个时候，人才真正成为社会化的人。这就是“共产主义新人”。

4. 人的价值在于对社会发展的作用

在阶级社会中，任何人都不可能是超阶级的，而是在一定的社会关系和阶级关系中生活的。一定的经济关系和阶级关系决定着人的发展，决定着人的本质，同时也决定着人的价值。因此，对于人的价值，必须从一定的经济关系中，从社会关系的历史发展中加以考察。在阶级社会中，由于人们在生产关系中所处的地位不同，所采取的立场不同，所维护的阶级利益不同，人们对人的价值往往有不同的甚至完全相反的理解。

所谓人的价值问题，实际上讲的就是人怎样生活才有意义，说到底，就是人生目的和人对社会的关系问题。“价值”本来是一个含义很广的范畴。一般来说，它是物质客体、人们的社会实践活动和社会意识现象所具有的一种属性。这种属性体现着这些物质客体、社会实践活动和社会意识现象对一定的社会、阶级和个人所具有的意义。比如，一支钢笔，可以用来写字，对人们有使用价值；可以在市场上出售，对生产钢笔的工厂来说，又有经济价值或交换价值；如果上面还雕刻着美丽的字画，成为一个艺术珍品，那么它就还具有艺术价值或欣赏价值。同样，人们的社会实践活动，也都对社会、对阶级、对他人、对自己具有一定的意义，因而也都具有一定的价值。这种价值往往是多方面的，有经济的、政治的、道德的、艺术的，等等。

价值的存在，是人们都承认的。什么是有价值的，什么是没有价值的？什么样的价值高，什么样的价值低？什么样的人生目的和社会行为是应该赞扬和肯定的，什么样的是应该鄙视和否定的？人们对这些问题进行评价时所持的观点，就构成了人们的价值观。资产阶级理论家们从抽象的人性出发，片面夸大人作为“类”的个体的自然属性，鼓吹抽象的个性、个人自由和利己主义。他们否认人的价值的历史发展和社会条件，认为存在着永恒不变的，对一切时代、一切民族、一切阶级都适用的所谓“人的价值”。这种理论在现实生活中造成了恶劣的影响。因此，人的价值问题在实践上和理论上都成了我们必须认真解决的一个重要问题。

历史上的价值观　从历史上看，原始人作为氏族的成员，是把自己融合在氏族整体观念之中的。在原始社会的条件下，任何个人都是不可能单独生活的，因此，关于个人发展、个性自由的观念，对于他们来说也就不可能形成。用现在的话来说，他们还没有任何关于个人价值的观念。

在奴隶社会中，奴隶主阶级逐步意识到自己的个性、理性和力量，提出了“人应该同情自己的同类”，应该成为“理性控制感情”的人。但是，奴隶主和他们的思想家只承认自己是人，而不承认奴隶也是人，不承认奴隶也有自己的人格。从这个意义来看，奴隶主阶级的思想家们并没有真正认识到人的价值问题。

从奴隶社会到封建社会，对人的价值观念有了新的变化。封建制度是一种等级森严的制度，阶级的从属和人身的依附是一个重要特征。皇帝之下的一切臣民都各有自己的位置和身份。这时，人的价值是以其在宗法等级中的地位来确定的。

在资产阶级反对封建主义的斗争中，人的价值问题第一次公开作为一个重要问题提了出来。由于资本主义生产关系代替了封建主义生产关系，资产阶级终于冲破了封建关系的羁绊，用一种新的眼光来看待自己，看待所谓人的问题。他们把个人的价值、个人的理性、理想和人格，作为自己研究和考察的主要对象。

文艺复兴运动以来的资产阶级思想家们极力反对宗教神权的控制，反对禁欲主义，反对封建宗法制度，强调个人的自由、尊严、人格，明确提出了个人的价值问题。这种价值理论是以个人主义（或利己主义）为核心，以个性自由发展为目的的一种资产阶级价值论。它是在资产阶级的自由竞争的经济关系中产生的，又是为资产阶级的自由竞争服务的。

当资产阶级重新发现了人的价值以后，他们曾经认为，在私有制的社会内，就可以使人的个性得到充分的、自由的、和谐的、全面的发展。他们认为，为了获得人的个性解放、自由、平等，最重要的是通过自由竞争，掌握必要的私有财产。有财产才能有这一切，没有财产就没有这一切。对于一个一无所有的人来说，个性解放、个人自由、人的价值和尊严只是一句空话。在冲破封建等级制度之后所带来的并不是人的个性发展和人的尊严，而是使"财产"和"金钱"成了全社会的最高价值，成了衡量或评价人的价值的砝码。

无产阶级的价值观 无产阶级革命的胜利，建立了新的以生产资料公有制为基础的生产关系。人和人之间的新型关系形成了。在社会主义社会里，人的价值不在于地位的高低、金钱财富的多少，而在于对人民的利益和社会的进步事业所做的贡献，在于为社会主义、共产主义所进行的创造性劳动，在于为远大理想和为人民服务的献身精神。

社会主义现代化建设时期的价值观和人的价值标准，是同人民要求实现社会主义现代化这一根本利益相联系的。离开了这个根本利益的要求，就不可能建立正确的价值观，就不可能找到人为什么生活，以及应当怎样生活的价值标准。简言之，无产阶级的价值目标，就是为社会主义和共产主义事业而奋斗，就是为人民服务。

历史唯物主义关于人的价值的思想，特别强调集体的利益。尽管个人的全面发展是人的价值的基本标志和重要内容，但是，历史唯物主义认为，只有在集体中，人们才有获得个人全面发展的可能。个人的兴趣和爱好必须在保证集体利益的前提下去发展。这里所说的集体，是建立在社会公共利益基础上的、有着共同价值和理想的共同体。在这样的集体中，人和人之间的关系是相互尊重、平等互助的关系。因此，每个人都必须依据集体主义的原则，在集体事业中发展自己的个性，实现个人的价值。

正确理解人的社会本质和社会价值

正确理解关于人的社会性的基本原理，对于我们的实践活动具有重要的意义。

第一，既然人是社会的动物，那么，我们在分析人的本质时，就应当从分析社会着手，从社会的形成、从人与动物的联系和区别方面来考察人的本质的形成，反对离开现实社会抽象地谈论人的倾向。

第二，既然人的本质是现实的社会关系的总和，那么，我们在研究人的时候，就要具体分析一切现存的社会关系，从社会关系的总和中，从社会关系的发展中来把握人的社会本质。

第三，既然在阶级社会里人具有阶级性，那么，我们就应当注意用阶级的观点去看待人，反对抹杀人的阶级性的倾向。当然，也应注意不要把阶级性绝对化，好像什么东西上面都有阶级烙印。看不到人的阶级性，不能用阶级的观点去观察人的本质和人的活动，就会犯右的错误；反之，如果把人的阶级性片面夸大，也会犯“左”的错误。

第四，既然人的价值在于对社会发展的作用，在于对社会和人民利益的理解和实践，那么，我们就应该在共产主义人生观的指导下，正确选择自己的价值目标，在献身于中国特色社会主义事业和中华民族伟大复兴的过程中，在为人民服务的实际行动中，实现自己的社会价值。

阅读书目

德意志意识形态：一 费尔巴哈．见马克思恩格斯选集．3版．第1卷．北京：人民出版社，2012.

共产党宣言：一 资产者和无产者，三 社会主义的和共产主义的文献．见马克思恩格斯选集．3版．第1卷．北京：人民出版社，2012.

《黑格尔法哲学批判》导言．见马克思恩格斯选集．3版．第1卷．北京：人民出版社，2012.

关于费尔巴哈的提纲．见马克思恩格斯选集．3版．第1卷．北京：人民出版社，2012.

1844年经济学哲学手稿（节选）．见马克思恩格斯选集．3版．第1卷．北京：人民出版社，2012.

路德维希·费尔巴哈和德国古典哲学的终结：三．见马克思恩格斯选集．3版．第4卷．北京：人民出版社，2012.

我们拒绝什么遗产?：五．见列宁选集．3版修订版．第1卷．北京：人民出版社，2012.

青年团的任务．见列宁选集．3版修订版．第4卷．北京：人民出版社，2012.

中国社会各阶级的分析．见毛泽东选集．2版．第1卷．北京：人民出版社，1991.

在延安文艺座谈会上的讲话：结论四．见毛泽东选集．2版．第3卷．北京：人民出版社，1991.

第二十二讲　个人和社会

人们的社会历史始终只是他们的个体发展的历史，而不管他们是否意识到这一点。[①]

——马克思

鲁滨孙漂流出人类社会了吗?

18世纪一个英国船上的水手鲁滨孙在航行中和船长发生冲突，被遗弃在一个荒岛上。他在那里与人世隔绝，独自生活了四年多，才被一个航海家带回英国。这件事引起当时社会上很大的兴趣。年近六旬而且从未写过什么文学作品的笛福从这件事中受到启发，创作了《鲁滨孙漂流记》这部不朽的、富有时代特色的小说。

然而小说也引起了人们另一种兴趣：漂流到荒岛上的鲁滨孙，离开人群竟然能够生活28年之久，似乎表明个人离开社会仍然可以存在。个人果真能够离开社会吗？如果不能，那么由此又引出一系列的问题，个人和社会是一种什么关系？个人的发展和社会的发展有什么关系？应当如何处理个人和社会的关系？等等。所有这些问题，都是我们每一个生活在社会中的人所应当明了的。

1. 个人依赖社会

所谓人类，就是由人组成的一个不同于其他动物的类。任何个人都是人类的一个成员。但是，个人与人类的关系不仅是一种自然的种属关系，

① 《马克思恩格斯选集》，3版，第4卷，409页，北京，人民出版社，2012。

而且主要是一种社会关系。社会由人构成，每个人都是社会的一个成员。因此，一方面，没有各个人的存在，当然就不可能有社会；另一方面，离开了社会，个人也不可能存在。关于前一方面的道理，我们在前面论及人类社会的形成时已经讲过，这里讲的是社会一旦形成之后个人对于社会的依赖关系。

离开社会个人就不能存在 我们知道，任何个人的生存都需要有一定的食物、衣服、住房、交通工具等生活资料。这些生活资料都是由社会提供的。在原始社会里，人类的生产力水平很低，自然灾害（洪水猛兽之类）对个人生命的威胁极大。人类只有成群结队地劳动，才能战胜自然灾害，取得食物等生活必需品。任何个人一旦离开集体（当时的社会），不是死于饥饿，就是死于自然灾害。

后来，随着生产力的发展，出现了社会分工，而且这种分工越来越细。任何个人都只能从事某一种或几种具体劳动，获得某一种或几种劳动产品。然而任何个人的生活需要都是多方面的，他的劳动产品只能满足自己某一种或几种需要，其他生活资料都必须从社会那里获得。为此，他就要把自己多余的劳动产品拿到社会上进行交换。随着商品经济的产生、发展和人类需要的增长，这种经济关系把个人同社会越来越紧密地联系起来。任何个人企图一切都自给自足，那是根本办不到的。

从奴隶社会、封建社会到资本主义社会，生产社会化的程度越来越高，生产和生活这条纽带把个人和社会联系得越来越紧密。在社会主义社会里，在生产资料公有制的基础上，生产社会化的程度更高了，个人与社会的联系也就更紧密了。总之，随着人类社会的发展，个人对于社会的依赖也就越来越牢固，越来越强烈；离开社会，个人就无法生存。

人类在漫长的社会实践过程中，积累了丰富的自然科学知识和社会科学知识，制造了越来越先进的生产工具，组成了越来越严密、越来越合理的生产关系和社会结构。一句话，人类创造了日益发达的物质文明和精神文明。个人一旦离开社会，也就离开了物质文明和精神文明，那就会像前面讲到的狼孩那样，变成茹毛饮血的动物，不仅根本不知道人类文明为何物，而且连直立行走、用手劳动、用语言表达思想感情这些原始人早已具有的特征也都完全丧失了。

就说《鲁滨孙漂流记》中的鲁滨孙吧！他虽然离开人群达 28 年之久，

但无论从物质方面还是精神状态方面，他都是社会的一个成员，是资产阶级的一分子。他独自一个人生活在荒岛上，也尽可能地保持了资产阶级的体面。他有足够的火药和枪支使他能够免于用最原始的办法猎取食物，也使他能够用这种人类社会文明的产物去征服可能危及他的土人。除了衣服和一些小用品外，他几乎享有一切当时的文明，从而使他一直维持了文明人的生活而没有成为野人。所有这些，非但不能说明个人可以离开社会独立生存；相反，倒是生动地说明了个人终究是不能离开文明社会的。

离开社会个人就得不到发展 不仅如此，个人如果离开社会，就根本不可能表现和发展自己所具有的才能。正如我们在前面论及意识的起源和本质时已经说过的，人类的意识不仅是自然界长期发展的产物，而且也是社会生活的产物。人的意识随着社会的产生而产生，随着社会的发展而发展。在长期的社会实践中，人的大脑得到发展，其思维能力也随之发展。但是，人类个体能够遗传的是具有一定发展水平的大脑，而不是一定的思维能力。人的大脑虽然具有动物所没有的一种潜在的思维能力，但是要使这种思维能力变成现实，并得到进一步的发展，那就离不开社会生活。尽管人类有意识，然而离开社会的个人却只能是白痴；人类有语言，然而与世隔绝的个人就不能不是个哑巴。也就是说，人的能力本身是在社会环境中，在改造自然和改造社会的过程中，通过各种社会手段的训练而逐步培养起来的。

可见，如果离开社会，个人也就必然丧失他作为人所具有的一切能力。古往今来，无论是英雄豪杰还是普通百姓，他们的各种能力的发挥和发展都以社会环境为舞台，都是在各种社会联系中得以表现和发展的。离开了社会，人们的各种能力就像种子离开土壤、阳光和水分一样，不能生根发芽，开花结果。

个人活动受社会条件的制约 任何个人都只能存在于一定的社会关系之中，只能在一定的社会条件下生存和发展。因此，个人的活动都必然是一定社会关系的表现，被一定的社会关系所决定，受一定的社会条件的制约。

首先，任何个人都不能随心所欲地选择自己活动的社会条件，而只能在既定的社会条件下从事活动。物质资料的生产是连续进行的。以往所达到的物质生产水平，是今天人们从事活动的既有基础。人们不可能撇开以往活动的历史结果，为自己的活动选择自己需要的条件，或者全部另外重新创设新的条件，而只能从现有的社会条件出发，在现有的基础上进行活动。个人只能正确地认识这些条件，提出社会条件所要求解决的问题，完成社会条件所允许完成的任务。

其次，任何个人活动的动机都是由社会需要决定的。人们活动的动机看起来是纯属个人的东西，然而它也不能不受社会条件的制约。人们动机的产生，以及按照这一动机所设计的活动都只能是对于社会条件的反映。每个时代都有自己的社会需要。这种社会需要激励着人们，引起人们活动的动机，规定着个人的活动。离开社会需要的纯粹个人的动机是不存在的，是不可理解的，不可能付诸实施，也是不可能实现的。

最后，任何个人活动的方式、规模和范围都受社会条件的制约。任何个人，无论是叱咤风云的英雄人物或专横跋扈的君王，在任何时候都不能不服从社会经济条件，都不能向经济条件发号施令，不能强迫社会去接受不适合于生产力状况的社会关系。

2. 个人对社会的发展有着一定的作用

个人的意志和活动对社会发展是有作用的 承认个人的活动受一定的社会条件制约，被一定的社会关系所决定，是不是就意味着否认个人的意志和活动在社会发展中的作用呢？不是的。实际上，个人的意志和活动对于社会的发展都以不同的方式，或大或小、或直接或间接地起着一定的作用。

我们知道，物质资料的生产是社会存在和发展的基础。社会发展的历史首先是物质生产发展的历史，是生产方式新陈代谢的历史。以劳动者为主体的人民群众不仅是物质财富的创造者，而且也是精神财富的创造者。人民群众是推动历史前进的决定力量。作为人民群众这一整体中的每一个人的力量与人民群众这一整体比较起来，尽管是微弱的，然而毕竟是整个人民群众力量的一个组成部分。如果略去这些组成整体力量的个人力量，所谓无比强大的人民群众的力量也就不复存在了。因此，我们决不能忽视个人在社会历史发展中所起的作用。

个人的作用在我们日常生活中到处都可以显示出来。一个工人制作产品的数量在整个工厂中所占的比重可能微不足道，然而它毕竟会或大或小地影响到整个工厂生产计划的完成。一个工厂生产计划是否完成，又或大或小地影响到该行业、该部门生产计划的完成。整个国家的生产计划的完成，正是依靠各个部门、各个行业、各个工厂、各个工人都能够完成计划来实现的。一个战士是否勇敢善战，常常影响一块阵地的保持或丧失，影响一次进攻的成功或失败。由此可见，个人的力量无论大小，都将会或大或小、或直接或间接地影响社会历史现象的发生和发展。

个人对社会发展两种不同的作用 那么，个人的意志和活动对社会历史的发展有什么样的作用呢？

一般说来，有两种基本情况：促进作用或阻碍作用。当个人的意志反映了社会发展的规律，表达了人民群众的愿望，站在社会进步潮流一边，顺应社会发展的趋势，适应社会发展的需要时，他的活动就会对社会发展起促进作用；相反，当个人的意志违背社会发展的规律，违反人民群众的愿望，站在社会进步潮流的对立面，违背社会发展的趋势，不适应社会发展的需要时，他的活动就会对社会发展起阻碍作用。这样的事例，历史上是不胜枚举的。

个人对社会历史的发展起何种作用，以及所起作用的大小，是由许多主客观条件造成的。从主观条件来说，一个人的立场、才能、个性等对于他的活动都有直接的影响。如果一个人能自觉站在社会进步势力的立场上，而又具有丰富的知识和杰出的才能，他就能够顺应社会发展的需要，自觉担负起社会赋予的责任。他个人的活动就成为社会历史发展必然事变链条中重要的一环。这样的个人对社会发展所起的作用是一种巨大的促进作用。相反，如果一个人站在保守或反动的社会势力一边，尽管他也具有丰富的知识和杰出的才能，然而他的活动不但不能适应社会发展的需要，反而会影响对于这种需要的满足，这样的个人对社会发展所起的作用是一种阻碍作用。

不仅如此，甚至个人的个性特征（如性格、意志、品质以至癖好等）有时也会对社会历史的发展起某种作用，在社会历史的外貌上打下特殊的印记，甚至在特定条件下还可能影响社会的命运。当然，这种影响发生的可能性及范围，归根到底还要由当时的社会条件来决定。个人性格只有在一定条件下，才能成为影响社会发展的一种因素。

个人活动所起的作用的大小，还与他在社会关系中所处的地位有关。一个普通战士的失误可能造成个人的伤亡，而一个承担特殊任务的战士的失误则可能造成整个战斗的失败；一个战役的指挥者的失误可能造成某次战役的失败，而一国最高统帅的失误则可能导致丧师辱国。

社会制度对于个人作用的发挥影响很大。不同的社会制度，对于该社会中处于不同社会地位的人发挥作用的影响是不同的。在剥削阶级占统治地位的社会里，劳动人民的意志和活动受到种种压抑和限制，不能得到充分发挥。在社会主义制度下，劳动人民当家做主，他们的意志和活动得到充分的保障。从总体上说，就社会人口的大多数来说，在社会主义制度下，个人对社会发展所起的作用是任何旧时代所不能比拟的。社会主义制度为充分发挥个人聪明才智、实现个人理想创造了有利的条件，开辟了广阔的道路。

3. 个人利益与社会利益的关系随着历史的发展而变化

我们知道，在社会关系中，生产关系是最基本的关系。而每一个社会的生产关系首先是作为利益表现出来的。因此，个人和社会之间的关系，归根到底是个人利益和社会利益之间的关系。一般说来，个人利益是指个人生存和发展的需要；社会利益是指一定社会在本身固有的发展规律的基础上发挥职能的各种需要。个人利益和社会利益在不同的历史时期，在不同的社会制度下，具有不同的内容。它们之间的关系也随着历史的发展而变化。

阶级社会里个人利益和社会利益的关系 在阶级社会里，剥削阶级占有生产资料，经济上居于支配地位，政治上也居于统治地位。他们掌握着国家机器，主宰着社会的命运。因此，在这种制度下的“社会利益”是一种虚假的社会利益，本质上不过是剥削阶级的阶级利益。只有当某个新兴的剥削阶级领导劳动阶级反对另一个反动的剥削阶级时，或者由某个剥削阶级领导劳动阶级反对异族入侵时，剥削阶级的利益同劳动阶级的利益才有某些一致之处。这时的社会利益才在一定程度上包括了劳动阶级的某些利益。随着新兴的剥削阶级所进行的革命的胜利，或者随着反侵略的民族战争的胜利，他们与劳动阶级固有的矛盾又会激化起来，他们与劳动阶级的共同利益也就随之减少。这时的社会利益基本上仍然是剥削阶级的阶级利益。这是一方面。

另一方面，在以往的私有制社会里，除了无产阶级和奴隶阶级外，任何阶级的个人都是私有者或小私有者，都是作为单个的私有者进行生产活动和其他活动的。人们并没有也不可能结成一个真正的集体。剥削阶级也组织过一些“集体”，例如，资产阶级的各种联合企业和股份公司一类的集体组织，也签订一些维持这些集体利益的各种合同或条约。然而这种“集体”是以剥削和压迫劳动阶级为目的的，参加其中的个人都只顾自己的利益，使他们联合起来并发生关系的唯一力量是他们的利己心、他们的私利。只要个人私利受到损害，他们就会撕毁合同或条约。

在阶级社会里，个人利益和社会利益之间的关系常常表现为劳动阶级和剥削阶级之间的矛盾。这两个对立的阶级之间虽然在一定条件下有某些共同利益，但那是微不足道的，他们在根本利益上是对立的，水火不相容的。只有在剥削阶级内部，个人利益和社会利益才有根本一致的地方。

马克思以前的许多剥削阶级思想家也看到了个人利益和社会利益这种既对立又统一的现象，但却不能科学地给予解释。为了调节个人利益和社会利益之间的关系，他们提出了各种各样的思想原则。这些原则基本上有两种：利己主义和禁欲主义。利己主义主张个人利益高于一切，其他人的利益和社会利益只是个人达到利己目的的手段，要求个人利益无限制地得到满足，个人对社会完全自由。禁欲主义主张“存天理，去人欲”，完全否认个人利益和个人欲望的合理性。前者表现了剥削阶级对于个人私利的无厌的追求；后者则表现了他们对于广大劳动人民的束缚，要求劳动者克制以致消灭“私欲”，完全放弃个人利益，服从社会利益即剥削阶级国家的利益。

在阶级社会里，个人利益和社会利益之间的对立是有深刻的物质根源的。个人利益和社会利益之间的关系是一种社会关系；两者的冲突是以生产资料私有制为基础的生产关系的产物。在以生产资料私有制为基础的社会里，社会的发展一直是以损害社会大多数成员即劳动者的利益来实现的。尽管无产阶级以前的革命阶级一次又一次消灭了现存的个人利益和社会利益的对立，建立了新的个人利益和社会利益的统一；但是由于私有制的存在，这种新的统一之中仍然包含着新的个人利益和社会利益的对立。

这种对立总是产生了又消灭，消灭了又产生。因此，只要私有制存在，个人利益和社会利益之间的这种对立是无法从根本上消除的。

社会主义社会里个人利益和社会利益的关系 在社会主义社会里，个人利益和社会利益的内容及相互关系都发生了根本变化。由于建立了生产资料公有制，社会全体成员共同创造并共同占有社会物质财富和精神财富。在社会主义社会里，社会成员不再是私有者，而是劳动者；个人利益不再是私有者的利益，而是劳动者的利益。社会主义社会不再是剥削阶级占统治地位的社会，而是劳动者自己当家做主的社会；社会利益不再是剥削阶级的阶级利益，而是劳动者的共同利益。

在社会主义社会里，个人利益和社会利益在生产资料公有制的基础上统一起来了。一方面，维护社会利益是实现个人利益的前提和保证。社会主义社会是一个完整的整体，组成这个统一体的各个部分、各个方面、各个地区、各个单位，从根本上都是由共同利益联结起来的，其中所有的劳动者从根本上也都是由共同利益联结起来的。这种共同利益就是社会利益。这种社会利益是社会主义社会发挥自己职能的前提和保证，也是个人利益得以实现的前提和保证。在社会主义条件下，所有劳动者结成的集体是真正的集体，他们个人的解放必须依赖于无产阶级和劳动人民整体的解放。离开了无产阶级和劳动人民的整体利益和集体力量，也就没有劳动者个人的利益和力量。随着生产社会化的日益发展，劳动者个人越来越离不开社会。任何劳动者个人利益的获得也越来越离不开社会利益。劳动者个人利益中具有决定意义的基本方面正是与社会利益一致的。随着社会利益的满足，个人利益也将得到满足。因此，在社会主义条件下，社会利益从根本上说来不仅不与个人利益相对立，而且还是个人利益得以满足和发展的保证。维护社会利益，从长远看，从根本上说，也就是维护了个人利益，就使个人利益有了坚实可靠的基础。另一方面，在社会主义社会里，离开劳动者的个人利益，也就无所谓社会利益。无产阶级和劳动人民的整体利益，归根到底总是要保障无产者和劳动者个人利益的实现。社会主义社会的社会利益不是存在于劳动者个人利益之外的，它没有离开劳动人民根本利益之外的特殊利益。因此，社会主义社会不仅不否认劳动者的个人利益，而且力求使它们得到充分满足。尽力满足劳动者的个人利益，一般说来，不但不妨碍，而且还有助于社会共同事业的发展。

当然，这并不是说，在社会主义社会里，个人利益和社会利益就完全一致、毫无矛盾了。实际上，在社会主义社会里，个人利益和社会利益还存在着一定的矛盾，在某些条件下，它们是不一致的，甚至是对立的。社会利益和个人利益的统一，是指社会利益从根本上和整体上代表了个人利益，而不是在任何情况下，在一切问题上，与每个人的个人利益都完全等同，都不可能发生矛盾。社会主义社会的生产力发展水平还不够高，社会产品还不够丰富，社会还不可能完全满足劳动者个人不断增长的物质需要和精神需要；由于旧社会遗留下来的剥削阶级意识形态的影响，在劳动者的思想里，还有过于注重追求个人利益的个人主义；国家机关的工作人员中还有官僚主义和贪腐现象，社会主义制度还不够完善；如此等等，所有这些都可能造成社会利益和个人利益某种相互排斥的情况。当然，这种情况在性质上同旧社会里社会利益和个人利益之间的对立是完全不同的，解决的方式也根本不同。它可以在社会主义制度下通过发展生产、完善社会主义法制、提高劳动者的思想水平等手段来解决。

集体主义和个人主义　在处理个人和社会关系的问题上，存在着两种根本对立的原则：一种是资产阶级的个人主义原则，一种是无产阶级的集体主义原则。

资产阶级把资本主义社会说成是最符合“正义”原则的社会，把“人是自私的”或“人的本性是自私的”当作他们处理个人和社会关系问题时奉行的个人主义原则的出发点。个人主义所赖以建立的这个出发点是不能成立的，是不符合历史事实的。

我们知道，在原始社会的氏族公社内，一切生产资料都是公有的，用具、家禽也是公有的，生活资料平均地分给每一个人。人死后，他用过的东西也都要拿出来重新分配。那时，人们根本不知道什么是私有财产，也不可能有自私的观念，更谈不上自私是他们的本性。尽管随着私有制的出现而产生了利己主义的思想，但是，随着无产阶级革命的胜利，随着生产资料公有制的建立，人们的自私观念也必将随着经济关系的变化而逐渐改变。

可见，没有任何事实根据说明自私是人的本性。这种说法的根本错误就在于，它在考察人的本质属性时，完全离开了人的现实的、具体的社会关系。它不是把人看成处于现实的社会关系中的人，从人的社会关系中去寻找和解释人的本质，而是把人看成抽象的、生物学意义上的人，仅从满足人的生理需要方面去寻找人的本质或本性。由这个前提出发所“发现”的人的本性，不可能是人的真正本性。

如果说“人的本性是自私的”是资产阶级的个人主义原则的出发点，那么，它的归宿就是满足个人利益。关于这一点，有代表性的资产阶级思想家边沁和密尔都一再宣称，社会的利益就是个人的利益合成的，离开了个人利益，也就无所谓社会利益；社会利益不过是个人利益的总和，个人利益是唯一现实的利益。他们总是把个人利益当作整体利益和社会利益的基础，把社会利益当作每一个人的个人利益的简单相加，根本否认在每个人之上还存在着一种更高的利益。

究竟个人利益是基础，还是社会利益是基础，这是一个根本的原则问题。对于这个问题的不同回答，形成了无产阶级和资产阶级在处理个人和社会关系问题上的根本对立。无产阶级的集体主义原则强调个人利益应该从属于社会利益，从属于无产阶级的整体利益。无产阶级的各个成员和集体之间，并不像沙粒和沙堆之间的关系那样松散，而是像一个有机体的各个细胞同有机整体的关系那样密不可分。无产阶级从斗争中知道，在每一个人的个人利益之上确实存在着整个阶级的整体利益，没有无产阶级的整体利益，就不可能有无产阶级每个成员的个人利益。不是整体利益应该服从个人利益，而是个人利益必须服从整体利益。因此，无产阶级强调集体利益是个人利益的基础，是无产阶级集体主义原则的归宿。

当然，无产阶级的集体主义原则并不否认个人利益。在社会主义社会中，一般来说，个人利益和集体利益之间没有，并且也不可能有不可调和的对立。而且，只有坚持了无产阶级的集体主义，贯彻个人利益服从集体利益的原则，把集体利益看作个人利益的基础，才能保证每个人正当利益的实现，才能使正当的个人利益得到充分满足。只有维护集体利益，才能保证个人的正当利益。这是关于个人利益和社会利益相互关系的辩证理论。对某一个人来说，他为集体作出牺牲后也许未能得到应有的个人利益；但他的牺牲却使越来越多的人认识到集体利益必须高于个人利益，并把它贯彻到自己的行动中去，从而就使每个人的正当利益更好地得到保障。总之，没有社会利益，也就不会有个人利益；没有社会的发展，也就不会有个人的发展。

4. 个人权利和义务是个人与社会之间关系的表现

社会是人的社会，人是社会的人。人和社会是血肉相连，不可分割的。社会机体的一切构成要素都体现着人和社会的关系。把人的社会和社会的人综合起来，就是完整的社会机体。社会和个人之间辩证关系的重要表现形式之一，就是个人作为社会中的一个具体成员，既要享受社会赋予的权利，又要履行对社会的义务。所谓权利，是指个人所享有的社会给予的权力和利益。所谓义务，是指个人对社会所担负的责任。权利和义务是相对而言的，二者既有区别又有联系。它们之间的辩证关系是现实社会中个人和社会之间关系的表现。

权利和义务的历史发展　权利和义务是一对历史范畴。

在原始社会里，没有剥削，也没有阶级，人们共同劳动，平均分配，人和人是平等的。那时的权利和义务不仅紧密结合在一起，而且权利和义务之间完全没有差别。人们把对社会承担某种义务看作在行使自己的权利，同样，也把行使某种权利看作自己应尽的义务。权利并没有同义务分离开来，成为某种单独存在的、专为某些人所特有的特殊的东西；同样，义务也没有同权利分离开来，成为专为某些人所承担的、外加的负担。例如，参加公共事务，实行血族复仇或为此接受赎罪，究竟是权利还是义务这种问题，对原始部落的人来说是不存在的。在他们看来，提这种问题正如问吃饭、睡觉、打猎究竟是权利还是义务一样荒谬。

随着私有财产和阶级的出现，由于生产资料占有的不同，个人在社会政治和经济生活中所处的地位不同，权利和义务也就开始分离了。在奴隶社会里，奴隶主阶级占有生产资料和奴隶，拥有一切权利，而不承担什么义务，奴隶不过是奴隶主的会说话的工具。在奴隶主眼里，他们根本不算人，当然也就只有当牛马出苦力的义务，没有一个人应有的任何权利。

在封建社会里，权利和义务也几乎是完全分离的。封建地主阶级占有土地，在经济上对农民进行剥削，而且还依靠其政治权力对农民进行超经济的剥削。他们建立起一套等级制度，实行封建专制统治。在这种制度下，皇帝作为封建地主阶级的最高代表，拥有至高无上的权力，享有各种各样的权利，而不承担任何义务。农民作为地主阶级的附庸，被迫承担一切义务而毫无权利。比奴隶稍好一点的，就是地主不再像奴隶主那样随意杀害他们。

到了资本主义社会，资产阶级为了自由发展生产，自由发展贸易，自由雇工，反对封建主义，提出了关于平等权利的要求。作为“第一个人权宣言”的1776年美国《独立宣言》，第一次以政治纲领的形式宣布人人生而平等，人人拥有造物主赋予的不可让渡的权利，其中包括生命、自由和追求幸福的权利。这种主张比起奴隶主阶级、地主阶级的主张，无疑是一大进步。然而，这里具有明显的欺骗性。资产阶级所标榜的一切权利，说到底无非是资产阶级所要求的特权，所谓人权本身就是特权。他们为了缓和阶级矛盾，有时也给劳动人民一些“权利”，但这些权利多是些无关紧要的，而且还是不平等的、不普遍的和虚伪的，实行起来还要受到一系列限制。在资本主义制度下，劳动人民除了出卖劳动力的权利之外，剩下的几乎只是被剥削的义务了。资产阶级法律上所规定的公民权利，其实都是以劳动人民承担一切义务为前提的。

总之，在阶级社会里，一切权利都属于剥削阶级，一切义务都属于被剥削阶级。在阶级社会里，权利和义务的分离是阶级剥削和阶级压迫的表现。

社会主义社会里人的权利和义务 在社会主义社会里，又一次实现了权利和义务的统一。这种统一当然不是对于原始社会里那种统一的简单重复，而是建立在社会主义公有制，以及生产力高度发展基础上的统一，是建立在人民群众具有高度的思想觉悟和文化水平基础上的统一。在社会主义社会里，由于消灭了阶级剥削和阶级压迫，大家都是平等的劳动者，因此，在享受社会所给予的权利和对社会应尽的义务上，都是一律平等的；像以往阶级社会里那种一部分人专门享受权利，另一部分人专门承担义务的现象不再存在了。

在社会主义社会里，国家是人民的国家，人民是国家的主人。因此，国家为人民，人民为国家；国家关心人民，人民爱护国家。人民和国家成为有机统一的整体，这就从根本上保证了个人的社会权利和义务的统一。在社会主义社会里，个人的社会权利和义务是紧密联系在一起的。不尽义务，就什么权利也得不到；要享受权利，就必须尽义务。尽义务是为了使权利更广泛、更有保障，行使权利则是为了保证义务更切实的履行。

《中华人民共和国宪法》在总结我国历史经验的基础上，从我国的实际情况出发，根据社会主义民主和社会主义法制的原则，对公民的基本权利和义务作了切实的、明确的规定，成为处理公民与国家、个人与社会之间关系的根本准则，充分体现了社会主义社会中权利和义务的统一。宪法明确规定：任何公民享有宪法和法律规定的权利，同时必须履行宪法和法律规定的义务。这一规定体现了唯物辩证法的对立统一精神，体现了公民权利和义务必须一致的原则。

公民享有的权利受到国家和社会的保障，同时又负有不得滥用这些权利的义务。宪法在对公民权利和自由做出明确规定的同时，又规定：公民在行使自由和权利时，不得损害国家的、社会的、集体的利益和其他公民的合法自由和权利。这一规定正是强调了权利和义务必须一致的原则。例如，公民在行使言论、出版、集会、结社、游行、示威的自由时，必须遵守法律有关行使这些自由的具体规定，不得滥用这些自由去损害国家的安定团结，危害社会治安，破坏公共秩序。

有人认为，对公民的自由权利不应附加任何限制，公民在行使权利时不应同时承担任何义务。这种观点是错误的。我们知道，法律是统治阶级意志的表现。任何统治阶级在法律中规定公民权利时，都是从维护本阶级的根本利益出发的，都不允许有损害本阶级根本利益的行为，否则就要给予法律制裁。实际上，世界上从来不曾存在过什么绝对的、不受任何限制的自由权利。在我国，也不能允许任何人为了个人或少数人的私利而侵犯国家和人民利益。损害国家和人民利益的所谓“自由”，理所当然地要受到限制和禁止。只有这样，才能建立起良好的社会秩序、生产秩序、工作秩序和生活秩序，有效地维护社会主义制度，保障中国特色社会主义建设的顺利进行。

公民在享有宪法和法律规定的权利的同时，必须履行宪法和法律规定的义务。公民正确地行使权利，自觉地履行义务，是处理好个人和社会关系的重要保证。在我国，权利和义务的结合既是必要的，又是可能的。这是因为，首先，在我国消灭了权利和义务分离的经济基础，公民的权利和义务是一致的，每个公民依照法律规定平等地享有权利和履行义务。任何人不会只承担义务，不享有权利；任何人也不能只享有权利，不承担义务。其次，在我国，国家、集体、个人三者的利益在根本上是一致的，从而也就保证了公民在法律上权利和义务的一致。在这个基础上，公民行使权利和履行义务具有同等重要的意义，它们起着相互促进的作用。一方面，公民权利越能得到保障，就越有利于提高他们的政治热情和生产积极性，促使其自觉履行义务；另一方面，公民越能自觉履行义务，现代化建设事业越能向前发展，公民权利就越能得到保障。最后，在我国，权利和义务的目的相同。无论是行使权利，还是履行义务，都是为了一个共同的目的，即保障社会主义现代化建设事业顺利进行，持续提高社会生产力，逐步改善人民的物质文化生活。我国公民个人的社会权利和义务的统一，体现了社会主义制度下个人利益和社会利益的统一。

5. 道德、政治、法律是调整个人和社会之间关系的规范

在个人和社会的相互关系中，社会对个人的影响和作用是根本性的。为了调整个人和社会之间的关系，保证社会的发展，人类社会在漫长的发展过程中形成了道德、政治和法律。所谓道德，就是以善恶评价为标准，依靠内心信念、传统习惯和社会舆论维持的调整人和人之间、个人和社会之间关系的人们行为的准则和规范。所谓政治，就是人和人、阶级和阶级、集团和集团之间的关系，以及调整这些关系的准则和规范。所谓法律，就是由国家立法机关制定或认可，由国家政权保证执行的行为规则。道德、政治和法律作为社会上层建筑的三个组成成分，都具有调整个人和社会关系的功能，是调整个人和社会关系的规范。

道德、政治和法律的不同功能和特点 道德、政治、法律在调整个人和社会的关系方面，各有其不同的功能和特点。

首先，它们干预现实社会关系的范围不同。一般地说，对现实社会关系的政治干预，是在现有制度和政策所规定的限度内进行的。对现实社会关系进行法律的干预，是在现行法律已作出明确规定的限度内进行的。凡是不在其规定的范围内的行为，它们是不会直接干预，也不能直接干预的。同它们相比，道德作用的范围要广阔得多，不仅干预政治和法律所规定的限度内的关系和行为，还要干预它们所不能触及的关系和行为。可以说，道德要干预任何社会成员的一切与他人和社会有关的行为。道德的这个特点，在社会主义社会里表现得更为明显。

其次，它们干预社会关系的方式不同。政治和法律对社会关系的干预，一般地说，往往是以国家机器为后盾的，常常要直接动用国家机器。因此，它们的干预往往带有强制性或半强制性。对于严重背离政治规范和法律规范的行为，往往要采取相应的惩罚措施，从纪律处分、经济制裁、剥夺公民权利和人身自由，直至处以刑罚。另外，对于社会关系的政治干预和法律干预，一般需要由专门机构或组织，按照正式规定的准则和程序进行，因而是比较严格的。道德干预社会关系的方式，则主要通过评价、教育、修养、指导、示范、激励、疏导等方式和途径，来调节人们同社会整体以及同他人的关系。它在调节中所凭借的力量，不是国家机器和惩罚手段，而是社会舆论、传统习惯和人们的内心信念，尤其注重唤起人们的道德责任感和增强人们的道德评价能力，因而是不带强制性质的。它的这种调节，既不是经过某种权力机关和组织批准的，也没有特别设置的职能机构，更没有一定的调节程序，而只是人们自觉或自发地以"应当怎样"和"不应当怎样"为尺度，来衡量和评价他人或自己的行为，并力图使之符合和服从于这个"应当"。如果这个"应当"多少正确地表达了社会发展的历史必然性，又能使其调节对象心悦诚服，那么，道德就可以达到协调个人和整体、个人和他人关系的目的。当然，政治和法律的调节，也并不是在任何历史条件下，都总是要靠国家强制的。比如，社会主义社会的法律调节和政治调节，对于绝大多数社会成员来说，就主要是靠人民的自觉。但是，当政治调节和法律调节遭到严重抵制时，就一定要实行国家强制或某些必要的惩罚。同样，说道德调节不带强制性，也并不是说它的调节不具有任何约束力，而只是说这种约束力是通过舆论褒贬、群体监督和个人自我反省等来实现的。

最后，它们在调节不同性质的社会矛盾上具有不同的效力。一般地说，只有在消灭了阶级对抗的社会里，道德调节才真正可能普遍有效，也才可能成为权威的调节。在存在阶级对抗的社会里，居于首位的是政治调节和法律调节，而道德调节在一些主要社会问题上往往只能具有从属的意义。这就是说，一切对抗性的矛盾和关系，都主要是由政治调节和法律调节来解决的。道德所调节的社会关系，主要是那些非对抗性的矛盾或对抗性矛盾中某些非对抗性的行为。历史上的空想社会主义者之所以不能实现他们变革资本主义社会的蓝图，从根本上来说，就在于他们在存在着阶级对抗的历史条件下，拒绝一切政治行动，特别是拒绝一切革命行动，幻想用道德手段达到目的。在社会主义社会里，剥削阶级作为一个阶级已经消灭，社会生活中大量的、主要的是人民内部的矛盾，是非对抗性的矛盾，因此，道德调节在这时比以往历史上任何时期都更加广泛地起作用，也更具有权威性。但是，由于各种原因，社会生活中还存在着对抗性的因素，非对抗性矛盾中的某些因素也可能转化为某种对抗性的行为，政治调节和法律调节的作用仍然相当重要。

道德、政治和法律间的相互作用 道德与政治和法律各有特殊的社会功能，然而在反映和调节个人和社会的关系时，它们并不是互不相关的，而是相互作用的。

先来看看道德和政治的相互作用。政治是一定经济关系及其相应的利益关系最直接、最集中的反映，因此在上层建筑中居于首要地位，道德同它的相互作用十分突出。在历史上，特别引人注目的一个重要事实，就是道德领域内的重大冲突常常成为社会政治变革的前奏，而重大的政治变革又反过来成为新旧道德更替的强大推动力。政治制度或政治秩序制约着各种道德体系的地位及某些行为规范，而不同道德体系对于当时的政治制度或政治秩序的巩固和发展也起着积极的或消极的作用。政治上的政策正确与否，对社会的道德风尚有着强烈的影响；而社会道德风尚的好坏，也对政策的实施有着相当大的影响。如果我们着眼于个人，那么可以看到，道德和政治的相互作用，还表现在一个人的政治觉悟和道德品质往往是相得益彰的。经验表明，一个对于无产阶级的使命和事业有着高度自觉性的人，往往道德品质也达到了相当高尚的境界。与此相通，一个具有高尚的共产主义道德品质的人，往往对无产阶级的使命和事业也会有高度的自觉性。

再来看看道德和法律的相互作用。在阶级社会里，道德和法律的相互作用也是十分直接的。这两者的相互作用，主要表现在三个方面。第一，它们在内容上相互吸收。社会道德的内容和法律的内容是相通的，都是为了形成和维持一定的社会秩序或社会关系。第二，它们在功能上相互补充。对于同一个统治阶级来说，他们的道德调节和法律调节，归根到底都是要把人们的行为纳入他们要求的社会秩序范围之内。因此，在维护其利益和秩序上，道德和法律常常是各以对方之长补己之短的。对于不能够或不便于进行法律制裁的行为，则采用道德手段调节；而对于道德调节无效的行为，则给予法律制裁。第三，它们在实施过程中相互凭借。从历史上看，不论哪一个统治阶级，总是一方面借助于本阶级的道德来为他们的法律及其实施辩护，防止违法行为的发生；另一方面又借助法律，特别是刑法所具有的强制性，来维护和推行他们的道德规范。道德和法律的这种相互借助的关系，在我们这样的社会主义社会里也是应当重视的。

在社会主义事业的发展中求得个人的发展

正确理解关于个人和社会的基本原理，对于我们的实践活动具有重要的意义。

第一，既然个人是社会的一员，个人依赖社会，那么，我们每个人都应当正确认识自己在社会中所处的地位，认识自己对我们的社会主义社会的依赖关系，从而了解个人对社会的责任。不能离开我们的社会主义社会来谈论个人的生存和发展问题，也不能离开无产阶级和劳动人民的前途和命运来谋求个人的前途和命运。

第二，既然个人对社会的发展有着一定的作用，那么，我们就应当注意反对两种错误倾向：由片面强调社会发展的规律性而完全否认个人对社会发展的能动作用，从而导致消极的宿命论；由片面夸大个人在社会发展中的作用而完全否认社会发展的规律性，从而导致唯意志论。前者是机械唯物论，后者是唯心论。正确的态度应当是：充分发挥个人的主观能动性，按照社会发展的客观规律去积极活动，为推动社会发展做出自己的贡献。在现阶段，我们应当认真地从现实条件出发，“从我做起，从现在做起”，为中国特色社会主义事业贡献力量。

第三，既然个人和社会之间的关系突出表现为个人利益和社会利益之间的关系，那么，我们在日常生活和工作中就应当正确理解社会主义条件下个人利益和社会利益之间的关系，正确处理两者之间的矛盾。既要照顾人们的个人利益，又要引导大家把社会利益放在首位，以个人利益服从社会利益。

第四，既然个人对于社会应尽一定的社会义务，社会又赋予个人以一定的社会权利，在社会主义条件下个人的权利和义务又是统一的，那么，我们就应该勇敢捍卫和正确行使国家和社会赋予我们的权利，同时自觉地、模范地履行自己对国家和社会应尽的义务。

第五，既然道德、政治、法律都具有调整个人和社会关系的重要功能，那么，我们就应该努力提高无产阶级的政治觉悟，增强社会主义的法制观念，培养共产主义的道德品质，严格按照政治的、法律的和道德的规范处理我们个人和社会的关系。

阅读书目

德意志意识形态：一 费尔巴哈．见马克思恩格斯选集．3版．第1卷．北京：人民出版社，2012.

反杜林论：第一编九，十，十一．见马克思恩格斯选集．3版．第3卷．北京：人民出版社，2012.

恩格斯致约瑟夫·布洛赫（1890年9月21—22日）．见马克思恩格斯选集．3版．第4卷．北京：人民出版社，2012.

民粹主义的经济内容及其在司徒卢威先生的书中受到的批评：第二章．见列宁全集．中文2版．第1卷．北京：人民出版社，1984.

青年团的任务．见列宁选集．3版修订版．第4卷．北京：人民出版社，2012.

论十大关系：四．见毛泽东文集．第7卷．北京：人民出版社，1999.

在省市自治区党委书记会议上的讲话：第五点，第六点．见毛泽东文集．第7卷．北京：人民出版社，1999.

关于正确处理人民内部矛盾的问题：七，九．见毛泽东文集．第7卷．北京：人民出版社，1999.

第二十三讲　人民群众在社会发展中的作用

人民，只有人民，才是创造世界历史的动力。①

——毛泽东

横行十年的江青一伙何以一朝覆灭？

大家都还记得，“文化大革命”十年动乱期间，江青一伙是何等的了得！他们今天点这个人的名，明天罢那个人的官。他们洋洋得意，得意洋洋：“我想打倒谁，只要动动小拇指就可以了！”他们声称只要他们一股风吹下去，整个中国马上就会改变面貌。可是，他们万万没有料到，1976 年 10 月他们自己却被扫进了历史的垃圾堆。江青一伙之所以反动，是因为他们脱离人民群众，一意孤行；他们之所以能够被粉碎，归根到底也是因为他们的倒行逆施激怒了人民群众。这一历史事件说明，历史的发展不是任何个人的小拇指所能拨动的，它有自己的发展规律；社会发展的大局是由人民群众决定的，人民群众的愿望是不能违背的。

人们常用“大势所趋，人心所向”来说明某一事件的历史必然性。可见，人民群众的意志和活动同社会发展的规律一样，在社会发展过程中具有决定性的作用。

1. 人民群众是社会财富的创造者

人民群众是一个社会历史范畴。在不同的国家以及各个国家的不同历史时期，它包含着不同的内容。在 18 世纪法国资产阶级大革命时期，处于

① 《毛泽东选集》，2 版，第 3 卷，1031 页，北京，人民出版社，1991。

第三等级的资产阶级、无产阶级、城市贫民和农民都属于人民群众。我国民主革命时期，反对帝国主义、封建主义、官僚资本主义的工人、农民、小资产阶级、民族资产阶级都属于人民群众。在现阶段，一切热爱社会主义祖国、拥护和参加社会主义建设的人们都属于人民群众。概括地说，不论在什么国家，在什么历史时期，一切促进社会进步的阶级、阶层、社会集团都属于人民群众的范畴。不管在哪个国家，在什么样的历史条件下，也不管人民群众这个概念的具体内容发生什么样的变化，占人口绝大多数的、从事物质生产活动的劳动者，是促进社会进步的中坚力量，是人民群众的主体。这里应当指出，在脑力劳动和体力劳动分离、剥削阶级居于统治地位的社会里，那些以脑力劳动谋生而不剥削他人的知识分子也属于劳动群众的行列。

《国际歌》中有一句话说："是谁创造了人类世界？是我们劳动群众。"这是一个伟大的真理。任何一个不带偏见的人都不会否认它。实际上，人民群众创造历史的观点，是从历史唯物主义关于物质生产是社会赖以存在和发展的基础，生产力是社会发展的最终决定力量，阶级斗争是阶级社会发展的直接动力等一系列基本原理中必然引出的科学结论。

人民群众是社会物质财富的创造者 人类的存在是一切社会历史发展的首要前提。人类从狭义的动物界分化出来，是从古猿学会制造工具并进行生产劳动开始的。人类要生存下去，最根本的条件就是要采取一定的方式组织起来，通过生产劳动，共同解决吃、穿、用等方面各种物质生活资料的问题。不解决这个问题，人类社会就不可能存在和发展。因此，人类首要的和基本的历史活动，就是创造物质生活资料的生产活动。

那么，是谁创造了物质生活资料呢？是劳动者。这个道理对于我国的大多数人来说，早已成为普通常识了。小孩子稍微大一点，就知道他穿的衣服布是纺织工人织的，棉花是农民种的；他住的房子是那些住在工棚里的建筑工人盖的；他吃的盘中餐"粒粒皆辛苦"……因此，对于这个问题也就无须多说什么了。正因为劳动人民所从事的物质生产活动是人类社会赖以存在和发展的基础，所以说，社会发展史首先是物质资料生产发展的历史，同时也就是物质资料生产者劳动人民辛勤劳作的历史。

人民群众是社会精神财富的创造者 人民群众不仅是社会物质财富的创造者，而且也是社会精神财富的创造者。

首先，劳动人民创造了人们从事精神生产活动的物质前提，为创造精神财富奠定了基础。无论何人要从事科学、文化、艺术等精神生产活动，首先必须具备一定的物质生活条件，同时还要具备从事精神生产活动的物质手段。这种物质生活条件是由劳动人民通过物质生产活动提供的。人只有先吃饱肚子，才能从事精神生产活动，创造精神财富。只有劳动人民解决了物质生产这个前提问题，才能给一部分人腾出时间去从事精神生产活动。同时，从事精神生产活动所使用的各种物质手段，也是劳动人民创造的。作家学者著书立说少不了"文房四宝"，演员演戏少不了舞台道具，科学家做实验少不了仪器设备，教师上课少不了书本教具，所有这些也都是劳动人民给他们提供的。没有这些东西，精神生产活动就无法进行，精神财富也是创造不出来的。

其次，劳动人民的生活、实践是社会精神财富基本的来源。认识来源于实践，从根本上说，一切科学文化都是在人民群众社会实践的基础上产生和发展起来的，都是对人民群众丰富实践经验的概括和总结。从自然科学方面来看，古老的天文学、数学和力学是在古代劳动人民农牧、建筑、航海等生产实践中产生和发展起来的；火药、印刷和造纸等技术是我国古代劳动人民集体智慧的结晶；我国古代著名的农业科学技术著作《齐民要术》、《王祯农书》是劳动人民丰富的农业生产经验的总结；我国古代的药物典籍《神农本草经》、《本草纲目》等也是在集中了劳动人民长期同疾病作斗争的实践经验的基础上写成的。从社会科学方面来看，马克思主义的科学理论既是在总结国际工人运动实践经验的基础上创立的，又是随着无产阶级革命事业的发展而发展的。人民群众极其丰富的生活实践，是一切进步文学艺术创作取之不尽、用之不竭的源泉。大家知道，我国许多优秀古典文学作品，如《诗经》、《离骚》，李白、杜甫、白居易的诗词，以及《水浒传》、《红楼梦》等小说，从根本上说都是当时人民生活、社会生活的反映。有一些还是直接在民歌、民谣、民间口头文学的基础上发展起来的，或者是吸取了人民生活中丰富的文学艺术原料以后加工制作而成的。

强调人民的生活是精神财富的源泉，不但不意味着要否认思想家、科学家、文学家、艺术家们在创造、传播、发展人类精神财富方面所做出的巨大贡献，而且认为这也是人民群众创造历史的一个重要组成部分。但是，也应该看到，思想家、科学家、文学家、艺术家们之所以能够发挥巨大作用，不仅在于他们不同程度地参加了人民群众的伟大斗争，而且还在于他们正确地集中和总结了人民群众的实践经验。任何人一旦脱离了人民群众的实践，是不可能创造出真正有价值的东西的。

最后，劳动人民也直接参加了社会精神财富的创造。劳动人民不仅创造了从事精神创造活动的物质前提，提供了发展科学文化的极其丰富的源泉，而且他们还以自己的高度智慧和创造才能，在直接创造社会精神财富方面做出了重大贡献。人类历史上许多优秀的建筑、雕刻、绘画、小说、戏剧、诗歌、音乐、舞蹈等作品，许多重大的科学技术发明，都直接凝结着劳动人民的才智和血汗。例如，我国古代杰出的建筑工程赵州大型石拱桥的设计者、建筑师李春是个石匠，创造活字印刷术的毕昇是个制版工，发明蒸汽机的英国人瓦特是个实验员，发明电灯的美国人爱迪生小时候是个报童，俄国无产阶级文学家高尔基本来是个木匠，《国际歌》的作者欧仁·鲍狄埃也是个工人，如此等等，举不胜举。当然，数风流人物还看今朝。我国现实生活中的大量事实都一再表明，工人、农民以及知识分子在创造精神财富方面具有非凡的才能。

总之，劳动人民在创造人类精神财富方面，归根到底也是起了决定作用的。

2. 人民群众是推动社会发展的决定力量

我们知道，人类社会同自然界一样，是按照不以任何人的意志为转移的客观规律向前发展的。但是，同自然界的发展相比，社会的发展又有它的特点。在自然界起作用的是各种盲目的、不自觉的力量；而离开了人的自觉活动，就没有人类社会的发展。因此，社会发展的客观规律总是通过人们的实践活动来为自己开辟道路的。人民群众始终是社会实践的主体。社会有规律地向前发展的过程同人民创造历史的活动，是一个有着内在联系的、统一的过程。

人民群众推动社会发展的伟大作用 人民群众对于社会发展的推动作用，无论是在社会发展的量变或渐进的过程中，还是在社会发展的质变或飞跃的过程中，都表现得非常显著；在社会发展的质变过程中，表现得尤为突出。生产关系一定要适合生产力发展状况的规律是社会发展的基本规律。人民群众在生产过程中，不断积累生产经验，改进生产工具，从而提高生产力水平，这是引起生产关系变革、推动社会发展的根源。

自从原始社会解体，人类进入阶级社会以来，生产关系实质上就是社会各阶级之间的阶级关系，主要是两大对抗阶级之间剥削和被剥削、压迫和被压迫的关系。生产力的发展达到一定阶段，原来的生产关系就和它不再适应。当生产关系成为生产力发展的障碍时，生产力的发展就要求改变过时的生产关系，建立新的生产关系。在阶级社会里，旧的生产关系不可能自动让位于新的生产关系。只有通过革命斗争，推翻反动阶级的国家政权，建立新的国家政权，用新的生产关系代替旧的生产关系，才能解放生产力，完成旧的社会形态向新的社会形态的飞跃。历史告诉我们，社会形态不断由低级向高级依次更替，无一不是人民群众长期斗争的结果。从根本上说，没有奴隶们的暴动，奴隶制就不会被消灭；没有农民的革命战争，封建地主阶级的专制统治就不会被推翻；没有无产阶级的暴力革命，资本主义制度也就不会被埋葬。

当然，肯定劳动人民在变革社会制度中的决定作用，并不意味着否定某些剥削阶级在一定时期曾作为人民的一部分参加或领导了革命，对于促进历史发展也起过巨大作用。历史上新兴的地主阶级和资产阶级，在推翻反动的奴隶制度和封建制度的斗争中，都曾起过非常重要的革命作用。但是，我们应该看到，地主阶级和资产阶级不但人数少，而且还有很大的阶级局限性。他们的活动不过是用一种新的剥削制度代替另一种旧的剥削制度。无论地主阶级还是资产阶级，他们只有借助劳动人民的力量，才能取得自己的统治地位。即使在他们非常革命的那一段时期内，劳动人民也仍然是实现社会变革的决定力量。

在 17 世纪的英国或 18 世纪的法国，资产阶级最光辉的成就，也主要是平民大众，即工人和农民为他们创造的。无论地主阶级还是资产阶级，他们的革命都不可能是彻底的。当地主阶级或资产阶级取得并巩固了自己的政治统治和经济统治以后，就逐步由利用（同时也害怕）人民群众转为仇视和镇压人民群众。他们在历史上的进步性、革命性也就逐步为保守性、反动性所代替，使自己转化成为人民群众的敌人。只有人民群众才始终是促进社会发展的决定力量。

人民群众的作用与社会历史条件的关系　人民群众创造历史的活动总

是在特定的社会历史条件下进行的。人民群众的创造作用同社会历史条件的关系是辩证的。社会历史条件是人民群众创造的，人民群众的活动又受到社会历史条件的制约。人民群众在既定的社会历史条件下活动，同时，又不断打破这种限制，创造出新的社会历史条件。我们经常说，人民群众有无限的创造力。这是就人民群众的总体及其世代延续的无限发展来说的。

如果把某一时代、某一地点的人民群众的创造力说成是无限的，如果把这种创造力说成是可以超越社会历史条件制约的，那就不仅在理论上是错误的，而且在实践上也是有害的。“大跃进”年代，以所谓“群众力量大无边”来否认社会发展规律的客观性，超越客观条件许可的范围，在理论上造成了混乱，使得唯意志论的历史唯心主义泛滥一时，在实践中也对我国国民经济的发展以及人民群众的生活造成了严重的危害，这是大家所熟知的。

我们必须正确认识人民群众创造历史的作用同社会历史条件的辩证统一关系。既要看到人民群众的创造作用，又要看到客观规律和条件对它的制约作用；既要看到人民群众创造力的无限性，又要看到这种创造作用在一定条件下的有限性。任何人都不能超越他所处的社会历史条件，都要受一定社会历史条件的制约，人民群众也不能例外。

在不同的社会制度下，人民群众所处的社会地位不同，拥有的物质手段不同，具备的知识状况和觉悟程度不同，从而决定了他们在创造历史的活动中发挥的作用及程度也是不同的。在剥削阶级占统治地位的社会里，人民群众在经济、政治和思想文化上受到各种残酷的剥削、压迫和奴役，生活在水深火热之中。他们创造历史的作用不可避免地要受到极大的压抑和摧残，他们的智慧和力量不可能充分发挥出来。

奴隶社会和封建社会里的劳动人民，主要是奴隶阶级和农民阶级。他们所处的被剥削、被压迫的地位，决定了他们是变革现实的主力军，是旧制度的破坏者。他们所进行的连绵不断的反抗斗争，是动摇和摧毁奴隶主阶级和封建地主阶级统治的决定性的力量。但是，这两个阶级都不是新生产方式的代表，这又决定了他们不可能建立起新的社会制度。他们斗争的成果总是被剥削阶级攫为己有。

伴随着资本主义生产方式而出现的无产阶级是新生产方式的代表，是人类历史上最进步、最革命的阶级。这个阶级肩负着消灭剥削压迫、解放全人类的伟大历史使命。但是在资本主义制度下，无产阶级创造历史的积极性同样受到很大的压抑。他们的历史作用也得不到充分发挥。社会主义制度的建立，为人民群众自觉创造历史的活动开辟了无限广阔的天地。人民群众在经济、政治和思想文化上的解放，为他们充分发挥自己的历史主动性、实现人类的崇高理想提供了现实可能性。将来到了共产主义时代，全人类都自觉地改造主观世界和客观世界，人民群众创造历史的伟大作用将会得到更充分的发挥。

3. 杰出人物是人民群众创造出来的

历史唯心主义者大谈特谈英雄人物在历史上的作用，然而对于这种作用真正给予科学评价的却是历史唯物主义。历史唯物主义坚持人民群众创造历史的观点，反对英雄创造历史的唯心主义观点；但是，它不但不否认英雄人物在历史上的作用，而且还论证了杰出人物的历史作用同人民群众创造历史活动的一致性。

什么是杰出人物？所谓杰出人物，主要是指那些在历史上能够反映时代要求、代表先进阶级或社会集团的利益、引导人民群众前进的领袖人物。至于历史上那些反动阶级的头目，他们是压迫人民、扼杀革命、逆历史潮流而动的反动派，应当如实地把他们叫作反动的历史人物。无论杰出的历史人物，还是反动的历史人物，他们都是重要的历史人物，都在历史上起过很大的作用。区别只是在于，前者对社会发展起促进作用，因而流芳千古；后者对社会发展起阻碍作用，因而遗臭万年。

杰出人物的产生　杰出人物是怎样产生的呢？在我国古典小说中常常可以看到：某人是白虎投胎，某人是文曲星下凡，某人是某某人转世……一句话，凡是名人都必有一番“来历”。当然，真的相信这些说法的人历来不多。但是，真正科学地说明杰出人物的“来历”，还是历史唯物主义产生以后的事情。历史唯物主义认为，杰出人物不是天生的、命定的，而是适应社会发展的需要出现的，是人民群众的历史活动造就的。

在社会发展过程中，特别是在历史进程发展到酝酿着社会变革的转折时代，客观上就提出了以新的社会制度代替旧的社会制度的任务。代表着历史发展趋势的先进阶级和人民群众，为了摧毁旧制度、建立新制度，迫切需要造就出本阶级的杰出人物，以便由他们来集中自己的意志和智慧，提出自己的理论，领导自己进行革命斗争。只要历史的发展提出这样的要求，杰出人物就或迟或早地在人民群众中涌现出来。

19世纪中叶，在已经成熟了的社会历史条件下，正是适应无产阶级反对资产阶级的革命斗争的需要，产生了像马克思、恩格斯这样的无产阶级的伟大导师。20世纪初期，由于世界民主潮流不断高涨，我国民族资本主义迅速发展，使人民大众同封建主义、帝国主义的矛盾空前激化，历史提出了推翻封建帝制、建立民主共和的客观要求。正是适应时代的这一要求，产生了像孙中山这样杰出的革命先行者。历史一再表明，每个时代都需要有自己的伟大人物，如果没有这样的伟大人物，它就要创造出这样的人物来。

在这里附带说一下，古今中外历史上，像德国法西斯头子希特勒这样企图阻碍历史前进的反动人物，也都是在特定社会历史条件下，适应反动统治阶级的反革命需要而出现的，也不是从天上掉下来的。

我们说杰出人物是历史发展必然产物时，也并不否认某些偶然性因素的作用。某个时代、某个阶级需要解决已经成熟的历史任务，要求出现伟大人物时，这样的伟大人物或迟或早一定会出现，这是必然的。然而恰巧是某人在某一时间出现于某一国家，成为承担某项历史使命的关键人物，这又是偶然的。在这里，有很多偶然的因素在起作用，例如这个人的才能、品质、性格以及适当的机会等，都是影响他能否成为杰出人物的因素。

当然，世界上没有纯粹的偶然性，偶然性只不过是必然性的补充和表现形式，偶然性中总是隐藏着必然性的。这就是说，假定某一伟大人物没有出现，或者他过早去世，那么，根据时代的要求，也必定会产生出另一个伟大人物来代替他。因此，可以说，历史上任何一个伟大人物的出现，都是一定的必然性和偶然性的统一。

杰出人物的作用 杰出人物对于历史的发展能够起什么样的作用呢？杰出人物作为个人，他的意志和活动对于社会的发展是有作用的；然而，这个人又不同于一般的个人，他是杰出的个人，因而他的作用又是不同于一般的个人的作用的。杰出人物既然都是顺应时代的要求出现的，那么，他们一旦出现在社会舞台上，就会对社会的发展起重要的促进作用。任何一个杰出人物都是在伟大的斗争中经受考验、锻炼，从而被他所代表的那个阶级推选出来成为领袖的。因此，这就使他们有可能成为本阶级和人民群众中最富有斗争经验和组织才能的人；使他们比本阶级中的其他成员站得高些，看得远些；使他们能够集中本阶级的意志和愿望，提出反映时代要求、适合斗争需要的理论和路线，并且运用他们手中所掌握的权力和在群众中所享有的威信，带领群众为实现一定的目标而斗争，从而对历史事件的发生和发展给予重大影响。

杰出人物的活动和任何个人的活动一样，也是要受到各种社会因素的制约的。

首先，社会历史按照它自身固有的规律向前发展，不以任何人的主观意志为转移；因此，任何杰出人物都只能顺应历史发展的规律，而不能违背历史发展的规律，不能改变历史发展的基本趋势。他们的活动都毫无例外地要受到社会发展规律的制约，受到他们所处的那个时代及其客观条件的制约。他们活动的舞台只能建立在既定的社会条件的基础上，只能根据一定社会历史阶段的需要与可能来计划自己的行动，解决条件已经成熟了的问题。如果他们的活动超越了客观条件所许可的范围，或者落后于历史发展的需要，那么，他们就不但不可能促进历史的发展，而且还会阻碍历史的发展。

其次，历史是由人民群众创造的，不是杰出人物创造的，决定社会发展大局的归根到底还是人民群众；因此，任何杰出人物都不可能超越人民群众创造历史的决定作用，都要受到各个时代人民群众历史实践的制约。杰出人物的思想只有依据人民群众的实践、反映群众的愿望、得到群众的拥护并为人民群众所掌握，才能变为推动社会发展的巨大物质力量。由此可见，杰出人物之所以能够在历史上发挥重大作用，其力量还是来自人民群众。他们的作用也只有作为人民群众创造历史活动的一个组成部分，从属于当时当地人民群众的斗争，才能够体现出来。

任何杰出人物如果违反了人民群众的愿望，离开了人民群众的实践，那就不但一事无成，而且还会走向反面。至于历史上那些敌视人民群众、妄图开历史倒车的反动人物，他们虽然能够在一定程度上阻碍历史发展的进程，甚至在某种特定的条件下，对历史的发展还能起某种促退作用；但是，这种阻碍作用毕竟也是有限的、暂时的，因为社会发展的总趋势是任何人也改变不了的，人民群众的意志也是任何人抗拒不了的。

最后，在阶级社会里，每个人都在一定的阶级地位中生活，其思想和行为都会打上阶级的烙印；因此，杰出人物作为一定阶级的代表，在历史上所起作用的性质和大小，都必定要受到所属的阶级的制约。历史上某些剥削阶级的杰出人物，当他们所代表的那个阶级处于上升阶段时，他们能够顺应社会发展的基本趋势，不同程度地反映人民群众的要求，同人民群众保持一定的联系，因而能够在推翻旧制度、建立新制度的斗争中做出一定的业绩，对历史的发展发挥一定的促进作用。但是，即使在这时，他们也不可能充分发动群众。他们总是力图把人民群众的行动限制在他们那个阶级狭隘的私利所许可的范围之内。这就不能不严重地限制人民群众的斗争，影响历史的发展。当他们取得并且巩固了自己的统治地位以后，就会逐步变得保守，以致走上同人民群众为敌的道路，从而阻碍历史的发展。

由此可见，剥削阶级的杰出人物在历史上的进步作用，有着很大的局限性。同剥削阶级的杰出人物相比，历史上奴隶和农民起义中所涌现出来的领袖人物，是劳动人民的代表。这些杰出人物的阶级地位决定了他们能够在更大的程度上反映劳动人民的利益，反映奴隶和农民反抗奴隶主和封建主的要求。但是，他们所代表的奴隶阶级或农民阶级都不是新生产方式的代表，因而又决定了他们都不可能为奴隶或农民找到一条彻底解放的道路。他们在历史上的进步作用也是有很大局限性的。只有无产阶级的革命领袖，才能真正代表最广大人民群众的根本利益，才能引导人民群众彻底战胜资产阶级和一切剥削阶级，把人类社会的发展推向一个新的伟大的时代。

杰出人物的作用以人民群众的作用为基础 承认杰出人物的作用与承认人民群众创造历史的观点有没有矛盾呢？没有。通过以上对杰出人物历史作用的分析可以看到，承认杰出人物的历史作用与承认人民群众创造历史是一致的。这种一致性就在于，杰出人物的历史作用是以人民群众的历史作用为基础的。杰出人物之所以杰出，就在于他善于表达人民群众的愿望，能够代表人民群众的利益；他善于集中人民群众的智慧，能够依靠人民群众的力量；他善于处理自己和人民群众的关系，能够得到人民群众的拥护和支持。可见，承认杰出人物的作用，丝毫也不意味着贬低人民群众的作用；只有充分肯定人民群众的历史作用，才能正确理解杰出人物，并对他的历史作用做出正确的评价。

4. 无产阶级领袖是无产阶级群众推举出来的代表

在有阶级存在的社会里，群众是划分为阶级的，阶级通常是由政党来领导的，政党通常是由一些最有威信、最有影响、最有经验、被选出来担任最重要职务而被称为领袖的人们所组成的比较稳定的集团来主持的。阶级斗争的历史经验一再证明，任何一个阶级，如果不推举出自己善于组织群众、领导运动的领袖和代表，就不可能取得统治地位。革命领袖的极端重要性对于无产阶级来说更为突出。无产阶级及其政党在长期复杂的斗争中造就出自己的领袖，组成一个群英荟萃、人才济济的领导核心，是它在政治上成熟和兴旺发达的集中表现，是无产阶级事业必定胜利的重要保证。因此，我们应当在肯定人民群众创造历史的前提下，充分肯定无产阶级领袖在动员、教育、组织和领导人民群众革命斗争方面，以及在促进历史发展方面的伟大作用。

无产阶级领袖的特点　无产阶级领袖是无产阶级及其政党的优秀代表。无产阶级是人类历史上最伟大、最进步、最富于革命彻底性的一个阶级。这个阶级在它的先锋队共产党的领导下，肩负着解放全人类的伟大历史使命。无产阶级的历史地位决定了无产阶级领袖同其他进步阶级的领袖有着根本不同的特点，决定了无产阶级领袖具有其他阶级领袖所不可比拟的伟大作用。

无产阶级领袖具有坚定的无产阶级立场，是实事求是、理论和实际统一的典范。他们在长期复杂的斗争中，形成了一身兼备革命家、理论家和组织者的优秀品质和卓越才能。他们善于把马克思主义理论运用于革命的具体实践，善于把彻底的革命精神和高度的科学态度结合起来。他们能够在无产阶级革命发展的各个阶段上，不断以新的斗争经验丰富和发展马克思主义，及时制定出正确的路线、方针和政策。

无产阶级领袖是在无产阶级和人民群众的斗争实践中锻炼成长起来的。他们把表达、捍卫和争取无产阶级和广大人民群众的根本利益当作自己的最高职责。他们一贯保持同人民群众的密切联系，关心群众疾苦，有事和群众商量。他们是群众的先生，又是群众的学生。他们坚定地相信群众，依靠群众，尊重群众的首创精神，全心全意为人民服务。

无产阶级领袖是坚持民主集中制，坚持集体领导的典范。他们善于处理个人和党、阶级、人民群众的关系，把自己看成人民的公仆，是党组织中的普通一员。无产阶级领袖又是开展批评与自我批评的模范。他们为了人民的利益随时准备坚持真理，又为了人民的利益随时准备修正错误。

正因为无产阶级领袖具备以上特点，所以他们能够被党、阶级和人民推选出来担负最重要的领导职务，成为最有威信、最有影响的领导核心，能够领导无产阶级和人民群众去进行史无前例的伟大斗争。

无产阶级领袖在长期、复杂和艰苦的斗争中为人民群众建立了巨大功绩，因而在全党和全体人民中间享有崇高的威信，深受人民群众的尊敬和爱戴。但是，无产阶级领袖的威信绝不是单纯的个人威信，而是党的威信的集中体现。人民群众对自己领袖的尊敬和爱戴，绝不是对个人的神化，而是出于对阶级的利益和革命的利益的珍视与爱护。无产阶级领袖在历史上的伟大作用，不是孤立于无产阶级和人民群众之外的一种什么独立的作用，而是人民群众创造历史的总过程中的一个组成部分。因此，决不能借口维护领袖的威信或者所谓热爱领袖，无限夸大领袖的作用，把领袖神化，鼓吹个人崇拜。鼓吹个人崇拜就势必要篡改或者歪曲马克思主义的历史唯物主义，贬低或者否定人民群众的作用，挫伤或者窒息人民群众创造历史的积极性。

无产阶级领导集团的新陈代谢和相对稳定　马克思主义从来都是把共产主义伟大事业的命运同无产阶级和人民群众的历史活动、同马克思主义政党的正确领导联系在一起的，而不是把它同个别领袖人物的命运联系在一起。无产阶级领导集团成员的新陈代谢应当是不断地进行的。按照自然规律，原来的领袖随着年老体衰，要陆续退出领导集团；由于实践的反复检验，有人因不能胜任工作，有人因蜕化变质，不能再代表无产阶级和人民群众的利益，也必然要退出领导集团；通过长期的锻炼和考验，有人表现出卓越的领导才能，也会被推进领导集团。既然在无产阶级领导集团中，有进有出是正常的和不可避免的事情，那么，我们理所当然地不应该把共产主义伟大事业的命运同个别领袖的命运联系在一起。

无产阶级政党的领导集团需要新陈代谢，也需要相对的稳定。历史经验告诉我们，在一定时期内保持领导集团的相对稳定，对于巩固和发展无产阶级的革命事业，巩固和发展党的团结和统一，巩固和发展国家安定团结的政治局面，以及保证党的路线、方针、政策的连续性都是十分重要的。领导集团的新陈代谢和相对稳定也是对立统一的关系，二者相互联系、相互作用、相互促进。借口要新陈代谢而否认相对稳定，或借口要相对稳定而否定新陈代谢，都是不对的。

正确评价无产阶级领袖的作用 国际共产主义运动的历史经验告诉我们，资产阶级野心家、阴谋家为了达到破坏无产阶级革命事业的目的，或者采取神化领袖、制造个人崇拜的手段，或者采取否定权威、否定领袖作用的手段，来反对无产阶级领袖。因此，我们必须经常注意进行两个方面的斗争，一方面要反对神化领袖、夸大领袖作用、搞个人崇拜的历史唯心主义观点；另一方面又要反对否定一切权威、否定或贬低无产阶级领袖作用的无政府主义思潮。

在我国，林彪、江青一伙长期狂热鼓吹个人崇拜，神化领袖，流毒甚广。经过几年的努力，特别是1978年关于真理标准问题的讨论以来，我国在肃清个人崇拜的影响方面取得了不小的成绩。为了进一步弄清领袖和群众的关系，我们在这里从两种历史观的角度就几个有关的理论是非问题作些说明。

什么是个人崇拜？个人崇拜就是神化个人，贬低群众。它是剥削阶级的意识形态，是历史唯心主义观点，我们在理论上和实践上都要注意对它进行批判。

我们知道，世界上从来没有什么“救世主”，人民群众全靠自己救自己。如果把革命领袖说成是“救世主”，把人民群众说成是只有从“救世主”的恩赐中才能获得解放，那就是搞个人崇拜。

在领袖和人民群众的关系上，是人民群众在自己的伟大斗争中培育和挑选了自己的领袖，领袖应该忠于人民群众。如果把领袖置于人民群众之上，要求全体人民群众忠于某一个领袖，那就是搞个人崇拜。

领袖从来不是指某一个人，而是指由那些最有威信、最有影响、最有经验、被选出来担任最重要职务而被称为领袖的人们所组成的一个集体。如果只承认某一个人是领袖，甚至为了树立某一个领袖人物的绝对权威，而贬低和打击其他领袖人物，那就是搞个人崇拜。

领袖是人不是神，凡人都必然要受到主客观条件的制约，必然会有缺点和错误。任何人都只有在实践中坚持真理，修正错误，才能不断前进。如果把领袖说成是不受主客观条件限制的、一贯正确的人，那就是搞个人崇拜。

领袖是在人民群众的实践中成长的，他们的才能是在不断总结人民群实践经验的基础上形成和发展的。如果把领袖说成是天降之才，生而知之，那就是搞个人崇拜。

领袖是党的普通一员，他们不应该处于党纪国法之外。如果认为领袖可以不遵守党纪国法，禁止人民群众和广大党员对他进行监督和批评；一旦提出批评，就斥为反党，那就是搞个人崇拜。

领袖的崇高威信，是他们忠于人民群众事业的结果，是人民群众根据自己的切身经验发自内心的信任。如果离开这个群众基础，人为地树立某个领袖的绝对权威，那就是搞个人崇拜。

领袖的权力和地位是人民群众赋予的。任何一个领袖人物能否继续掌握和运用这种权力，应该由人民群众来决定；原来的领袖逝世后由谁来担负这个职务，同样应该由人民群众来决定。如果鼓吹什么“当然领袖”，搞封建主义的“终身制”、“世袭制”，那就是搞个人崇拜。

凡此种种，都表现出两种历史观在领袖及其作用问题上的根本对立。林彪、江青一伙都是靠鼓吹个人崇拜起家的。个人崇拜在我国曾经造成了极其严重的后果，教训是深刻和惨痛的，我们应当永远记取。与此同时，我们也应当注意克服那种借批判个人崇拜而任意诋毁、丑化无产阶级领袖，否认或贬低无产阶级领袖在领导人民走向胜利过程中的伟大作用的错误倾向。

相信群众，尊重群众

正确理解关于人民群众在社会发展中的作用的基本原理，对于我们的实践活动具有重要的意义。

第一，既然人民群众是社会物质财富和精神财富的创造者，那么，我们在享受20世纪现代文明的时候，就不能忘记这一切都是人民群众创造的。世界的文明史就是创造物质财富和精神财富的历史，就是人民群众的活动史。因而，我们应当尊重人民群众，热爱人民群众。

第二，既然人民群众是改造世界、推动社会发展的决定力量，那么，我们在变革自然和变革社会的实践中，就必须相信人民群众、依靠人民群众。没有人民群众的广泛支持，任何事情都是做不成的。群众路线是我们党根本的思想路线、政治路线和组织路线，也是我们党基本的工作方法。各级领导都必须从思想上真正解决相信群众的问题，在行动上真正地依靠群众。

第三，既然杰出人物是人民群众创造出来的，那么，我们决不可以脱离开人民群众的历史作用，孤立地看待杰出人物及其作用。否则，在理论上就会陷入历史唯心主义，在实践上就会夸大个人作用而忽视群众的力量，只依靠少数人而脱离广大群众。当然，也应当承认杰出人物确实杰出，在理论上和实践上都必须给予应有的地位。

第四，既然无产阶级领袖是无产阶级群众推举出来的代表，那么，我们就应当正确对待无产阶级领袖。一方面，因为他们是人民意志的代表，忠诚地为人民利益而斗争，所以要热爱他们、拥护他们；另一方面，因为他们都来自人民群众，是人民的公仆，所以也不要对他们搞个人崇拜。

阅读书目

神圣家族，或对批判的批判所做的批判：第六章(1)(a). 见马克思恩格斯文集. 第1卷. 北京：人民出版社，2009.

论权威. 见马克思恩格斯选集. 3版. 第3卷. 北京：人民出版社，2012.

恩格斯致瓦尔特·博尔吉乌斯（1894年1月25日）. 见马克思恩格斯选集. 3版. 第4卷. 北京：人民出版社，2012.

革命的教训. 见列宁选集. 3版修订版. 第2卷. 北京：人民出版社，2012.

卡尔·马克思：唯物主义历史观. 见列宁选集. 3版修订版. 第2卷. 北京：人民出版社，2012.

伟大的创举．见列宁选集.3版修订版．第4卷．北京：人民出版社，2012.

共产主义运动中的“左派”幼稚病：五．见列宁选集.3版修订版．第4卷．北京：人民出版社，2012.

必须注意经济工作．见毛泽东选集.2版．第1卷．北京：人民出版社，1991.

关心群众生活，注意工作方法．见毛泽东选集.2版．第1卷．北京：人民出版社，1991.

《农村调查》的序言和跋：序．见毛泽东选集.2版．第3卷．北京：人民出版社，1991.

关于领导方法的若干问题．见毛泽东选集.2版．第3卷．北京：人民出版社，1991.

论联合政府：五．见毛泽东选集.2版．第3卷．北京：人民出版社，1991.

愚公移山．见毛泽东选集.2版．第3卷．北京：人民出版社，1991.

对晋绥日报编辑人员的谈话．见毛泽东选集.2版．第4卷．北京：人民出版社，1991.

坚持艰苦奋斗，密切联系群众．见毛泽东文集．第7卷．北京：人民出版社，1999.

在扩大的中央工作会议上的讲话．见毛泽东文集．第8卷．北京：人民出版社，1999.

第二十四讲　必然王国和自由王国

人类的历史，就是一个不断地从必然王国向自由王国发展的历史。这个历史永远不会完结。在有阶级存在的社会内，阶级斗争不会完结。在无阶级存在的社会内，新与旧、正确与错误之间的斗争永远不会完结。在生产斗争和科学实验范围内，人类总是不断发展的，自然界也总是不断发展的，永远不会停止在一个水平上。因此，人类总得不断地总结经验，有所发现，有所发明，有所创造，有所前进。①

——毛泽东

哲学日历中最高尚的圣者和殉道者

1841 年春天，马克思写完了他的博士论文。主持鉴定的教授对这篇论文非常赞赏，因为它表明作者“不但思想丰富，很有洞察力，而且兼备渊博的学识”。4 月 15 日，23 岁的马克思未经进一步考试就被授予哲学博士学位。博士论文是马克思的第一部著作，也是他哲学思想发展的一个重要里程碑。在论文序言中，马克思以烈火般的热情讴歌普罗米修斯精神，赞扬“普罗米修斯是哲学日历中最高尚的圣者和殉道者”。

普罗米修斯是古希腊神话中的一个英雄。他盗取天火送到人间，把各种技艺和知识传给人民。他为人类造福，却遭到众神之王宙斯的严惩。宙斯命令威力神和暴力神把普罗米修斯钉在高加索山顶的峭岩上，每天叫大鹰来啄食他的肝脏。威力神恶狠狠地说：“应该让普罗米修斯知道他比宙斯低得多，除了宙斯之外谁也没有自由。”普罗米修斯倔强地回答：“你以为我不知道必然的威力吗？但我就是要从天上盗取火种赐给人类，使人类

① 《毛泽东文集》，第 8 卷，325 页，北京，人民出版社，1999。

拥有技术、工艺和一切财富的源泉。”奥林匹斯山众神的使者代表宙斯进一步向他发出威胁。普罗米修斯却豪迈地宣布：“我不会用争取自由的痛苦换取你的权力地位。我宁愿被锁在峭壁上，也决不做宙斯的忠顺奴仆。我在挣断可诅咒的铁链之前，不论是折磨还是诱骗，都不能迫使我向宙斯暴露出获得自由的秘密。即使雷霆轰击，地下的火和天上的雷交织在一起把整个大自然扰乱，也不能使我屈服，我决不告诉宙斯将来谁把他从宝座上推下来。即使暴风雨的火箭全都射在我的身上，即使宙斯把我的身体投进地狱的最底层，我仍将为争取自由而活着。”普罗米修斯就这样勇敢地向垄断自由的宙斯挑战。希腊“悲剧之父”埃斯库罗斯在赞扬这位争取自由的勇士时说，人们由于有了普罗米修斯，才不再无目的地行动，做偶然性即命运的奴隶。

神话把自然力加以形象化，并借助想象去征服自然力。古希腊人在生产劳动中同自然界作斗争，改造客观世界，也改造主观世界，从而创造了普罗米修斯这样的英雄形象。在希腊文中，“普罗米修斯”这个词的意思是“有预见的人”。这表明古希腊人已经开始“预见”到，人类完全能够通过斗争，向无比强大的自然力的化身——宙斯夺取自由，并终究会取得胜利。普罗米修斯的故事，是人类从必然王国向自由王国发展的古老的“哲学”反映。

1. 自由是对必然的认识和支配

自由和必然是统一的　自由和必然的关系是贯穿于人们全部实践活动的一个重要问题。人类认识世界和改造世界的一切活动，归根到底都是在处理必然和自由的关系，都是在从必然走向自由。在这个问题上有两种错误观点。

一种是非决定论，或唯意志论。它认为人的意志是绝对自由的，想干什么就干什么，完全不受任何必然性的约束。岂不知，如果没有客观必然性的作用，那么，人就不是想干什么就干什么，而是想干什么都干不成什么。试想，如果水一会儿往低处流，一会儿往高处流，其间没有任何必然性，人们还能利用水来航运、发电、灌溉吗？

另一种是机械决定论。它认为人在必然面前没有任何自由，人的一切行为都是由必然性预先决定了的。在它看来，某人在某时某地某一只眼睛被某一粒沙子迷了几分钟，都是必然的，是注定不可改变的。这种观点很容易引出宿命论的结论。

马克思主义哲学反对唯心主义的非决定论或唯意志论，也反对形而上学的机械决定论，在唯物主义的基础上，即在承认客观必然性的基础上，辩证地说明了自由和必然的对立统一。

必然性是客观的　必然性的存在是客观的，是不以人的意志为转移的。我们知道，所谓必然性就是一种必定如此、不可更改的趋势。外部自然界的规律是客观的必然性，支配人本身的肉体存在和精神存在的规律也是客观的必然性。

各门自然科学所揭示的自然界发展的规律，都表明它们是一种不可抗拒的必然性。这是我们都很熟悉的。生理学所揭示的人体存在和发展的规律也是客观的，不以人的意志为转移。人不能因为没有食物而随意停止胃的消化活动，也不能因为害怕衰老而抗拒机体的新陈代谢。

人类思维的规律是客观世界辩证发展规律的反映，同样具有不以人的意志为转移的客观必然性。不管唯心主义者如何否认意识是对于客观存在的反映，他的意识还是要反映外部世界的；不管经验论者如何夸大感性认识、贬低理性认识，他的认识也必须经历由感性上升到理性的过程。

马克思主义哲学在谈论人的自由时，自觉地以承认客观必然性为自己的前提和基础。离开这个前提和基础去谈论人的自由，必定要走向唯心主义，把人的思想和行动引上邪路。

必然第一性，自由第二性　客观必然性是第一性的，人的意志自由是第二性的。必然性不依赖人的意志而独立存在，自由却丝毫也不能离开必然性。人只有在承认客观必然性的基础上，对它加以正确反映，才能谈得上意志的自由。

实际情况是这样的，当人们对于某种必然性一无所知时，在行动中就表现出惶惑动摇、不知所措；而一旦掌握了这种必然性，行动中就表现为运用自如、坚决果断。一个没有电学常识的人对于电器会望而生畏，电灯有了毛病也不敢动它一下；而电工则干脆利索，几下子就解决了问题。

我们中国有句话叫“艺高人胆大”。所谓“艺高”就是掌握了必然，所谓“胆大”就是自由。置客观必然性于不顾的莽撞、“傻大胆”，看来似乎很自由，为所欲为；其实这里面包含着极大的盲目性，而盲目性是根本无自由可言的。

必然向自由转化 “自在的必然性”能够转化为“为我的必然性”，盲目性能够转化为自由。正如哲学上常把尚未认识的东西叫作“自在之物”，把已被认识的东西叫作“为我之物”一样，哲学上也常把尚未认识和支配的必然性叫作“自在的必然性”，把已被认识和支配的必然性叫作“为我的必然性”。当必然性还是“自在”的时候，它对于人们来说是一种外在的强制力量，人对于它来说是处于盲目的、被支配、被奴役的地位。

然而，正如“自在之物”可以转化成“为我之物”一样，“自在的必然性”也可以转化成“为我的必然性”。当必然性由“自在”变成“为我”的时候，它对于人们来说就不再是一种外在的强制力量，而是一种听人指挥、为人服务的力量；人对于它来说，也不再是处于盲目地被支配、被奴役的地位，而是处于自由的、支配的地位。这时人的行动倒是有点像孔夫子说的：“从心所欲，不逾矩。”

唯心主义否认离开意识或认识而独立存在的物质，因而否认“自在的必然性”；不可知论否认世界的可知性，因而否认“为我的必然性”，或否认“自在的必然性”向“为我的必然性”的转化。这都是不对的。

我们对很多领域还是门外汉，对那个领域固有的规律还不清楚，它对我们来说是“自在的必然性”；然而经过刻苦学习，门外汉照样可以进门，可以变为内行。这时，那个领域里的规律对于我们来说，就变成“为我的必然性”了。实际生活中不是每天都在发生这种变化吗？一旦实现了这种变化，人们就克服了盲目性而取得了自由。

实践中的自由 实践是必然和自由统一的基础。

一方面，人的自由不仅仅表现为对必然的认识，而且特别重要地表现为在实践中对必然的支配，即对世界的改造。如果仅仅停留在认识了必然性而不能在实践中支配必然性，那还不能说有了自由。正如我们懂得了制造某种产品的道理，还不等于掌握了该产品的制造，而只有当该产品制造出来之后，才能说我们已经掌握了该产品的制造。当然，人们对必然性的支配，并不像唯意志论所说的那样可以无视它的存在而任意胡来，也不像某些唯心主义所说的那样可以任意创造规律或消灭规律，而是指在行动中对必然性的驾驭，是在充分了解它的基础上对它的利用。

另一方面，人们对必然性的认识和支配，都是在实践中实现的。离开实践，“自在的必然性”不会转变成“为我的必然性”，人也不会有自由。

概括起来就是一句话：自由是对必然的认识和支配。

2. 从必然王国向自由王国的飞跃是一个过程

必然王国和自由王国，当然不是分别叫作“必然”和“自由”的两个君主制国家，而是指两种不同的境界。必然王国是指人们尚未掌握客观必然性，因而盲目地受必然性支配的境界；自由王国则指人们已经认识了客观必然性，因而能够自觉地运用必然性来改造世界的境界。

人们对于必然性的认识和支配是一个过程，从必然王国向自由王国的发展也是一个过程。整个人类的历史进程，就是一个不断从必然王国向自由王国，从不自由的社会向自由的社会发展的历史。

原始社会的自由　最初的从动物界刚刚分离出来的人，在根本上和动物一样是不自由的。然而就在这时，人类也已经迈出了向自由王国前进的决定性的一步。他已经是人了，已经从作为自然界一部分的动物界中分离出来，并同自然界构成了对立面，开始了同自然界的斗争。我们知道，动物只能消极适应外部自然界，单纯以自己的存在来使自然界改变；而人则通过他所做出的改变来使自然界为自己的目的服务，支配自然界。争取自由的能动性是人类同其他动物的本质区别。

当然，原始人征服自然的能力是极低的。他们的生产经验很少，劳动技能很低，工具也很简陋。原始社会的人在社会关系上是平等的，那里没有压迫，没有剥削，没有监狱，没有诉讼，一切都是有条有理的。不过这并不说明原始人对人的价值有了深刻的认识，从而自觉地以最人道的态度来处理人们之间的相互关系。恰恰相反，这种朴素的平等关系是极不发达的生产力造成的。

当时的人类差不多完全受着陌生的、不可理解的外部大自然的支配。这时的自由是非常有限的，也仅仅是一种朴素的自由。但是，原始社会中这种极其有限的、朴素的自由却有着伟大的意义。它是人类迈向自由王国的历史性开端。

在漫长的岁月里，由于人们不断同自然界进行艰苦的斗争，使得社会缓慢地然而不停地向前发展。从旧石器到新石器，从火的使用到弓箭的发明，从采集、狩猎过渡到原始畜牧业和原始农业，一直到金属工具的出现，所有这些进步，都是原始人为争取自由而取得的胜利成果。

奴隶社会的自由 随着生产力的发展出现了剩余产品，提供了人剥削人的可能，产生了生产资料的私有制，进入了奴隶社会。奴隶社会的到来，是人类在争取自由的斗争中，生产力有所发展而又不太发展的结果。这时的人争得了比原始人更大的自由，从必然王国向自由王国前进了一步。

我国奴隶制国家的诞生，是在夏朝（约公元前 21 世纪—公元前 17 世纪）。然后经历商代到西周，得到了高度的发展。奴隶以自己的辛勤劳动，同大自然进行斗争，创造了空前富足的物质资料和灿烂的科学文化。据古书记载，由于农业生产的发展，夏代已有了历法。到了商代，农作物已大体具备了今天我国农业上的一些重要品种，人们已开始酿酒、缫丝、绩麻。殷墟出土的石器、骨器、陶器和青铜器都已具有相当高的工艺水平。西周时期，在农业生产方面，发明了轮耕的三圃法，具有初步的施肥知识，并开始注意总结中耕、除草、治虫和选种的经验。《诗经·小雅》中关于月食的记录是世界上最早的。

此时的人类确实获得了较大的征服自然的能力。但是必须看到，某些人从原始的奴役状态中解放出来，是因为有大批人专门从事繁重的体力劳动。奴隶社会之所以有自由人，正是因为有不自由的奴隶。劳动分工使占人口极少数的奴隶主贵族获得自由，但它的后果却是占人口绝大多数的奴隶受奴役。奴隶们从自然界争得的自由，换来的是社会上的不自由。他们所创造的一切财富都转化成奴役他们的手段。他们所争到的只是奴隶主的自由，而他们自己不过是奴隶主的一个会说话的工具，无力主宰自己的命运。人类从必然王国向自由王国前进的历史，刚刚开始不久就和阶级斗争联系在一起。

奴隶社会的出现和发展，改变着人们的物质生活状况，改变着人和自然的关系以及人与人之间的社会关系，同时也改变着人们的世界观，形成相应的哲学思想。《尚书·洪范》记载了箕子答复武王问天道的言论。箕子说：从前鲧用土阻塞洪水，违反了五行中水的特性，上帝震怒了，不给他洪范九畴，世界的正常秩序破坏了，鲧也被杀；禹继续鲧的事业，上帝赐给他洪范九畴，才恢复了世界的秩序。透过宗教的外衣，可以看出，

《洪范》作者已初步认识到，事物固有的客观规律是不能违反的，而正确地认识客观规律，就是从必然向自由转化的重要环节。

但是，奴隶社会不可能有关于自由的科学理论。这除了生产力发展水平低下的决定性原因外，还由于奴隶主阶级地位的局限。任何一个古希腊的哲学家，不论他属于哪个学派，都不能超越奴隶主阶级的利益。在唯心主义哲学家柏拉图的《理想国》中，奴隶被排除在国家公民之外。杰出的唯物主义哲学家德谟克利特是古希腊争取自由的著名战士。他宣称，正如自由比受奴役好一样，在民主制度下过贫穷生活也比在帝王统治下享福好一些。然而他所争取的仅仅是奴隶主的自由，根本不包括奴隶的自由。在他看来，应该像使用我们身体上的四肢一样使用奴隶，用每一个奴隶完成一种特定任务。著名的思想家亚里士多德也说：在奴隶身上，是肉体支配灵魂；在自由人身上，则是灵魂支配肉体。奴隶受奴隶主支配，如同肉体受灵魂支配一样，是天经地义的。

封建社会的自由 封建社会代替奴隶社会，是历史发展的又一进步。在地主阶级取得政权前后的一段时间内，封建社会的生产关系基本上是适合生产力状况的。它给生产力的发展开辟了道路。广大农民尽管处于被剥削、被压迫的地位，但是同奴隶相比，他们毕竟有了作为人的一定自由和权利，有了一些自己的生产资料，在生产中也表现出较大的主动性。因此，在封建制度确立后的一段时间内，农民能够在一定程度上发挥劳动的积极性，不断改进生产工具，提高生产力，从而推动社会发展。

在封建社会中，人们争取自由的新胜利及时地反映在当时社会的哲学思想中。我国战国时期杰出的唯物主义思想家荀况，提出了“制天命而用之”的思想。他说：与其把天看得非常伟大而思慕它，还不如把天当作牲畜养起来而控制它；与其顺从天意而颂扬它，还不如驾驭自然变化的规律而利用它。人能够正确运用自然赋予人的官能，正确认识自然规律，充分发挥自然的功能，可以做到“天地官而万物役”，使天地万物为人服务。荀况这种驾驭自然使之为人类服务的思想，充分体现了新兴地主阶级在改造自然、发展生产方面的朝气和信心。在封建社会上升时期，这显然是一种促进人们从必然王国向自由王国前进的理论。

但是，地主阶级毕竟是剥削阶级，这种阶级性决不允许农民同他们一样享有从大自然获取的自由。他们凭借土地所有权把农民束缚在土地上，同时利用政治上的种种特权，最大限度地榨取农民的血汗。为适应地主阶级对农民剥削压迫的需要，形形色色的封建神学和宗教思想应运而生。我国西汉时期的封建思想家董仲舒提出了以“天人感应”说为理论基础、以“三纲五常”为核心内容的封建神学唯心主义体系。他把人世间的一切统统说成是由“天”主宰的，试图假借“天”意论证封建统治秩序的神圣性和永恒性。在中世纪的欧洲，宗教是维护封建统治的精神支柱。宗教势力仇视各种争取自由的进步思想，对自然科学家和进步思想家进行残酷的迫害。宗教裁判所把热情传播哥白尼“日心说”的意大利哲学家布鲁诺活活烧死在罗马鲜花广场。意大利物理学家、天文学家伽利略也由于同样原因遭受迫害。教会还编造了一套“自由”学说，说自由就是和上帝预先决定的合理目的一致行动的可能性。比起地主阶级在反对奴隶制时所倡导的“自由”思想来，这显然是一种倒退。

资本主义社会的自由 当封建社会成为束缚人们争取自由的桎梏，不再能容纳新的生产力的时候，从封建社会向资本主义社会过渡就成为历史的必然。新兴的资本主义对于人类征服自然的斗争起着一种解放作用。但是，这种解放却是伴随着暴力和革命而来的。17 世纪 40 年代，英国首先爆发了反对封建专制制度的资产阶级革命。随后，1789 年震撼世界的法国大革命把欧洲资产阶级革命推进到一个新阶段。资本主义战胜封建主义，资产阶级所要求的发展资本主义的自由，即自由购买劳动力、自由购买原材料、自由生产、自由销售、自由增殖资本等，不再受封建制度的束缚而得以确立。

资产阶级革命的胜利，给资本主义生产的发展扫除了障碍。从 18 世纪中叶开始，欧美一些主要资本主义国家先后发生了以机器生产代替手工劳动、以机器大工业代替工场手工业的产业革命。产业革命是人类从必然王国走向自由王国历程中具有重大意义的一步。资产阶级在不到一百年的时间里所创造的生产力，比过去一切时代创造的全部生产力还要多、还要大。

产业革命并不单纯是生产技术上的革命，同时也是生产关系的重大变革。它使人与人之间的阶级结构发生了剧烈变化。整个社会日益分裂为两个直接对立的阶级：资产阶级和无产阶级。资本主义制度从它建立的那一天起，就患着一种不治之症，即生产的社会化和生产资料私人占有之间的矛盾。这个矛盾已经包含着现代资本主义的一切冲突的萌芽。它是资本主义社会的各种矛盾，特别是经济危机的总根源。资产阶级革命所换来的自由，不是资本主义社会全体成员的自由，而仅仅是资产阶级的自由。

在资本主义社会里，比起奴隶社会、封建社会来说，人的权利得到了一定的尊重。无产者不像奴隶或农民那样，在人身上依附于奴隶主或地主，而是有了一定的人身自由。他们的自由实际上也只是支配自己劳动力的自由。这种自由与其说是“自由”，毋宁说是一种新的奴役。因为，一方面为生活所迫，他们不得不出卖自己的劳动力，所谓不出卖的自由是虚假的；另一方面，他们随时可能被抛入失业者的行列，连出卖劳动力的自由也毫无保障。无产者虽然不是有产者个人的奴隶，但却越来越成为机器的奴隶，成为无产者所创造的巨大财富的奴隶。可见，资本主义社会仍然不是人类憧憬的自由王国。

资产阶级理论家不敢正视这个现实。这是因为，迫使资本主义社会不能不经常发生危机的盲目的历史必然性，像自然力的盲目的必然性统治着原始人一样，也在支配着资产阶级关于自由的哲学理论。所以，这些学说有个共同的出发点：把资本主义社会存在的历史的必然性说成是一种永恒的必然性。这种局限性即使在著名的辩证法大师黑格尔那里也没能避免。黑格尔第一个正确地陈述了自由和必然的关系，指出自由就是对必然的认识。但是，他所谓的“自由”仅仅停留在对于必然的认识上，而不包括对于必然的支配，以为思维中的自由就是完全的自由，而不必求得实践中的自由。这是从其唯心主义哲学前提出发所必然引出的结论。他把19世纪初资产阶级那种形式主义的、按财产规定选举资格的民主制，看成历史发展的最终结局。黑格尔在《宗教哲学》一书中，提出了关于自由的最后定义：自由就是除了自身以外别无想望。这显然是要劳动人民心甘情愿接受现存社会制度的支配。

从以上的历史回顾可以看出，随着生产力的发展，社会在不断进步；然而在阶级社会里，劳动人民所享有的自由是极其有限的，在根本上是不自由的。在这样的社会里，掌握生产资料和国家政权的剥削阶级，虽然比起劳动人民来是自由的；然而，由于他们不能认识社会发展的规律，受着社会发展规律这一“盲目作用”的支配，所以其自由也是有限的。新兴的资产阶级虽然能够在空前的规模上支配自然力，然而他们无力支配社会的发展，无力摆脱经济危机所带来的灾难，无法克服社会化大生产与生产资料私人占有之间日益尖锐的社会矛盾。他们唯一所能做到的，就是把这种不自由给自己造成的后果转嫁到劳动人民身上，从而使劳动人民更加不自由。

共产主义社会的自由 人类真正的解放不可能是别的，只能是在现实世界中通过现实的手段加以实现。只要人们还不能使自己的吃、穿、住在质量和数量方面得到充分的供应，就根本不能获得解放。正是依靠生产力的巨大发展，才有可能实现这样一种社会制度，在这种制度下，人们不再对个人生活资料发生忧虑，而且第一次能够谈得上真正人的自由，谈得上那种同已被认识的自然规律相协调的生活。

社会力量也像自然力一样，在人们还没有认识到它的时候，起着盲目的、强制的和破坏的作用。但是，一旦认识了它，理解了它的作用和影响，可以使它服从于人们的意志。只要人们固执地拒绝理解社会生产力的本性，那它就总是把人们置于其统治之下。但是它的本性一旦被理解，那么它就会在联合起来的生产者手中，从魔鬼似的统治者变成顺从的奴仆。在一定意义上说，只有这时人才最终脱离了动物界，从动物的生存条件进入真正人的生存条件。人们周围的至今仍统治着人们的生活条件，这时都受到人们的支配和控制了；人们第一次成为自然界真正的主人，因为他们已经成为社会的主人了。

人们自己的社会行动的规律，一直都如同异己的、统治着人们的自然规律一样，与人们相对立，这时却被人们熟练地运用起来。人们自己的社会结合一直是作为自然界和历史强加于他们的东西而同他们相对立的，现在则变成他们自己的自由行动了。一直统治着历史的异己的力量，现在处于人们自己的控制之下了。只有从这时起，人们才完全自觉地改造主观世界和客观世界，自觉地创造自己的历史。这是人类的最高理想——共产主义社会，是人类从必然王国进入自由王国的飞跃。完成这一解放人类的事业，是现代无产阶级的历史使命。

掌握必然，争取自由，实现从必然王国向自由王国的飞跃

第一，既然自由是对必然的认识和支配，那么，我们在实际工作中，如果想获得自由，就应该承认必然、尊重必然、认识必然、掌握必然，把我们的思想和行动都建立在客观必然性的基础之上。不要设想可以摆脱客观必然性而获得自由。只有这样，我们的思想和行动才是正确的，才具有成为现实的必然性。

第二，既然从必然王国向自由王国的飞跃是一个过程，那么，我们在实际工作中，就应该对这个过程有充分的认识和思想准备。要知道，认识必然、掌握必然是一件艰难、曲折、复杂的事情，不是很容易就可以做到的，也不要奢望仅凭善良愿望和满腔热情就可以做到。我们人类所从事的一切认识世界和改造世界的社会活动，归根到底都是为了掌握必然，争取自由，使人类从自然压迫和社会压迫下解放出来，实现从必然王国向自由王国的飞跃。在这个飞跃的过程中，共产党人和无产阶级肩负着伟大的历史使命。

我国目前仍然处于社会主义初级阶段。我国各族人民正在努力实现“两个百年”的奋斗目标：在中国共产党成立一百年时，全面建成小康社会；在新中国成立一百年时，建成富强、民主、文明、和谐的社会主义现代化国家。也就是说，到2020年左右，中国将全面建成小康社会；到2050年左右，中国将达到中等发达国家水平，基本实现现代化。

不可否认，当前我国社会确实还有不少弊病。但是应当看到，这些弊病并不是社会主义制度的必然产物，而是因为我国的社会主义制度还不够完善；有的则是旧制度遗留下来的残余和剥削阶级思想的产物。尤其应当看到，我国社会所存在的弊病和资本主义社会的弊病是根本不同的。资本主义社会的弊病是资本主义制度本身的产物，在资本主义制度范围内是永远无法解决的；而我们的弊病则可以通过发展、改革、创新社会主义制度来解决。

随着社会主义的发展，不但我国人民的物质生活水平将有较大程度的

提高，而且必将培养出具有高度的精神文明的一代新人。我们不但要做到在革命胜利的形势下忠于社会主义事业，而且要做到在社会主义事业遭受挫折的时候仍然忠于社会主义事业。我们坚信，只要我国亿万人民沿着社会主义这条历史必由之路前进，就有光明美好的前途。我们坚信，只要充分认识自然、社会和思维发展的规律，自觉改造客观世界和主观世界，就一定能够加速实现我国的社会主义现代化，实现中华民族伟大复兴；加速社会历史发展的进程，实现从必然王国向自由王国的飞跃。

马克思主义哲学为我们揭示了关于自然、社会和思维发展的最一般规律，是我们认识世界和改造世界的伟大工具。掌握了马克思主义哲学，将有助于我们认识和支配必然，取得改造自然和改造社会活动中的自由。

学习哲学，掌握必然，争取自由，为实现从必然王国向自由王国的飞跃、实现人类的崇高理想——共产主义而奋斗！这就是我们的结论。

阅读书目

共产主义原理．见马克思恩格斯选集．3版．第1卷．北京：人民出版社，2012.

反杜林论：第一编十一，第三编二．见马克思恩格斯选集．3版．第3卷．北京：人民出版社，2012.

唯物主义和经验批判主义：第三章6. 见列宁选集．3版修订版．第2卷．北京：人民出版社，2012.

从破坏历来的旧制度到创造新制度．见列宁选集．3版修订版．第4卷．北京：人民出版社，2012.

中国革命战争的战略问题：第一章第四节．见毛泽东选集．2版．第1卷．北京：人民出版社，1991.

在陕甘宁边区自然科学研究会成立大会上的讲话．见毛泽东文集．第2卷．北京：人民出版社，1993.

论人民民主专政．见毛泽东选集．2版．第4卷．北京：人民出版社，1991.

在扩大的中央工作会议上的讲话：第四点．见毛泽东文集．第8卷．北京：人民出版社，1999.

后　记

《简明哲学原理》1982 年出版以后，读者反映对他们学习哲学很有帮助，我们感到非常欣慰。同时，我们也听到了一些意见和建议，希望我们对该书做进一步修改。上海人民出版社的同志根据他们得到的关于这本书的反馈信息，也要我们修改，打算再版。这样，这本书就于 1986 年再版，出了《简明哲学原理》（修订本）。此后的二三十年里，我们不时地还得到一些读者阅读这本书的信息。有些读者还跟我们交流他们的阅读心得和研究成果。我们真的没有想到这本书竟然会有这么长久的影响！

近年来，我国广大干部和群众在建设中国特色社会主义，实现“中国梦”的实践中，迫切感到系统学习马克思主义哲学，用科学的世界观和方法论武装自己的必要，希望阅读一些比较通俗易懂的哲学书籍。中国人民大学出版社的同志为了适应这种要求，决定重新出版这本书，给大家提供一些帮助。总编辑贺耀敏同志还对我们这次修订工作提出了许多很好的建议。我们对他们表示衷心的感谢！

这次修订工作由郭湛和我承担，许多工作都是郭湛做的。原来参加编写的同志中，丁常春、梅岱、陈志良等先后去世，别的同志或因工作单位变动，或因忙于其他事情，没能参加这次修订工作，但是他们过去曾经付出的劳动将永远凝聚在本书中！

杨焕章

2014 年 9 月

于中国人民大学

图书在版编目（CIP）数据

简明哲学原理二十四讲/杨焕章，郭湛主编．—北京：中国人民大学出版社，2016.1
ISBN 978-7-300-21937-0

Ⅰ.①简… Ⅱ.①杨… ②郭… Ⅲ.①哲学理论-研究 Ⅳ.①B0

中国版本图书馆 CIP 数据核字（2015）第 226148 号

简明哲学原理二十四讲
杨焕章 郭 湛 主编
Jianming Zhexue Yuanli Ershisi Jiang

出版发行	中国人民大学出版社		
社　　址	北京中关村大街 31 号	**邮政编码**	100080
电　　话	010－62511242（总编室）		010－62511770（质管部）
	010－82501766（邮购部）		010－62514148（门市部）
	010－62515195（发行公司）		010－62515275（盗版举报）
网　　址	http://www.crup.com.cn		
经　　销	新华书店		
印　　刷	北京宏伟双华印刷有限公司		
规　　格	160mm×235mm 16 开本	**版　　次**	2016 年 1 月第 1 版
印　　张	23 插页 1	**印　　次**	2022 年 2 月第 2 次印刷
字　　数	361 000	**定　　价**	65.00 元